散村・小都市群地域の動態と構造

金田 章裕／藤井 正［編］

京都大学学術出版会

はじめに

　本書は，平成11～13年度文部省科学研究費補助金地域連携推進研究費（1）＜課題番号：11791008＞「散村・小都市群地域の動態と構造に関する比較・統合研究」（代表：金田章裕）による研究成果をもとにしている。本研究の趣旨や意義については序章で述べたのでそちらをご覧いただきたい。ここでは本研究の経過を示すことでそれに代えたい。

　地域連携推進というユニークな分類のこの科学研究費補助金は，この年度に初めて公募されたもので，本研究プロジェクトでは富山県砺波市立砺波散村地域研究所を連携先として研究を展開した。研究プロジェクトにかかわって，これまで研究会や各研究分担者の現地調査はもとより，研究成果の地域還元をはかるための講演会を開催した。

＜研究会・講演会の開催＞
1999年10月　第1回研究会
　　「研究計画について」　於：京都大学文学研究科
1999年11月　第2回研究会
　　「砺波平野の事例検討および見学」於：砺波散村地域研究所と砺波平野
　　　　現地説明：散村地域研究所　新藤正夫先生・須山盛彰先生，
　　　　富山県農林水産部　鈴木孝文企画班長
2000年1月　第3回研究会　於：東京都内
　　「農林省および国土庁の田園空間整備・多自然居住構想などについて」
　　　　説明者：農林水産省建設部整備課　田中龍太氏
　　　　　　　国土庁計画・調整局計画官　佐藤憲雄氏
2000年7月　第4回研究会
　　「富良野地域の事例検討および見学」於：北海道富良野盆地と美瑛町
　　　　現地説明：富良野市農政課　石田　博課長

i

はじめに

　　　　　　　　　　富良野市郷土館　杉浦重信係長（学芸員）
2000年9月　第5回研究会
　　「胆沢扇状地の事例検討および見学」於：岩手県胆沢町と水沢市など
　　　　　　現地説明：胆沢町企画情報課　菅原　浩課長
　　　　　　　　　　水沢市政策監理室　千田良和主査
2001年11月　公開研究発表・講演会および第6回研究会
　　「散村と小都市群地域を探る」
　　　於：NTC（日平）となみビル6Fホールおよび砺波散村地域研究所
　　「モータリゼーションと地方都市空間の変容」
　　　　　　　　　　　　　　　　　　富山大学　山根　拓
　　「砺波地域における住民の居住環境評価構造」
　　　　　　　　　　　　　　　　　　金沢大学　伊藤　悟
　　「農村景観づくりと田園空間整備事業」
　　　　　　　　　　　　　　　　　　群馬大学　関戸明子
　　「散村・小都市群地域の特徴」
　　　　　　　　　　　　　　　　　　京都大学　金田章裕
　　「混住化から田園居住に向けて——農村地域の将来——」
　　　　　　　　　　　　　　　　　　名古屋大学　高橋　誠
　　「カナダ農村地域における中心集落の衰退と再生」
　　　　　　　カナダ・グウェルフ大学　名誉教授　フレッド・ダムス
2002年3月　第7回研究会
　　研究報告書合評会と出版計画の検討　於：京都大学文学研究科

　本研究は，富山県西部の砺波平野において蓄積されてきた，現代の村落地域に関する地理学を中心とする多様な研究を基礎としていることにひとつの特徴がある。現実の地域の動向に深く根ざしつつ，比較・統合研究としての枠組みを構築し，新たな視角の導入や研究の深化，地域整備との関連づけもはかりつつ，他地域への展開を行い，より一般的な構造の抽出を目ざした。砺波地域のほか，散村・小都市群地域として知られる胆沢地域や近代の開拓地の代表とし

ての富良野地域，そして国際比較という観点からカナダとオーストラリアの散村・小都市群地域においても現地調査と分析を展開した。本研究のこのような新たな方向づけが，地域の各種計画・構想や地理学をはじめとする諸研究の今後の発展に寄与するものとなれば幸いである。

　砺波市立砺波散村地域研究所長の浮田典良先生，事務局長の新藤正夫先生をはじめ，佐伯安一・須山盛彰・千秋謙治の各先生ほか所員の方々には，上記科学研究費の地域連携先として，また本書出版に際しては美しい砺波散村地域の貴重な写真をたくさんご提供いただくなど，多大なご協力を賜りました。厚く御礼申し上げます。また上記の研究会の記録の欄にお名前をあげたそれぞれの散村・小都市群地域の皆様にも，お忙しい中ご説明いただき，また何度も資料提供などのご便宜をはかっていただきました。研究協力者の藤永豪（神奈川大学COE研究員）・中村昭史（筑波大学大学院・院生）両氏とともに，あらためて御礼申し上げます。出版に際して詳細な編集出版作業を担当し調整や助言を下さり，あわせて我々を叱咤激励頂いた小野利家氏をはじめ京都大学学術出版会の皆様にも深く感謝いたします。

　なお本書の出版には，日本学術振興会平成15年度科学研究費補助金（研究成果公開促進費）による刊行助成を得ることができた。ご支援いただいた関係各位に御礼を申し上げます。

　　　　　　　　　　　　　　　　　　　　　編者　金田章裕

　　　　　　　　　　　　　　　　　　　　　　　　藤井　正

目　　次

はじめに ·· i

序　章　散村・小都市群地域の特性と本書の目的 ················(金田章裕)··· 3
　　　1　日本の地域的特性と散村・小都市群地域　3
　　　2　散村・小都市群地域の成立と研究史　5
　　　3　散村・小都市群地域の研究視角　9

　　　　第Ⅰ部　日本の散村・小都市群地域 ···································· 13
A．砺波地域 ·· 15
　　　現況概説　16
第1章　砺波散村地域の構造変化 ·································(金田章裕)··· 19
　　　1　砺波散村地域の伝統的構造　19
　　　2　散村と中心集落の諸関係　24
　　　3　モータリゼーションと圃場整備　25
　　　4　散村における非農家の増加　28
　　　5　人口移動の動向　30
　　　6　居住地の移動動向　34
　　　7　住居移転の理由　35
　　　まとめ　37
第2章　散村地域における就業構造と農業の担い手の変貌
　　　──砺波地方を中心に ···(岡田知弘)··· 41
　　　1　農業センサスによる集落形態区分と砺波平野　42
　　　2　分析にあたっての歴史的前提　44
　　　3　砺波地方における地域労働市場の展開　47
　　　4　砺波地方の農業就業構造の変容と散居集落　50
　　　5　散村地域における土地所有・利用構造の特質　56
　　　まとめ　59
第3章　砺波地域の小都市群における小売業の変化
　　　······································(松田隆典・伊藤　悟・藤井　正・山根　拓)··· 63
　　　1　砺波小都市群の構成する中心地システム　63
　　　2　小都市群の小売業　68
　　　3　福光町における中心商店街の変容　71
　　　4　小売業からみた福野町の中心市街地の変化　79
　　　5　砺波市における近年の大型店の立地変化　81
　　　まとめ　83
第4章　砺波地域における住民の居住環境評価 ·················(伊藤　悟)··· 87
　　　1　対象地域と調査方法　88
　　　2　満足度の評価　90

3　重要度の評価　96
　　　4　他地域との比較　100
　　まとめ　104

B．胆沢地域 …………………………………………………………………………107
　　現況概説　108

第5章　岩手県胆江地方における産業と人口
　　——1970年代以後の再生の歩み ………………………（石川義孝）…111
　　　1　地元労働市場の動き　114
　　　2　農家世帯の事情　119
　　　3　通勤圏の拡大　123
　　まとめ　128

第6章　胆沢扇状地における農業維持の可能性………………（田林　明）…132
　　　1　研究の手順と農業動向　133
　　　2　胆沢扇状地における農業の地域差　135
　　　3　胆沢扇状地における農業の性格　141
　　　4　胆沢扇状地における農業の存続形態　146
　　まとめ　152

第7章　胆沢地域の小都市群の中心機能と都市化 ……………（藤井　正）…155
　　　1　水沢市・胆沢町の都市化　155
　　　2　水沢市における小売業の変化　162
　　まとめ　165

C．富良野地域 …………………………………………………………………………167
　　現況概説　168

第8章　富良野盆地における小都市群の形成
　　——明治後期開拓地における中心市街地の成立と変容 …（松田隆典）…171
　　　1　中心市街地の成立　172
　　　2　小都市群システムの形成　175
　　　3　小都市群の性格の変化　181
　　まとめ　187

第9章　富良野地域における農業地域構造とその変動 ………（高橋　誠）…190
　　　1　農業の地域構造　192
　　　2　地域構造の変動　197
　　まとめ　200

第10章　富良野地域におけるローカルニーズとローカルイメージ
　　——田園居住を考える視点として ……………………（高橋　誠）…202
　　　1　富良野地域の概要　204
　　　2　アンケートから見た市街地と農村部の対比　207
　　　3　ローカルニーズとローカルイメージ　210
　　まとめ　215

D. 空間の変容と整備 ……………………………………………………… 219

第11章 モータリゼーションと地方都市空間の変容 ………… (山根　拓)… 220
 1　モータリゼーションの進行に見る地域的特徴　223
 2　地方都市空間の変容とモータリゼーション　232
 3　地方空間におけるモータリゼーションの評価　237
 まとめ　240

第12章 散村の景観保全と地域づくりの課題
 ——美瑛町・胆沢町と砺波散村を事例に ……………… (門戸明子)… 245
 1　丘の風景が注目されて観光客が急増した美瑛町　247
 2　景観・生態系に配慮した圃場整備が進む胆沢町　254
 3　「となみ野」田園空間整備事業と地域づくりの課題　261
 まとめ　268

第13章 国土計画における多自然居住地域の提唱と
 散村・小都市群地域 ……………………………………… (宮口侗廸)… 272
 1　わが国の地域社会の歩みと国土計画　273
 2　転換の時代における国土計画の策定　276
 3　多自然居住地域の創造に向けての議論　284
 4　小都市の都市機能の現状　288
 5　散村・小都市群地域の性格　289
 6　市町村合併の論議と散村・小都市群地域　292
 まとめ　294

第Ⅱ部　カナダとオーストラリアの散村・小都市群地域 …………… 299

第14章 カナダの核心地域としての南オンタリオ ……………… (田林　明)… 301
 1　カナダの中の南オンタリオ　301
 2　南オンタリオの性格　306

第15章 カナダ，南オンタリオにおける混合農業の変容
 ——G農場の20年 …………………………………………… (田林　明)… 315
 1　南オンタリオ農業の地位と事例農場　316
 2　G農場における農業経営の変化　318
 3　南オンタリオ農業地域の変化　328
 まとめ　337

第16章 カナダにおける中心集落の衰退と再生
 ——1700年から2001年まで ………………………… (フレッド・ダムス)… 341
 1　カナダの開発と中心集落の発展　341
 2　中心集落の衰退と再生　345
 3　ソーンバリーの事例　350
 まとめ　357

第17章 オーストラリアの散村・小都市群地域 …………………… (金田章裕)… 365
 1　自然環境と農牧業の類型　365
 2　散村・小都市群地域の成立と変遷　368

  3　散村・小都市群地域の動向　374
第18章　オーストラリア・ビクトリア州の小都市群（伊藤　悟・藤井　正）…380
  1　LGA区分によるビクトリア州の地域特性　381
  2　中心地群の分析　386
  3　ホーシャム中心部における土地利用調査　389
  まとめ　393

終　章　散村・小都市群地域の動態と構造 ……………………（金田章裕）…395
  1　散村の動態と特性　395
  2　小都市群の動態と特性　399
  3　大都市圏・地方中核都市と散村・小都市群地域　401
  4　散村・小都市群地域の位置づけ　403

索　引　406

散村・小都市群地域の動態と構造

序章

散村・小都市群地域の特性と本書の目的

金田　章裕

　本書の対象は散村・小都市群地域という，日本の中でも強く認識されてこなかった地域である。しかしながら散村・小都市群地域は，その地域の自然環境に根ざしつつ，人々の生活と結びついて成立した典型的な地域のあり方の一つである。ただ，その特性や構造に関わる統合的研究はいままで極めて少なかった。本書は，このような散村・小都市群の構造と特性を解明することによって，この地域を明確に国土の構造の中に位置づけ，持続的で環境により適合性が高く，文化的伝統を生かすシステムの構築のための基礎を提供しようとするものである。

1　日本の地域的特性と散村・小都市群地域

　日本の国土は，経済活動・生活環境からみた場合，まず大都市圏と非大都市圏に二分される。非大都市圏では，経済活動や生活の利便性において，地方中枢・中核都市の都市圏内とそれ以外の地域が，かなりの差異を示している。前者の多くは県庁所在地クラスの都市を中核とし，後者にはそれが存在しない小都市群地域とでも称することのできる平野部の地域と，都市的要素の少ないいわゆる中山間地域が含まれる。

序章　散村・小都市群地域の特性と本書の目的

　これらのうち，大都市圏および地方中枢・中核都市圏については多面的な研究の蓄積が多く，また国土庁の数次におよぶ全国総合開発計画においても，その実態や位置づけについての議論が行われ，現実の対応も進んでいる。一方，過疎地の多い中山間地域についても研究が進められ，一定の制度的・行政的対応も具体化している。また，最近の全国総合開発計画では，非大都市圏，地方中枢・中核都市圏以外の地域について，多自然居住といった位置づけを導入する試みが行われている。しかし，伝統的な日本の地域構造において基本となる地域であった小都市群地域については，明確な位置づけが不十分なまま，しかもその地域構造についての総合的な視覚・検討を欠除したまま推移していると言ってよい。つまり，小都市群地域の構造や機能については，研究史の初期における基礎的な検討以外にほとんど研究が進んでおらず，あったとしても個別的な事例研究ないし事例記述にとどまっている。地域構造における位置づけや，機能の動態についてもほとんど注意が払われていない。その結果，小都市群地域は国土政策上において，いずれかの圏域に周辺的に組み込まれることがあっても，総合的位置づけを欠落したままの地域となっている。

　一方，村落の側においても，居住形態ないし空間パターンについてはいくつかの類型がある。代表的な類型は，農家が集中した集落形態である集村と，分散した孤立荘宅（散居）からなる集落形態である散村であり，その中間的な小村・疎塊村の集落形態もある。1970年と2000年農業センサスで使用されている「集居集落」がほぼ集村に，「散居集落」がほぼ散村に対応する。

　集村は，住居が基本的に相互に接しているという点で，居住形態として小都市と類似し，規模が小さい点と農業などの第一次産業を基本としているという点で，小都市と異なる。これに対し散村は，居住形態におい小都市とは全く異なるのみならず，形態・規模・機能の全てにおいて小都市とは対称的な空間パターンである。

　上述のような小都市群とともに，一定のまとまりのある地域を構成している農村には，集村からなるものも散村からなるものもあり，その中間的な小村・疎塊村からなるものもある。換言すれば，（a）集村・小都市群地域，（b）小村・疎塊村・小都市群地域，（c）散村・小都市群地域の三様が存在すること

になる。ただし、集村・小都市群地域における集村と小都市の規模・形態が漸移的であることから、両者の異同や相互関係を抽出する際には技術的問題が予測されるのに対し、散村・小都市群地域の場合、散村と小都市という対称的な差異を伴う居住形態からなる空間パターンは、その特性を抽出する上で極めて有効な対象となろう。しかも、散村・小都市群地域の分析結果を基礎として、漸移的な居住形態からなる空間パターンである集村・小都市群地域に対する分析視角を導くことが可能となるのみならず、集村・小都市群地域、および中間的な小村・疎塊村・小都市群地域の全般についても、一定の推定を及ぼすことが可能となろう。

　以上の視点から選んだのが、本書の対象である散村・小都市群地域である。その具体的検討に際して選定した事例地域が、日本を代表する散村・小都市群地域としてすでに著名な富山県砺波平野、岩手県北上盆地、北海道富良野盆地である。以下、この3地域を砺波地域・胆沢地域・富良野地域と略称することにしたいが、いずれも典型的な非大都市圏、非地方中枢・中核都市圏の小都市群地域であり、農家が散在して展開する散村地域でもある。

　これらの地域は、世界的に見た場合においても、世界各地の事例との基本的な共通点を有しつつ、同じように一定の独自の構造を有した地域である。この点の確認のためには、カナダの南オンタリオ地域と、オーストラリアのビクトリア州西部のウィメラ地域を選び、分析・比較の対象としたい。

2　散村・小都市群地域の成立と研究史

　（1）散村・小都市群地域の成立と基本的構成　事例地域の一つである砺波地域の開拓と居住は、17世紀の初頭まで選択的・分散的な状況が続き、8世紀後半の東大寺領開田地図にみられるような非連続的な耕地と屋敷の分布状況が基本的には大きく変わらず展開していたとみられる。17世紀以後、新田開発が進展し、典型的な散村が展開することとなった。このプロセスにおいては、入植・開拓および農業経営上の利便性が優先し、集村化して集村の居住形態とな

る契機がないままに散村が展開していたことになる[1]。この点では，胆沢地域も同様である。富良野地域・南オンタリオ地域・ウィメラ地域の場合は，入植計画そのものが明確に散村形態の居住を前提としており，集村化の契機がなかった点でも同様である。

　小都市群は，砺波地域の場合，中世後期以来一向宗の寺内町や交通結節点・物資交換地点などとして，いわば自然発生的に成立したものと，市町として近世に新たに「町立て」が行われたものの両者で構成されているが，いずれの場合にしても周辺散村の集散地として機能してきた。この点では他の国内・国外の事例地域も同様であるが，富良野地域・南オンタリオ地域・ウィメラ地域などの場合，さらに新しい時期の「町立て」による計画的な市街建設の方が一般的であった。

　つまり，本書で採り上げた事例地域は，成立時期を別とすれば，散村・小都市群として同列に対比し得ることになる。

　（2）散村研究史の視点と問題点　まず，散村研究の研究史を振り返って，分析視角を確立しておきたい。日本で最も早く，大正初期に開始された砺波散村の研究史は，既に昭和40年に石田竜次郎によって整理された[2]。それによれば，

　（1）　大正初期，小川・牧野両氏の端緒的論争
　（2）　昭和初頭の10年，もっぱら散村の起源と形態を問題にした時期
　（3）　戦後，農村生活と散居の関係を問題としたもの
　（4）　さらに散居農村の社会的諸問題を扱ったもの

という4段階に区分される。このうち（1）・（2）にかかわる砺波散村の成立，展開といった歴史地理学的視点については，別に詳細に述べた[3]ので再言しない。（3）・（4）段階の研究の多くは，集村地域との対比，もしくは集村地域の状況を念頭におきつつ，社会集団あるいは人類学的な各種の空間的まとまりやその内容を問題にしたものである。生活や文化・社会をめぐる諸問題がとりあげられているが，その対象の多くが経済的活動であり，また伝統的要素の抽出に力点がおかれていることが多い。

　この（3）・（4）の段階の研究を主導したのは，大阪市立大学文学部地理学教室のスタッフを中心とした人々であり，その一連の成果は1969年に集成・刊

行された[4]。そこには，前述のような視点の論文が「砺波平野の散村」というテーマの下に収載され，「大和平野の農村」など，他の地域・パターンとの比較の視点も明瞭に取り込まれた。これらの中には，砺波市鷹栖における幹線道路沿いへの住宅立地の集中のきざし[5]，あるいは圃場整備に至る変容過程[6]など，当時の新しい動向に注目した指摘が含まれていることにも留意しておきたい。1970年代に入ると，散村地域への大規模工場の進出という新しく出現した事態に対応し，その検討が行われるようになった。古川春夫・中山実[7]，北林吉弘ほか[8]，新藤正夫[9]などの一連の研究がそれである。これらによって，急速に進展した工業化の波に対応して進行した，散村地域における就業構造の変容が「農工一体化」という概念で把握された。一方の中心集落についても，砺波市の地誌的記述の中で，北陸自動車道のインターチェンジ付近の変貌が予測される[10]など，大規模な変化が研究者の目を集めた。

この頃からさらに，各農村地域における圃場整備事業の具体的な状況の報告が行われ[11]，一方では砺波散村地域を含む冬季の積雪をめぐるさまざまな問題に対しても検討が進んだ[12]。筆者もまた，圃場整備事業や冬季の積雪に対応する交通網維持のための設備・体制の整備を背景として，「農工一体化」をもたらしたような工場進出も，当面は散村景観の否定要因とはならず，それが散村居住のままで無理なく収入を得る機会を提供しているという点では，むしろ支持・安定の要因となっていることを指摘した[13]。また，砺波散村地域の孤立荘宅を特色づける屋敷森の現状や変化について，新たなデータ収集や分析が進んでいる[14]のも，近年の新しい動向である。

しかし現在までのところ，「農工一体化」という概念の提示以後，近年の地域構造の変化を把握するための考え方，視点が十分に示されているとはいえない。

（3）居住の場としての孤立荘宅　以上のような研究史において，散村地域の歴史的な展開をめぐる研究を別とすれば，戦後における砺波散村地域の研究は，主として次のような視点から行われていた。

（a）耕地・用水路・作物・農具・営農など，農業そのものにかかわる視点

（b）　農家の兼業化・工場立地など，就業構造や産業の機能を中心とした視点
　（c）　家族構造・人口増減など，人口の諸現象に直接かかわる視点
　（d）　血縁・地縁などのさまざまな地域集団や行政区画など，地域ないし社会集団の空間現象を中心とした視点
　（e）　圃場整備事業・交通体系・屋敷森・豪雪など，農業基盤や生活環境とその変化に注目する視点
　（f）　中心集落そのものに地誌的に注目する視点

　すなわち，（a）・（b）などは農業もしくは他の産業を含む経済機能を軸とした視点であり，（c）・（d）などは砺波散村地域の特性の抽出あるいは他地域との比較を意識した視点，（e）・（f）は比較的近年における景観の形態あるいは機能の変化にかかわる問題を扱うことの多い視点，といったふうに換言することができよう。

　たしかにこのような視点は，散村地域の分析や記述にとっては必要なものである。しかしこれらにおいては，散村の各孤立荘宅についてはあくまで農家としての把握であるし，中心集落と散村との関係についても，後述するような伝統的なパターンの枠組から多くを出ていない。先に述べたような地域構造の変化を分析するためには，このような視点のみでは十分とはいえない。新たに出現している状況を分析するためには，散村地域の家屋を単に農家としての孤立荘宅という伝統的な性格から分析するのみでは不十分である。農家とはいえない住居の増加や，その構造的背景を検討し得る視角が必要となる。

　そのためには，散村地域における生活・居住を，最も基本的な部分から検討しなおしてみることが不可欠である。散村地域に立地するさまざまな家屋について，どのような規模や性格の農家であろうと，あるいは農家であろうとなかろうと，いずれの場合にも共通し，かつ最も基本的である住居としての機能にこそ注目するべきであろう[15]。

　すでに，ドイツ社会地理学のルッペルト（K.Ruppert）等は，「基礎諸機能の領域における空間的に意味ある行動様式」を，次の5つに区分して把握している[16]。

①　居住する，共同社会で生活する
②　労働する
③　供給を受ける
④　教育を受ける（自らを形成する）
⑤　余暇行動

この5つの「基礎機能」の順序は優先順位を示すものではなく，またこれらの「基礎諸機能の展開にとっての前提をなし，それらを互いにからみ合わせるのに必須の活動」として，「交通とコミュニケーション」という機能が存在する，と位置づけている。

　さらにルッペルト等は，中欧・西欧・北米における①の基礎機能を「アーバニティ」と「ルーラリティ」の概念を設定して説明する。前者は，「都市的な生活様式，経済様式，および行動様式をつくりだすあらゆる要因の総体を表現するもの」とし，後者をその「反対概念」とする。前者は典型的には，「たとえば，農業社会における大（多世代）家族に対して，世帯規模の小さいこと，単身世帯ないし小家族の数が多いこと」，「出生率が著しく低い」こと，人口移動によって「年齢構成に著しい変動が生じている」ことなどをメルクマールとしてとらえられるとする。また「今日の中部ヨーロッパ地域では，もはや「都市」と「農村」とがそれぞれ理念型的特質をもって対立的に存在しているのではなくて，両者の—理論上の—極限形態の中間に幅広い漸移帯が存在」するとしている。

　このルッペルト等の位置づけからみても，前述のような散村地域における屋敷の住居としての機能をいかに把握するかが，構造変化を分析するための一つの重要な視点となると思われる[17]。

3　散村・小都市群地域の研究視角

　以上のような現状と研究史上の位置づけからすれば，日本の散村・小都市群地域は少なくとも次のような特性を有している。

序章　散村・小都市群地域の特性と本書の目的

（a）　日本の伝統的な経済活動であった農業を基本とする時期において，極めて基本的な地域構造であった。

（b）　しかし，農村部における第2種兼業農家の増大と，その一方における農村地域の基盤整備，モータリゼーションの進展による生活の利便性の増大に伴って，今や散村地域は，農業就業地としての機能よりも，居住地としての役割の方が大きくなっている。

（c）　小都市そのものの構造が変化し，各種都市施設・工場・店舗等の郊外立地が進むのみならず，より広い居住・駐車環境を求めて，住居の拡散も進み，農村地域との差が極めて少なくなり，散村・小都市群地域全体の均質化が進んでいる。

（d）　単一の小都市では，都市的施設が不足していても，都市郡として地方中核都市に近い形での機能の充足を果たすことが可能であり，砺波平野などではそれに近い状況が出現しつつある。これは北米でdispersed cityと呼ばれている概念に相当する実態つまり，新たな分散型都市環境の出現とみられる。

（e）　散村・小都市群地域は，非大都市圏であり，また，基本的に地方中枢・中核都市圏外でもあるが，例えば工場進出の進出元やツーリズムの旅行者の居住地の多くが大都市圏ないし地方中枢・中核都市圏であるという点では，大都市圏ないし地方中枢・中核都市圏の超郊外（exurb）あるいは都市圏外縁領域（urban field）として一定の関わりを有している。

（f）　以上のような地域構造の変容の中でもなお，散村・小都市群地域は自然の豊かな，かつ良質の居住・生活・就業環境を保持することの可能な地域である。

本書の目的は，このような特性を有する散村・小都市群地域の構造をより具体的に解明し，散村・小都市群地域がさらにすぐれた生活環境の場として展開するためにも，それを国土計画や各種地域計画・保全計画に積極的に位置づけるための第一歩とすることにある。

3 散村・小都市群地域の研究視角

1）金田章裕『条里と村落の歴史地理学研究』，大明堂，1985年，449〜504頁。
   金田章裕「砺波散村の展開とその要因」，『砺波散村地域研究所研究紀要』3，1986年。
2）石田竜次郎「砺波散村研究譜」，『砺波市史』，1965年。
3）金田章裕「砺波の散村と中心集落」，大明堂新日本地誌ゼミナール『中部地方』1983年。前掲注1）。
4）大阪市立大学地理学教室『日本の村落と都市』，ミネルヴァ書房，1969年。
5）橋本征治・宮井隆「圃場整備にいたる鷹栖の変容」，前掲注4）所収。
6）前掲。
7）古川春夫・中山実「周辺地域への工業の進出と農村の対応」，籠瀬良明ほか編『高度成長下の都市と農村』，古今書院，1970年。
8）北林吉弘・中山実・古川春夫・新藤正夫・須山盛彰・竹腰一雄「鈴木自動車KKの立地に伴う地域社会の変容」，富山県地域開発問題研究会，『地域開発問題研究』2，1972年。
9）新藤正夫「工場進出に伴う地域社会の変容」，『地域開発問題研究』2，前掲注8）。
10）伊藤喜栄「砺波市」，『地理』48-5，1973年。
11）日本地誌研究所編『日本地誌』10，二宮書店，1970年，130頁。
   富山県地域問題研究会編『富山平野の農業地域に関する基礎的研究　第2部　呉西地域』1978年，96〜116頁。
   新藤正夫「散村集落の高度経済成長への対応と問題点」，『高度成長下の都市と農村』（前掲）所収。
12）富山地学会編『豪雪』，古今書院，1982年。
13）金田，前掲注3）。
14）『砺波散村地域研究所研究紀要』5，「屋敷林シンポジウム特集」1988年，など。
15）日本の農村研究一般についても，農村を農業ないし農家としての側面からのみ分析するのが一般的である。例えば代表的な研究例である山本・北林・田林編『日本の農村空間——変貌する日本農村』（古今書院，1987年）では，日本の農村空間を8類型に区分しており，その中で最も都市化の進んだ都市近郊の場合を「郊外農村空間」としているが，その最大のメルクマールは恒常的安定兼業の比率の高さである。恒常的安定兼業とは，農家という分類からみれば兼業にほかならないとしても，内容的には極く一般的な雇用形態であり，非農家さらには都市住民の雇用関係と全く異なるところがない。農村の分類という視点に立てば，上述の「郊外農村空間」といった類型が必然的に出現することになろうが，現実には経済的にも生活様式の上でも農業以外の要素がはるかに大きくなっている地域をとらえる別の視角が必要となろう。ここに，居住地ないし居住空間として農村を再把握する必然性が存在する。
16）J. Maier, Reinhard Paesler, Karl Ruppert und Franz Schaffer, *Sozialgeographie*,

序章　散村・小都市群地域の特性と本書の目的

　　　Westermann, 1977年。
　　　石井・水岡・朝野訳『社会地理学』古今書院，1982年，121～193頁，以下，引用は同書の訳による。
17）ルッペルト等による②～⑤のうち，②は兼業化，「農工一体化」のような概念として多くの研究において，③・④は，これほどではないものの，前述（d)・(f) などともかかわる形で問題にされてきた。⑤については，小地域レベルでの分析では完結し難い対象であろう。

第 I 部
日本の散村・小都市群地域

扉写真：砺波平野の散村風景（提供：砺波散村地域研究所　撮影：新藤正夫）

A. 砺波地域

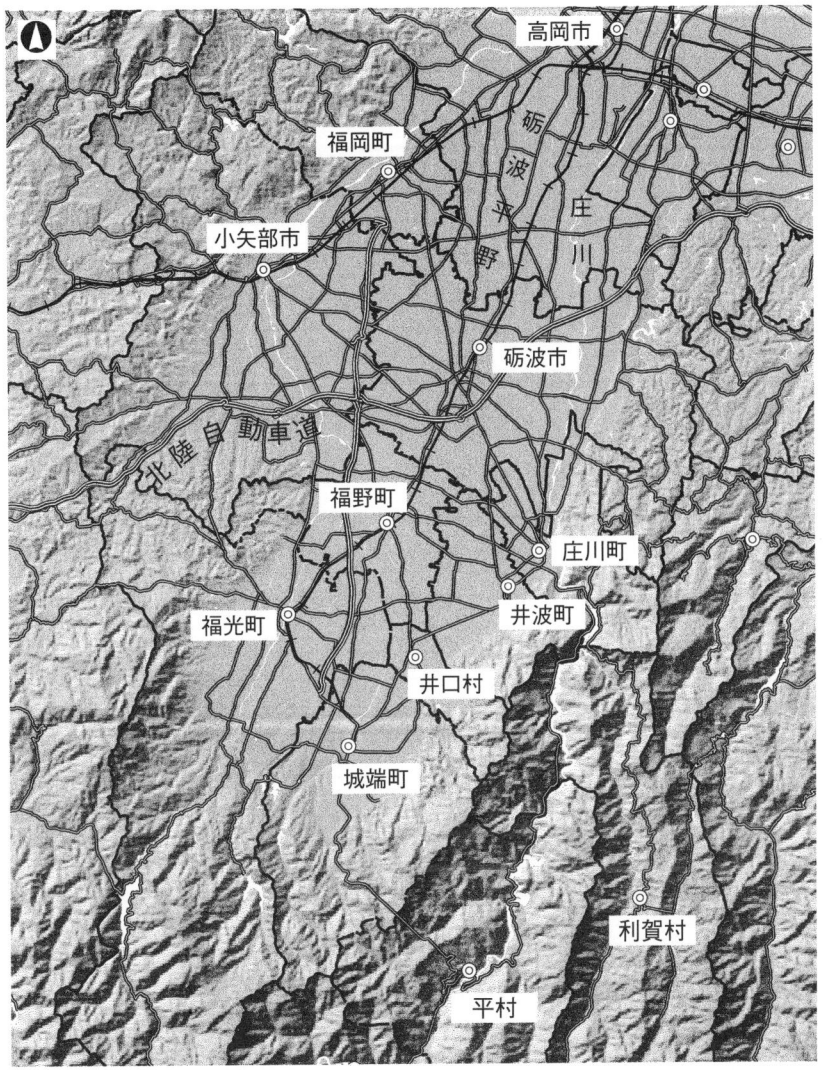

A. 砺波地域

砺波地域　現況概説

　砺波地域とはそもそも旧砺波郡域全域を指すが，その一部は現在，北の高岡市域に編入されている。その地区を除いた同地域は，砺波市を始めとする2市6町4村となる。しかし，このうち本書の対象とする散村・小都市群地域を構成するのは，南部山間部に位置する五箇山の三村（平・上平・利賀村）を除く砺波平野の部分である。この地域を本書では砺波地域と呼び，その現況を下の表に示した。

　この砺波地域は，東の庄川，西の小矢部川が形成した扇状地にあたる。とくに庄川は地図の庄川町という表記のあたりで山間部から平野に出て，その谷口付近を扇の要の扇頂とする大きな扇状地を生み出した。そしてその扇状地上にはさまざまな方向にいくつもの流れをつくってきており，たとえば福野町にあたる西方にも大きな旧河道が見られる。砺波地域の開発は古く，周辺部には古代から開発が進められたことが8世紀の東大寺墾田図などがわかる。中世以降，

	市町村名		面積 (km^2)	人口 (国勢調査)	人口増減率 (%)	人口密度 (人/km^2)	DID面積 (km^2)
	砺波地域計		622.28	152,901	−0.8	245.7	4.39
	砺波市		96.22	40,744	5.7	423.4	0.00
	小矢部市		134.11	34,625	−3.2	258.2	1.75
砺波地域	東砺波郡	城端町	64.99	9,948	−6.2	153.1	0.00
	〃	庄川町	30.74	7,348	−0.5	239.0	0.00
	〃	井波町	26.20	10,373	−5.1	395.9	1.36
	〃	井口村	11.50	1,296	−4.6	112.7	0.00
	〃	福野町	31.71	14,682	−2.4	463.0	0.00
	西砺波郡	福光町	168.05	20,387	−4.0	121.3	1.28
	〃	福岡町	58.76	13,498	2.1	229.7	0.00
五箇山地域	東砺波郡	平村	94.06	1,416	−12.6	15.1	0.00
	〃	上平村	94.77	997	−1.9	10.5	0.00
	〃	利賀村	177.58	1,083	−6.7	6.1	0.00
中心都市	富山市		208.81	325,700	0.1	1559.8	52.11
	高岡市		150.55	172,184	−0.8	1143.7	22.80

このような開拓地の散村・小村の景観がしだいに扇状地上にも展開していったと考えられる。そして近世以降においても，このような砺波地域の村落景観は自然条件や社会的な諸要因によって維持され，集村化は進まなかった。

このように広範に展開する散村地域とその中心地として分散立地する小規模市街地からなる散村・小都市群地域の現代の景観的特徴は，屋敷森を持つ孤立荘宅群が維持されてきたことともに，農業近代化による圃場・道路整備された村落景観にもある。そしてまた下表にみるように，人口密度4千人／km^2 以上で総計5千人以上が住むDID（人口集中地区）として国勢調査で設定される市街地が，中心となる砺波市で1985年以降消失していることもあげられよう。砺波地域は北隣の高岡市の存在もあり，水沢や富良野を有する国内の他の二つの事例地域（胆沢・富良野）に比較して，小都市の地位・規模の点では低位であるが，逆に人口密度の高い散村地域とも言える。

1990年代後半の人口推移を見ると，砺波地域全体では若干の減少を示すが，南北地域間でその様相を異にする。北部の砺波市・福岡町は人口増加市町であ

老年人口(人)	高齢化率(%)	昼夜間人口比(%)	世帯規模(人／世帯)	産業別就業人口構成比		
				第1次(%)	第2次(%)	第3次(%)
35,765	23.4	95.07	3.62	5.7	43.7	50.6
8,574	21.0	99.01	3.57	5.8	40.5	53.6
8,137	23.5	94.88	3.71	5.0	43.9	51.1
2,728	27.4	89.16	3.52	6.4	49.6	43.7
1,774	24.1	81.31	3.47	4.6	44.9	50.5
2,664	25.7	91.91	3.59	5.4	41.9	52.6
320	24.7	74.85	4.15	5.0	45.4	49.6
3,469	23.6	102.27	3.69	6.5	43.3	50.1
5,128	25.2	95.19	3.63	6.6	46.6	46.7
2,971	22.0	91.86	3.57	5.4	44.0	50.3
511	36.1	100.99	3.05	7.1	38.9	54.0
277	27.8	106.82	2.72	3.2	46.6	50.2
324	29.9	106.65	2.52	5.1	38.2	56.7
60,916	18.7	111.36	2.76	2.4	30.6	66.5
35,449	20.6	103.60	3.11	2.2	39.1	58.6

統計年次は2000年，増減率は1995－2000年。

A. 砺波地域

り，特に砺波市は1995～2000年間に5.7%の急増を示し，人口4万人を突破した。これは高岡市の都市圏拡大や北陸自動車道砺波インター周辺地区などへの新規の工場進出の結果と考えられる。一方，南部の各町村は城端町（-6.2%），井波町（-5.1%）を始め，何れも大きな人口減少を経験しており，都市化の影響はここまでは及ばない。こうした人口増減の南北差は高齢化の進行とも関わっており，高齢化率は砺波市・福岡町で低く，城端・井波・福光町で25%を上回る。

砺波散村地域では，カイニョ（屋敷森）で囲まれた大規模家屋での多世代同居という世帯形態が卓越していた。近年では，住宅団地の建設など核家族化が進行したとされるが，それでも世帯規模は平均3.62と高い水準を維持している。

北部で人口増加がみられたものの，従業通学先等が依然として砺波地域外に求められていることは，砺波市と福野町以外の市町村で昼間人口が夜間人口をかなり下回ることから明らかである。むしろ，モータリゼーションの進展に伴い，高岡市・富山市等への通勤が容易になり，このような面では砺波地域は近隣都市圏の中に包摂されつつある。

従来，散村景観は農業生産システムと密接に結びつき維持されてきた。約30年前には砺波地域の第1次産業就業人口は全就業人口の50%程度を占めており，地域の中心産業は農業であった。しかし，今や砺波地域の第1次産業就業人口構成比率は5.7%に，農家率も30%程度にまでそれぞれ低下し，産業構造の中心は第2次・第3次産業に移行した。砺波地域の場合，第2次産業の就業人口が各市町村で40%台の高率を示すことが特徴的である。かねてから当地域では農家兼業や紡績業・伝統産業等の存在から製造業就業率が比較的高かったが，近年では農業近代化とモータリゼーションの展開により生み出された北陸自動車道への近接性や豊富な労働力を志向して，電気機械などの工場が立地して域内雇用を担っている。また，散村地域に進出した商業・サービス業が，第3次産業の雇用・売上の多くを担いつつある。このように砺波の散村・小都市群地域もさらなる変容の中にあるといえよう。

第1章
砺波散村地域の構造変化

金 田 章 裕

　砺波散村地域は，本書の主題である散村・小都市群地域の典型といってよい。農家は周囲の水田を経営する孤立荘宅（散居）の形態となって散在し，砺波散村地域全体としては11ヶ所の中心集落（町ないし市街）が相互に数キロメートルの距離をおいて点在している。このような景観として顕在している地域構造は，それが成立・形成された時期には，この地の自然環境を基礎とし，また強い経済的・社会的必然性を有していた。

　本章ではまず，この伝統的構造を抽出しておきたい。その上で，圃場整備を含む農業基盤の近代化，機械化，さらにはモータリゼーションを始めとするさまざまな生活全体の変化に伴って急速に進行している伝統的構造の変容過程をたどりたい。その構造変化の動態そのものが，散村・小都市群の一つの大きな特徴であり，現代の散村・小都市郡地域の地域構造を示す重要な指標となろう。

1　砺波散村地域の伝統的構造

　砺波散村の各孤立荘宅の農家は，それぞれの経営耕地を屋敷周辺に集中し，農家の周囲の屋敷林とともにいわば「生活の完結体」をなしていた[1]。孤立荘宅は，農業経営上極めて有利な居住形態・集落形態であったのである。しかし，

第1章　砺波散村地域の構造変化

各孤立荘宅が文字通り孤立した生活をしていたわけではない。共通の農作業や節目節目の祭事など，開拓のプロセスや地縁的・結縁的かかわりを背景とした各種の結びつきがあり，かつて水津一朗が抽出した「シマ」レベルの地域集団が成立し[2]，いくつかの「シマ」が集合して村を構成していた。

第1表　砺波平野における旧町村別農家戸数比率（1950年）

町村名	分類	総世帯数	農家比率(%)	専業農家比率(%)	町村名	分類	総世帯数	農家比率(%)	専業農家比率(%)
城端	A	1068	5	9	荒川	C	280	88	45
石動	A	2154	7	28	北般若	C	429	88	22
井波	A	1477	12	12	庄下	C	266	88	40
福光	A	1374	14	18	林	C	420	89	48
出町	A	1417	24	42	宮島	B	225	89	38
戸出	A	1102	32	29	南谷	B	378	89	66
福野	A	2379	45	55	山野	C	403	89	57
青島	A	403	46	23	南蟹谷	B	322	89	61
中田	A	602	50	30	五位山	B	319	90	99
東山見	B	662	51	20	山田	C	362	90	52
吉江	C	640	54	48	南山見	C	265	90	67
津沢	A	562	54	51	北野	C	266	91	59
福岡	A	1145	58	57	是戸	C	253	91	33
埴生	B	434	71	46	般若野	C	337	91	31
南山田	B	589	74	54	醍醐	C	252	92	45
薮波	C	342	78	73	井口	C	307	92	65
油田	C	334	78	36	西太美	B	319	92	48
般若	B	514	82	41	石黒	C	233	93	79
栴檀野	B	370	82	24	高瀬	C	387	94	64
太田	C	361	82	44	正得	C	250	94	44
中野	C	356	83	36	水島	C	441	94	60
鷹栖	C	439	84	40	五鹿屋	C	340	94	38
子撫	C	231	85	45	太美山	B	261	94	20
東般若	C	357	86	24	高波	C	313	94	57
東蟹谷	C	345	86	69	広瀬	C	240	94	61
雄神	B	261	86	17	大鋸屋	B	354	94	54
松沢	C	315	86	78	南般若	C	266	94	39
東野尻	C	335	86	34	北山田	C	357	95	51
赤丸	C	279	86	56	種田	C	218	95	55
西五位山	C	450	86	59	広瀬館	C	180	96	53
北蟹谷	B	457	87	84	東石黒	C	302	96	60
柳瀬	C	245	87	31	若林	C	487	96	50
栴檀山	B	327	88	17	蓑谷	B	272	98	64
西野尻	C	375	88	49	東太美	C	388	98	79

総世帯数に占める農家戸数比率の低いものから順に配列

このような砺波散村地域において，機能的な結びつきの核としての中心集落が，あるものは自然発生的に，あるものは開拓の進展に伴う必要から計画的に建設されて成立した[3]。中心集落の分布には，一定の規則性がみられ，その中心地システムには，クリスタラーが南ドイツで析出したパターンの一つ正方形K4原理が妥当するとされている[4]。

さて，戦後まだ間もない1950年の段階においては，砺波平野はまだ十分に伝統的な構造を保持していたとみられる。そこで，まず同年の旧町村別の総世帯数とそのうちの農家数の比率，さらに専業，第1種・第2種兼業農家の比率を検討することにしたい[5]。旧町村を3分類し，1950年代前半の町村合併の核となった町村をA「中心集落」，平野の縁辺部ないし外縁に位置して村域の大半が山地と谷からなっているものをB「山村」，平野部ないし主として平野部からなっているものをC「農村」とすれば，「中心集落」は，農家比率の低い方から，城端・石動・井波・福光・出町・戸出・福野・青島・中田・津沢・福岡の11であり，このうちの青島を除く10はすでに1950年代の町村合併以前から町制となっていた（第1表参照）。

当然のことながら中心集落には非農家が多く，農家比率5.2〜57.6％であり，山村は農村に比べると相対的にこの比率が低い場合が多いことも，改めて説明を必要とすることではない。例外的に中心集落群のうちの農家比率の高い方のグループに近い2例のうち，東山見村は庄川峡谷の「山村」であり，もう一つの例の吉江村の方は「農村」であるが，同村は総世帯数が640戸に達し，「中心集落」の一つである福光町に隣接して，むしろその一部を構成しているものである。したがって「山村」を除いて，砺波平野の「中心集落」と「農村」とを対置した場合，両者は農家が占める比率の大小によって明確に区分ができることになる。「中心集落」の平均は，総世帯数1,244戸，農家の占める比率27.6％であり，「農村」のそれは，それぞれ332戸，87.9％であるから両者の違いは極めて大きい。

一方，農家のうちわけは，専業・第1種兼業・第2種兼業が，「中心集落」で平均42.3％・36.8％・20.9％であり，「農村」の平均51.4％・38.2％・10.5％と比べると，兼業化の進展が大きいものの，基本的には大差がない[6]。この事実

第1章　砺波散村地域の構造変化

は「中心集落」の市街地の近郊であろうと，典型的な「農村」の部分であろうと，兼業化の進展に若干の圏構造的特徴がみられるとしても，農家の就業構造に基本的な違いが存在しなかったことを意味するとみられる。居住パターンもまた同様であり，「中心集落」町村の農家であっても，「農村」の農家と同様に，孤立荘宅ないしは孤立荘宅的な立地状況を呈する場合が多い。

　以上のように，砺波散村地域の「散村」と「中心集落」は，農家戸数の比率ないし非農家戸数の比率によって，極めて容易にかつ明瞭に抽出できる存在であった。この1950年のセンサス時点のそれを伝統的な状態と仮定するとすれば，「中心集落」は，ほとんどが非農家からなる市街地を有し，散村地域の「農村」は約88％を占める孤立荘宅の農家で構成される状態であったことになる。農業の規模はさまざまであっても，明らかにこの段階では，孤立荘宅は何よりもまず営農の場所，就業の場所であった。

　さらに，すでにさまざまな形で明らかにされているように，砺波散村地域における当時の耕地の区画が小規模かつ不規則な形態であったこと，道路もまた細かつ屈曲していたことなども同時に想起しておきたい。明治時代以来，主要道路の拡幅や県道の整備が各地で断続的に行われたが，それでも基本的には第1図に示すような状況が続いていた[7]。同図にみられるように，主要道路は各中心集落から周辺に延びる不規則な放射状を呈していた。各「農村」は，これらの道路によって中心集落と結びついていた。最も基本的な徒歩交通によれば，5～6km間隔で立地する最寄りのいずれかの中心集落へ，片道ほぼ1時間以内で到達し得たとみられる。徒歩交通圏を基本として成立した各中心集落が，周辺農村への商品の供給と，周辺農村からの農産物およびその各種加工品の集散機能を果たしてきたことになる。ただし第1次世界大戦以後は，自転車の普及が著しく，1950年には1戸当たり平均1台以上が保有されていたと考えられるから，自転車での時間距離は大幅に短縮する[8]。

　各「農村」の平均49％を占める第1種・第2種の兼業は，村内においても村外においても行われており，例えば渡辺久雄の調査によれば，1954年の鷹栖村の場合，兼業者の就業先は村内37％，村外63％であり，非農者のそれはそれぞれ，48％と52％であった[9]。兼業者および非農者の双方とも，すでに半数以上

1　砺波散村地域の伝統的構造

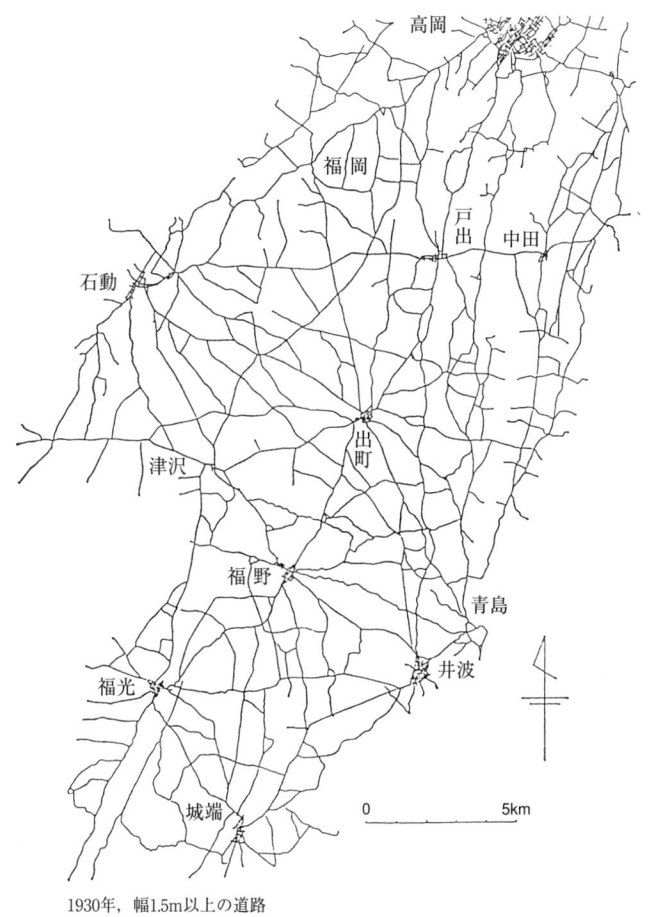

1930年，幅1.5m以上の道路

第1図　砺波平野における圃場整備以前の主要道路

が村外において就業していたことになる。この鷹栖村の場合，宮町と通称される主要路の県道沿いへと，前述のように非農家が早くから集中し始めていたことが報告されており[10]，「農村」の各地において類似のきざしが現れていたであろうことも確認しておきたい。

第1章　砺波散村地域の構造変化

2　散村と中心集落の諸関係

　村外就業の就業先の多くは最寄りの中心集落であるが，それ以外の中心集落であることも必ずしも珍しくはなかった。砺波平野では，北部の地域中心都市高岡から戸出・出町・福野・福光・城端と，中心集落を南北に貫く鉄道が明治30年に一部，同31年に全線開通し，これと交差して石動・津沢・福野・井波・青島を結ぶ鉄道も大正4年に一部が，同11年に全線が開通していた。したがって，比較的早い段階から鉄道による通勤が可能であった。また，中学・高校の多くはこれら中心集落に存在したから，就業先のみならず通学先においても，状況は類似していたことになろう。1950年ごろにはこのように，すでに兼業化を軸として，砺波散村地域は変化の過程に入っていた。しかし，依然として孤立荘宅の「農村」のほとんどが農家であり，「中心集落」の市街地とは全く異なった存在であった。ルッペルト等による「ルーラリティ」と「アーバニティ」の概念が[11]，ほぼ典型的な形で適用できるような状況であったといえよう。孤立荘宅の農家は，確かに農業経営上は有利な形態であった。しかし，兼業先を村外に求めねばならないとすると，市街地から離れ，細い曲がりくねった道をたどることは明らかに不利な条件であった。居住の場としての孤立荘宅はむしろさまざまな不便さを伴ったものであった。

　砺波散村地域における孤立荘宅と中心集落は，前述のように伝統的には相互補完的な存在であった。しかも同時に，就業構造や居住様式の面からみれば，両者は異質的ないし対立的な存在であり，統計的にも住民の農家・非農家の構成によって，容易にかつ明瞭に識別できる存在であった。このような相互関係は，砺波平野のみならず，町と村，都市と村落一般に共通するものであるが，散村地域においてはより明瞭な形で存在する。例えば1950年代前半に全国的に進行した町村合併の過程において，このような相互補完的かつ相互対立的な構造が顕在した形で認識された。

　出町を中心に合併が進行して砺波市が成立する過程において，渡辺久雄は次

のような状況を確認している[12]。「出町中心の合併進行の経過を眺めると，村民たちの間に合併条件をめぐっての価値志向の激しい動揺をはっきり認めることができる。一応経済的には中心集落である出町への依頼性を認めながらも，政治的には一抹の不安を感じ，長年にわたる農村生活で浸み込んだ封鎖，封建性は彼らの社会の構成員として等質的な農村を惰性的にとろうとし，異質的であることが農村の美風，制度の破壊とすら受取りかねね有様であった」。「一方核心となる出町の側において考えると，同質的な他町の合併はその町の持つ歴史伝統の故に困難であり，地理的にもその間の幾つかの農村を挟むこと，むしろ都市と比較して異質的な農村を合併する方が機能的な依存関係においてより有利な立場に立つので，この方向へ進むことを希望した」。

このように，「中心集落」と「農村」との違いが双方から強く意識された。しかし，農村の方のいくつかの村議会における反対票の存在にもかかわらず，砺波平野ではほとんどが中心集落を核とする行政領域となった[13]。この結果，新しい行政領域は機能的な地域構造の側面を基礎とし，行政サービスの面では一体化したが，中心市街と散村との相互補完的かつ対立的な構造が即座に解消したわけではない。

3　モータリゼーションと圃場整備

1955年の段階では，砺波平野のバス路線網は，中心集落から周辺へのルートを中心としたものであり，まだ密度も運行回数も少なかった。中山・北林の整理[14]によれば，路線網の密度においても，運行回数においてもその後次第に充実し，1960年代後半にピークを迎える。しかし，1965年には中心集落，とりわけ地域中心都市周辺部での充実が進む一方，山間部や平野部の一部分において廃止路線が出現し始めた。その背景には1960年代前半から始まったモータリゼーションの進行がある。1965年にはすでに，砺波市0.9世帯／台，小矢部市1.2世帯／台，西砺波郡1.3世帯／台，東砺波郡1.4世帯／台という，当時としては極めて高い自動車普及率を示していた。

第1章　砺波散村地域の構造変化

　富山県全体の旅客輸送からみれば，1965年には鉄道50.5％，バス37.1％，タクシーを含む乗用車12.4％であったが，1968年にバス輸送がピークを迎えてから減少に向かい，1975年には自家用車のみで50.5％と半分以上を占めるに至った[15]。

　前述のように，すでに1965年に1世代平均1台以上に達していた砺波市の自動車保有台数は，その後もなお急速に増大し続けた。1971年にはすでに乗用車台数のみで世帯数をうわまわっており，1986年には，総世帯数8,785に対し，総自動車台数20,141，うち自家用乗用車10,214，自家用貨物自動車8,481となっていた[16]。1世帯当り，総数で2.28台，自家用乗用車のみで1.16台，農業用などの軽貨物自動車が7割弱を占める自家用貨物自動車が0.97台，という高率に達していた。現実には砺波市の孤立荘宅には平均2～3台の自家用車が存在しているのが現状である。

　このような自動車の普及は，前述のような伝統的な道路事情のままでは不可能であり，一方で道路の改良・舗装が著しく進んだことも重要な要因であった。1965年に県道の改良率45％，舗装率18％であったものが，1975年にはそれぞれ71％，68％となった。これに合わせて市町村道の整備も進行しており，例えば砺波市では1978年に舗装率65％となっていた[17]。

　1962年に砺波市東野尻地区・福野町東石黒地区の一部で始まった圃場整備事業は，平野全域にわたって急速に進行し，1980年までの砺波平野における施行累計面積は17,405haであり，施行可能面積の93.9％に達した[18]。つまりこの段階ですでに，中心集落縁辺の極く一部を除き，平野全域の圃場整備が完了していたことになる。モータリゼーションと同様に，圃場整備事業もまた砺波平野固有のものではない。しかし，その早い施行の時期と施行率の高さには，自動車の保有台数の多さとともに注目しておかねばならない。

　おおむね30～40haの水田区画の造成を目的とした圃場整備事業は，しかし砺波散村地域では次のような問題点を有していた[19]。①圃場整備の単位ごとに地割方向が異なり，複雑な様相を呈すること，②散在する孤立荘宅をそのままにしているために，耕地が予定通りの面積・形状とならないこと，③電柱・水道管・宅地用水・宅道に要する経費が，集村地帯に比べて著しく大きいこと，

④道路の拡張・用排水路の分離などで約10％の耕地が減少し，配分される面積が減ったこと，⑤農作業の全てが能率化したとは限らず，排水のよくない水田ができたりしたこと，などが主要なものであった。

このような問題点にもかかわらず，農作業の機械化・省力化は明らかに進行し[20]，散村地域における道路事情は飛躍的に向上した。前述のように，第1図のような道路パターンから徐々に整備が進んでいた道路は，圃場整備事業が9割方完了した1977年には第2図のようなパターンとなっていた。すなわち，農

1977年，幅2m以上の道路

第2図　砺波平野における圃場整備以後の主要道路

業基盤整備事業としての圃場整備事業は，同時に一般的なインフラストラクチュアの整備をも行ったことになる。特に第2図のように整備された道路網と，③のような，経費増に耐えながら実施された，幅3〜4mの宅地への道路と水道・水路とは，各孤立荘宅の生活条件と交通条件を大いに向上させた。

一方で，家屋そのものの増改築や各種電気器具・電話などの普及も同時に急速に進行したから，居住の場としての孤立荘宅の環境が著しく整ったといえよう。モータリゼーションの結果を前提とすれば，何台分もの駐車スペースを自由に確保できる点では，孤立荘宅の方が旧来の中心集落の宅地よりは好都合でさえあることになる。

散村地域におけるインフラストラクチュアの整備は，工業にとっても好条件であった。いくつかの大工場を初めとする散村地域への工場進出もまた，圃場整備事業の進展の結果と見なし得る側面がある。そのような工場への自家用車による通勤の実状が，「農工一体化」の概念で表現される地域構造の基盤となったものであった[21]。

4　散村における非農家の増加

1950年において，すでに兼業化は始まっていたものの，まだ伝統的な散村と中心集落の構造を保持していたことはこれまで指摘したとおりである。農村地帯の村では，平均すると総世帯数の88%が農家であり，うち専業が半数を超えていた。これが大きく変化するのは一般的な現象であるが，砺波市に含まれる17の旧町村（出町・庄下・中野・五鹿屋・東野尻・鷹栖・若林・林・高波・油田・南般若・柳瀬・太田・般若・東般若・栴檀野・栴檀山）別に検討すると次のようになる。

①全域が山間にある栴檀山を除き，いずれの町村においても総世帯数に占める農家戸数の比率が低下していること，②専業農家がわずか0.9〜5.4%にまで減少していること，③第2種兼業農家が86.1〜96.8%にまで増加していることが知られる。

①は農家戸数そのものの減少をも反映しているが，それとともに総世帯数の

増加による部分が多い。農家戸数比率の低下の傾向からすれば，さらに次の4つのパターンのあることが判明する。（a）23.5%から13.7%へと，もともと低かった比率がさらに低下した出町，（b）77.8%から23.4%へと大きく低下した油田，および84～89%から43～50%程度へと低下した林・庄下・鷹栖など，（c）低下はしているが（b）よりはゆるやかで60～70%程度となっている五鹿屋・東野尻・中野・柳瀬・南般若・太田・栴檀野・般若・東般若など，（d）依然として80%以上である高波・若林・栴檀山など，の4パターンである。（b），（c），（d）の順に中心集落である出町（a）から離れているとみなすことができるから，かつて人口密度や兼業化について指摘された[22]と同じような圏構造を指摘することが可能である。したがって農家戸数比率の低下は，中心集落との関係において発生している現象であることが判明する。

　一方，②，③が示すところははるかに単純であり，わずかの例外を除けばほとんどの農家が第2種兼業農家になった，と表現して大過ない。

　さて，農業センサスが農家とするのは，わずか10a（畝）以上の経営耕地を有するものすべてであり，さらにそれ以下でも若干の農産物販売額のあったものまで含んでいる[23]。つまり圃場整備事業を軸とした農業の機械化・省力化によって，かつての専業農家がその耕地を維持しながら兼業農家になったものから，極くわずかの耕地を有しているだけのものまでを広く包括していることになる。現在，このような耕地を経営している世帯は，ほとんどすべてがその土地固有の居住者ないしその一部の分家であると考えてよい。しかも，かつて農家であったものがほとんど農業をやめてしまった場合においても，そこに居住し続ける場合に10aや20aの耕地を残すのが普通である。したがって農業センサスの農家とは，少なくとも砺波散村地域では，ずっと以前からの農家のほぼすべてを含むものとみられる。

　とすれば，農家以外の世帯は次の3類型で構成されていると考えられることになる。（イ）1950年以前から非農家であった家およびその分家，（ロ）農家の分家で農地の分与を受けなかったもの[24]，（ハ）新しく農村地域に移り住んだ家，の3者である。農家戸数が占める比率の大幅な低下は主としてこの（イ）・（ロ）・（ハ）の要因に起因していると考えられる。

以上のように,かつて農村部各旧村の世帯の9割近くを占めた農家が,主として世帯数の増加によってその比率が大きく低下し,しかもほとんどが第2種兼業農家になりつつも孤立荘宅に住み続けていることが知られる。世帯数の増加は,旧村内居住者の分家と新しく農村地域に移り住んだ人々によると考えられるが,この非農家の増加についてはさらに検討を要する。ただし,農家・非農家のいずれの場合にしても,極く一部の農家を除いて,孤立荘宅ないし散村部分はすでに,就業の場ないし生産の場であるよりも,単に居住の場として存在するか,その性格を飛躍的に強めていることになる。

5 人口移動の動向

散村地域の農村部における非農家の存在について,今までの研究でも無視されてきたわけではない。1969年,橋本征治と宮井隆は次のように総括している[25]。「昭和25年以降に分家様式は著しく変化」し,「農業を離れ」て,「生活に便利な県道筋の集居部に集中する」。また農家は,「耕地を自家周囲へ集中する努力を常に営み」「圃場整備による道路網の整備は従来の日常生活の不便さをある程度解消し」,さらに「すでに家に莫大な投資をしているなどの要因を内包しており,散居制維持の線に沿って動いている」とする。したがって,「他産業がどれほどの人口を集居部に収容する力を持つようになるか,また散居を否定するような農業経営上の変化,生活様式の変化がどのように展開されるか,すべて今後の散居村落の自律性にかかっている」,と考えた。すなわち圃場整備後においても,「非計画的散居であるために,屋敷が耕地の真ん中にきたりするマイナス要因が,将来は散居制変容の一因として働くであろう」ことを含め,孤立荘宅から道路沿いへの集中の動向を予測した。

一方この翌年,自身が孤立荘宅の居住者でもある新藤正夫は,「散居集落の集村化は困難であろう」とし,「むしろ将来は,緑の耕地の中に点在し,屋敷林に囲まれた広い宅地を有する散居集落の家は,都市への通勤者の生活の場として生かすことができる」,と考えた[26]。

5 人口移動の動向

　現在から見れば，少なくとも旧来からの農家については，前述のように明らかに新藤の予測を裏づける結果となっている。問題は橋本・宮井が注目した分家であり，また先に存在の可能性を推測したような新しく移り住んだ人々である。

　さて，9つの中心集落を含む旧町村の人口は，1989年において，石動9,548人，出町6,839人，福岡8,250人，井波6,795人，福光5,855人，福野4,724人，城端3,735人，津沢3,376人，青島2,373人であるが，1985年の段階でDID（国勢調査における市街地認定の基準で，人口密度4,000人以上，人口5,000人以上）を有したのは小矢部市（石動10,158人），福光町（6,733人），福野町（5,016人）の3ヶ所のみであり，砺波市（出町）は1980年にDIDを有していた（5,031人）が，1985年にはその基準以下となっており，福光・福野もDID人口は低下している。統計単位としては大きく見える福岡・井波は，城端・津沢・青島等と共にDIDの基準に達しない市街地でしかない。このうちの小規模な方の中心集落を含む福岡・青島・津沢がそれぞれ35%・13%・7%の人口増加を示している。福岡は35%もの人口増を示しているが，これは砺波平野北部の中心都市高岡の郊外住宅地としての性格を強めた結果であり，青島はもともと連担した中心集落を構成する東山見と合算するとほとんど変化がなく，現在の市や町の核とはならなかった津沢の場合も増加はわずかである。しかも，福岡・青島・津沢の3地区ともに，いずれもかなり広域を占めることに留意しておきたい。小矢部市のDID人口のみは増加しているが，旧石動町の市街地を含む石動地区そのものの人口は，逆に減少している。DIDを失った砺波市をはじめ，井波・福野・城端では旧来の中心集落部分が市・町域全体に占める人口比はむしろ低下しつつあることに注目しなければならない。

　以上のように，低位の中心集落を含み，かつ広域を有する地区を除けば，むしろ中心集落の人口は停滞ないし減少傾向にあることが知られる（第2表参照）。ところがこの一方で人口が増大している地区もある。砺波市庄下・鷹栖・林・油田・小矢部市・松沢・荒川・薮波，井波町山野，福野町野尻・南野尻・広塚・福光町石黒・広瀬・吉江の各地区である。以上の各地区は，すべて中心集落を含む地区に隣接する位置であることに注目したい。第3図のように，これらの

第1章 砺波散村地域の構造変化

第2表 砺波平野における市町別・地区（旧町村）別人口動向

(1950年を100とした1989年の指数)

市町・地区名	人口	世帯数	市町・地区名	人口	世帯数
砺波市	98	129	宮島	64	81
＊出町	96	130	＊津沢	107	148
庄下	119	167	南部	82	99
中野	81	100	水島	89	110
五鹿屋	87	116	薮波	110	152
東野尻	94	117	東蟹谷	85	101
鷹栖	111	143			
若林	90	120	城端町	81	107
林	131	182	＊城端	76	93
高波	83	103	南山田	93	143
油田	200	294	大鋸屋	79	102
南般若	95	125	蓑谷	70	96
柳瀬	74	94	北野	78	105
太田	84	111			
般若	88	113	福野町	101	132
東般若	76	97	＊福野	78	107
栴檀野	84	102	野尻	133	180
栴檀山	50	70	南野尻	111	140
			高瀬	93	108
井波町	89	120	広塚	128	172
＊井波	84	123	東石黒	99	132
南山見	89	120	安居	97	122
山野	123	124			
高瀬	75	93	福光町	89	117
			＊福光	89	117
福岡町	106	140	石黒	139	176
＊福岡	135	179	広瀬	109	150
西五位	93	114	広瀬舘	82	99
五位山	45	67	西太美	65	81
赤丸	82	110	東太美	79	87
			吉江	128	168
小矢部市	98	127	北山田	92	120
＊石動	94	113	山田	76	124
南谷	61	92	太美山	46	58
埴生	160	226	南蟹谷	51	68
北蟹谷	69	89			
松沢	143	202	庄川町	93	121
若林	89	110	＊青島	113	153
正得	96	118	東山見	92	120
荒川	126	167	雄神	78	92
子撫	95	139	種田	79	98

＊は「中心集落」

5 人口移動の動向

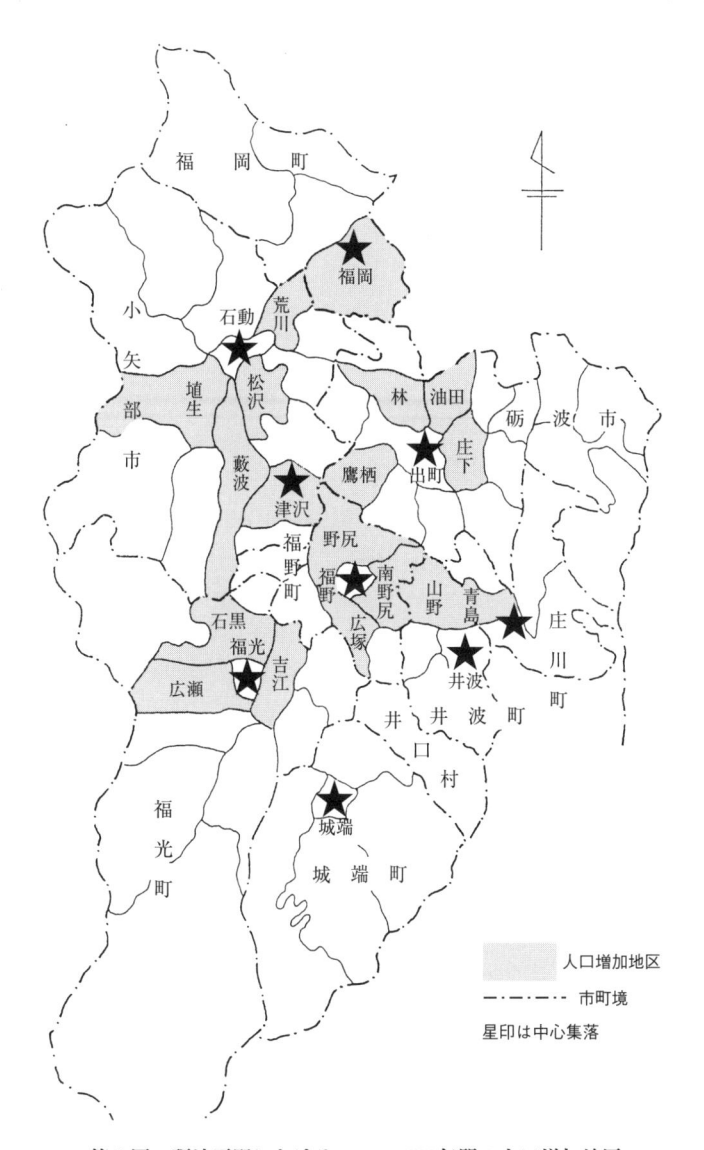

第3図　砺波平野における1950－1989年間の人口増加地区

人口が増加している地区は，中心集落を取り巻くような位置を占めていることが知られる。この点からいえば，福岡・津沢・青島は中心集落の規模が小さい

33

第1章　砺波散村地域の構造変化

のであるから，同様の位置の部分を地域内に含んでいることになるのであろう。
　つまり，孤立荘宅からなる農村部の場合においても，中心集落からあまり遠くない部分ではむしろ人口増加を示す場合があることになる[27]。このような人口増加は非農家の増大によるものであるから，先に推定した3つの類型のうち，新しく農村地帯に移り住んだものによる部分が大きな割合を占めていることになる。しかも第3図で指摘したように中心集落の周辺地区にそれが多いことからすれば，中心集落との関係において出現している現象である可能性が高いことにもなろう。

6　居住地の移動動向

　前述のように，砺波平野における人口と世帯の動向を最も典型的に示しているのは，砺波市・福野町などの平野中央部に位置する市と町であり，福光町もほぼ同様であった。砺波市の場合，1978〜1987年の10年間における，宅地移転を伴う住居の新築件数は323件である。そのうち134件が砺波平野の他市町村から，52件が高岡市からの転入であり，砺波市域内における移転を伴うものが112件であった[28]。
　この323件という10年間の総数自体は，人口36,977人，世帯数8,823の砺波市（1989年）にとって，必ずしも大きな数値ではないかも知れない。しかし，その地区別分布を見ると[29]，中心市街のある出町地区がわずか75件でしかないことにまず注意を向ける必要があろう。この事例数には以前からの出町地区居住者が砺波市域内で移動した場合が除外されているから，現実の新築・住所移転件数はこれよりは多いことになる。しかし，出町地区以外の市内他地区および他市町村からの住宅新築・転入の大半が，出町地区以外の周辺部分に向かっている事実は動かし難い。しかも，出町地区へのそれは1982年までは比較的多いものの，その後極くわずかの例しか存在しない上に，出町地区内でも中心市街地の部分ではなく，郊外に相当する太郎丸・神島・鷹栖出といった縁辺部への住宅新築・住所移転が，それぞれ31・22・10件，計63件に及んでいるのである。

つまり，この10年間において，248件の住居新築を伴う住所の移転が，砺波市域の農村地帯において出現したことになり，出町地区の75件も大半が中心市街内部ではなく，郊外の部分におけるものであった。この動向は，前掲のデータ以後の時期においてもむしろ増大している。

以上のような砺波市の例からすれば，宅地移転を伴う住宅の新築が，市街地の連続部分のみではなく，そこから少し離れた農村地帯の地区において活発に行われていることが知られる。宅地の移転距離は，第3図に示した7市町村の計283件についてみると，町ごとの平均の最短が，城端町の0.8km，最長が小矢部市の1.7km，全体の平均が1.4kmであった。これらの転入者は当然非農家と考えてよいが，その宅地移転・住宅新築が，中心集落から平均1.4kmの距離，すなわち中心集落を含む地区や，それと隣接するすぐ外側の地区に集中し，農村地帯全体に拡散している訳ではないことに注意を払う必要があろう。前述のような農村地帯における居住・生活条件の整備は，少なくとも平野部の各地区のいずれにおいてもほぼ均等に進行したとみてよいが，それにもかかわらず，中心集落からの距離が，このような農村地帯への宅地移転・住宅新築とかかわっているとみるべきことになる。

7 住居移転の理由

これらの住宅を移転した人々の旧住居の宅地は各市・町の平均で134～216m^2，建物の床面積は106～160m^2であったものが，新住居では，それぞれ313～488m^2，147～210m^2となっている点に注目すべきであろう。いずれの場合においても，2倍ないしそれ以上の宅地と2～3割方広い住居を取得していることが知られ，これ自体が重要な目的であったとみなすことができる。

さらに，旧住居では宅地内に車庫があった場合が各市・町で平均27～52％に過ぎず，近くの車庫を借りていた場合が30～58％に及んでいたことに注意したい。これに対し，新住居では75～100％が宅地内に車庫を有しており，宅地外において車庫を所有ないし借用している例は極めて少なくなっている。車庫の

スペースを確保することも，住居新築・移転の主要な目的の一つであったとみなしてよいであろう。

この状況に対応し，旧住居では各世帯の自家用車平均所有台数が，各市・町の平均で1.1～1.5台であったものが，新住居では1.6～2.1台へと増加している。住居移転が駐車スペースの存否と密接にかかわっているとみるべきであろう。バイク等の数も多くの場合には増加しているが，その増加率は車より低い。いずれにしても，車とバイク等を合わせると各世帯に3～4台が存在することになり，恐らくは各世帯の利用可能人数以上の数とみてよいであろう。

1978～1987年の10年間についてデータを収集し得た世帯においては，世帯主の平均年齢が各市・町とも44～50歳であり，平均家族人数は3.8～4.9人である。旧住居が建築後29～40年の年月を経ていたことが知られるから，これらの世帯主は多くの場合，親の世代から住んでいた住居から新住居へと移り住んだものであろう。

さて，新住居を建築して移り住んだ理由としてあげられているものは，①旧住居が狭隘であったり，老朽化したりしたために，別の場所において新築したものが117件（41.3%），②新たに持家を取得するためが43件（15.2%），③市街地再開発等に関連して転居したものが27件（9.5%），④仕事の都合によるものが8件（2.8%）である。

住宅の新築・転居はほとんどの場合，職業や勤務先の変更を伴ってはいない。確認し得た例では，1件のみが新たに喫茶店を開業するための新築・転居であり，調査時点において無職とした世帯主の中に，退職を契機に住居を新築・移転した場合が含まれている程度である。つまり，ほとんどの場合に日常的な仕事の内容や場所を変更することなく，中心集落部分から農村部分へと住居を移していることになり，日常的な往復移動・相互移動を部分的に極くわずかしか変更しないで済む転居であったことを確認し得たことになる。したがって，先に明らかになったような，直線で平均1～2km程度の移動でしかないという点は，職場の変更を伴わないという条件の下において出現した現象であった可能性が高いことになろう。職場のみならず，学校・買物先などを含む日常的移動・活動の目的地をほとんど変えない形の移動が大半を占めたと考えてよいで

あろう。
　ところで，新しい居住地用の宅地を取得する際，知人・親戚等から入手している場合が43件（15.2%）であり，業者から購入している場合が155件（54.8%）である。このほか，市・町が新宅地を造成したり，市街地再開発等に関連して斡旋したりした場合があり，親から分与されている場合もある。建物の方は若干例を除き，220件（77.7%）が注文建築である。前述のように平均147～210m^{2}の床面積を有する新住居の8割近くが注文建築であったことになる。
　このような新住居の場所を選定した理由として，次のような説明がなされている。最も多いのは，（イ）環境が良いと判断したとするものであり，70件（24.7%）に及ぶ。次いで，（ロ）交通条件が良いと考えたものが66件（23.3%）であり，（ハ）低価格ないし購入可能な価格であったとするものが21件（7.4%），（ニ）店舗・仕事場に適した場所と考えたもの9件（3.2%）等である。（イ）は閑静であるとか，日当たりが良いなどの環境に恵まれていること，ならびに広々としていることなどがその主要な内容である。（ロ）には，市街地に近い，ないしあまり離れていないとか，広い道路に面しているなどの理由が含まれている。このほか，学校ないし職場に近いとか，親戚に近いなどという理由もあげられているが，上掲の（イ）～（ニ）には入れていない。また，ずっと以前から土地を所有していた，とのみ回答した例も数件存在する。
　要するに，「環境・交通条件」に恵まれた場所というのが，新居住地選定の最大の理由としてあげられ，それはまた旧住居における日常的移動・活動パターンを大きく変更しないという条件の下における選択でもあったことになる。

まとめ

　砺波散村地域の農家＝孤立荘宅について，従来は農家＝農業経営体としての側面に大きな関心が向けられ，居住の場としての孤立荘宅の検討，居住地としての散村の検討が必ずしも十分でなかった。しかし，この視角の重要性は，農家のほとんどが第2種兼業農家となり，同時に農村部における非農家の増加に

第 1 章 砺波散村地域の構造変化

よって,孤立荘宅の主たる機能が居住の場となり,散村が居住地としての側面を強めていることと関連する。1950年代ごろまで,生産・就業の場としての孤立荘宅と,機能中心としての中心集落との,相互補完的かつ対立的な関係を軸とした伝統的な構造が持続していたとみられるが,その後の変化を分析する上では居住という基礎的な機能に注目することが不可欠となるからである。

砺波散村地域の構造変化を支持した要因として,本章では圃場整備事業等によるインフラストラクチュアの整備と,著しいモータリゼーションの進行を指摘した。これによって散村の居住環境・生活環境が向上し,一方でかつて中心集落に集中していた機能が散村地域全体に拡散し始めたのである。その結果,孤立荘宅の住民にとっても,中心集落住民にとっても,日常的な移動・行動パターンに基本的な差異がなくなった。したがって,かつては職住の複合体として存在していた孤立住宅から,農業経営体としての機能がほとんどなくなっても,その居住パターンを維持することが不都合ではなくなった。むしろ,中心集落居住者が,その日常的な移動・行動パターンを基本的に保持したままで,散村部分への居住地を移動する例さえ出現し,その動向がさらに強まっているのが現状である。

しかし,このような傾向は散村地域のすべてに共通して進行するとは限らない。中心集落部分からの住居の移転は,散村地域全体を対象とするものではないことも明らかとなった。ただし,前述のようなインフラストラクチュアの整備と都市的諸機能の拡散傾向を考慮すれば,砺波平野はすでに準サバーバンとでも表現し得る可能性のある状況である。散村と中心集落との相互補完的関係と対立的関係や,孤立荘宅の生産・就業の場としての機能と居住の場としての機能の比重などについて,いずれもそれらが必ずしも画一的ないし併行的に出現する現象ではなく,むしろ独立的・個別的に相互に規定し合う性格のものと考えるべきことが判明する。

したがって,今後とも散村という居住パターンが維持されていく可能性があるが,同時に中心集落の諸機能も拡散を続けると考えられる。むしろ両者の差異が減少し,中心集落と散村との歴然とした区分のない,中間的な居住空間が広く展開する可能性がある。

この動向には，砺波散村地域の人々が居住様式の理想型をどのように認識しているか，という点が大きくかかわってくる。もし，屋敷森に囲まれた豪壮な孤立荘宅を意識した，ゆったりとした住居建築と，広い庭ならびに十分な駐車スペースを理想型として認識しているとすれば，恐らくこの推定の方向への志向性が強くなるであろう。一方では，小都市群のネットワークからなる中心地の動向とも強くかかわる。

この動向は，砺波平野に点在する中心集落と，散村地帯に拡散した各種の都市施設全体からなる「分散型都市環境（dispersed city）」とでも表現し得る状況への展開を予測させるものである。

〈付記〉
　本章は，次の2論文を基礎として改稿したものである。
　金田章裕「砺波散村地域の構造変化」『砺波散村地域研究所研究紀要』6，1989年。
　金田章裕「砺波平野における中心集落から散村地域への住居移転」『砺波散村地域研究所紀要』7，1990年。

1）水津一朗「土地占居からみた散居の機能」大阪市立大学地理学教室『日本の村落と都市』ミネルヴァ書房，1969，所収。
2）前掲。
3）金田章裕「散村の展開」『条里と村落の歴史地理学研究』大明堂。
4）水津，前掲注1）。
5）山村の場合，42.2％・42.8％・15.0％となる。山村の場合には地形的要因など別の要因が働くので本章ではとりあげない。
6）例えば旧鷹栖村の場合，明治42年には総戸数400・農家数355（89％）・専業284・兼業71であったが，昭和25年にはそれぞれ439・369（84％）・148・221であった。専業農家の減少，兼業農家の増大を除けば基本的には大差がない。
7）金田章裕「砺波の散村と中心集落」『大明堂日本地誌ゼミナール中部地方』，大明堂，1983年。
8）渡辺久雄「農業経営に関する二,三の問題」大阪市立大学地理学教室『日本の村落と都市』ミネルヴァ書房，1969年，によれば，昭和29年の鷹栖村で1戸当り1.31台であっ

第1章　砺波散村地域の構造変化

た。
9) 前掲注8)。
10) 前掲注8)。
11) 石井・水岡・朝野訳『社会地理学』,古今書院,1982,序章参照。
12) 渡辺久雄「地域に関する問題——富山県における市町村合併を一例として——」前掲注8) 所収。
13) 前掲注12)。ただし井口村だけはどことも合併をしなかった。
14) 中山実・北林吉弘「富山平野におけるバス交通の変貌と問題点」『地域開発問題研究』2,1972年。
15) 富山県『富山県史,現代統計図表』1980年,240頁。
16) 砺波市『統計となみ』昭和56年版,62年版。
17) 前掲注15) 322・325頁。
18) 金田,前掲注7)。
19) 新藤正夫「散村集落の高度経済成長への対応と問題点」籠瀬良明ほか編『高度成長下の都市と農村』,古今書院,1970年。
20) 富山県地域問題研究会編『富山平野の農業地域に関する基礎的研究(第2部呉西地域)』1978年。82〜88頁
21) 古川・中山,北林ほか,前掲注19)。新藤正夫「工場進出に伴う地域社会の変容」富山県地域開発問題研究会『地域開発問題研究』2,1972年。
22) 渡辺,前掲注12)。
23) 東日本では10a以上。また,1950年では年間1万円以上,この後次第に増加して1985年では10万円以上。
24) 近年ではほとんどの分家が農地の分与を受けない。
25) 橋本征治・宮井隆「圃場整備にいたる鷹栖の変容」,前掲注8),所収。
26) 新藤,前掲注19)
27) 人口が停滞的ないし減少している場合でも,20%程度までの人口減は世帯数の減少に結びついていない。山間部を除けばほとんどの場合,世帯数が減少していないから,孤立荘宅そのものの数が減少している地区は,平野部ではほとんど見られない。
28) 砺波市内の事例数112件の中には,中心市街のある出町市街地のもの,すなわち出町地区内の居住者が市域内の郊外などに家を新築して移転したような場合を含んでいない。
29)『砺波市建築確認申請台帳』により,新藤正夫が作成した一覧表による。

第2章
散村地域における就業構造と農業の担い手の変貌——砺波地方を中心に

岡 田 知 弘

　本章の課題は，散村という特殊な空間形態が，当該地域の就業構造や農業の担い手のあり方をどのように規定づけているかを検証するところにある。例えば，砺波平野に代表される散村地域における就業構造の変化や大規模借地経営の形成については，高度経済成長期以来，多くの研究の蓄積がある[1]。しかしながら，その分析の多くは，散村地域においていかなる事象が発現しているかについて解明してはいるものの，それが散村という特殊な空間形態によるものなのか，それとも他の自然的・社会的要因によるものなのかという問題については切り込めていないという限界をもっている。言い換えれば，他の集落形態との比較がなされていないために，散村の独自性が明確な形で描ききれていないのではないかと考えられる。これは，従来の研究の分析対象が，一方では中心市街地や中心集落，山間地域をも含んだ「砺波平野」全体かその内部の特定市町村，他方では個別の散居集落や生産組織・法人経営に絞られているために，他の集落形態と比較した散村の特殊性の析出が十分になされていないこととも関連している。

　そこで本章では，2000年の「世界農林業センサス・農業集落調査」に盛り込まれた集落形態4区分（散居，散在，集居，密居）を利用することによって，砺波平野の集落形態別比較を行い，上記の課題に接近してみることにしたい。具体的には，同調査結果をもとに砺波平野9市町村（砺波市，小矢部市，城端町，

庄川町，井波町，井口村，福野町，福光町，福岡町）の全集落（548集落）を4つの集落形態に区分し，これを農業センサス・集落カードの時系列データ（1970年から95年）と接続することにより，集落単位での農家の就業構造や農業の担い手，土地所有・利用構造の変化を，集落形態別に比較分析しようというものである[2]。本章の対象とするのは，1970年代から90年代に至る期間の砺波散村地域の農家の就業構造および農業の担い手の変化であるが，分析の前作業として，農業センサスによる農業集落調査の概要と，集落形態の定義，および砺波散村地域の歴史的規定性について述べておきたい。

1　農業センサスによる集落形態区分と砺波平野

　農業センサスで農業集落の調査を開始したのは，1955（昭和30）年に実施された臨時農業基本調査からである。しかしながら，1955年，60年，65年の農業集落は，あくまでも属人的な農業共同体として捉えられていたために集落の客観的把握という点では限界があった。そこで1970年の農業集落調査においては，農業集落の基盤となる土地に着目して属地的な領域に基づく農業集落の定義を行い，この定義が以後のセンサスにおいても踏襲されることになった[3]。
　1970年農業センサスでは，農業集落の集落形態についても，散居，散在，集居，密居の4区分法によって調査を行っている。この区分法が，2000年農業センサスでも再度用いられたのである。以下が，それぞれの集落形態の定義である[4]。

①散居集落＝主に平場の農業集落に見られる形態で，家と家との間に広く田畑が入っている状態の農業集落
②散在集落＝主に山場の農業集落に見られる形態で，家がいくつかの谷あいに分かれ，家と家とがばらばらに分布している状態の農業集落
③集居集落＝平場，山場を問わず家が一定の区域に集まって敷地が隣接し，居住地区と耕地が分離されている状態の農業集落

1　農業センサスによる集落形態区分と砺波平野

④密居集落＝主に市街化区域に見られる形態で，農家と農家の間に非農家が混在して家と家が密集し，市街地に連続している状態の農業集落

　問題は，調査対象となっている農業集落を誰がどのように形態区分するかというところにある。農業集落調査の方法は，地方農政局統計事務所出張所職員が，農業集落の精通者（部落会長，部落実行組合長，センサス調査員，財産区や土地改良区の役員経験者，長老）に面接，聞き取り調査をしたうえで判定するというものであり，農業集落形態については4区分の模式図を被調査者に見せて大部分の住居がどのように分布しているかを判断させるやり方である。そこには当然，主観が介在しており，データが必ずしも客観的な事実を反映したものになっていないのではないかという批判も生じうる[5]。しかしながら，複数の観察者による集落区分判定がなされている点では，ある程度「客観性」が担保されているといえるうえ，このデータに代わって構造的な比較分析に耐えうる「客観的」データは存在しない。さらに，集落形態別の傾向を比較するという本章の目的から見るならば，この集落形態区分データは十分に活用できるものと考えられる。

第1表　1970年および2000年センサスでの集落形態別集落数の変動（富山県）

		散居集落	散在集落	集居集落	密居集落	合　計
実　数	1970年	722	178	1,252	163	2,315
	2000年	342	41	1,553	290	2,226
	増減数	－380	－137	301	127	－89
	増減率	－52.6%	－77.0%	24.0%	77.9%	－3.8%
構成比	1970年	31.2%	7.7%	54.1%	7.0%	100.0%
	2000年	15.4%	1.8%	69.8%	13.0%	100.0%

資料：農林省統計調査部『1970年世界農林業センサス農業集落調査報告書』農林統計協会，1972，農林水産省北陸農政局富山統計情報事務所『2000年世界農林業センサス農業集落調査結果の概要』2000。

　また，25年から30年にわたる時系列分析をする場合に，本章のように2000年時点での集落形態区分を過去に遡及することは，この間の市街化の広がりとそれにともなう集落景観の変貌を考慮に入れると，ある程度の不正確さをともなうことは否めない。現時点で，砺波平野の個々の集落がどのように形態変化したかについては詳らかではないが，富山県全体での集落形態別集落数の変動に

第2章　散村地域における就業構造と農業の担い手の変貌

ついては、第1表で知ることができる。1970年から2000年の間に、農業集落は都市化や過疎化によって89減少した。このうち最も減少数が大きかったのが散居集落であり、ほぼ半減している。また、山間の散在集落も8割近くの減少を見せている。他方で密居集落および集居集落は増大傾向にある。このことから、30年の間に散居集落の集居・密居集落化がかなり進行したことがうかがえる。だが、逆に集居・密居集落が散居集落化するような事態は、少なくともこの期間をとってみれば統計的にも実態的にもほとんどなかったといえよう。したがって、2000年時点で散居集落と区分された集落は1970年時点でも散居集落であるといえ、この間に集居・密居集落化した集落と比べ、散居としての性格を純化した形で保持し続けているといえる。その意味で、2000年時点での集落形態区分による比較分析は有効性をもっていると考えられる。

　以上のようなデータの限界性を踏まえたうえで、砺波平野9市町村（以下、散村地域と表記）の農業集落形態別構成を、第2表で見てみよう。同表からは、散村地域での散居集落比率が54％と過半数を超えており、富山県平均の15.4％、全国平均の14.8％をはるかに上回っていることがわかる。また、全国の地区別では、北海道の散居集落比率が65.1％となっており、開拓集落の形態が多く残存していることがわかる。これに四国地方の19.6％、中国地方の17.0％が続く。砺波平野が属する北陸はわずか5.1％にとどまっており、北陸において砺波散村地域は散居集落比率が高率であるという点で際立った存在となっている。

2　分析にあたっての歴史的前提

　散居集落における農業就業構造および農業経営が他の集落形態のそれと大きく区別されるのは、孤立荘宅がそれに隣接している農地とともに平場に点在しているところにある[6]。したがって、土地所有とその空間的利用形態が、重要な意味をもつ。とりわけ砺波散村地域は、戦前日本において慣行小作権が成立していた数少ない地域のひとつであった。

　例えば、1935年時点で東砺波郡青島村の小作権（底土権）価格は、所有権価

2 分析にあたっての歴史的前提

第2表　2000年農業集落調査による集落形態別構成

	散居集落	散在集落	集居集落	密居集落	総　計
砺波市	63	12	46	18	139
小矢部市	63		49	8	120
城端町	23	1	8	1	33
庄川町	7	1	14	4	26
井波町	22		1	4	27
井口村	4		5		9
福野町	44			3	47
福光町	59		31	9	99
福岡町	5	1	28	3	37
散村地域小計	290	15	182	50	537
構成比	54.0%	2.8%	33.9%	9.3%	100.0%
富山県	15.4%	1.8%	69.8%	13.0%	100.0%
全　国	14.8%	14.8%	54.8%	15.6%	100.0%
北海道	65.1%	16.3%	8.2%	10.3%	100.0%
東　北	10.0%	12.5%	66.3%	11.3%	100.0%
北　陸	5.1%	6.2%	76.3%	12.5%	100.0%
関東・東山	13.2%	8.7%	55.2%	22.9%	100.0%
東　海	8.5%	11.7%	57.4%	22.5%	100.0%
近　畿	8.1%	12.1%	57.1%	22.6%	100.0%
中　国	17.0%	29.3%	41.4%	12.3%	100.0%
四　国	19.6%	24.2%	44.8%	11.4%	100.0%
九　州	13.2%	14.1%	61.6%	11.0%	100.0%
沖　縄	2.9%	0.0%	81.3%	15.8%	100.0%

資料：農林水産省統計情報部『2000年世界農林業センサス結果概要Ⅱ　────農業集落調査────』
2000及び北陸農政局富山統計事務所資料より作成。
注：総計には，データの記載のない農家点在地は算入されていない。

格の160%にも達しており，農地改革直前の調査では東西砺波郡の428部落のうち約半数の208部落において地主の事前承認を得ないまま小作権売買が自由に行われていた。また，小作料水準も低く，収穫量のほぼ4割位（一般には5割平均）であった。砺波地方で，このような慣行小作権が確立したのは，加賀藩時代からの地割慣行にさかのぼることができるが，農地改革直前の調査によれば，明治期に成立したとする部落が全体の3分の2を占めた[7]。

　第3表は，農地改革前後の砺波散村地域の土地所有構造の変化を整理したものである。表中「散村地域旧村計」は，東西両砺波郡の旧村のうち2000年農業センサス・農業集落調査において旧村内の農業集落のすべてが散居集落となっ

第2章　散村地域における就業構造と農業の担い手の変貌

第3表　砺波散村地域の農地改革前後の小作地率変化

旧　郡　名	農地改革前小作地率	農地改革後小作地率	在村地主比率
富山県計	55.4%	9.3%	61.7%
西砺波郡	64.9%	4.8%	69.5%
東砺波郡	50.5%	5.7%	69.7%
散村地域旧村計	57.4%	2.1%	71.6%

資料：農地改革資料編纂委員会『農地改革資料集成』第11巻所収，「農地等開放実績調査」より。

ているものを再集計している。この表からは，第一に砺波散村地域では富山県平均と比べ小作地率が高い傾向にあること，第二に在村地主の比率（買収対象地主数比）が比較的高いこと，第三に農地改革後の残存小作地率が極めて低いこと，の3点を指摘することができる。戦前から所有権に対する小作権の優位性が高く，しかも地主の多くが在村地主であったことから，徹底的な農地解放が可能となったのである。実際に，東西両砺波郡のいくつかの村では「全面解放計画」をつくって，農地改革を徹底して行った[8]。

　以上のような土地所有構造の転換に加え，高度経済成長期には農地の空間的利用形態の転換がなされることになる。1962年から開始された圃場整備事業による区画整理と交換分合，道路整備の展開である。砺波平野では，1980年までに施行可能面積の94％の圃場整備が完了した。これにより孤立荘宅は容易に農業の機械化に対応することができるようになったばかりか，市街地への自動車によるアクセス，散村地域への工場の立地も進展することになる[9]。1970年時点での土地改良事業の実施状況を第4表でみると，散村地域のなかでも，散居集落のみによって構成されている旧村（表出の旧村）のうち，城端町の北野村と井波町の山野村を除くすべての旧村においてほとんど区画整理ないし交換分合の土地改良事業が実施されていることが確認できる。この点でも，散居集落は先進地であった。

第4表 散村地域における土地改良事業の旧村別実施集落数

		総集落数	土地改良事業実施集落数			事業実施率
			合 計	区画整理	交換分合	
砺波市	合 計	138	96	66	35	69.6%
	庄下村	4	4	4	1	100.0%
	五鹿屋村	4	2	1	−	50.0%
	南般若村	4	4	4	3	100.0%
	東野尻村	3	3	3	1	100.0%
	高波村	7	6	4	6	85.7%
	若林村2-2	3	3	0	1	100.0%
小矢部市	合 計	119	56	46	12	47.1%
	正得村	6	5	5	0	83.3%
	若林村2-1	4	4	2	1	100.0%
城端町	合 計	34	13	8	1	38.2%
	山田村2-2	2	2	2	−	100.0%
	北野村	4	1	1	−	25.0%
庄川町	合 計	28	20	12	3	71.4%
	種田村	5	5	−	3	100.0%
井波町	合 計	27	15	13	−	55.6%
	山野村	10	−	−	−	−
	高瀬村2-1	3	3	3	−	100.0%
福野町	合 計	48	35	31	14	72.9%
	広塚村	6	6	4	3	100.0%
	野尻村	10	10	9	−	100.0%
	東石黒村	10	10	10	10	100.0%
	高瀬村2-2	6	6	6	−	100.0%
福光町	合 計	101	68	58	9	67.3%
	石黒村	6	6	6	−	100.0%
	廣瀬舘村	3	3	3	−	100.0%
	西野尻村3-3	1	1	1	−	100.0%

資料：農林省統計調査部『1970年世界農林業センサス富山県統計書』農林統計協会，1971。

3 砺波地方における地域労働市場の展開

　ここでは散村地域の就業構造を分析する前提として，砺波平野における地域労働市場の時系列的・空間的展開を検討しておきたい。

第2章　散村地域における就業構造と農業の担い手の変貌

　高度経済成長期以降，砺波平野の市町村別常住人口は，第5表のように推移している。1960年から80年にかけては小矢部市が最も人口が多かったが，同市は90年以降人口減少過程に入る。同市に代わって1970年以降持続的な人口増加をとげてきた砺波市が，1980年に人口第1位都市となっている。砺波市と同様に，福岡町も町内への工場立地と宅地開発の進展によって1970年以降人口増加基調にある。しかしながら，他の市町村についてはすべて人口減少傾向をたどっている。

第5表　市町村別常住人口及び昼夜間就業人口比率の推移

	実　数			増減数	昼夜間就業人口比率		
	1960年	1980年	2000年	1960～00年	1980年	1990年	1995年
砺波市	36,453	35,830	40,900	4,447	0.88	0.93	0.96
小矢部市	36,727	36,497	34,829	－1,898	0.92	0.88	0.94
城端町	13,733	11,783	10,042	－3,691	0.91	0.86	0.83
庄川町	7,853	7,700	7,311	－542	0.76	0.80	0.78
井波町	12,339	11,601	10,407	－1,932	0.93	0.86	0.86
井口村	1,629	1,448	1,346	－283	0.51	0.55	0.58
福野町	16,386	15,269	14,764	－1,622	1.09	1.04	1.02
福光町	24,785	22,483	20,580	－4,205	0.89	0.92	0.92
福岡町	11,513	11,845	13,469	1,956	0.83	0.94	0.93

資料：国勢調査　注：昼夜間就業人口比率＝従業地区分就業人口／常住地区分就業人口

　一方，就業者の昼夜間就業人口比率を比較すると，砺波平野扇頂部にあたる井口村や城端町，井波町を除いて，いずれの市町も0.9倍を超える比率となっており，人口流出入のバランスがとれている自治体が多い。砺波平野において，昼夜間就業人口比率が1倍を超えるのは大規模工場を擁してきた福野町だけであるが，同町の昼間就業人口の吸引力は1980年から95年にかけて低下の一途をたどっている。これに対し，砺波市は，1.0倍を超えないものの，調査ごとに昼夜間就業人口比率を高めており（1980年の0.88倍から95年の0.96倍へ），労働力の吸引力を強めていることが注目される。

　そこで次に，事業所数・同従業者数の動向を見てみよう。第6表は，高岡市も含めて1986年から96年にかけての事業所数および同従業者数の推移を示している。同表からは，砺波市と福岡町のみが事業所数を増加させ，高岡市や小矢部市をはじめとする砺波平野の他の町村は事業所数を減らしていることがわか

第6表　砺波散村地域における事業所数・同従業者数の推移

	事業所数			従業者数		
	実　数 1996年	増減数 1986-96年	増減率 1986-96年	実　数 1996年	増減数 1986-96年	増減率 1986-96年
高岡市	11,860	-742	-5.9%	100,020	3,283	3.4%
砺波市	2,365	106	4.7%	20,578	4,706	29.6%
小矢部市	2,113	-226	-9.7%	17,998	1,702	10.4%
城端町	701	-40	-5.4%	5,074	12	0.2%
庄川町	472	-20	-4.1%	3,437	476	16.1%
井波町	727	-71	-8.9%	4,817	-445	-8.5%
井口村	74	-2	-2.6%	369	8	2.2%
福野町	1,108	-59	-5.1%	8,711	431	5.2%
福光町	1,251	-104	-7.7%	10,415	45	0.4%
福岡町	682	40	6.2%	6,394	1,296	25.4%
合　計	21,353	-1,118	-5.0%	177,813	11,514	6.9%

資料：総務庁統計局『事業所・企業統計調査報告』各年版。　注：公務を含む。

る。従業者数をみても，井波町を除いて増加しているものの，高岡市の増加率はわずか3.4%であり，砺波市の29.6%を大きく下回っており，高岡市の相対的地位の低下が目立つ。

　では，砺波市における事業所・同従業者数の増加は，どのような産業によってもたらされているのだろうか。この点を第7表によって確認してみよう。事業所数ではサービス業，従業者数では製造業，サービス業，卸・小売，飲食店での増加が目立っている。砺波市では，工場立地や大型店の立地による就業機会の増加が，1980年代半ばから90年代半ばにかけても進行したといえよう。

　この期間は，全国的には経済のグローバル化にともなう産業空洞化の進展により，製造業の大幅な後退が見られる時期である[10]。実際，1980年から2000年の間に，高岡市や小矢部市では，工場数と同従業者数の減少を引き起こした（従業者4人以上事業所）。高岡市では，実に211工場，7,029人の減を記録したほか，小矢部市でも28工場，247人の減となっている。ところが砺波市では，工場数を19減らしながらも，従業者数については672人の増加を記録しているのである。業種別に見ると，他の2市と同様，繊維工業で303人の従業者数を減らしているものの，電気機械の561人，窯業・土石の213人の増加が目立つ。これは，北陸自動車道の開通を契機に，松下電子をはじめとする電気機械工場や

第2章　散村地域における就業構造と農業の担い手の変貌

第7表　砺波市の事業所数・従業者数の産業別推移（1986～96年）

	事業所数増減数	従業者数増減数
産業計	106	4,706
農業	－12	1
鉱業	－1	24
建設業	－52	－47
製造業	10	1,549
電気・ガス・熱供給・水道業	0	－16
運輸・通信業	15	329
卸売・小売業，飲食店	－12	1,239
金融・保険業	1	－4
不動産業	19	24
サービス業	118	1,515
公務（他に分類されないもの）	－3	48

資料：総務庁統計局『事業所・企業統計調査報告』各年版。
注：公務を含む。

ガラス工場が砺波市内に新規立地したことによる[11]。こうして砺波市では，90年代に入ってからも工業を軸にした就業機会の創出が続いたのである。

4　砺波地方の農業就業構造の変容と散居集落

　以上で述べてきたような砺波散村地域の歴史的展開過程および近年における地域労働市場の変容のなかで，散村地域の農家の就業構造がどのように変動しているのだろうか。本節では，冒頭で紹介した「世界農林業センサス・農業集落調査」結果の分析を通して，この点を明らかにしてみたい。
　まず，第8表によって，1970年から90年にかけての集落総戸数の変化をみてみよう。集落総戸数には農家だけでなく非農家も含まれている。同表によれば，集落類型別では，散居（5.7%）は集居（10.8%）に次ぐ増加率となっている。とりわけ，戸数では砺波市，率では福岡町での増加が著しい。これらの増加の多くが市街地から移転した居宅や農家二，三男の分家居宅であると考えられる[12]。他方で，散村地域でも城端町や井波町，井口村といった扇状地の扇頂部に位置する地域では戸数の絶対減少が生じている点も注目される。

第8表　集落総戸数の推移

集落類型	市区町村名	実　数			増減数	増減率
		1970年	1980年	1990年	80～90年	80～90年
散居集落	砺波市	3,097	3,675	4,037	362	9.9%
	小矢部市	2,512	2,738	2,921	183	6.7%
	城端町	1,136	1,334	1,304	-30	-2.2%
	庄川町	330	349	354	5	1.4%
	井波町	889	1,032	1,023	-9	-0.9%
	井口村	124	129	125	-4	-3.1%
	福野町	1,923	2,294	2,375	81	3.5%
	福光町	1,838	2,056	2,207	151	7.3%
	福岡町	196	237	288	51	21.5%
	小　計	12,045	13,844	14,634	790	5.7%
散在集落	小　計	323	279	263	-16	-5.7%
集居集落	小　計	6,994	7,688	8,517	829	10.8%
密居集落	小　計	-	11,497	11,988	491	4.3%

資料:『1995年農業集落カード　富山県』CD-ROM版, 農林統計協会, 1997。

　次に，総農家数の動向を第9表で見てみよう。1970年から95年にかけての集落類型別の農家減少率は，密居（マイナス38.2%）が最も高く，これに山間地の散在（マイナス36.2%）が続き，散居はマイナス25.7%と最も低い値となっている。散居集落においては，他の集落形態に比べ，農家の減少幅が相対的に小さいという特徴を指摘することができる。

　では，残存している農家の専兼別構成はどのようになっているのだろうか。同じく第9表の1995年の構成比をみると，第二種兼業農家の構成比は，4集落形態とも92%前後となっており，ほとんど差異がないほど平準化している。しかしながら，1970年と比較した増減数をみると，散居とそれ以外の集落形態とでは明らかな違いが存在している。すなわち，散居では専業農家減，第二種兼業農家増となっているのに対し，他の集落形態では専業農家増，第二種兼業農家減となっているのである。定年帰農者を中心とした専業農家の増加は，1990年代に入ってからの全国的傾向のひとつである。砺波地域においても散居を除いてその傾向が顕在化しているといえる。また，第二種兼業農家が散居で増え，他の集落形態で減少していることは，第一に散居における農家減少率が相対的に低く，しかも第二に1970年時点において第一種兼業農家比率が高かったため

第2章　散村地域における就業構造と農業の担い手の変貌

第9表　専兼別農家数の推移

集落類型	区分	実数		増減率	構成比	
		1970年	1995年	70～95年	1970年	1995年
散居集落	専業農家	443	274	-38.1%	4.2%	3.5%
	第一種兼業農家	4,849	309	-93.6%	46.3%	4.0%
	第二種兼業農家	5,183	7,201	38.9%	49.5%	92.5%
	総農家数	10,475	7,784	-25.7%	100.0%	100.0%
散在集落	専業農家	6	9	50.0%	2.0%	4.7%
	第一種兼業農家	86	7	-91.9%	28.9%	3.7%
	第二種兼業農家	206	174	-15.5%	69.1%	91.6%
	総農家数	298	190	-36.2%	100.0%	100.0%
集居集落	専業農家	147	174	18.4%	2.6%	4.5%
	第一種兼業農家	1,684	109	-93.5%	30.3%	2.8%
	第二種兼業農家	3,720	3,542	-4.8%	67.0%	92.6%
	総農家数	5,551	3,825	-31.1%	100.0%	100.0%
密居集落	専業農家	31	33	6.5%	2.5%	4.4%
	第一種兼業農家	240	21	-91.3%	19.7%	2.8%
	第二種兼業農家	945	689	-27.1%	77.7%	92.7%
	総農家数	1,216	743	-38.9%	100.0%	100.0%

資料：前表と同じ。

に，第一種兼業農家が第二種兼業農家に転化するものが多かったことによると考えられよう。他の集落形態では，第一種兼業農家から第二種兼業農家への転化に加え第二種兼業農家の離農が進行したといえる。この点で，散村地域での兼業機会の持続的展開が散居集落における農家の減少率を低水準におしとどめる要因になっていると推定することができよう。

同じく農業センサスによって，1995年時点での農家世帯主の兼業先構成比をみると，散居の特徴として，恒常的勤務の雇用兼業比率が88.1%ときわめて高く，逆に自営兼業比率が9.0%と最も低くなっていることが指摘できる。出稼ぎ，日雇い，臨時雇いといった不安定兼業は1970年の23.5%から95年の2.9%へと大幅に減少しており，農家世帯主の圧倒的部分が安定的な雇用兼業に従事しながら，農業を営むようになっている。

他方，農家人口は，第10表のように推移した。1970年から95年にかけての農家人口の減少率を集落形態別に比較すると，やはり散居集落の減少率が最も低く26.9%となっている。最も減少幅が大きいのは市街地化している密居集落と

山間の散在集落である。また，1995年の農家1戸当り人口を比較すると，散居は5.0人と他の集落形態に比べ最も多くなっている。この数は，1970年から変動しておらず，散居集落の農家については1戸当り家族員数が同規模で維持されてきていることを示している。

そこで，家族構成別農家数を第11表でみてみよう。この表からは，世帯主夫婦と同居あとつぎがいる世帯の比率（1995年）が散居で最も高くなっていること（65.6%）がわかる。しかも，同居あとつ

第10表　農家人口の推移

集落類型	区 分	増減率 70～95年	農家1戸当り人口 1970年	農家1戸当り人口 1995年
散居集落	男女計	−26.9%	5.0	5.0
	男計	−26.8%	2.4	2.4
	女計	−27.1%	2.6	2.6
散在集落	男女計	−39.3%	4.3	4.1
	男計	−42.0%	2.1	1.9
	女計	−36.7%	2.2	2.1
集居集落	男女計	−33.1%	4.9	4.8
	男計	−33.7%	2.4	2.3
	女計	−32.5%	2.5	2.5
密居集落	男女計	−41.0%	5.0	4.8
	男計	−41.2%	2.4	2.3
	女計	−40.8%	2.6	2.5

資料：前表と同じ。

ぎが夫婦で存在している比率も，散居が最も高い。要するに，散居集落では，世帯主世代と同居あとつぎ世代の2世代世帯同居が比較的多くみられ，このことが1戸当り農家人口の多さ（5.0人）と結びついているといえよう。

第11表　家族構成別農家数の構成（1995年）

	散居集落	散在集落	集居集落	密居集落
世帯主夫婦と同居あとつぎがいる世帯	65.6%	48.9%	60.7%	64.6%
うち同居あとつぎ夫婦がいる	30.6%	18.9%	27.7%	29.6%
単身世帯主と同居あとつぎがいる世帯	3.1%	3.2%	3.5%	3.9%
うち同居あとつぎ夫婦がいる	1.5%	1.1%	1.6%	2.6%
その他の世帯	31.3%	47.9%	35.8%	31.5%
うち他出あとつぎがいる	11.8%	24.2%	14.5%	12.1%
総農家数	100.0%	100.0%	100.0%	100.0%

資料：前表と同じ。

これらの農家人口の就業構造を第12表でみてみよう。1995年時点での構成比をみると，散居において仕事に従事しなかったものの比率は16.5%であり，散在に次ぐ低さである。逆にいえば，自営農業あるいは農外就業者の比率が，集居や密居よりも高いということである。とりわけ，「その他の仕事が主で自営農業にも従事する」ものの比率が49.3%となっており，通勤しながらの農業就業者が分厚く存在することがわかる。また，1970年から95年までの増減数をみ

第2章　散村地域における就業構造と農業の担い手の変貌

第12表　就業状態別農家人口の構成推移

集落類型		男女　計			女　計		
		実　数 1995年	増減数 1970〜95年	構成比 1995年	実　数 1995年	増減数 1970〜95年	構成比 1995年
散居集落	総　計	32,776	−8,157	100.0%	17,194	−4,410	100.0%
	自営農業だけに従事	7,761	−6,537	23.7%	4,944	−4,878	32.0%
	自営農業が主でその他の仕事にも従事	744	−3,715	2.3%	313	−1,912	2.8%
	その他の仕事が主で自営農業にも従事	16,151	−679	49.3%	6,550	77	42.5%
	その他の仕事だけに従事	2,723	1,170	8.3%	1,804	1,090	6.2%
	仕事に従事しなかったもの	5,397	1,604	16.5%	3,583	1,213	16.5%
散在集落	総　計	681	−326	100.0%	352	−173	100.0%
	自営農業だけに従事	158	−143	23.2%	109	−107	31.0%
	自営農業が主でその他の仕事にも従事	33	−125	4.8%	19	−82	5.4%
	その他の仕事が主で自営農業にも従事	351	−120	51.5%	137	−22	38.9%
	その他の仕事だけに従事	47	32	6.9%	31	23	8.8%
	仕事に従事しなかったもの	92	30	13.5%	56	15	15.9%
集居集落	総　計	15,591	−5,418	100.0%	8,209	−2,789	100.0%
	自営農業だけに従事	3,371	−3,119	21.6%	2,237	−2,459	27.3%
	自営農業が主でその他の仕事にも従事	313	−1,962	2.0%	110	−1,106	1.3%
	その他の仕事が主で自営農業にも従事	7,323	−1,926	47.0%	2,835	−560	34.5%
	その他の仕事だけに従事	1,687	805	10.8%	1,062	668	12.9%
	仕事に従事しなかったもの	2,897	784	18.6%	1,965	668	23.9%
密居集落	総　計	3,081	−1,656	100.0%	1,617	−927	100.0%
	自営農業だけに従事	738	−621	24.0%	478	−513	29.6%
	自営農業が主でその他の仕事にも従事	49	−235	1.6%	12	−133	0.7%
	その他の仕事が主で自営農業にも従事	1,368	−732	44.4%	527	−278	32.6%
	その他の仕事だけに従事	333	−83	10.8%	199	−16	12.3%
	仕事に従事しなかったもの	593	15	19.2%	401	13	24.8%

資料：前表と同じ。

ると，「その他の仕事だけに従事」するものが，散居においては絶対数で1,170人も増加していることが注目される。散村地域に展開している就業機会が，これらの農家人口を吸引しているのである。

　この点は，女性の就業状況を見ると一層明らかである。散居の女性の未就業者（「仕事に従事しなかったもの」）比率は16.5％であり，上で見た男女計の数字と同じで，散在に次ぐ低さである。これに対し，他の集落形態の女性未就業者比率は，男女計の比率よりも高くなっている。また，散居女性の「その他の仕事だけに従事」する数は1970年から95年の間に1,090人も増えている。男女計の増加数が1,170人であったことから，この間の農外就業の圧倒的部分が女性

によって担われていたことがわかる。これは，ひとつには製造業に加え，商業，サービス業といった多様な就業機会が散村地域において形成されたこと，さらに1990年代に「パーソナルカー」化という第二段階のモータリゼーションが進行したことによる[13]。このことが，散村地域での農家および農家人口の残存率の高さを支えたといえよう。

　では，農業の担い手である農業就業人口の存在形態はどうなっているのだろうか。農業就業人口の構成を集落形態別にみると，第13表のようになる。同表からは，散居の男性比率が38.2%であり他の集落形態に比べ若干高いことがわかる。それだけ強力な農業就業者が相対的に多く存在しているといえる。だが，他方で，散居にも高齢化の波が押し寄せている。1995年の高齢者比率についてみると散居は55.4%であり，散在の68.1%や集居の58.6%を下回っているものの，密居の54.9%よりもやや高くなっている。1970年に比べると高齢化率の高まりは最も目立ち，95年までに34.3ポイントの増加をみている。

　さらに，農業就業者のなかでも基幹的農業従事者[14]については，第14表のように，4集落形態ともに大幅に減少している。1970年比で，90年には散居で81.9%の減少となっている。農家1戸当りの従事者数をみても，1970年から90年にかけて，4分の1から5分の1に減少していることがわかる。とはいえ，

第13表　男女別・年齢階層別農業就業人口の推移

集落類型	区　分	増減数 70～95年	構成比 1970年	構成比 1995年
散居集落	合　計	-10,252	100.0%	100.0%
	うち男	-3,462	35.8%	38.2%
	うち高齢者	759	21.1%	55.4%
散在集落	合　計	-268	100.0%	100.0%
	うち男	-79	30.9%	33.0%
	うち高齢者	28	22.2%	68.1%
集居集落	合　計	-5,081	100.0%	100.0%
	うち男	-1,516	32.5%	36.3%
	うち高齢者	224	22.1%	58.6%
密居集落	合　計	-856	100.0%	100.0%
	うち男	-210	30.9%	37.7%
	うち高齢者	18	25.2%	54.9%

資料：前表と同じ。

第14表　基幹的農業従事者数の推移

集落類型	区　分	増減率 70～95年	農家1戸当り従事者 1970年	農家1戸当り従事者 1990年
散居集落	男女計	-81.9%	1.21	0.29
	うち男	-73.9%	0.48	0.17
散在集落	男女計	-78.2%	0.95	0.33
	うち男	-76.0%	0.35	0.13
集居集落	男女計	-84.6%	1.02	0.23
	うち男	-73.8%	0.37	0.14
密居集落	男女計	-82.2%	0.80	0.23
	うち男	-69.2%	0.30	0.15

資料：前表と同じ。

残存している農家の1戸当り男子基幹的農業従事者数を見ると散居で最も多くなっており，農家の内部における農業の担い手が相対的に多く残されていることが確認できる。しかし，その担い手の多くは前述したように高齢者であり，現実の農作業については兼業に出ている世帯員が勤務時間外や休日を利用して行っているのが実態であるといえる。これは，1970年代における圃場整備事業の進展と，稲作への特化，トラクター・田植え機・コンバインに代表される農業の機械化によって，省力化が可能になったことによる[15]。

5　散村地域における土地所有・利用構造の特質

　本節では，散村地域における農業の担い手の特質を，土地所有・土地利用構造の分析を通して明らかにしていきたい。第15表は，経営耕地面積の動向を，集落形態別に比較したものである。同表から，経営耕地面積の減少率が散居において最も低い（マイナス15.0％）ことがわかる。また，農家1戸当り経営耕地面積も，散居では1995年に138aに増加しており，他の集落形態よりもはるかに規模が大きくなっている。上述してきたように，散居では，農家の残存率が高いだけでなく，経営耕地も比較的よく維持され経営規模が相対的に大きな農家が多いことを示している。

　散村地域の農家の規模拡大は，主として借地の拡大によってなされたといえ

第15表　経営耕地面積・借地率の推移

集落類型	経営耕地面積			借　　地		
	増減率	農家1戸当り面積(a)		増加倍率	借地率	
	1970～95年	1970年	1995年	1970～95年	1970年	1995年
散居集落	−15.0％	120.7	138.2	11.9	1.0％	14.1％
散在集落	−33.3％	74.9	78.4	1.6	7.9％	19.0％
集居集落	−26.4％	90.5	96.7	1.8	5.3％	12.8％
密居集落	−24.7％	75.7	93.3	6.0	2.8％	22.4％

資料：前表と同じ。

る。表によれば、1995年の借地率は、散居では14.1％であり、密居の22.4％、散在の19.0％を下回っているものの、1970年から95年にかけての借入耕地面積は12倍近くに増加しており、農地の流動化が近年になるほど激しくなっていることがわかる。

他方、貸付耕地面積は、1980年から95年にかけて第16表のように推移している。同表には、センサス調査の対象外となる「土地持ち非農家」の貸付面積が算入されていないため、必ずしも借入耕地面積と同様の動きとはなっていない。しかしながら、ここでも散居の増加倍率は1.9倍であり、他の集落形態に比べ2倍以上の大きさとなっている。

第16表　貸付耕地面積・耕作放棄地の推移

集落類型	貸付耕地面積		耕作放棄地		
	増減数（アール）	増加倍率	増減数	耕作放棄地／経営耕地面積	
	80～95年	80～95年	80～95年	1980年	1995年
散居集落	31,810	1.9	1,523	0.1％	0.2％
散在集落	−168	−0.2	980	4.9％	13.0％
集居集落	8,907	0.9	2,185	0.9％	1.7％
密居集落	1,282	0.7	442	0.2％	0.9％

資料：前表と同じ。

また、経営耕地の耕作状況を、耕作放棄地の指標によって見てみよう。同表からは、散居の耕作放棄地率は、1980年から95年にかけて最低であり（0.2％）、山間地の散在集落で最も高くなっていること（13.0％）がわかる。散居地域では、生産調整のブロックローテーションを行っている集落が多く、経営耕地や担い手のいる農家が比較的多く残っているため、借地や経営受委託によって耕地の荒廃が抑止されてきたといえる。

最後に、経営規模別農家数の動向を、第17表によってみてみよう。同表は、1990年から95年にかけての経営規模別農家数の動向と構成比を集落形態別にまとめたものである。この表からは、第一に、自給的農家の比率が散居において最も低いこと、すなわち販売農家比率が散居で最も大きいことが確認できる。第二に、散居における3.0ha以上の大規模経営農家の構成比は3.0％であり、他の集落形態に比べ最も比率が高くなっている。とりわけ5.0ha以上の最大規模

第2章　散村地域における就業構造と農業の担い手の変貌

第17表　経営耕地面積規模別農家数の集落形態別推移（1990〜95年）

区　　　分	増減数（1990〜95年）				構成比（1995年）			
	散居集落	散在集落	集居集落	密居集落	散居集落	散在集落	集居集落	密居集落
自給的農家	▲12	7	▲9	▲13	6.2%	15.8%	13.6%	24.4%
例外規定販売農家	0	▲1	6	1	0.2%	0.5%	0.3%	0.1%
0.3〜0.5ha	▲85	▲9	▲98	▲26	6.3%	24.7%	13.4%	18.7%
0.5〜1.0ha	▲340	▲15	▲200	▲39	22.8%	36.3%	33.5%	30.8%
1.0〜2.0ha	▲436	▲8	▲263	▲42	51.9%	18.4%	33.6%	22.3%
2.0〜3.0ha	▲37	0	▲20	▲11	9.6%	1.6%	3.6%	1.3%
3.0〜5.0ha	3	1	▲11	3	1.6%	1.6%	1.1%	0.9%
5.0ha以上	20	0	16	3	1.4%	1.1%	0.8%	1.3%
合　　計	▲887	▲25	▲579	▲124	100.0%	100.0%	100.0%	100.0%

資料：前表と同じ。

農家は1990年から95年にかけて20戸も増加していることが注目される。

　砺波散村地域には，以上で述べてきた個別の大規模経営農家とは別に，1970年代から作業受託や借地によって経営を拡大してきた生産組織・法人経営が存在している。小林哲郎は，1970年代から80年代初頭の砺波平野の受託生産組織の展開状況を分析し，「砺波市では，いわゆる地縁的な生産組織の解体・再編を経ながら，中・大型機械化段階の生産力展開に照応した機能的な受託小集団が形成される方向にある」[16)]と指摘したが，90年代に入ると福野町のサカタニ農産に代表される借地型の大規模農業法人の形成が見られるようになる[17)]。サカタニ農産は，1967年に農地5ha，従業員4人の任意組合で発足し，1972年に農地利用増進事業をすすめるために法人格を取得し農事組合法人となる。その後，借地によって経営規模を拡大し，借地面積は1972年の37ha（委託農家37戸）から1998年の230ha（委託農家344戸）へと急増し，今や全国有数の大規模稲作単一経営体となっている。サカタニ農産の事業で特筆すべき点は，農地受託や育苗施設，ライスセンターの建設運営だけでなく，大型ハウスの建設・運営，農業機械の整備などによって通年雇用型の事業経営を行いながら，グループ3社で25名の従業員の雇用がなされているところにある。このサカタニ農産の経営農地の地域的分布（1998年）を見ると，福野町50%，砺波市28%，小矢部市20%，井波町等2%となっており，地元福野町をはじめ散村地域に広く展

開している。散村地域における農地の比較的まとまった存在と圃場・道路整備の完了が，このような大規模稲作経営を可能にしているといえる。

まとめ

　最後に，これまでの分析から得られた結論をまとめておこう。
　本章での分析を通して，砺波散村地域では他の集落形態に比べ，散居集落において農業の担い手が比較的よく残存しているだけでなく，法人経営をはじめとする大規模経営農家の台頭が顕著であることがわかった。これは，1970年代を通しての圃場整備事業の展開によって中・大型機械が導入，移動しやすい物的条件が整備されたことに加え，散居集落の農家人口を維持することができる多様な就業機会が持続的に形成されてきたことによる。とりわけ，商業やサービス業といった女性向けの就業機会の拡大と「パーソナルカー」化という第2段階のモータリーゼーションの流れが，女性就業率の高さを散村地域でつくりだしていた。農家人口の就業機会が地域内部に形成され，米の単作経営に特化しているがゆえに，通勤兼業であっても比較的大規模な経営が可能となったといえる。また，たとえ農業から離脱したとしても周辺の個別農家，生産組織，法人組織が，土地の借り受け手となり，経営耕地を有効に利用することができたのである。
　このような結論を，序章で示された論点に即して敷衍してみよう。序章では，散村を農家として把握する伝統的な視角には限界があるとし，最も基本的な「住居としての機能」に注目すべきであるとしていた。これは，散村を構成してきた家宅の少なからぬ部分が非農家化しつつあるなかで，依然散村としての景観が保たれていることの意味を探るための問題提起であるといえる。本章では，砺波散村地域の農業集落の四半世紀にわたる変貌を，農村就業構造と農業の担い手に着目しながら，明らかにしてきた。いわば散居集落を構成する残存農家の強靱性の根拠を探ってきたわけである。その分析を通して，1970年代の工業をベースにした就業機会の拡大（「農工一体化」）の後も，80年代後半以降

第2章　散居地域における就業構造と農業の担い手の変貌

の第3次産業をベースにした就業機会の拡大に，最も柔軟に対応しえたのが散居集落であったことが確認できた。散居集落では，第一に，農家が比較的多くの家族員を抱え，家族「総働き」の多就業構造が可能であったうえ，第二に，女性家族員も含めて就業できる機会が砺波市をはじめとする小都市群やそれらをつなぐロードサイドに順次形成されていったことにより，比較的安定した生活領域がつくり上げられたといってよい。しかも，離農した農家の農地の引き受け手として大規模借地経営が，圃場整備済みの優良農地を集積し，農地を保全したことも，散村景観の維持につながったといえる。小都市と集落，就業機会や生活関連施設と農家，農家と農地を結ぶ道路網の整備とモータリゼーションの深化，高い圃場整備田比率を前提にした農業機械化の前進が，それを支えてきたのである。

とはいえ，これまで一見順調な発展過程に見える砺波散村地域農業の未来は，決して約束されたものではない。第一に散村地域の就業機会の主要な部分を構成していた電気機械・電子部品産業の将来は経済のグローバル化，海外への生産シフトのなかで大きく揺らいでいる。第二に，農業経営の基幹作物である米についても，輸入自由化にともなう米価の下落と減反政策の継続によって，所得源としての魅力を失いつつある。さらに，第三に，散村特有の問題として，高齢者の独居，夫婦世帯が，点在しながら広がっている点も，福祉サービスや社会的安全性の点から見て不安材料となりつつある。21世紀に入って砺波散村地域は新たな試練を迎えようとしている。

1）　高度経済成長期の代表的文献として新藤正夫「散居集落の高度経済成長への対応と問題点」(後瀬良明・二神弘他『高度成長下の都市と農村』古今書院，1970)，第一次石油危機後の一散居集落の農民層分解を調査した堂本高明「散居村落における農民層の動向」及び高山敏弘「水田単作地帯における農業経営の変化に関する研究」神戸大学農業経済13，1977，1980年代にかけての地域農業の再編と新たな経営主体の形成をとらえた小林哲郎「富山・砺波平野の農業と経営展開」(臼井晋編『講座　日本の社会と農業　4　北陸編　兼業稲作からの脱却』日本経済評論社，1985)，などがある。

まとめ

2) 本章で主として使用した資料は，農林水産省統計情報部『2000年世界農林業センサス結果概要 Ⅱ ——農業集落調査——』2000，農林水産省北陸農政局富山統計情報事務所『2000年世界農林業センサス　農業集落調査結果の概要（富山）』2000，および同事務所所蔵集落データ，『1995年農業集落カード　富山県』CD-ROM版，農林統計協会，1997，である。

3) 1955年調査での農業集落の定義は「農家が農業上相互に最も緊密に共同しあっている農家集団」というものであったが，70年センサスでは「農業集落の範囲を属地的にとらえ，一定の土地（地理的な領域）と家（社会的な領域）とを成立要件とした農村の地域社会（ルーラル・コミュニティ）であるという考え方」をとったという（農林省統計情報部『1970年世界農林業センサス　農業集落調査報告書』農林統計協会，1972，3頁）。詳しくは，農業集落研究会『日本の農業集落』農林統計協会，1977年，を参照。なお，1970年センサスでの農業集落調査とそれに基づく研究の所在については，関戸明子氏および高橋誠氏からご教示を受けた。深く感謝したい。

4) 同上，8～9頁，および農林水産省統計情報部，前掲書，5頁，による。なお，センサスでは，ほとんど市街地化されたところにごく少数の農家が点在しているものを「農家点在地」として区分している。

5) 村落の「認知空間」論の視点からこの問題をとりあげた浜谷正人「日本農村における社会空間の実証分析」歴史地理学120，1983，を参照されたい。

6) 砺波平野の散村の歴史的形成過程については，金田章裕『条里と村落の歴史地理学研究』大明堂，1985，および同「砺波散村の展開とその要因」砺波散村地域研究所研究紀要3，1986，を参照。

7) 農地改革記録委員会『農地改革顛末概要』農政調査会，1951，1003～1008頁。

8) 同上，1014～1017頁。

9) 金田章裕「砺波の散村と中心集落」（藤岡謙二郎編『新日本地誌ゼミナールⅣ　中部地方』大明堂，1983，同「散居村と中心集落の変貌」地理28-2，61頁，同「砺波散村地域の構造変化」砺波散村地域研究所研究紀要6，1989，新藤正夫，前掲論文，参照。

10) 岡田知弘「1990年代大不況と地域経済の構造変化」土地制度史学167，2000年。

11) 詳しくは，柳井雅也「砺波市における電気機械工業の実態について」砺波散村地域研究所研究紀要17，2000，を参照されたい。

12) 金田章裕「砺波散村地域の構造変化」（前掲），参照。

13) モータリゼーションの展開過程については，本書第11章の山根論文を参照。

14) 基幹的農業従事者とは，農林業センサスの定義によると，「農業に主として従事した世帯員のうち，仕事が主の人」をさす。

15) この点については，小林哲郎，前掲論文，および田林明「農家の就業構造からみた砺波平野と日本の農村」砺波散村地域研究所研究紀要4，1987，を参照。なお，1995年センサスデータでも，散居集落でのトラクター（30PS以上）・耕耘機所有比率（対総農

第2章　散村地域における就業構造と農業の担い手の変貌

　　家数）は8.8%であり，密居の6.9%，集居の4.1%，散在の3.2%を上回っており，最も普及している。
16)　小林哲郎，前掲論文，234頁。
17)　以下は，「現地ルポルタージュ　大規模稲作生産法人の経営展開——富山県サカタニ農産の事例——」調査と情報155，1999年，およびサカタニ農産のホームページによる。

第3章
砺波地域の小都市群における小売業の変化

松田 隆典・伊藤 悟
藤井 正・山根 拓

　砺波地域の小都市群が構成する1990年頃までの中心地システムの変容については松田の研究に詳しい[1]。本章の前半はそれらをもとに小都市群のつくる基本的な地域構造を述べるとともに，高岡市という上位の中心都市との関係を含めその後の変化を検討する。後半は，主要な小都市である福光町，福野町，砺波市の中心市街地における小売業の立地変化の考察を行う。これらの分析を通して，結節点としての小都市群が構成するネットワーク，中心地システムはどのような動向を示すのか，それらの中心地を面としてクローズアップしたときその内部でどのような変化が起こっているのかを明らかにしたい。

1　砺波小都市群の構成する中心地システム

　(1) 砺波地域の中心地システム　1990年6月調査の資料により，砺波地域における各小都市の小売業機能の規模を商圏人口などによって示したのが第1図[2]である。商圏人口は当該区域（各商工会議所・商工会の所轄区域。一部は市町村より細かい）の全域で買物をする顧客数であって，区域内にある小都市のみで

の顧客数ではない。しかしながら各区域は1つの小都市が含まれるように設定され，かつ小売商店の大部分が小都市に集積しているので，区域の商圏人口はほぼ小都市のそれに相当するとみなしてよかろう。商圏人口は，流入顧客数と滞留顧客数（その区域に居住し買い物もする顧客数）の合計である。ただし，各区域の常住人口を同時に示すために各区域から流出する顧客数も含めて円の大きさを描いている。第1図において各小都市の円の大きさで示される商圏人口・常住（流出）人口に注目すると，砺波区域の約43,900人に対して小矢部区域が約18,300人，福光町区域が約20,600人といずれも2倍を超える格差である。福野町区域の約10,900人，戸出区域の約9,900人，井波町区域の約8,000人，城端町区域の約6,900人，福岡町区域の約5,500人と続き，その他の区域はいずれも3,000人に満たない。

流入顧客数でみても，砺波区域の約15,600人は次に多い小矢部区域の約3,800人や福光町区域の約3,700人に対して4倍を超える格差をもつ。小矢部区域や福光町区域に次ぐ流入顧客数を有するのは，戸出区域の約2,800人と福野町・井波町両区域の約2,200人である。その他の区域はいずれも1,000人に満たず，そのうち福岡町区域が約800人，城端町区域が約700人とやや多くなっている。小売業指標からみた砺波市の中心市街地である出町の中心性は，砺波地域においてどの小都市よりも格段に高いと推定される。

砺波地域における出町の中心性の卓越は，流入顧客数と各区域から流出した顧客数との差，すなわち顧客収支によっても確認される。砺波地域において顧客収支が流入超過になっているのは砺波区域だけであり，砺波区域以外は高岡など主要都市への顧客流出が顕著であるためにいずれも流出超過となっている。砺波区域の流出顧客数が砺波地域では小矢部区域の約11,600人に次ぐ約9,700人を示しているにもかかわらず，砺波区域だけが流入超過になっているのは取りも直さず出町の高い中心性を表示する流入顧客数の多さによるものである。

第2図も第1図と同資料による1990年の顧客流出先の内訳を示しているが，それをみても出町の中心性の高さが知られる。砺波地域南部のうち庄川町・井波町・福野町の各区域は砺波区域を最大の顧客流出先とし，それぞれ流出顧客数全体の41％，38％，36％を占めている。また，津沢区域と城端町区域の最大

1 砺波小都市群の構成する中心地システム

第1図 砺波地域の小都市群とその商圏人口・常住人口（1990）

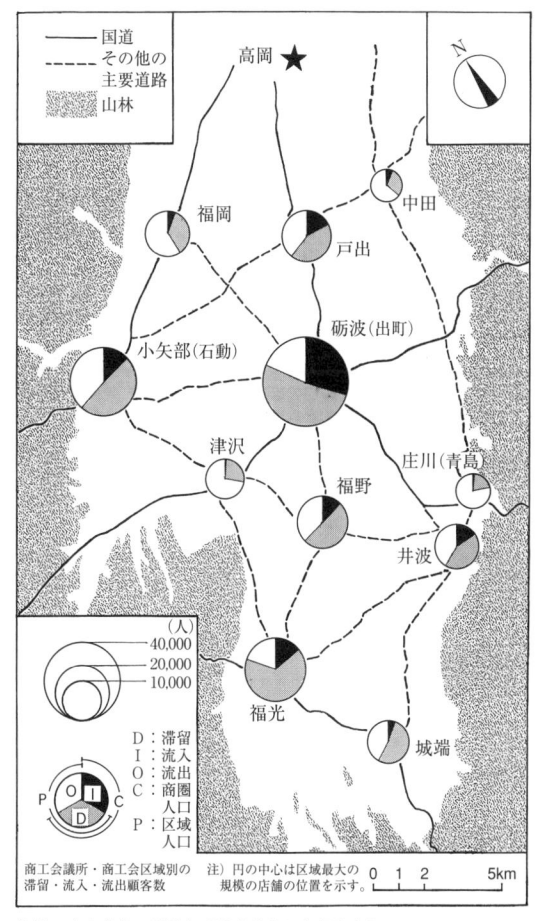

資料：富山県商工労働部『消費動向調査報告書』1991,
注1）①松田論文より。

の顧客流出先はそれぞれ全体の38％を占める小矢部区域（石動）と36％を占める福光町区域となっているが，両区域の第2位流出先である砺波区域への流出顧客数もそれぞれ全体の29％,22％を占めている。出町の高い中心性は，高岡市の影響の小さい砺波地域南部からの顧客流出に支えられているといえる。

一方，砺波地域北部の福岡町・戸出・中田・小矢部・砺波の各区域は高岡区域を

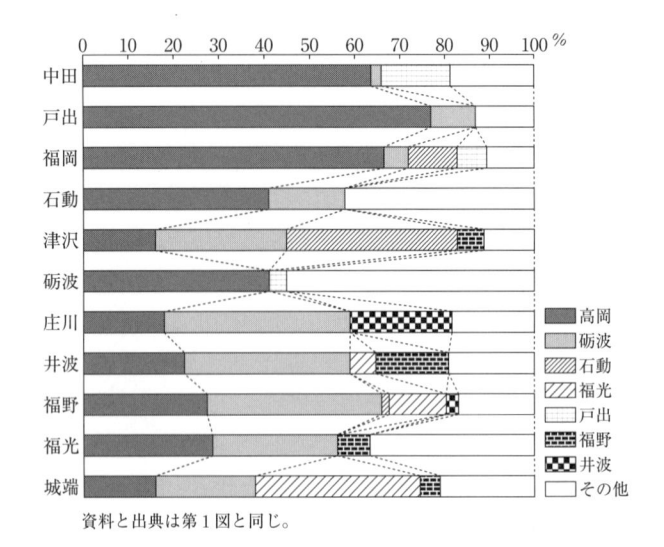

第3章 砺波地域の小都市群における小売業の変化

第2図 砺波地域の小都市群区域別顧客流出先（1990）

資料と出典は第1図と同じ。

最大の顧客流出先とし，高岡に接する福岡町・戸出・中田の各区域がそれぞれ流出顧客数全体の65％，76％，63％を高岡が占め，砺波・小矢部の両区域でさえもそれぞれ41％，40％を占めている。砺波地域南部の福光町区域は高岡区域と砺波区域への流出顧客数が全体に占める割合はそれぞれ29％，28％と抗抗し，砺波区域を最大の顧客流出先とする庄川町・井波町・福野町の各区域も高岡区域への流出顧客数はそれぞれ全体の18％，27％，22％と少なくない。高岡の小売業は砺波地域北部に圧倒的な影響力で顧客を吸収し，さらに砺波地域南部にも，出町には劣るものの，かなりの影響力を及ぼしていることが知られる。

（2）1990年代の変化　その後，90年代に展開した砺波市などへの大型店立地などにより，この消費者動向は大きく変化した。第1表に示した1999年の消費動向調査によれば，高岡市内の戸出は地元購入が39.5％であるが，高岡区域（市域でなく商工会議所所管区域）へは27.3％の流出があり，これは流出顧客数の45.1％にあたり，上記90年の76％に比べ大きく低下していることがわかる。これに対し，戸出の地元購入の半分近い18.9％，中田区域でも7.1％が砺波市内へ流出している。しかも戸出では高岡の中心商店街や大型店への流出率より，こ

の砺波市流出率がわずかだが上回る。福岡も戸出と同様，高岡に32.8％流出しもっとも多いが，これは流出顧客の47.2％でやはり90年より大きく減少している。そして福岡から砺波市にも12.4％の流出があり，隣接する小矢部市への流出の12.1％をしのぐ。小矢部（石動）では地元が59.8％だが，砺波市が13.4％で高岡市の7.2％を大きく逆転した。なお，前回の1996年の同調査では，砺波市11.0％，高岡市10.1％で拮抗していた。

　また今回の調査報告書では，主要都市の商圏を広域圏として前もって設定して分析しているが，実際には高岡の広域圏の小矢部も津沢も砺波での購入率の方が多くなっている。残りの高岡圏の区域は，高岡区域，高岡市内の中田・戸出と氷見市・福岡町のみである。広域圏は県全体で5つ設定されており，東部の新川圏（魚津市など5区域），富山圏（富山市・八尾町など14区域），中部の射水圏（新湊市など5区域），そして先の高岡圏7区域以外の県西部9区域が砺波圏となっている。このうち報告書では高岡圏となっている小矢部と津沢を砺波圏に移すと砺波圏は11区域となり，富山圏と県を2分する大商圏となる。高岡市の商圏はこのように砺波市の商業成長で縮小を余儀なくされているのである。

　砺波地域南部では，上記のように90年には約20％あった顧客流出に占める高岡区域流出率がさらに減少を見ている（第1表）。福光もこれらと同様の傾向だが，砺波市や高岡市に流出する割合は若干低く，福野への流出がかなり見られ高岡を上回る。城端では地元購入（28.3％）も含めた全体の約10％前後で福光，福野，高岡が並び，砺波が23.9％でこれらの2倍の購買者を集める。

　こうした全品目の購買流動の検討において県西部の中心地とみなされた砺波市から，他の中心都市にもっとも購買流出がみられるのが服飾品・アクセサリーである。半分以上の51.7％は地元購入であるが，高岡市に21.3％，富山市に6.7％，金沢市にも4.5％の流出をみる。こういった買回品では，上記の小矢部や津沢は高岡・砺波・金沢の商圏の競合を示す。このように現在の小都市群は高岡も含めかなり競合的関係にあり，相互流動的な状況にあるといえよう。

　砺波地域の各市町村の1991年における年間販売額から各小都市の階層システムを検討してみよう。砺波市が最大で458億円を示し，次いで小矢部市の318億円，福光町の225億円，福野町の144億円，井波町の110億円，福岡町の98億円，

第3章　砺波地域の小都市群における小売業の変化

第1表　現在の砺波地域における購買動向（1999年）

単位：%

区域	地元	地元のうちで郊外での購買	高岡*	左記のうち高岡中心商店街・大型店	砺波市	他の小都市
中田	22.7		38.8	15.7	7.1	9.4 (戸出)
戸出	39.5	12.3 (国道156号線沿線)	27.3	16.2	18.9	
福岡	30.5		32.8	13.3	12.4	12.1 (小矢部)
小矢部	59.8		7.2		13.4	
津沢	8.1		10.8		20.9	32.7 (小矢部)
砺波	70.0	15.2 (国道156号線沿線)	15.4		—	
庄川	19.0		12.4		40.6	10.0
井波	31.5		11.8		27.9	7.0 (福野町)
福野	45.5		10.0		27.6	
福光	46.6	12.6 (郊外型専門店)	8.1		18.5	9.7 (福野町)
城端	28.3		8.7		23.9	11.3 (福光町)

資料は，富山県商工会議所連合会・同商工会連合会『平成11年度 消費動向調査報告書』2000。商工会議所・商工会所管区域を単位とする。
＊高岡には中田・戸出を含まない。

城端町の92億円，庄川町の51億円となる。小矢部市のうち小矢部区域と津沢区域の年間販売額は，両区域の商圏人口で案分すると275億円と43億円となる。こうした結果は砺波地域で出町が卓越した中心性をもち，石動・福光がそれに次ぐ中心性をもつという前述の分析結果をほぼ裏づけるものといえる。1999年には，砺波市の年間販売額が544億円と大きく増加し，福野町も169億円と新規大型店事業の効果が見られるが，福光町が187億円と減少したのをはじめ小矢部市や井波町・福岡町などの小都市では減少を示す。

2　小都市群の小売業

（1）人口規模と中心性　1990年の国勢調査によると，人口集中地区[3]を構成する石動（小矢部市の中心市街地で人口9,500人弱），福光（6,300人強），井波

(6,100人弱），福野（5,000人強）は，準人口集中地区[4]の出町（4,700人弱）を超える人口規模を有していながら，中心性に関しては出町に及ばない。一方，準人口集中地区を構成するの城端（3,000人強）をはじめ，その他の小都市は人口規模においても劣る。砺波地域の各小都市の人口規模は小売業からみた中心性と必ずしも均衡していない。この不均衡こそ，小都市の階層システムの急速な変化を示唆している。

　小都市人口を1990年の人口集中地区または準人口集中地区の人口とみなして，試みに人口集中地区または準人口集中地区を含む市町村についてのみ重要性の超過分に相当する年間販売額[5]を算出すると，砺波市の405億円，小矢部市の211億円，福光町の154億円，福野町の87億円，城端町の57億円，井波町の41億円となる。小都市人口の相当分を除いた年間販売額は，小都市人口相当分を含むそれと比較して，出町が石動や福光より小都市人口が小さいために，砺波市と小矢部市・福光町との格差が大きくなっているなどの違いがみられるが，小都市の階層システムの大勢は動かない。

　（2）小売業シェアの変化　次に，小売業の観点から中心地システムの変化を考察するために，第3図によって各市町村の年間販売額の対全県比の時系列変化について検討する。1970年の各市町村の年間販売額比率は砺波市2.90％，小矢部市2.68％，福光町2.04％と，1991年の比率と比べて砺波市と小矢部市・福光町との差が小さかったことがわかる。1970年以前の砺波市と小矢部市の比率をみると，1964年に2.64％と3.04％，1966年に2.94％と3.10％，1968年に2.80％と2.87％と，多少の変動はあるものの砺波市の増加傾向と小矢部市の減少傾向とが認められる。おそらく1950年代には，砺波地域において小矢部市の石動は砺波市中心市街地である出町と並ぶかあるいはそれを超える中心性を有していたと思われるが，1960年代にしだいに出町が中心性を上昇させて，1970年にはむしろこちらのほうが高い年間販売額比率を示すようになったと考えられる。

　ところが1972年になると，砺波市・小矢部市・福光町という主要な小都市を含む地域や，これらほどの伸びではないが福岡町と井波町でいずれも比率が増加していることから，この頃から小売業の構造的変化が砺波地域全域に及んだのではないかと推察される。こうして，砺波市・小矢部市・福光町とそれ以外の町

第3章　砺波地域の小都市群における小売業の変化

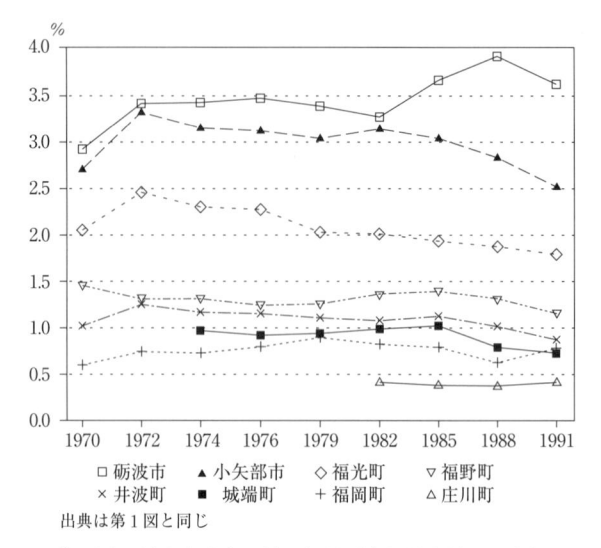

第3図　砺波地域市町村の年間販売額対全県比の変化

凡例：
□ 砺波市　▲ 小矢部市　◇ 福光町　▽ 福野町
× 井波町　■ 城端町　＋ 福岡町　△ 庄川町

出典は第1図と同じ

との間の格差が明瞭になった。1974～76年に砺波市の比率は微増しているのに対して，小矢部市と福光町の比率は減少している。そのため，砺波市と小矢部市・福光町との格差が僅かながら拡大するが，1979～82年には砺波市が比率を減少させ，小矢部市と福光町の比率がほぼ横ばいとなっているために，両者の差は拡大しなかった。

1980年代になると，再び砺波市の比率は増加して1988年には4％近くまでに達したのに対して，小矢部市・福光町の比率は減少して1988年に小矢部市は3％を，1985年に福光町は2％をそれぞれ割ってしまう。両者の差はかつてないほど拡大することになり，前述のように出町が砺波地域で卓越した中心性を有する小都市となった。

90年代もこの傾向は持続し，1999年では砺波市が4.18％とついに4％を超え，一方で小矢部市は2.36％，福光町は1.44％と新規共同店舗が建設された福野町の1.30％と並ぶシェアまで低下する。それ以外の小都市群では井波町，城端町，福岡町は0.7％前後，庄川町が0.5％を切っている。近年の不況などにより，小売業の年間販売額は一般に減少が見られるが，富山県でも県全体で減少

し，富山市や高岡市もシェアで微減している。

そのなかで砺波市はシェアの微増を示している。一人あたり年間販売額で富山県全体のそれを上回り購買力の入超を窺わせるのも，この地域では高岡市をのぞけば砺波市のみであり，しかも高岡市を上回る値で，人口規模が大きく市域内に需要をもつ高岡市に対して砺波市の外部からの購買吸引力の強さを裏づけている。

ここで，砺波地域の各小都市群より高次の中心地に相当する高岡市（戸出・中田両商工会所管区域を含む）の年間販売額対全県比の変化についてみてみよう。1970年の21.21％からしだいに減少して1976年に18.69％となり，以後増加して1982年に19.66％となったが，その後再び減少し1988年に19.12％となった。1970年代前半の高岡市の年間販売額比率の減少は砺波地域の大半の市町村の比率の増加に，1980年代半ばの減少は砺波市の比率の増加にそれぞれ対応している。

以上の分析結果を要約すれば，1970～72年の砺波市・小矢部市・福光町の年間販売額比率の増加は高岡市・福野町などの減少に，1980年代以降の砺波市の増加が高岡市・小矢部市・福光町などの減少にそれぞれ対応する。1990年代以降においても，砺波市の増加でその他の小都市との格差はさらに拡大している。小売業の年間販売額比率の面からみると，砺波地域の小都市の階層分解が進行したと推定される。以下では，この購買動向に対応する福光・福野・砺波（出町）の各小都市における中心市街地の変容を商業施設の立地変化を中心に検討する。

3　福光町における中心商店街の変容

（1）土地利用からのアプローチ　都市中心部の変容に関する従来の地理学研究は，山下[6]や松村[7]，伊藤[8]に代表されるように，主に土地利用からアプローチすることによって，かなりの蓄積をもつようになった。しかし，これら先行研究は，松村や伊藤の研究を除くと，分析期間を数年から十数年とするも

第3章 砺波地域の小都市群における小売業の変化

のが大部分である。しかも、過去の変化を詳細に記述してはいるものの、将来に向かっての予測に基づいた考察は皆無に等しい。そこで本節では、富山県西砺波郡福光町の中心商店街について、過去から将来にわたる半世紀間の変容を検討したい。

砺波平野の南西部を占める福光町は、人口は国勢調査によれば1960年に25,281人を記録したが、その後わずかずつ減少し、2000年（速報値）には20,347人になった。中心市街地をDIDで規定すれば面積は1.3km^{2}と人口は5,750人（1995年）となるが、そのなかには幾つもの商店街が含まれる。主なものは中央通、東町、本町の3つで、接する駅前（丸の内）、西町、新町にも商店街が続く（第4図参照）。これら6ヶ所を本節では中心商店街と呼び、分析対象とする。

中心商店街における従前の出来事としては、駅前（丸の内）から中央通で1976～81年に実施された近代化事業と、中央通における1979年10月のショッピング・センター「ベル」（店舗面積3,814m^2）の開店が、まず特筆される。それらは商店街の活性化に大いに寄与したからである。さらに、1989年には本町商店街でも都市計画街路事業の実施にあわせて近代化が図られた。しかし、この頃から周辺市町に大型ショッピング・センターが相次いで進出するようになり、福光町中心商店街の地盤沈下が次第に危惧されるようになった。

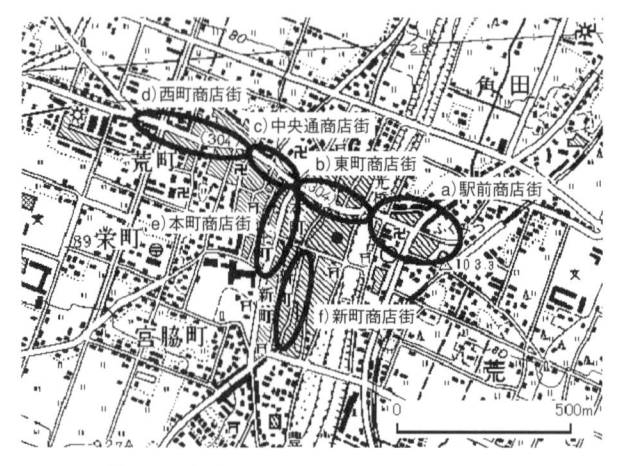

第4図　福光町における主な中心商店街の分布

3 福光町における中心商店街の変容

　本節では，第4図に示した6つの商店街における変容を，類似した先行研究の大部分と同様，土地利用から検討する。すなわち，どのような施設・機能が立地しているかの観点から年次間で比較・考察したい。比較対象年次は1970年から2020年に至る10年間隔の6年次である。各年次についても土地利用は，経済活動に関するものは産業中分類に従って，それ以外は住宅，駐車場，公園など独自の10分類によって区分した。ただし，実際には対象地域に存在しない中分類上の産業種もあり，区分は最終的に40種類となった。

　2000年に関する土地利用は，同年9～12月に実施した現地調査によって把握した。その際，各土地利用を量的に把握する手段として間口も同時に土地区画ごとに計測した。過去の1970～90年の3ヶ年については，住宅地図や電話帳から各区画に何が立地していたかを調べ，どの土地利用区分に該当するかを割り出した。ただし，資料だけでは不明な場合も多く現地での聞き取り調査によって補った。将来2010・20年の土地利用は，マルコフ連鎖モデルの適用によって各区画に何が立地するかを確率的に予測した。その際，6商店街全体に関わる過去30年間の平均的な変化が今後も続くことを前提にシミュレーションした。

（2）商店街全体の変化　6商店街全体の変化を間口から算定した土地利用構成から検討したい。第5図はそのような土地利用の変化を示したものである。ただし，先に述べたように調査や予測の際には土地利用を40種類に区分して作業を行ったが，第5図では，経済活動は産業大分類を原則とするなど，大きく8つに集約した。ただし，第5図のなかの「卸売・小売業，飲食店」「サービス業」「金融・保険業，不動産業」は商店街の主要な経済活動であるため，第6図において詳細を示すこととした。以下，両図によって検討したい。

　まず1970年の時点では，第5図によると「卸売・小売業，飲食店」の土地利用が総間口（約3km）の6割を占め，そこに「サービス業」と「金融・保険業，不動産業」を加えると，全体の4分の3に達する。当然のことながら，当時の土地利用が商店街としての色彩が強かったことがわかる。第6図をみると，小売業のなかで主要なものは「飲食料品小売業」で，続いて「その他の小売業」「織物・衣服・身の回り品小売業」「家具・建具・什器小売業」が多い。先の2つの小売業は最寄品を，後の2つは買回品を扱うものと位置づければ，当時の

第3章 砺波地域の小都市群における小売業の変化

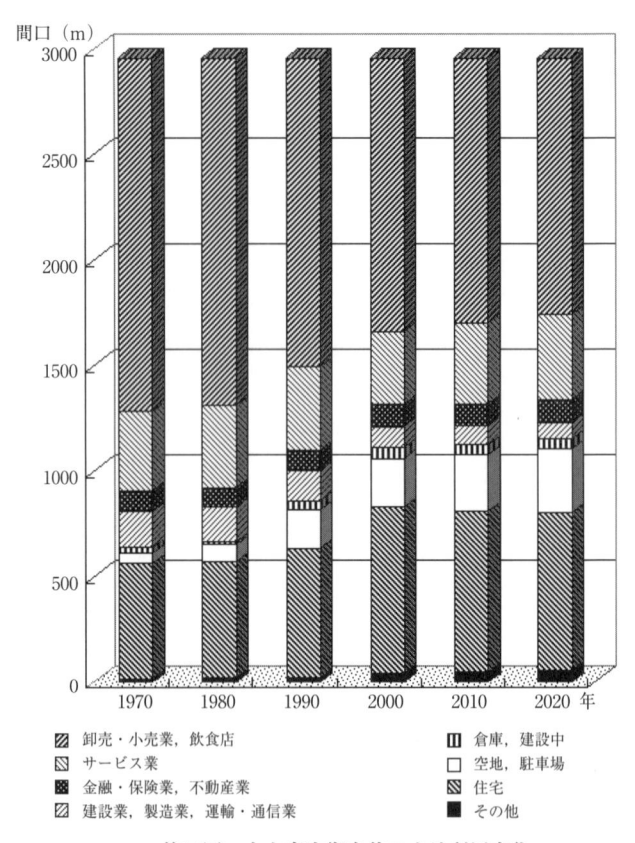

第5図　中心商店街全体の土地利用変化

凡例：
- 卸売・小売業，飲食店
- サービス業
- 金融・保険業，不動産業
- 建設業，製造業，運輸・通信業
- 倉庫，建設中
- 空地，駐車場
- 住宅
- その他

商店街は近隣商店街と広域的な商店街の両方の性格を兼ね備えていたとみられる。

　1980年では，第5図で「空地・駐車場」の若干の拡大がみられるが1970年と大きな差異は見受けられない。しかし，第6図では「飲食料品小売業」「その他の小売業」の減少と，「織物・衣服・身の回り品小売業」「家具・建具・什器小売業」の増加が認められる。買回品を扱う広域的な商店街へ若干シフトしたわけである。なるほど，前年の1979年は中央通に大型店の「ベル」が開店し[9]，この頃が中心商店街にもっとも活気のあった時期であった。

3　福光町における中心商店街の変容

間口（m）

1970　1980　1990　2000　2010　2020　年

卸売・小売業，飲食店
■ 卸売業
▨ 各種商品小売業
▧ 織物・衣服・身の回り品小売業
▨ 飲食料品小売業
■ 自動車・自転車小売業
▨ 家具・建具・什器小売業
▨ その他の小売業
▨ 一般飲食店
▥ その他の飲食店

サービス業
▨ 旅館・その他の宿泊所
▥ 洗濯・理容・浴場業
▨ その他の個人サービス業
▨ 娯楽場
▨ 協同組合，その他の事業サービス業
■ 専門サービス業
▨ 医療業・保健衛生業
▨ その他のサービス業

金融・保険業，不動産業
▨ 金融・保険業
▨ 不動産業

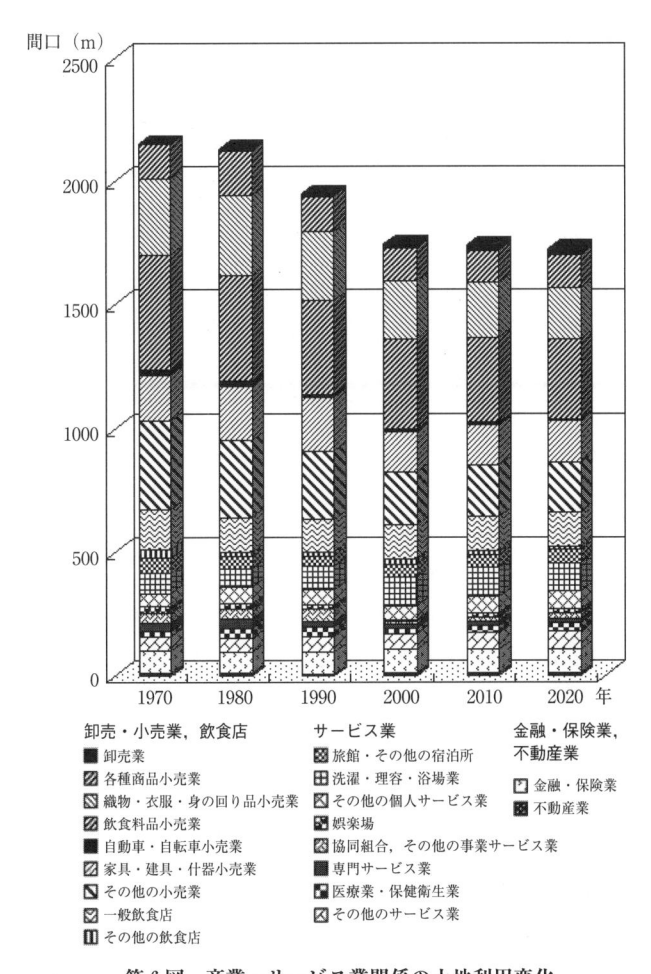

第6図　商業・サービス業関係の土地利用変化

　ただし，それ以降2000年までは，「卸売・小売業，飲食店」が次第に縮小してきたことが第5図からわかる．第6図からも，特定のものというよりも各種の小売業が減少し，小売業全体が後退していることがわかる．その逆に「空地，駐車場」や「住宅」が現在まで増加してきた．予測によれば，「卸売・小売業」の減少と「空地，駐車場」の拡大は今後も続くようである．ただし，「住宅」

75

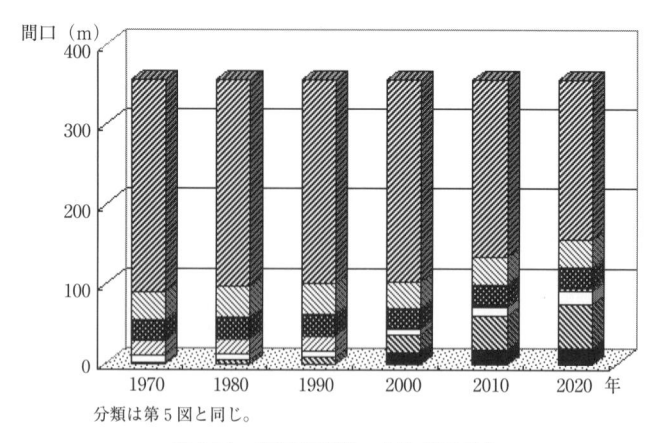

第3章　砺波地域の小都市群における小売業の変化

間口（m）

第7図　東町商店街の土地利用変化 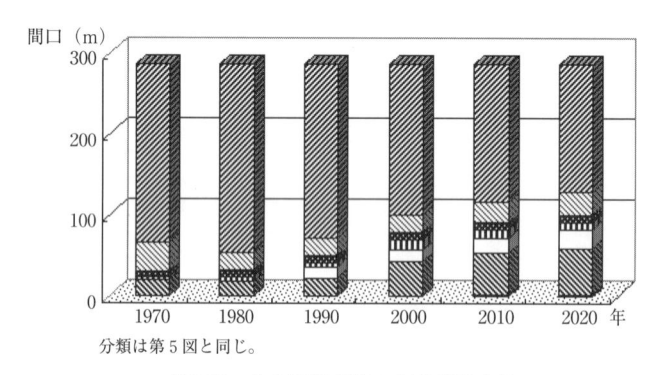
分類は第5図と同じ。

間口（m）

第8図　中央通商店街の土地利用変化
分類は第5図と同じ。

の拡大は今後は停滞する見込みであり，中心市街地の空洞化が懸念される。

（3）商店街別の変化　続いて，6つの商店街それぞれの変化を第7図〜第10図により検討すると[10]，中心商店街全体の傾向である「卸売・小売業，飲食店」の縮小と「住宅」および「空地，駐車場」の拡大は東町商店街において典型的にみられる（第7図）。同商店街は，1970年には「住宅」がほとんどなく商店街としての色彩がもっとも強い場所であったものの，その後，住宅や空地・駐車場が着実に増えており，それは今後も続くと予想される。

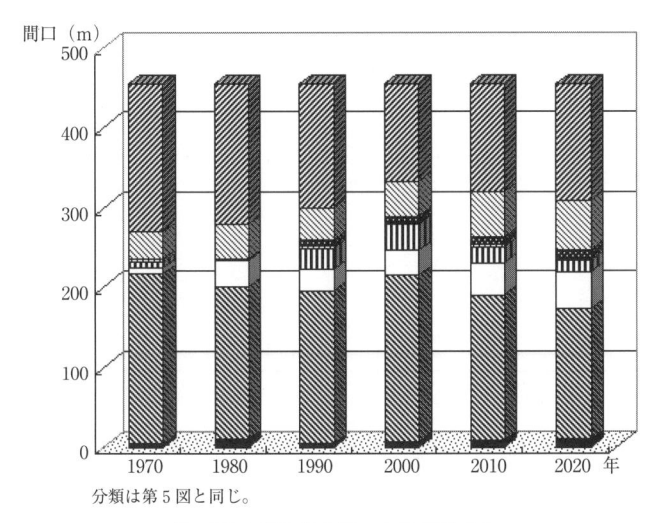

3 福光町における中心商店街の変容

第9図 西町商店街の土地利用変化
分類は第5図と同じ．

　他の商店街も基本的には同じ変化傾向にあるが，詳細にみれば幾つかの相違も見受けられる．まず中央通（第8図参照）や本町（図は省略）の両商店街では「卸売・小売業，飲食店」の土地利用が1980年に一時的に拡大し，その後に縮小している．一時的拡大の背景には，「ベル」の開店と近代化事業の実施があったに違いない．逆に，西町（第9図参照）と駅前（図は省略）の両商店街では「卸売・小売業，飲食店」がこれまで減少してきたが，今後若干拡大することも期待される．このため「卸売・小売業，飲食店」は，東町，中央通，本町といった内側の商店街から，駅前や西町など外側の商店街に移動していく傾向も読みとれる．
　新町商店街は「卸売・小売業，飲食店」の土地利用が50年間一貫して減少し，その減少割合は6商店街で最大である（第10図）．他の商店街では，それに替わって「住宅」が増加するわけであるが，新町商店街について特徴的な点は，今後は「卸売・小売業，飲食店」とともに「住宅」も減少していくと予想されていることである．両者は「空地，駐車場」に置き換わると思われるが，新町商店街では商店街としてばかりでなく住宅地としての性格も次第に薄れていくこ

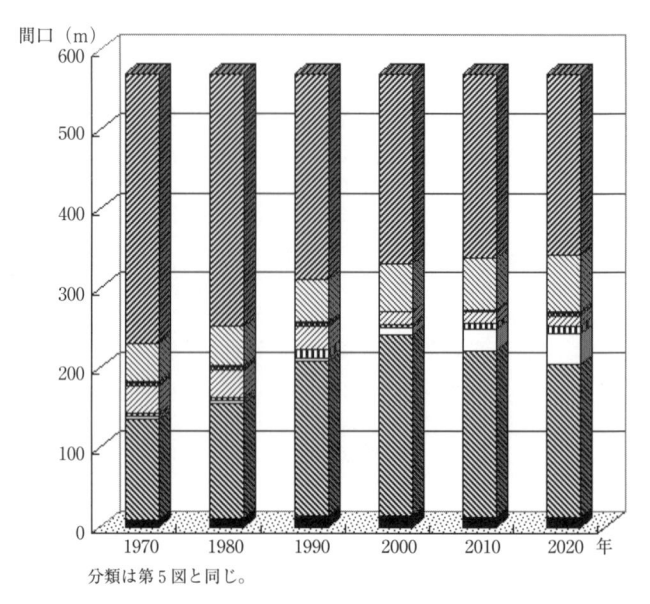

第3章　砺波地域の小都市群における小売業の変化

第10図　新町商店街の土地利用変化
分類は第5図と同じ。

とが危惧される。その意味では，次第に住宅地としての性格をあらわにしてきた他の商店街と比べて，新町商店街はさらに先の段階に突入しつつあるのかも知れない。

（4）商業地からの土地利用転換　以上では，福光町の中心商店街について，1970〜2020年までの50年間にわたる変容を土地利用から検討した。その結果を要約すると，大型店出店や近代化事業後の1980年代には商業機能の一時的拡大があったものの，その後は住宅や空地・駐車場への転換傾向が認められる。ゆえに，ここ50年間の様相を一口にいえば，商業地から住宅地への変貌を指摘できる。ただし，場所によってはそのような住宅地の一部でも虫食い的な空地拡大が予想され，中心市街地全体としては商業機能の縮小と相まって空洞化が懸念される。また，中心市街地の北西に隣接して，郊外型の大型ショッピング・センター（店舗面積7,181m^2）が2000年12月にオープンした。以上を考え合わせれば，中心商店街は商業地とともに住宅地としても認識しながら，最寄品を主体とした近隣商業機能の維持などを考慮し，居住環境整備を図ることが今後の課

題となろう。

4　小売業からみた福野町の中心市街地の変化[11]

　（1）大型店の立地展開　福野町の中心市街地は砺波（出町）と福光とを南北に結ぶ五箇山道（城端道）を核にして形成された。商店街は第11図に示した旧街道沿いの浦町・上町を軸に，旧街道から津沢方面に向かう道路沿いの横町，福野駅に向かう福野停車場線沿いに形成されている。1980年代前半までの資料（消費動向調査）は得られないが，かつて福野町民の大半はそれぞれ中心市街地内の商店街で買物するという安定したローカルな商圏構造をもっていたと考えられる。

　しかし，1971年にAコープの中型店が福野駅前（第11図中のA地点）に，1978年には共同店舗「ピステ」が，旧街道およびそれと西側に並行し当時最大の通行量をもっていた砺波・福光線の中間，そして中心集落の北縁を迂回するように移設された主要地方道小矢部・井波線に南側の農地（同図のB）に設置され，これらにより商店街の利用者は減少したと思われる。さらに，1980年代にモータリゼーションの進展に対応した購買行動の趨勢から，砺波の国道156号線沿いなどのロードサイド型の商業集積の利用が卓越し，購買人口の町外流出が顕著になっていった。消費者動向調査によれば，1987～93年に「商店街」だけでなく「ピステ」までも10％近く購買率を減少させたのに対し，「砺波」が2倍以上の25％近くの購買率を示すに至っている。

　砺波などへの購買人口の流出に歯止めをかけるため，福野町では特定商業集積の核として共同店舗が建設された。福野町の共同店舗「ア・ミュー」（延床面積9,043m²，うち売場面積4,911m²）は1993年10月に主要地方道砺波・福光線の西を迂回するバイパスである町道寺家・高儀線沿いで，福野停車場線から延びる福野駅前線（第11図では未建設）と交差する地点の北西の農地（同図のC）に開設された。敷地内にホームセンター（延床面積2,266m²）が独立した建物（D地点）として設置された。また，ほぼ同時期に，福野駅前に立地していたAコープの

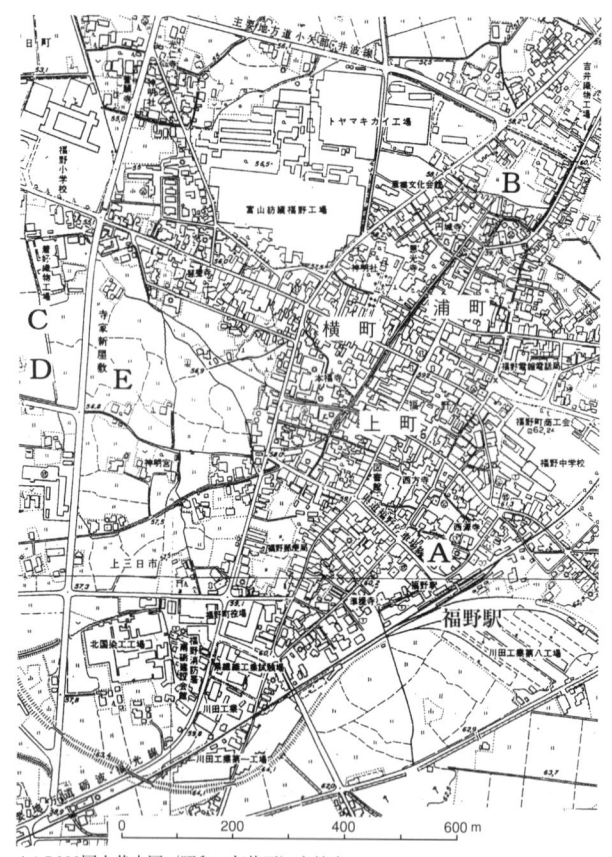

第3章　砺波地域の小都市群における小売業の変化

第11図　福野町の中心市街地と大型店の位置
1：5,000国土基本図（昭和52年修正）を縮小

店舗が寺家・高儀線を挟んだ東側（E地点）に移転した。この結果，砺波地方では1992年11月に移転し規模を拡大した砺波市の大手スーパーに匹敵する商業集積がここに生まれた。これは旧共同店舗「ピステ」の2倍以上の規模である。現在，商店街はほとんど商業集積地としての機能を失い，駅前もAコープの移転によって商業集積としての機能はほぼ消滅している。

（2）用途地域の変更　ところで，市町村は特定商業集積整備基本構想を作成するにあたって，「都市計画との調和」という条件が必要とされる。特定商業集

積の整備に街づくりの観点が不可欠とされるのは，特定商業集積の整備地区は都市計画で商業系の用途地域が望ましいとされていることである。福野町の事例は共同店舗のロードサイドへのスクラップ・アンド・ビルドにその主眼があったため，基本構想策定上の要件として，大部分は準工業地域となっていた予定地の都市計画用途地域を商業系に変更せざるをえなくなった。本来，地域商業活性化型の特定商業集積の整備が既存商店街の再開発を意図しているのに対して，モータリゼーションの影響が著しい農村地域では，既存商店街ではもはや対応できないことは明らかなのである。あわせて，福野停車場線の西への延長街路を軸にこれら商業施設まで他の都市基盤施設を含む土地区画整理事業も行われている。このように福野においても，商業機能が1970年代と90年代初めに段階的に旧市街地周辺部への移動と大型店化を繰り返してきている。

5　砺波市における近年の大型店の立地変化

（1）共同店舗の意味　砺波地域全般の動向の中での位置づけも含め，砺波市中心市街地の出町（第12図）における共同店舗，「となみプラザ」（第12図のA地点）成立の経緯などについては松田の研究[12]に詳しい。ここでは主にその後の変化についてみる。「となみプラザ」は1974年に地元商業者の近代化・振興政策の一環である共同店舗として開店したが，90年代の半ばに閉店し，その後，北陸にホテルなどの事業展開をはかっている企業が跡地にマンションを建設し，現在は7階建て89戸のマンションとなっている。この共同店舗に入っていた商業者では，キーテナントともいえた衣料品と食料品の商業者が独立店舗をさらに市街地外縁の第12図のBにそれぞれ94年と95年に開店している。中小小売商の近代化，チェーン展開という意味では有効なチャンスを共同店舗は与えたとも言えよう。

（2）1990年代の変化　1974年の大手スーパーチェーンの大型店立地（第12図のC）は，「となみプラザ」と同様，当時の市街地縁辺部という位置であったが，この大型店もまた，1992年に倍以上の売り場面積の大型商業施設に生まれ

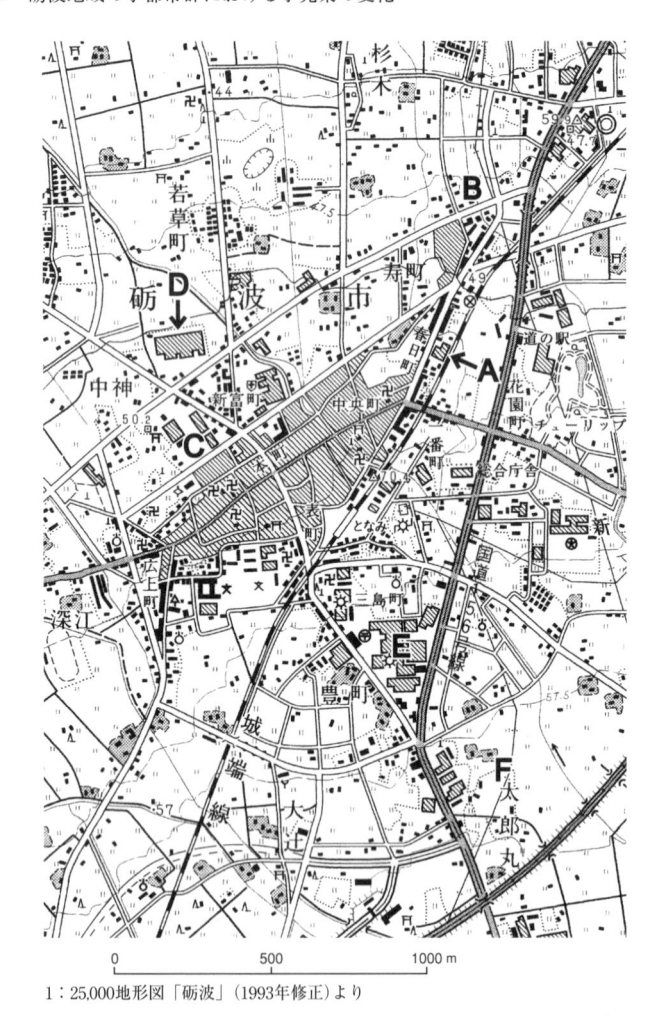

第3章　砺波地域の小都市群における小売業の変化

第12図　砺波市の中心市街地（出町）と大型店

1：25,000地形図「砺波」（1993年修正）より

変わっている（同図のD）。先に分析したように，砺波地域の中央にあり，モータリゼーションのなかで結節点の地位を高岡に代わって得たともいえる砺波には，その後他の全国スーパーのチェーン店が第12図のE地点（95年）やF地点（99年）に相次いで開店する。Eは地元工場跡の再開発地区への食料品部門出店であった。後者の下は区画整理地区で，上記の移転増床した大型店を超える

店舗面積1万4,000m^{2}の大型店である。なお，Cのスーパー跡地にもその後大型専門店が相次いで立地している。

その結果，先にみた消費動向調査によれば，1999年の中心市街地の商店街での購入は10%を切り，上記の92年に移転し開店した大型スーパーが28.8%，図の右を南北に走る国道156号線沿いが15.2%，高岡市への流出が15.4%である。これに対し1987年には，中心市街地の商店街で23.3%の購買があり他を上回り，当時の「となみプラザ」は大手スーパーをわずかに上回る19%の購買率を示していた。また高岡での購入率は16.2%であった。この間に，中心市街地とその周辺においても小売業の構造は大きく変化したのである。

まとめ

旧来の中心商業地の衰退と住宅地化，商業のロードサイド化は，このように各小都市で順次進んできた。1970年代の市街地縁辺部に立地した共同店舗や大型店は，その後のモータリゼーション（第11章参照）と市街地周辺の都市化[13]あるいは区画整理のなかで，さらに市街地の外側にさまざまな形で立地を移す。その過程においては，共同店舗は一時的には中心商業地をその周辺から支え，中心商業地の再開発・活性化もみられた。また，地元中小商業者の近代化の機会を与えてチェーン店を他の小都市のロードサイドにまで展開していったものも現れる。

しかし，80年代にみられた一層のモータリゼーションと90年代に入り大型店の規制緩和によるロードサイド店舗の急激な展開のなかで，地元商業者もさらに外側に独立のロードサイド店舗を立地させ，同様の展開をはかる大手資本に対抗してゆく。結果的に，福光や砺波にみるように中心商業地は住宅地化がマンション建設も含め進みはじめている。また，市街地の中心部の土地利用としては先の動きがモータリゼーションに対応した駐車場・空き地の増加となって現れている。これは中心市街地周辺の商業立地や都市化とも相まって，中心市街地全体としての密度の低下，農村部との混在化と指摘できよう。

第3章　砺波地域の小都市群における小売業の変化

　消費動向のデータ[14]によれば，1987年には，福光は購買率23.7%の共同店舗等の大型店をはじめ中心市街地での購入が顕著で，合計は30%以上であった。流出は高岡へ6.3%みられるだけである。福野でも市街地にあった共同店舗が28%を超える購買率を示す。中心市街地の商店街も購買率が15%以上あった。しかし1999年には福光でも，共同店舗の購買率は8.6%と3年前からでも半減し，駅前を含めて中心市街地商店街での購買率は10年前の半分以下の13.7%に低下した。これに代わって郊外型専門店購入率が12.6%，砺波市への流出率が18.5%，福野流出率が9.7%に上昇している。福野では上で述べたように郊外に移った共同店舗の購買率が23.3%と高く，近隣の福光などからも吸引しているが，一方砺波市へもこれを上回る27.5%の流出を見ている。これらの購買流動では自動車が利用しやすい商業施設の整備が大きな影響を与え，しだいに相互に錯綜した流動パターンを形成しつつあると考えられる。

　しかしながら，市街地内部では高齢化の進展もあり，車を利用しない住民にとっては，この中心商業地の旧来の店舗群あるいは旧共同店舗が重要な食料品の購入場所である。散村地域においては，購買行動はじめ生活全般にモータリゼーションがみられる。いわば中心市街地縁辺を環状の都市軸としてまさにドーナツの形状に中心機能が展開しているのであり，その〈モータリゼーション・ドーナツ〉にあいた穴のように，中心市街地内部の徒歩生活圏・中心商業地商圏がみられる。

　次に，小都市間の機能競合・機能分担についても新たな視角が求められる。従来のような，すべての面で高岡を頂点として階層的な中心機能の立地や買い物などの生活行動がなされているいうとらえ方は，詳細に消費購買動向を分析したように，今や必ずしも妥当ではないのではなかろうか。砺波の中心性は大手の大型店立地などにより急成長を示してきたが，砺波総合病院も重要な広域的吸引力をもつ。地域の西部では金沢の中心商業地も近い。車なら富山とその周辺の商業施設も高岡に比べそれほど遠くはない。一方，砺波地域全体からの利用が低下したことで，高岡の商業機能が依存する需要は，高岡市の中心市街地という上記の〈モータリゼーション・ドーナツ〉の穴の大規模なものといえないだろうか。他の小都市群の商業機能の成長により，高岡の商業（中心）

まとめ

機能は以前に比べ明らかに低下しており，砺波地域南部には鉄道交通幹線への窓口，結節点としての機能などを中心とするものに変化しつつあるともいえるかもしれない。これは，人口集積はないが成長著しい砺波の商業機能では，需要を外部から吸引していると考えられる[15]ことと対照的といえる。こうした高岡も含めた（小）都市群間の機能分担は，今後さらに検討を進めるべき課題である。環境問題やバリア・フリーの公共交通への対処などのなかで，コンパクトシティを連ねたリージョナルシティというコンセプトも将来の都市像として示されているが[16]，その際にも機能分担に関する検討が欠かせないからである。

1）①松田隆典「砺波地域における中心地システムと小売業の構造的変化」『砺波散村地域研究所紀要』12, 1-17頁, 1995。②同「砺波地域における店舗共同化事業の展開」人文地理47, 335-358頁, 1995年。
2）資料は1990年6月に富山県と富山県商工会議所連合会・商工会連合会が各商工会議所・商工会の協力で実施した買物調査の集計データである。『消費動向調査報告書』，富山県商工労働部，1991年3月。
3）人口密度4,000人／km^{2}以上の調査区が市町村の境域内で互いに隣接する総人口5,000人以上の地域。
4）人口密度4,000人／km^{2}以上の調査区が市町村の境域内で互いに隣接する総人口3,000人以上，5,000人未満の地域。
5）年間販売額の小都市人口相当分は，人口集中地区または準人口集中地区の人口に，富山県全体の人口1人当りの年間販売額を掛けることによって算出した。
6）山下博樹「東京大都市圏における近郊都市，八王子・町田両都市の都心部の変化」地理学評論，64A, 1991, 280-295頁。
7）松村公明「郡山市中心部における都心機能の分布と集積過程」地理学評論，65A, 1992, 889-910頁。
8）伊藤悟「土地利用の長期的変容――金沢市中心部・南町の都心化――」（伊藤 悟『都市の時空間構造』古今書院，1997, 215-232頁。
9）前掲注1）②参照。
10）本稿では，6ケ所の中心商店街のうち4ケ所について，それぞれの土地利用変化を第7図から第10図に示した。残る本町・駅前の2商店街に関しては，それぞれの変化が本

第3章　砺波地域の小都市群における小売業の変化

　　文中で述べるように中央通や西町の各商店街に類似するために図示を割愛した。
11）前掲注1）ならびに次の論文による。松田隆典「地方都市における中心市街地の再活性化」1998年度日本建築学会大会（九州）都市計画部門研究協議会資料，1998，231-238頁。
12）前掲1）
13）金田章裕「砺波散村地域の構造変化」砺波散村地域研究所研究紀要6，1989，1-21頁。同「砺波平野における中心集落から散村地域への住居移転」砺波散村地域研究所研究紀要7，1990，1-40頁．
14）富山県商工会議所連合会ほか『消費動向調査報告書』1988，および2000年の同報告書による。
15）前掲注1）。
16）海道清信『コンパクトシティ ─ 持続可能な社会の都市像を求めて』学芸出版社，2001。

第4章
砺波地域における住民の居住環境評価

伊藤 悟

　居住環境評価に関する研究は，建築学，住居学，都市計画学などとともに，近年では地理学においても次第に活発化してきた。例えば，江崎[1]，田中[2]，藤目[3]，伊藤ほか[4]，若林[5]などは，その種のテーマに取り組んだ地理学サイドの研究である。これらは，居住環境の概念を生活環境や地域環境といえるようなものに広くとらえるとともに，居住環境評価の地域構造や居住地移動との関係など，他分野とは異なる観点を重視しながら，あるいは地理情報システム（GIS）の活用を意識しながら，居住環境評価にアプローチしている。

　本章の目的は，砺波地域における住民の居住環境評価について，その構造を明らかにすることである。ただし，砺波地域については散村という特性を背景に，その居住環境に従来から関心が寄せられ，先行する調査・研究も確かに存在する。しかし，それらは，どちらかといえば建築学や住居学の立場から，住宅のハードな面に関わる環境に重心を置いてきたように思われる。したがって，本章では地理学的研究として，以下の諸点に留意しながら分析を進めたい。

　すなわち，第1に，居住環境を住宅環境という意味に狭く限定するのではなく，居住地の利便性や安全性などを含み，生活環境や地域環境とも換言できるような広義の居住環境に関心を拡大することである[6]。第2に，居住環境に対する住民の評価を，満足度と重要度の両側面から，およびそれらの地域的差異に留意して分析を進めることである。第3に，砺波地域におけるそれらの特徴

第4章 砺波地域における住民の居住環境評価

を探るために，既存の文献を通じて他の地域との比較も可能な限り試みたい。

1　対象地域と調査方法

　本章が焦点をあてたのは「砺波広域圏」であるが，そのうちの砺波市，城端町，庄川町，井波町，福野町，福光町，井口村の1市5町1村の範囲を，実際の研究対象地域とした。この他に平村，上平村，利賀村も同広域圏に加わってはいるが，これら3村は他の広域圏構成市町村との結びつきが必ずしも強くないことから[7]研究対象から除外した。

　住民による居住環境評価のデータはアンケート調査により収集した。アンケートの回答は，自らの居住地の実態をより正確に把握していると予想された，各町内会長——市町村によっては区長等と呼称している場合もある——に依頼した。アンケートの調査票は，郵送によって発送・回収したが，発送は2001年4月から5月にかけて市町村ごとに順次行い，発送日から約2週間後を期限として回答を求めた。全発送数は562通であったが，回収数は404通で，回収率は72％に達した。

　居住環境の指標は，WHO（世界保健機関）が設定した安全性・保健性・利便性・快適性という4つの分類をベースとし，それに住宅状況に関わるものを加え，従来の研究で広く用いられている指標も取り上げた[8]。その結果，第1表あるいは第3表の最左欄に列記したような35個の評価指標が選定され，それにより満足度と重要度を調査することとした。加えて満足度については，総合的満足度も指標に加えてアンケート調査を実施した。

　各指標は5段階で評価を求め，それらを地区ごとに集計した。すなわち，まず満足度については「満足」「まあ満足」「普通」「やや不満」「不満」の5つから回答を選択させ，それぞれの回答を5，4，3，2，1の点数に置きかえたうえで，地区別に各指標の平均値を割り出した。また重要度についても「重要」から「重要でない」までの5つの選択肢から回答を求め，その回答を「重要」の5点から「不満」の1点までの等間隔に数値化した上で，やはり地区別に集計し

1 対象地域と調査方法

た。なお，ここでいう地区とは，複数の町内会が集まって市町村内を区分するものを指す。ただし，井口村についてはそのような区分がないことから村全体を1地区としたために，研究対象地域全体で49ヶ所の地区区分となった（第1図参照）。

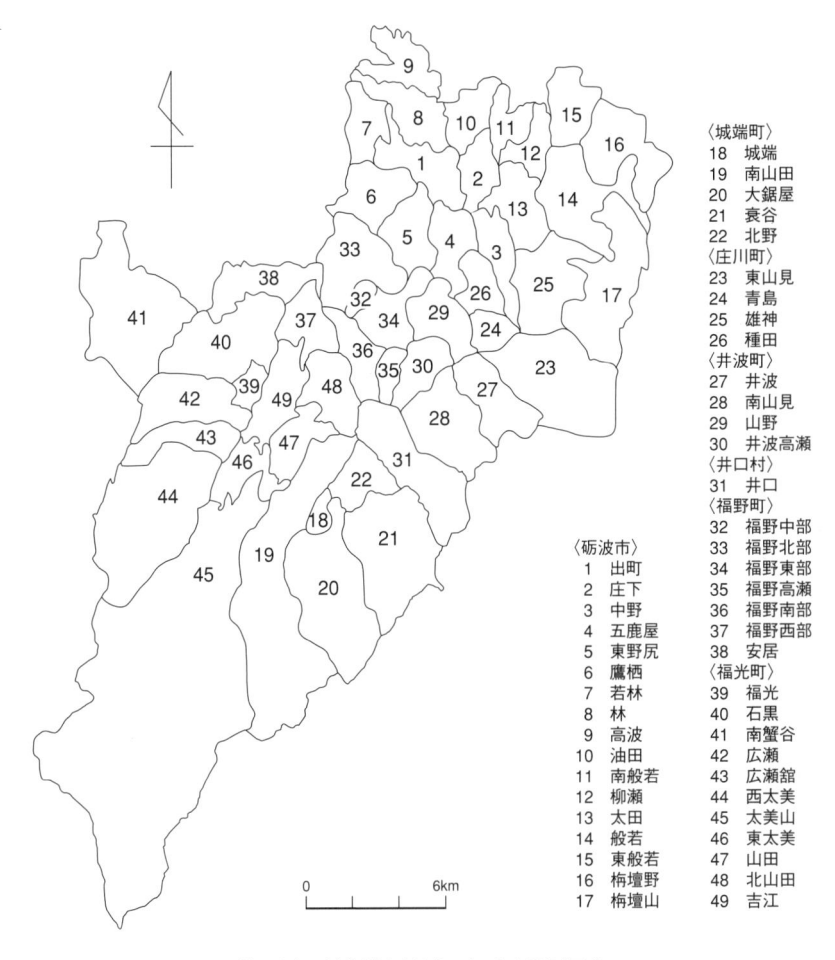

〈城端町〉
18　城端
19　南山田
20　大鋸屋
21　蓑谷
22　北野
〈庄川町〉
23　東山見
24　青島
25　雄神
26　種田
〈井波町〉
27　井波
28　南山見
29　山野
30　井波高瀬
〈井口村〉
31　井口
〈福野町〉
32　福野中部
33　福野北部
34　福野東部
35　福野高瀬
36　福野南部
37　福野西部
38　安居
〈福光町〉
39　福光
40　石黒
41　南蟹谷
42　広瀬
43　広瀬舘
44　西太美
45　太美山
46　東太美
47　山田
48　北山田
49　吉江

〈砺波市〉
1　出町
2　庄下
3　中野
4　五鹿屋
5　東野尻
6　鷹栖
7　若林
8　林
9　高波
10　油田
11　南般若
12　柳瀬
13　太田
14　般若
15　東般若
16　栴檀野
17　栴檀山

第1図　研究対象地域における地区区分

第4章　砺波地域における住民の居住環境評価

2　満足度の評価

（1）因子の抽出と地域差　総合的満足度を除く35個の評価指標に関わる地区別平均値データに対して，因子分析を実施した。その結果，固有値1.0以上の因子が9つ抽出され，それらのバリマックス回転後の負荷量構造は第1表のようになった。言い換えれば，35指標の満足度に関わる地域的差異には，第2図のような因子得点分布図で示される9つのパターンが存在するわけである（なお紙面の制約から上位4因子の得点分布を第2図に示すにとどめた）。そこで，各因子の意味合いを第1表から解釈し，あわせてそれらの地域的差異を第2図のような得点分布図によって検討したい。その際，地域的差異の背景を探るために，因子得点分布図を持参して行った現地での聞き取り内容も交えたい。

まず第1因子について，第1表をみてみると，「住宅の間取り」や「住宅の広さ・部屋数」の評価項目の負荷量が，それぞれ0.906や0.890で，これらの評価項目を最も強く反映する因子といえる。加えて「収納スペース」「住宅内の設備」「日当たり・風通し・採光のよさ」も，0.700以上の負荷量となっていることから，第1因子は「住宅状況」を示すものと解釈できる。さて，この因子の地域的差異は第2図の左上のようなものである。図のなかで高得点の地区ほど満足度が高いといえるが，そのような地区は砺波市の高波や南般若などのため，一般に散村地帯では満足度の評価が高いといえよう。他方，得点の最も低い地区は福光町東部の山間地帯に位置する南蟹谷であり，それに隣接する安居や石黒なども低いことから[9]，山間地帯では「住宅状況」への評価が低いことが一般的といえよう。以上のように「住宅状況」に対する満足度の評価では，散村地帯と山間地帯の差異が容易にうかがわれる。

第2因子の場合「公園・広場への近さ」や「文化・スポーツ施設への近さ」「保育・教育施設への近さ」「コンビニエンスストアへの利便性のよさ」などが，負荷量の高い評価項目である（第1表参照）。したがって，この因子は「日常的利便性」を示すと解釈できる。第2図によれば，そのような「日常的利便性」に

2 満足度の評価

第1表　満足度評価の因子負荷量構造

区分		評価項目	第1因子	第2因子	第3因子	第4因子	第5因子	第6因子	第7因子	第8因子	第9因子
安全性	1	水害に対する安全性			0.610						0.346
	2	雪害に対する安全性			0.543						
	3	震災に対する安全性			0.717						
	4	火災の発生や延焼に対する安全性			0.623						
	5	犯罪に対する安全性			0.740						
	6	道路・交通に対する安全性		0.361	0.712						
保健性	7	下水・排水のよさ						0.876			
	8	ゴミ処理の仕方						0.754	0.303		
	9	大気汚染等の公害の状況			0.351			0.467			
利便性	10	交通機関（鉄道）の利便性のよさ				0.807					
	11	交通機関（バス）の利便性のよさ				0.859					
	12	日常の買物（スーパー商店街）の利便性のよさ		0.676		-0.303	0.338				
	13	コンビニエンスストアへの利便性のよさ		0.710	0.302						
	14	デパート・専門店での買い物（高級品）の便利さ		0.449			0.402				0.411
	15	医療施設への近さや医療サービス		0.557							
	16	文化（図書館・公民館等）スポーツ施設への近さ		0.797							
	17	保育・教育施設（学校）への近さ		0.772							
	18	余暇・娯楽施設への近さ		0.510			0.401				0.415
	19	公園・広場への近さ		0.805		0.350					
	20	通勤先・通学先への近さ		0.695	0.303						
快適性	21	公園等のオープンスペースの広さ	0.317	0.354		0.683					
	22	緑の豊かさ				0.845					
	23	水辺環境				0.768					
	24	町並みや景観の雰囲気のよさ	0.476			0.424					
	25	静かさ	0.334	-0.352		0.469					-0.310
	26	土地柄・風紀のよさ	0.662	-0.315							
	27	近所付き合い	0.482	-0.313		0.380			0.302		
	28	地域の行事・文化活動への参加					0.334			0.761	
	29	冬場の道路の除雪			0.316				0.734		

第4章　砺波地域における住民の居住環境評価

住宅状況	30	住宅内の設備（台所・浴室・トイレ等）	0.740					0.333		
	31	日当たり・風通し・採光のよさ	0.731							
	32	住宅の広さ・部屋数	0.890							
	33	住宅の間取り	0.906							
	34	収納スペース（物置・押入・納戸等）	0.777							
	35	車庫・駐車場	0.543			0.362				
固　有　値			8.730	7.240	2.610	2.090	1.885	1.658	1.270	1.042	1.028
説　明　量（％）			24.181	19.879	6.671	5.318	4.695	3.995	2.821	2.253	2.107
累積説明量（％）			24.181	44.060	50.731	56.049	60.743	64.738	67.559	69.812	71.919

ついて，最も高い評価を得ているのは南般若で，このほか砺波市北端の柳瀬や東般若や南部の五鹿屋などが高いことから，砺波市の市街地周辺で得点が高いといえるが，特に五鹿屋はスポーツセンターが近くに立地することが大きな背景であろう。他方で得点の低い地区は，砺波市東部の梅檀山や，福光町の西側から南側にかけての南蟹谷，広瀬舘，西太美，太美山で，いずれも山間地帯といえる場所である。したがって，日常的利便性については，市街地やその周辺では満足度が高いものの，そこから離れた縁辺の山間地域では低いといえる。

第3因子は，安全性に区分された各評価項目の負荷量が高いため，そのまま「安全性」として命名する。第2図によれば，この安全性に対する満足度は，高波や山野で高く，逆に井波高瀬，雄神，梅檀山などで低い。また，福光町南端の太美山も満足度の低い地区であるが，ここでは第3セクターが開発したスキー場が1991年にオープンし，遠方から訪れる人が次第に増加してきている。このことが，安全性に関する満足度の低さに関連していると，聞き取り調査から推察された。

第4因子は，「緑の豊かさ」「水辺環境」「公園等のオープンスペースの広さ」などの負荷量が高く，「物的環境の快適性」と解釈できる。山地でゴルフ場，牧場，温泉などのある蓑谷は因子得点の最も高い地区となる一方で，福野中部など市街地では評価が低い。第5因子は「交通の利便性」と解釈できるもので，その因子得点は吉江，東野尻，福野南部，出町など，やはり鉄道駅のある地区で高くなっており，鉄道への満足度の地域的差異は明確である。また，福光町南部の太美山も因子得点が高い。太美山は地区内を縦貫する県道の拡幅工事が

2 満足度の評価

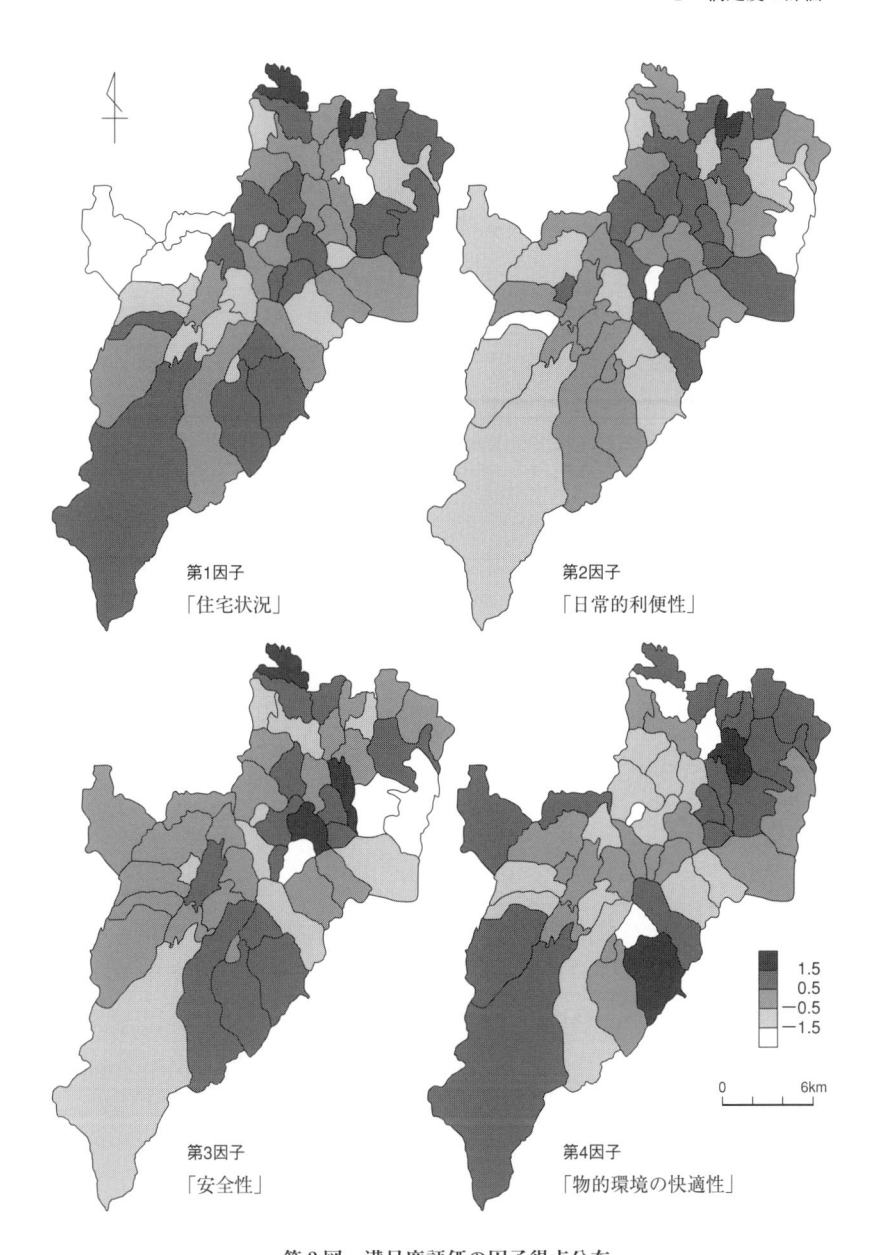

第1因子
「住宅状況」

第2因子
「日常的利便性」

第3因子
「安全性」

第4因子
「物的環境の快適性」

第2図　満足度評価の因子得点分布

第4章　砺波地域における住民の居住環境評価

1998年に完了しているが,住民はそれ以前の比較から「交通の利便性」について好評価を与えたものと考えられる。

　第6因子は「保健性」を示すものである。この因子について得点の最も高い地区は東般若であるが,ここは砺波市のなかで下水道の普及が比較的早くから進んだ地区であり,このことが「保健性」に対する満足度を高めていると考えられる。第7因子は「除雪状況」を示すものである。他の因子と違って,この因子については,得点が1.5以上となるような満足度の高い地区は皆無である。他方で,得点が−0.5未満の地区が半数近くあり,除雪に対する不満は砺波地域の至る所にみられるわけである。

　第8因子は,前述の第4因子と同様に快適性に関する評価項目が主な構成要素であるが,なかでも「地域の行事・文化活動への参加」の負荷量が最も高いことから,「社会的快適性」と命名できよう。実際,この因子について得点の最も高い南蟹谷は,祭礼を初めとした地域の諸行事の際に住民の結束力が高いといわれている。続いて得点の高いのは種田であるが,この地区は種もみの生産地として集落営農が早くからなされてきたように,やはり地域のまとまりが強い場所といわれる。一方で,得点の最も低い石黒は,新興住宅地を抱えることから,社会的な結合が必ずしも十分ではないとの声が聞き取り調査で聞かれた。

　第9因子は,第2因子とともに,利便性に関わるものであるが,同じ利便性でも第9因子は「デパート・専門店での買物の便」や「余暇・娯楽施設への近さ」など,より高次の利便性が重視される。因子得点の特に高い地区は砺波市の五鹿屋や柳瀬である。前者の地区は,そのなかを縦貫する国道156線によって,砺波市の中心市街地南辺に立地する大型ショッピングセンターに容易にアクセスできること,後者は,地区内に総合運動公園を抱えることが,高い満足度につながったと思われる。

（2）総合的満足度との関連　第3図によって,総合的満足度の地域差について確認すると,ほとんどの地区が3（普通）以上の値を示し,住民がその居住環境に,どちらかといえば満足しているようである。とりわけ北野,高波,箕谷,山野などは満足度の平均値が4以上と高い地区である。一方で,評価が3に満

2　満足度の評価

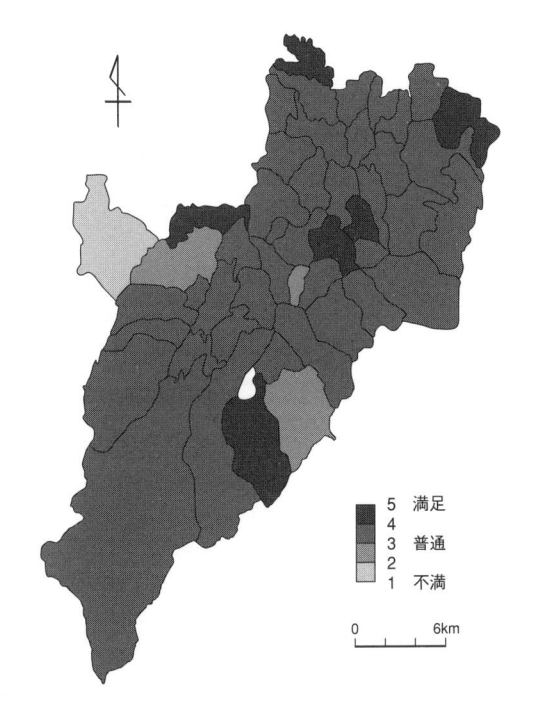

第3図　総合的満足度の分布

たない地区も4ヶ所あり，それらは南蟹谷，石黒，大鋸屋，福野高瀬であった。とりわけ南蟹谷は評価が2未満であり，住民がその居住環境にかなりの不満をもっていることがわかる。

　そこで，このような地域差をもつ総合的満足度が，上で抽出された9つの因子のいずれを背景とするものかを重回帰分析によって検討した。すなわち，総合的満足度を被説明変数（従属変数），9つの因子（得点）のいずれかを説明変数（独立変数）とする重回帰モデルの構築を試みたわけである。その際，ステップワイズ型の重回帰分析を適用し，9つの因子のなかから，従属変数の変動を有効に説明できるものを選択するように努めた。

　その結果，第2表に示したように，3つの因子を独立変数とするモデルが構築された。モデルの重相関係数は0.609で，決定係数が0.370であることから，モデルによって説明される部分は限られるが，それでも3つの説明変数の回帰

第2表　総合的満足度への満足度評価因子の効果
(ステップワイズ型重回帰分析の結果)

説明変数	偏回帰係数	t値	標準偏回帰係数
第7因子	0.233	3.232	0.382
第1因子	0.206	3.165	0.375
第3因子	0.160	2.381	0.282
定数項		3.454	
重相関係数		0.609	
決定係数		0.370	

係数はいずれも有意であることから，これらを総合的満足度の背景と考えることは有効であろう。

すなわち，総合的満足度の背景となりえるものは，第1因子「住宅状況」，第3因子「日常的利便性」，第7因子「除雪状況」の3つであった。それら3つが総合的満足度にどのように関連するかをおのおのの偏回帰係数で占うと，まず，偏回帰係数がいずれも正であるので，3つの因子とも総合的満足度を高める効果をもつといえる。次に，偏回帰係数の絶対値をみると，その効果は第7因子が最も大きく，それとほぼ同様でレベルに第1因子があり，最後に第3因子があるといえる。言い換えれば，砺波地域の総合的満足度を高めるためには，とりわけ「除雪状況」や「住宅状況」について，続いて「日常的利便性」に関する満足度を高める必要があるといえよう。

3　重要度の評価

（1）因子抽出と地域差　35指標で評価された重要度についても，満足度と同様に因子分析を実施した結果，第2表のように，ここでも9つの因子が抽出された。そのうち第1因子は，「快適性」と解釈できるものである。0.700以上の高い負荷量を示す評価項目は，「土地柄・風紀のよさ」とともに，「公園等のオープンスペースの広さ」や「緑の豊かさ」である。すなわち，この快適性とは物的環境と社会的環境の両方に関わるものである。ちなみに，満足度の因子分析

3 重要度の評価

第3表 重要度評価の因子負荷量構造

区分		評価項目	第1因子	第2因子	第3因子	第4因子	第5因子	第6因子	第7因子	第8因子	第9因子
安全性	1	水害に対する安全性	0.399				0.449				
	2	雪害に対する安全性									0.653
	3	震災に対する安全性	0.704				0.323				
	4	火災の発生や延焼に対する安全性	0.769								
	5	犯罪に対する安全性	0.648								
	6	道路・交通に対する安全性	0.549						0.434		
保健性	7	下水・排水のよさ						0.767			
	8	ゴミ処理の仕方	0.360					0.673			
	9	大気汚染等の公害の状況	0.761								
利便性	10	交通機関（鉄道）の利便性のよさ			0.847						
	11	交通機関（バス）の利便性のよさ			0.877						
	12	日常の買物（スーパー商店街）の利便性のよさ			0.662						
	13	コンビニエンスストアへの利便性のよさ			0.508	0.366					-0.538
	14	デパート・専門店での買い物（高級品）の便利さ			0.761						
	15	医療施設への近さや医療サービス		0.504							0.323
	16	文化（図書館・公民館等）スポーツ施設への近さ				0.809					
	17	保育・教育施設（学校）への近さ				0.406			0.525		
	18	余暇・娯楽施設への近さ				0.808					
	19	公園・広場への近さ			0.321	0.480					
	20	通勤先・通学先への近さ							0.308	0.659	
快適性	21	公園等のオープンスペースの広さ	0.709			0.432					
	22	緑の豊かさ	0.717								
	23	水辺環境	0.674				0.363				
	24	町並みや景観の雰囲気のよさ	0.469								
	25	静かさ	0.610	0.308							
	26	土地柄・風紀のよさ	0.796								
	27	近所付き合い	0.546						0.369		
	28	地域の行事・文化活動への参加	0.585				0.317				
	29	冬場の道路の除雪	0.337							0.396	0.615

第4章 砺波地域における住民の居住環境評価

住宅状況	30	住宅内の設備（台所・浴室・トイレ等）	0.345				0.536		0.324		
	31	日当たり・風通し・採光のよさ	0.428			0.324	0.314	0.361	0.348		
	32	住宅の広さ・部屋数						0.836			
	33	住宅の間取り	0.308			0.316		0.672			
	34	収納スペース（物置・押入・納戸等）	0.510					0.574		0.386	
	35	車庫・駐車場						0.349		0.699	
		固 有 値	10.719	3.190	2.853	2.636	2.319	1.662	1.343	1.222	1.144
		説 明 量（％）	29.811	8.331	7.305	6.691	5.705	4.041	2.940	2.790	2.433
		累積説明量（％）	29.811	38.142	45.448	52.138	57.843	61.884	64.824	67.614	70.047

では，それらが別々の因子として抽出されていた。この因子について，城端町の箕谷，砺波市の東般若，南般若，栴檀山などが，得点の最も高い階級に属する地区であるが（第4図参照），箕谷は周辺市町村での聞き取りによると，住民の人情が細やかな場所としてとらえられていた。逆に福光町の石栗は得点が最も低いが，新興住宅地を抱えることがその背景との指摘が得られている。

第2因子は「安全性」と解釈できるが，自然環境や災害の安全性とともに，

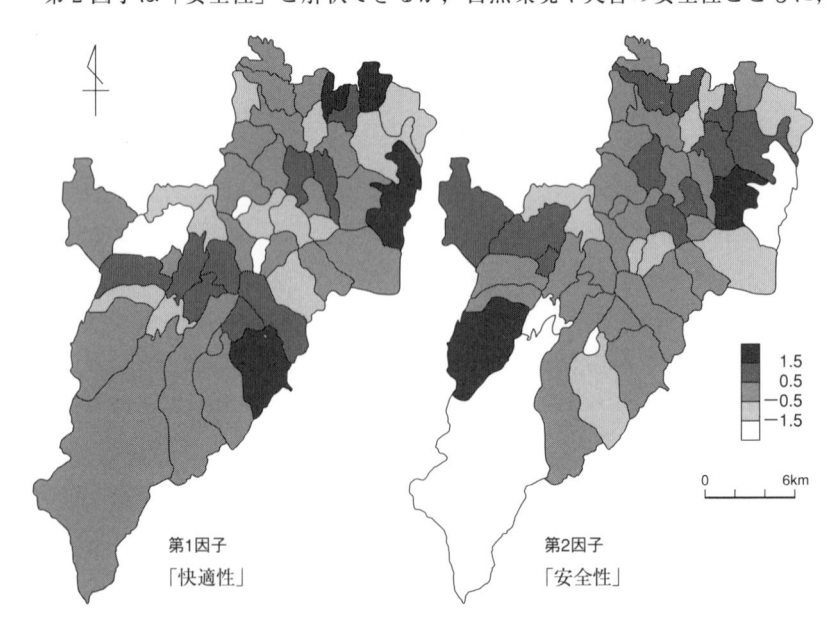

第4図　重要度評価の因子得点分布

大気汚染や医療サービスの程度も考慮されるものである。なぜならば，この因子については，「火災の発生や類焼に対する安全性」が最も高い負荷量をもつものの，「大気汚染等の公害の状況」もそれとほぼ同程度の負荷量を示しているからである。第4図によれば，それを最も重要と考えている地区は西太美であるが，ここは前述のように1990年代の初めにスキー場の開発が行われた場所であり，そのような開発が安全性に対する重要性を住民に認識させていると考えられる。

以降の因子は解釈を行うにとどめるが，第3因子は「交通の利便性」であり，デパートや専門店での買い物の利便性も関係する。第4因子は文化・スポーツ施設や余暇・娯楽施設などの「日常的利便性」，第5因子は下水・排水やゴミ処理に関わる「保健性」であった。さらに第6因子は「住宅状況」，第7因子は「職場・学校への近接性」，実際，この得点が高い地区は，学校への通学が問題となっている。第8因子は「除雪状況」，第9因子「雪害からの安全性」などと解釈されよう。

(2) **重要度と満足度の関係**　以上，満足度と重要度の各評価における因子を抽出したが，次に，それらの相違や関連を正準相関分析の援用によって検討したい。正準相関分析では，複数個の変量（ここでは因子）からなる2つの組（ここでは満足度と重要度）があるとき，それぞれの組に属する変数の一次結合によってできる2つの変数（正準変量）を，互いに高い相関関係（正準相関係数）をもつようにように想定する。その結果，2つの組の間で，それぞれに含まれる変量が，どのようなつながりをもつかを探ることができる。この正準相関分析の結果，第4表のように3つの正準変量が得られた。言い換えれば，満足度と重要度の2組の因子間に，3つの関連構造が存在するわけである。

それぞれの正準変量のなかで，各因子の寄与の度合いは，第4表に示された係数ベクトルで判断することができるが，第1正準変量の場合，満足度に関する因子に関しては第5因子（解釈は「交通の利便性」）が，重要度では第7因子「学校・職場への近接性」が，係数ベクトルの大きなものである。しかし，前者のベクトルが負，後者が正であることを鑑みると，「交通の利便性」の満足度と「学校や職場への近接性」の重視度の間には，その増減が相対する関係を

第4章　砺波地域における住民の居住環境評価

第4表　満足度・重要度の評価因子間の正準相関分析

	第1正準変数		第2正準変数		第3正準変数	
	満足度	重要度	満足度	重要度	満足度	重要度
第1因子	−0.362		0.703	0.511		
第2因子		0.314			0.880	
第3因子				0.568		
第4因子	0.470	−0.437				
第5因子	−0.623		−0.386			0.734
第6因子	0.414		0.306	0.354		0.307
第7因子		0.650				0.371
第8因子				0.386		
第9因子		−0.371				
正準相関係数	0.655		0.623		0.552	

もっているわけである。つまり，交通の利便性に不満をもつ住民は，学校や職場への近接性を重視している，逆にそれに満足しているものは，近接性をあまり重視していないといえるわけである。

　以上のようにして，3つの正準変量の構成を検討した結果，快適性や保健性への満足は交通の利便性を，住宅状況への満足は社会的快適性や日常的利便性を，日常的利便性への満足は保健性を重要視することにつながると判断できた。このほか職場・学校への近接性や雪対策も，居住環境評価において，やはり重要性をもつことを確認できた。

4　他地域との比較

　本節では，類似の先行研究から他地域との比較を試み，砺波地域の特性を探りたい。そのために若林[5]の論文を参考にして考察を進める。同論文は東京大都市圏周辺部の多摩ニュータウンにおける住民の居住環境評価をテーマとしたものであるが，第1に，本章とはまさに対照的な地域を取り扱っていること，第2に，それにもかかわらず，本章とのアプローチの共通性も大きいことから，ここで取り上げることにした。ちなみに，その共通性とは，居住環境を満足度と重要度の両者から検討していること，あるいは評価項目も類似のものが数多く採用されていることなどである。

4　他地域との比較

（1）満足度の比較　まず，満足度に関する分析について比較してみよう。満足度については，第5表のように2つの点で比較でき，その1つは因子の構成であり，いま1つは，それらと総合的満足度との関係である。

前者に関しては，両地域ともに9つの因子を抽出できたが，第1因子と第2因子の順位逆転がまず注目される。すなわち，砺波地域では「住宅状況」が第1因子なのにたいして，多摩ニュータウンでは「利便性」が筆頭になる。言い換えれば，砺波地域では住宅に対する満足度の違いが大きいのに対して，多摩ニュータウンでは利便性が最も大きな違いを示すのである。

次に興味深いのは，「安全性」に関わる因子についてであり，多摩ニュータウンでは安全性に関する因子が複数に分かれ，詳しく評価されているのに対して，砺波地域ではそれらが一括して評価されている。一方，「利便性」については逆のことがいえ，砺波地域では3つの「利便性」に関する因子が得られたものの，多摩ニュータウンでは1つにまとまっている。これは住民の満足度に関する関心の違いとともに，両地域での安全性や利便性の地域的差異や構成が異なることを示唆すると考えられる。以上のほか，除雪状況が砺波地域で重要な満足度の因子になっていることも着目できよう。

続いて，総合的満足度に関連する因子についても，重回帰分析を行った際に各因子に付与された偏回帰係数によって比較してみよう。砺波地域を扱った本章ではステップワイズ型の重回帰分析をしたために，3つの因子しか取り上げていないものの，それでも両地域間の違いを第5表から読みとることができる。偏回帰係数の大きさから総合的満足度との関連性の深いものを，ともに上位3つの因子を順に列記すれば，砺波地域では「除雪状況」「住宅状況」「安全性」なのに対して，多摩ニュータウンでは「利便性」「住宅状況」「快適性Ⅰ（物的環境）」である。

容易に気がつく違いは，砺波地域において「除雪状況」が総合的満足度に最も影響を与えることであろう。多摩ニュータウンでは，この種の評価項目がもともと設定されていないこともあり，必ずしも単純に両地域を比較できるわけではないが，それでも砺波地域においては「除雪状況」が最も大きな偏回帰係数を示すことを鑑みれば，この点に注目することは可能であろう。

第4章　砺波地域における住民の居住環境評価

第5表　砺波地域と多摩ニュータウンにおける因子の比較

因子	砺波地域		多摩ニュータウン	
	因子の性格	標準化偏回帰係数	因子の性格	標準化偏回帰係数
第1因子	住宅状況	0.375	利便性	0.402
第2因子	利便性Ⅰ（日常の利便性）		住宅状況	0.433
第3因子	安全性	0.282	快適性Ⅰ（物的環境）	0.326
第4因子	快適性Ⅰ（物的環境）		安全性Ⅰ（風水害）・保健性Ⅰ（衛生）	0.268
第5因子	利便性Ⅱ（交通の利便性）		安全性Ⅱ（震災・火災・犯罪）	0.176
第6因子	保健性		快適性Ⅱ（社会的環境）	0.288
第7因子	除雪状況	0.382	保健性Ⅱ（公害）	0.149
第8因子	快適性Ⅱ（社会の環境）		住宅設備	0.294
第9因子	利便性Ⅲ（都市の利便性）		日照	0.185

　この「除雪状況」に加えて，大きな違いとなるのは，「利便性」の有無である。多摩ニュータウンは，それが総合的満足度の最も重要な背景となっているのに対して，砺波地域ではそれは上位3つのなかに姿を現さない。むしろ砺波地域では「安全性」の方が，総合的満足度に影響を与えるものであった。他方で「住宅状況」は，両地域ともに第2位の背景であり，場所を問わず総合的満足度を高める重要な因子である。

（2）ニーズの比較　重要度については，若林論文では本章のような分析はなされていないものの，その代わりに，満足度と重要度の兼ね合いを示すニーズ得点が算定され，それについての検討がなされている。そこで本章でも同様にニーズ得点を検討するが，それは満足度が低いほど，かつ重要度が高いほど得点が高くなり，結果として，居住環境に対する住民の要求度合いを示す尺度となっている。本章では，若林論文と共通に用いられている評価項目について，このニーズ得点を算定したが[10]，それを列記したものが第6表である。また同表には，それらの計算の基礎となった満足度と重要度の評価項目ごとの平均，および両地域の差も示した。

　両地域間でニーズ得点を比較すると，住宅状況に関する評価項目について違いのあることがまず目に付く。多摩ニュータウンでは，「部屋数」「間取り」「収納スペース」をはじめ，住宅状況に関する各評価項目についてニーズの極めて高いことがわかる。しかし，砺波地域ではそれらのニーズ得点は，いずれも7未満で，しかも他の区分における評価項目の方が高い得点となっている。この

4 他地域との比較

第6表 砺波地域と多摩ニュータウンにおけるニーズの比較

区分		評価項目	満足度			重要度			ニーズ得点		
			砺波	多摩	差	砺波	多摩	差	砺波	多摩	差
安全性	1	水害に対する安全性	4.00	4.09	-0.10	4.08	4.20	-0.12	4.09	3.81	0.28
	3	震災に対する安全性	3.36	2.74	0.62	4.09	4.49	-0.40	6.71	10.17	-3.46
	4	火災の発生や延焼に対する安全性	3.51	2.86	0.65	4.18	4.36	-0.18	6.23	9.34	-3.10
	5	犯罪に対する安全性	3.24	2.85	0.39	4.28	4.46	-0.18	7.53	9.58	-2.05
	6	道路・交通に対する安全性	3.16	3.32	-0.16	4.21	4.19	0.02	7.73	7.03	0.70
保健性	7	下水・排水のよさ	3.49	3.59	-0.09	4.21	4.35	-0.14	6.35	6.15	0.20
	8	ゴミ処理の仕方	3.47	3.49	-0.02	4.13	4.20	-0.07	6.34	6.36	-0.02
	9	大気汚染等の公害の状況	3.67	3.25	0.42	4.10	4.41	-0.31	5.47	7.71	-2.25
利便性	10	交通機関（鉄道）の利便性のよさ	2.31	3.11	-0.81	3.48	4.16	-0.69	9.36	7.85	1.51
	11	交通機関（バス）の利便性のよさ	2.22	3.05	-0.83	3.37	3.99	-0.62	9.38	7.77	1.60
	12	日常の買物（スーパー・商店街）の利便性のよさ	3.09	3.29	-0.19	3.75	4.20	-0.45	7.15	7.20	-0.05
	14	デパート・専門店での買い物（高級品）の便利さ	2.60	3.26	-0.66	2.84	3.58	-0.74	6.80	6.21	0.59
	15	医療施設への近さや医療サービス	2.94	3.14	-0.20	4.27	4.27	0.00	8.79	7.93	0.86
	16	文化（図書館・公民館等）スポーツ施設への近さ	3.06	3.00	0.06	3.43	3.35	0.08	6.66	6.70	-0.04
	17	保育・教育施設（学校）への近さ	3.05	3.34	-0.29	3.84	3.62	0.22	7.48	6.00	1.48
	18	余暇・娯楽施設への近さ	2.67	2.93	-0.26	3.18	3.33	-0.15	7.41	6.89	0.52
	20	通勤先・通学先への近さ	2.92	2.61	0.32	3.69	4.04	-0.34	7.66	9.66	-1.99
快適性	21	公園等のオープンスペースの広さ	2.98	3.94	-0.96	3.31	4.01	-0.70	6.69	4.24	2.45
	22	緑の豊かさ	4.11	4.08	0.03	3.97	4.21	-0.24	3.52	3.88	-0.36
	24	町並みや景観の雰囲気のよさ	3.37	3.63	-0.26	3.77	4.02	-0.25	6.15	5.52	0.64
	25	静かさ	3.92	3.44	0.48	3.92	4.35	-0.43	4.23	6.77	-2.54
	26	土地柄・風紀のよさ	3.57	3.14	0.43	3.80	4.28	-0.47	5.42	7.95	-2.52
	27	近所付き合い	3.75	3.14	0.61	3.95	4.13	-0.18	4.95	7.70	-2.74
住宅状況	30	住宅内の設備（台所・浴室・トイレ等）	3.76	2.66	1.09	4.31	4.24	-0.07	5.36	9.91	-4.55
	31	日当たり・風通し・採光のよさ	3.92	3.66	0.26	4.31	4.56	-0.25	4.68	6.12	-1.44
	32	住宅の広さ・部屋数	4.00	2.54	1.46	3.91	4.16	-0.25	3.90	10.23	-6.33
	33	住宅の間取り	3.44	2.60	0.84	4.01	4.23	-0.22	6.24	10.15	-3.91
	34	収納スペース（物置・押入・納戸等）	3.40	2.44	0.96	4.02	4.20	-0.18	6.42	10.74	-4.32
	35	車庫・駐車場	3.74	3.21	0.53	4.05	4.01	0.04	5.12	7.18	-2.06

結果，住宅状況に関するニーズ得点の差が両地域間で最も大きくなっている。

　住宅状況とは逆に，砺波地域が多摩ニュータウンよりも上回っているニーズ得点は，「公園等オープンスペースの広さ」である。散村地帯でありながらも，このようなスペースを住民が必要としているのは興味深い。このほか，鉄道やバスの交通機関の利便性のよさや保育・教育施設（学校）への近さも，砺波地域の方がニーズ得点が高いものである。公共交通手段の整備は砺波地域において重要な課題なのである。

第4章 砺波地域における住民の居住環境評価

まとめ

　本章では，砺波地域における住民の居住環境評価について，住民に対するアンケート調査を実施しながら満足度と重要度の両側面から検討した。その結果，以下のような分析結果が得られた。
１．砺波地域における住民の居住環境に対する満足度は，「住宅状況」をはじめ「利便性」「安全性」「快適性」「保健性」あるいは「除雪状況」などを要因にして構成されるが，そのうち「住宅状況」や「除雪状況」，さらには「日常的利便性」は，トータルな満足度に地域的な差異を生み出す大きな要因になるものであった。
２．以上の要因の多くは今後の居住環境を考える際にも重要視されるが，それぞれの住民が現在，居住環境のどのような面で満足しているかによって，各要因の重要度は異なる。例えば「快適性」や「保健性」に満足している住民は「交通の利便性」を重視し，「住宅状況」が充足された住民では，「近隣関係」や「日常的な利便性」が重要な課題になる。
３．大都市圏周辺の住宅地と比較すれば，砺波地域の住民は「住宅状況」に関する満足度は明らかに高いが，「利便性」については必ずしも満足しているわけでない。かつ，大都市圏周辺の場合と異なって，砺波地域では交通や商業，各種施設などに分けて個々の利便性が強く意識されている。
　以上の分析結果を通じて得られる知見を大胆に総括するとすれば，(a) 砺波地域の住民は住宅そのものについては満足している一方で，不満は特に利便性に対して存在していること，(b) ただし，その満足度・不満度の程度は，散村地帯か山間地帯かなど居住地のおかれた位置，あるいは中心地が位置や公共交通機関からの距離によって相違すること，(c) そのためには，公共交通網の整備が当地域の居住環境の向上にとって最重要課題となること，などが指摘できよう。

まとめ

1）江崎雄治「居住環境評価から見た住民の価値意識」地理学評論, 68A, 1995, 168-179頁。
2）田中豪一「土浦市における居住環境評価の空間構造」季刊地理学, 49, 1997, 137-150頁。
3）藤目節夫「近接性を考慮したQOLの評価」地理学評論, 70A, 1997, 235-254頁。
4）伊藤徹哉・杜国慶・日野敬二・佐藤大祐・古川顕・湯田ミノリ・松井圭介・高橋伸夫「常陸太田市における生活環境の地域的特性」地域調査報告, 20, 1998, 43-81頁。
5）若林芳樹「多摩ニュータウンにおける住民意識からみた居住環境評価」理論地理学ノート, 11, 1998, 9-29頁。
6）居住環境の意味は必ずしもコンセンサスが得られているわけではなく，学問分野によっては，居住環境を住宅内部の環境に狭く限定するとともに，他方，本章でいうような居住環境を「住環境」とよぶ場合もある（例えば下記文献参照）。
浅見泰司編『住環境——評価方法と理論』東京大学出版会, 2001。
7）平成7年（1995）の国勢調査によると，山間3村からの砺波市への従業・通学者率1.3-1.5％に過ぎない（ちなみに研究対象とした市町村のなかで砺波市は57.8％，庄川町は12.6％と高く比率を示し，最低の福光町でも5.9％であった）。また，自市町村内での従業・就業者率は，山間3村が，ほぼ7割以上を示しているのに対して，対象とした市町村は，いずれもそれ以下の31.4％（井口村）－67.1％（福光町）の間の割合を示した。
8）指標を選定するために参考にした論文は，前掲1）～5）に加えて，以下の2つである。これらの研究で利用頻度の高い指標を探り出し，それらを本章で採用した。
関根智子「生活の質と生活環境に関する地理学的研究——その成果と展望——」経済地理学年報, 39, 1993, 221-238頁。
山本佳世子・脇坂具治「空間スケールに着目した居住環境指標の体系に関する一考察」環境情報科学論文集, 10, 1996, 19-24頁。
9）また，石黒地区は散村地域も広く抱えるが，そこは過去10年ほどの間，住宅団地の造成が，福光町のなかでは積極的になされた場所でもあった。このことが，従前からの伝統的住宅と新築住宅との差異を際だたせ，この地区の「住宅状況」に対する満足度を下げた可能性もあるとの指摘も住民のインタビューから得られている。
10）本章ではアンケート調査の際に5段階で回答を求めているため，ニーズ得点を次のように定義した。すなわち，

$$\text{ニーズ得点} = (5 - 満足度) \times 重要度$$

である。なお，若林論文のアンケート調査では回答を7段階評価で求めているために，ニーズ得点の算定式も本章とは若干異なる。そこで，その満足度と重要度を5段階評価のものに変換した上で，上の式によりニーズ得点を計算しなおした。第6表に掲げた多摩ニュータウンの満足度・重要度，およびニーズ得点は，このような変換後の値である。

B. 胆沢地域

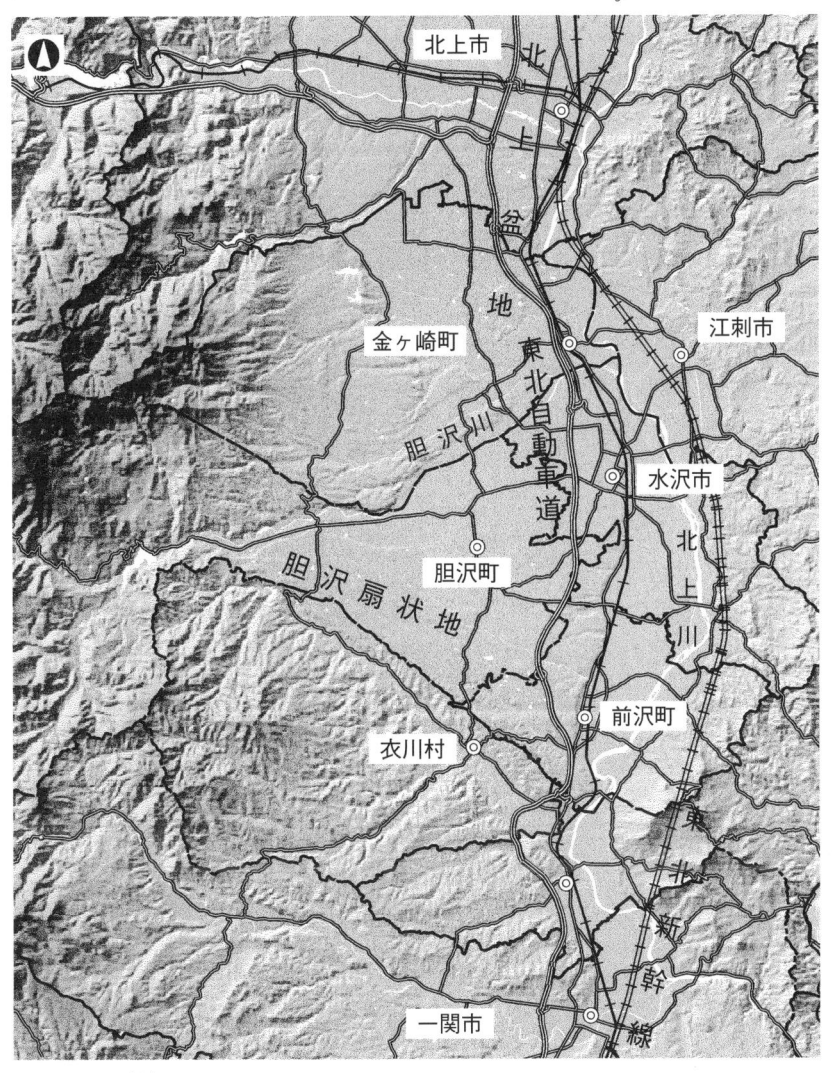

B. 胆沢地域

胆沢地域　現況概説

　胆沢扇状地は，奥羽山脈の焼石岳付近に源を発する北上川の一支流胆沢川が形成した扇状地である。胆沢町若柳市野々を扇頂として東方に展開し，扇端は東北本線のあたりに半径約20kmの円弧を描いている。行政区画で言うと，扇状地の中央部は胆沢町，東部は水沢市・前沢町となっており，北部の胆沢川北岸は金ヶ崎町，また扇状地南部は衣川村に接している。

　胆沢扇状地は，扇頂を中心に等高線が同心円状に並ぶ同一の平坦面ではなく，段丘化しており，複雑な地形面を形成している。すなわち，扇状地形成後に多くの変動を受けたらしく，扇頂から扇端へ（西から東へ）傾斜するとともに，南から北へ次第に高度を下げる段丘群が形成されている。これらの段丘群は，大きくは上位・中位・下位の段丘面に分けられ，中位面はさらに3つないし4つの面に細分される（第6章第1図参照）。また上位・中位の段丘面では，東あるいは東南方向に開析谷が発達する。

　胆沢扇状地の開拓は，上記のような地形条件に対応して進んだ。縄文遺跡は中位面，弥生遺跡は低位面に多く分布している。以降の開発の進展は，胆沢町南都田の塚田にある角塚古墳の存在からも推察される。これは岩手県で最大・最古の古墳であり，しかも埴輪を有するものとしては本邦最北の前方後円墳で

	市町村名		面積 (km^2)	人口 (国勢調査)	人口増減率 (%)	人口密度 (人/km^2)	DID面積 (km^2)
胆江地域	胆江地域計		1,173.12	149,439	0.2	127.4	5.74
	水沢市		96.92	60,990	1.6	629.3	5.74
	江刺市		362.50	33,687	−1.3	92.9	0.00
	胆沢郡	金ヶ崎町	179.77	16,383	2.9	91.1	0.00
	〃	前沢町	72.34	15,438	−0.6	213.4	0.00
	〃	胆沢町	298.02	17,651	−2.1	59.2	0.00
	〃	衣川村	163.57	5,290	−4.1	32.3	0.00
都市中心	盛岡市		489.15	288,843	0.8	590.5	38.62

ある。そしてこの地域は，8世紀後半，畿内の勢力の北進に対して頑強に抵抗した蝦夷の本拠地として注目を浴びる。この頃，「陸奥の胆沢は水陸万頃」と報告されており，茫々たる荒野が広がるとともに，大河が洋々と流れる広大無辺の地であったらしい。しかし，801（延暦20）年，坂上田村麻呂が征夷に多大の戦果を収め，翌年東北開発の拠点として胆沢城を築く。胆沢城は，胆沢川が北上川に合流する，水沢市北部の佐倉河に設置された。その後この地域は，安倍氏・平泉藤原氏，柏山氏の支配下におかれた。

段丘上の扇状地の開拓が画期的に進んだのは，三堰・茂井羅堰・寿安堰などの開堰によってであった（第12章第3図参照）。三堰・茂井羅堰は，下位段丘面の開発に大きな役割を果たしたが，それ以南の開発は寿安堰により進捗することになる。これは，伊達政宗の臣でキリシタンの後藤寿安が，江戸時代初期に着手した堰である。このような営々とした耕地開発の結果，胆沢扇状地は岩手県下における先進的な稲作地帯となった。このような先進性は，県下の嚆矢であった1902-1905（明治35-39）年の胆沢町南都田の南下幅における耕地整理事業にもあらわれている。また上位段丘面の開発は，第二次世界大戦後における農業水利の国営による改修事業によっても大きく進展した。1953（昭和28）年に完成した石淵ダムは，発電・灌漑に力を発揮した。また現在は，水需要の増大に伴い，石淵ダムのやや下流に新たに胆沢ダムを建設中である。

老年人口 （人）	高齢化率 （％）	昼夜間人口比 （％）	世帯規模 （人/世帯）	産業別就業人口構成比		
				第1次（％）	第2次（％）	第3次（％）
35,121	23.5	99.09	3.27	19.3	32.0	48.7
12,502	20.5	104.34	2.89	8.7	30.5	60.8
9,224	27.4	93.97	3.45	27.4	31.5	41.1
3,619	22.1	113.00	3.32	22.3	35.6	42.1
4,081	26.4	97.22	3.69	21.4	34.8	43.8
4,335	24.6	84.69	3.98	30.9	31.4	37.7
1,360	25.7	81.63	4.02	26.8	34.0	39.3
45,189	15.6	107.12	2.51	3.4	16.5	79.9

統計年次は2000年，増減率は1995-2000年。

B. 胆沢地域

　このような胆沢扇状地，特に低位段丘面には，富山県の砺波扇状地や島根県の簸川平野と並ぶ，わが国を代表する散村景観が広がっている。水沢市街地を除けば集村的な小市街地などは，胆沢町の供養塚・愛宕(あたご)・辻・高橋の4ヶ所で見られるにすぎない。この地域の散村景観は，「きづま」(家の西側・北側に，薪を積み重ねて塀状にしたもの)や「えぐね」(家の西側・北側の屋敷林)を備えた片入母屋の豪壮な民家によって特色づけられていた。しかし，高度経済成長期以降には，家屋の新築・改築のさい，これらの景観の多くは消滅したり，姿を変えてきた。

　地図に示すように，扇状地面のやや東よりを東北自動車道が通っており，胆沢川と北上川の合流点の南西部に水沢ICがある。また，胆沢扇状地と北上低地の境界部付近を東北本線と国道4号線が南北に通るとともに，胆沢町北部の扇状地下位面を国道397号線が東西に貫いている。北上川の東岸には，東北新幹線の水沢江刺駅がある。北上市や金ヶ崎町などを中心に1960年代から半導体集積回路や各種の電気・電子機器を生産する工場の立地が展開し，東北自動車道の整備とともに地方圏有数の集積を形成してきた。江刺市では新たな観光の動向も見られる。胆沢扇状地を中心とする散村・小都市群地域としての胆沢地域は，これらの周辺部を含めて表に示したように胆江地域として現在の江刺市域などを含めて歴史的にまた社会経済的にはとらえられている。そして，胆沢地域の農村でも，これら胆江地域などの工場への通勤兼業が一般的なものとなっていく。これは第6章で明らかにするように，所得の増加をもたらす一方で，生活を大きく変えていくものでもあった。

第5章
岩手県胆江地方における産業と人口——1970年代以後の再生の歩み

石 川 義 孝

わが国をはじめとする先進諸国では，1960年代までが激しい都市化の時代であった。それまで，岩手県を含む地方圏（あるいは国土の周辺部の諸地域）は，新規学卒者という形で，大量の若年層を三大都市圏（あるいは国土の中心部の諸地域）に送り出してきた。しかし，1970年代に至ると状況は大きく変わり，地方圏からの若年人口の流出は大幅な減少を示した。その結果，三大都市圏と地方圏の間では人口移動が拮抗し，純移動がゼロの水準に大きく近づくことになった[1]。

このような人口移動転換は，地方圏に位置する諸地域が，三大都市圏への人口供給地という従属的な性格から解放され，自立的な歩みを始める重要な端緒となりうる可能性を高めた。三大都市圏と対比した場合の地方圏における居住条件の一般的な優位は，各所で指摘されている[2]。しかし，1970年代以降，地方圏の諸地域がはたして自立を実現しているかどうかは，慎重に検討される必要がある。

本章では，岩手県南西部の6市町村（水沢市・江刺市・金ヶ崎町・胆沢町・前沢町・衣川村）をとりあげ，この検討を試みる。本論では，この6市町村を対象地域と呼ぶ（第1図）。地元でしばしば使われる胆江地方という呼称を用いている場合もあるが，同じ範囲をさしている。ただし，ここでの主たる興味は，胆沢扇状地の農村部の動向にあるので，胆沢町あるいは前沢町に，より大きな関心が

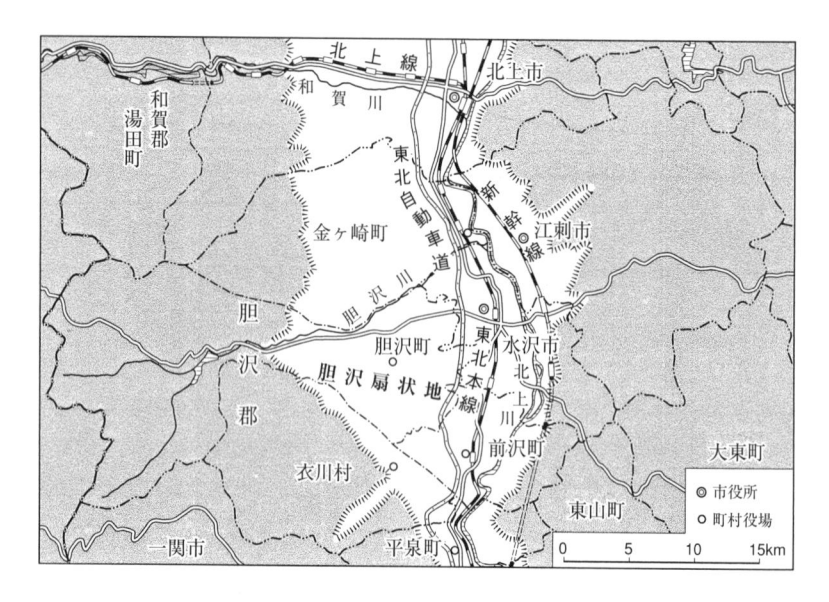

第5章　岩手県胆江地方における産業と人口

第1図　対象地域

向けられる。

　さて，上述した再生の歩みというテーマに，ここでは，確固たる経済的基盤があるのかどうか，および，人口が安定ないしは漸増しているかどうか，という二つの視角からアプローチしてみたい。このような視角から検討されるべき理由としては，以下が考えられる。まず，経済的基盤という視角に関して言えば，人口の安定や漸増のためには，確固とした労働市場が地元に展開し，しっかりとした経済的基盤が地域人口を雇用の面で支える必要がある。この条件を欠いて，人口の安定や漸増を想定できるおそらく唯一の例外は，引退移動者の吸引であるが，引退移動自体が低調な日本[3]では，このような事例は期待しがたい。

　人口の安定ないしは漸増という視角に関しては，日本の総人口が21世紀の初頭にピークを迎え，以降徐々に減少していくと予測されている状況では，特定の都市圏や自治体のみが，高い人口増加率を維持し続けるのは難しいことに関係している。今日では，地域人口増減の鍵は，出生から死亡を引いた自然動態ではなく，流入から流出を差し引いた社会動態と考えられている[4]。しかし，

総人口が減少局面に入ると，特定の都市圏や自治体のみが，大きな流入超過に基づいた人口増加を長年にわたって持続するのは難しくなる。したがって，人口の安定ないし漸増という事態は，地域社会の健全な発展のギリギリの条件であろう。とりわけ，若年人口の域外流出を押さえ地元に引き留めることができるかどうかが，重要な鍵になってくる。なぜなら，それに成功すれば，出生という人口学的イベントの発生によって，望ましい一定の自然動態を期待しうるからである。

　ところで，『国勢調査報告』を利用しうる1920（大正9）年以降の時期に関して，対象地域の6市町村（水沢市・江刺市・金ヶ崎町・胆沢町・前沢町・衣川村）の人口（現市町村域）を見ると，興味深い事実に気づく。

　まず，地域中心としての水沢市の人口は一貫して増加している（2000年で60,990人）。これを除く他の5市町村では，1955（昭和30）年まで人口が増加を続けた（江刺市：49,356人，金ヶ崎町：17,112人，胆沢町：20,865人，前沢町：19,884人，衣川村：7,746人）。しかし，この年次をピークとして，以後一転して減少を記録している。わが国経済の高度成長によって，三大都市圏での爆発的な都市化がスタートし，対象地域をはじめ全国の周辺部に位置する諸地域から，人口の吸引が強化されたからである。

　しかしながら，中心地として地位が低下を続けている江刺市（2000年で33,687人）で人口減少に歯止めがかからないのに対し，胆沢郡の4町村では，1975（昭和50）年を底とし（金ヶ崎町：14,653人，胆沢町：17,032人，前沢町：15,896人，衣川村：5,378人），以後はほとんど横這いあるいは微増という点で共通している。ちなみに，2000年国勢調査による人口は，金ヶ崎町：16,383人，胆沢町：17,651人，前沢町：15,438人，衣川村：5,290人である。

　基本的に農村部を形成する胆沢郡の4町村で，過去半世紀の間に観察されたこのような人口変化，すなわち，1955-75年における減少と1975年以降における安定化は，とりもなおさずこの地域の衰退と再生という歩みを端的に表現するものである。本章の目的は，胆沢郡の4町村（とりわけ，胆沢扇状地の中心部を構成する胆沢町）を取りあげ，かつて衰退傾向にあったが1970年代以降に再生を示した原因を，産業と人口の面から具体的に検討してみたい。

第5章　岩手県胆江地方における産業と人口

以下では，第1節において，雇用機会の拡大という観点から地元労働市場の動向を分析し，続く第2節では，自然動態・社会動態に関連する農家世帯の事情に考察を加える。第3節では，以上の結果としての通勤圏の拡大の状況について言及する。

1　地元労働市場の動き

（1）産業構造の転換　対象地域の歴史は，開堰による耕地の開発，とりわけ開田の歴史，と言っても過言ではない[5]。今日においても基本的に農業地域であることは疑いない。しかし，戦後の高度成長期以後においては農業の比重は低下傾向にあり，産業構造は変化を遂げてきた。

第1表は，1970年代後半以後の主要な産業部門別の就業者数の変化をまとめたものである。対象地域においては1975-85年の期間において既に農業就業人口が大きな減少を示していた。この動向は，その後も依然続いている。しかし，それを補うかのように，第二次産業や第三次産業の雇用成長が見られた。第二次産業では，1975-85年には製造業の，1985-95年には建設業の急成長が注目される。一方，第三次産業では，1970年代後半以降一貫してサービス業の躍進

第1表　産業部門別就業者数の増加率

	全　国	岩手県	水沢市	江刺市	4町村
全産業	9.8→ 9.9	3.9→ 2.5	9.8→ 9.9	-3.0→ -3.8	5.6→ -4.9
農　業	-27.6→ -29.4	-0.3→ -33.0	-22.6→ -26.0	-21.4→ -30.2	-23.4→ -30.0
第二次産業	6.8→ 4.7	18.9→ 15.5	27.0→ 19.5	29.3→ 17.2	59.2→ 7.5
建設業	11.4→ 25.9	6.4→ 23.0	-6.3→ 34.6	0.4→ 24.4	9.4→ 40.9
製造業	5.6→ -3.0	30.3→ 12.0	48.6→ 13.7	54.6→ 14.4	89.9→ -3.5
第三次産業	21.5→ 18.5	19.4→ 13.7	15.6→ 15.3	9.7→ 15.3	30.0→ 17.3
卸売・小売業，飲食店	17.6→ 9.2	15.9→ 8.2	9.4→ 8.8	4.8→ 18.4	25.2→ 9.6
サービス業	36.7→ 33.3	30.5→ 24.3	26.4→ 24.3	20.1→ 18.7	39.8→ 28.5

単位は％。矢印の左の数値は1975-85年の増加率，矢印の右の数値は1985-95年の増加率を，それぞれ示す。『国勢調査報告』から作成。

が目立っている。つまり，経済的基盤の二次化・三次化が並進したことを確認でき，これが農業人口の大きな減少を救ったのである。

対象地域の経済的基盤を検討するさい，とりわけ重要なのは，製造業関連の雇用機会の増大である。この重要な契機となったのは，1977（昭和52）年の東北自動車道の開通である。これを契機に以後，北上盆地を中心に多数の工場の立地が相次いだ。第2図は，岩手県ならびに対象地域2市4町村における工場従業者数の変化をまとめたものである。同図によれば，1970年代・80年代の伸びがめざましい。ちなみに，板倉は，東北への工場進出の増加を京浜工業地帯の外延的拡大とみなし，部品や製品の運搬が，東北自動車道などの高速道路を利用して8時間以内に可能であることに注目している[6]。本章の対象地域を含む岩手県北上盆地は，地方圏としては有数の機械工業集積地域に発展している，と評価されている[7]。とりわけ，電機・電子部品や一般機械をはじめとする各種加工組立が盛んである。

工場の新規立地は，乗数効果を通じて，第三次産業の諸部門の成長を生む。経済の三次化は，1970年代以降におけるわが国経済の大きな潮流である。対象地域で観察された三次産業部門の就業者の増加（第1表参照）は，この全国的

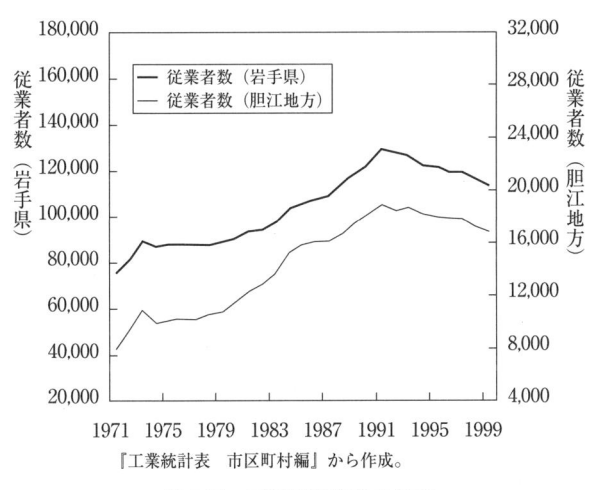

第2図 工場従業者数の推移

な動きと軌を一にするものの，三次産業部門の独自の発展というよりは，製造業を中心とする雇用機会の増加の結果とみなすべき部分が大きいように思われる。

とはいえ，第1図によれば，岩手県・胆江地方ともに，1991年をピークとして，景気の後退とともに従業者が漸減の傾向を示している。第1表において，岩手県・水沢市・江刺市・胆沢郡のいずれの製造業就業者数の増加率も，1975-85年には急激な伸びを記録しているのに対し，1985-95年には増加率自体が比較的穏やかな伸びになっているのは，第1図から明らかなように，1991年までは増加基調，その後減少基調に転じているからである。

ともあれ，1980年代までの製造業雇用の急増は，対象地域における産業構造に大きな影響を与えることになった。第2表は，1995年時点における対象地域2市4町村の産業大分類に関して，1.0以上の特化係数を持つ部門のみを書き出したものである。従業地ベースでの市町村別の産業大分類ごとの就業者数は，1995年の『国勢調査報告』には残念ながら記載されていないので，ここではやむなく常住地ベースで求めている。水沢市を除く5市町村では，農業が基幹産業であるが，これに次ぐ地位を占めている産業部門が製造業であることが了解されよう。

（2）**労働市場へのインパクト** さて，上述のような工場進出による製造業雇用の急増は地元労働市場にいかなる影響を与えたであろうか。第3表は，対象地域の2市4町村を管轄地域とする水沢公共職業安定所管内の，一般労働者[8]に関する有効求人倍率の推移を示したものである。比較のために，全国と岩手

第2表　特化係数

水沢市	電気・ガス・熱供給・水道業1.39　卸売・小売業，飲食店1.18 金融・保険業1.16　サービス業1.15　製造業1.15
江刺市	農業2.12　製造業1.20
金ヶ崎町	農業1.86　製造業1.40
胆沢町	農業2.41　製造業1.06　建設業1.01
前沢町	農業1.82　製造業1.37
衣川村	農業2.01　製造業1.29

1995（平成7）年の『国勢調査報告』から，算出。特化係数は常住地ベース。
100人以上の就業者がおり，かつ，1.0以上の数値を持つ部門のみ，掲げた。

1 地元労働市場の動き

県の倍率もあわせて掲げた。周知のように，有効求人倍率は有効求人数を有効求職者数で割ることによって求められ，労働市場の需給逼迫度を示す測度である。この倍率が1.0を下回るほど労働力の供給過剰の度合が厳しくなり，一方，1.0を上回るほど労働力不足の度合が厳しくなることを意味する。

1970年代中期までの高度経済成長期には，三大都市圏を含むわが国の中心部地域の有効求人倍率がそれ以外の周辺部地域の有効求人倍率を大きく凌ぎ，それが，新規学卒者が大量に中心部地域に流出する原因となった[9]。有効求人倍率という指標から見る限り，岩手をはじめとする周辺部の諸県は，全国の倍率

第3表　有効求人倍率の推移

年　　度		全 国	岩手県	胆江地方
1965	昭和40	0.64	＊	＊
70	45	1.36	0.62	＊
75	50	0.58	0.53	＊
80	55	0.73	0.68	＊
81	56	0.67	0.55	＊
82	57	0.60	0.48	＊
83	58	0.61	0.50	0.73
84	59	0.66	0.57	＊
85	60	0.67	0.57	＊
86	61	0.62	0.52	0.70
87	62	0.76	0.65	0.90
88	63	1.08	0.89	1.32
89	平成 1	1.30	1.08	1.32
90	2	1.43	1.23	1.62
91	3	1.34	1.28	1.67
92	4	1.00	1.01	1.26
93	5	0.71	0.86	1.07
94	6	0.64	0.83	1.02
95	7	0.64	0.75	0.96
96	8	0.72	0.76	1.05
97	9	0.69	0.71	0.84
98	10	0.50	0.44	0.43
99	11	0.49	0.42	0.39

「年度」は，各年4月から次の年の3月までの期間をさす。
「＊」はデータがないことを示す。全国・岩手の数値は〈一般労働者〉，胆江地方の数値は，新卒・パート・一般日雇を除く全職種を対象としたもの。全国・岩手の数値は，総務庁統計局『日本統計年鑑』，胆江地方の数値は，水沢公共職業安定所の資料による。

第5章　岩手県胆江地方における産業と人口

を明らかに下回っていた。しかし，第3表をみる限り，1970年代後半からは全国と岩手の格差が縮小し，1990年代に至ると，岩手の有効求人倍率の数値が全国の倍率を凌ぐこともあった。つまり，全国的な文脈でみるならば，岩手の労働市場が相対的に地位の上昇を遂げてきたのである。職の得易さという点では，対象地域あるいは岩手県は，ここ四半世紀の期間に関する限り全国の水準に遜色がなくなり，それだけ域外への人口流出の圧力は大きく減退し，若年層の地元残留の魅力が高まったと言えるのである。

　第3表によれば，胆江地方における有効求人倍率を入手しうる最も早い年次は1983年であり，それ以前のデータはあいにく存在しない。1980年代を通じて，有効求人倍率は上昇の一途をたどった。1988-94年には，一貫して1.0を越えており，労働市場が好転してきたことを物語っている。ちなみに，この期間に関する限り，有効求人倍率の数値は全て，全国・岩手の数値より大きくそれだけ労働市場が好調であった。

　なお，ピークを記録したのは1991年であり，この年は，くしくも第1図において，製造業従事者数がピークの年と重なっている。これは，対象地域の労働市場の動向が製造業の盛衰に強く依存しているを意味していよう。91年以降は次第に有効求人倍率が低下しているが，とりわけ，1998・99年の倍率は97年の約半分の倍率にとどまっている。

　なお，水沢公共職業安定所の資料から，2001（平成13）年10月現在の常用有効求人倍率0.27を，性別・年齢別・職業別に見ることが可能である。性別では，〈男〉0.52，〈女〉0.56と大きな差がない。年齢別では，〈29歳以下〉0.39，〈30-44歳〉0.38，〈45-54歳〉0.16，〈55歳以上〉0.11と，40代半ば以降の年齢での雇用情勢が大変厳しい。また，職業別の倍率を職業大分類ごとにみると，〈専門的・技術的職業〉0.83，〈管理的職業〉0.00，〈事務的職業〉0.13，〈販売職業〉0.42，〈サービス職業〉0.37，〈保安職業〉1.84，〈農林漁業職業〉1.41，〈運輸・通信職業〉0.36，〈生産工程・労務職業〉0.18となっている。〈保安職業〉，〈農林漁業職業〉，〈専門的・技術的職業〉などで職にありつきやすい一方，この地域での労働市場の活発化を支えてきた，工場労働者，すなわち〈生産工程・労務職業〉への就業が著しく困難になっている現状が窺われる。

2　農家世帯の事情

（1）**農家跡継ぎの結婚**　次に，対象地域における農家世帯をめぐる事情に検討を加えたい。胆沢扇状地では，開発が遅れた上位段丘の範囲を除けば，一般的に耕地規模がさほど大きくない中小農家が多い。ちなみに，1995年の農業センサスによれば，胆沢町と前沢町の農家1戸あたり経営耕地面積は，それぞれ181a，115aである[10]。これは，大規模な畜産を除けば，高い収入を農業のみから期待するにはやや狭い規模である。農家の跡継ぎ男子にとっての配偶者探しは，農業経営規模が大きくなるにつれ困難になるとの指摘[11]があるが，以上のような中小規模の農家経営は，跡継ぎの結婚にはむしろプラスの作用をしたとも考えられる。

加えて，1960年代まで手作業の多かった農作業は1970年代以降に機械化が進み，農作業の辛さ・厳しさは過去のものとなった[12]。農家の跡取りにとっての配偶者探しの難しさの有力な一因が，この農作業の辛さ・厳しさにあると言われてきた[13]。つまり，この問題点は次第に緩和されてきたのであり，農家の子弟が配偶者を見つけだすことは，潜在的にそれだけ容易になった。

農家に跡継ぎがいて結婚をするということは，当該の地域社会の将来に大きな意味を持っている[14]。なぜなら，一定数の出生によって自然動態が上向きになると期待され，地元自治体の人口の安定・漸増に貢献するところが大だからである。また，跡継ぎ夫婦にとって子供の誕生は仕事に対する励み，親にとっては老後の楽しみともなる。現代日本の農村部においては，人口流入に大きな期待を寄せることができない以上，出生行動を担う若年層の流出を抑え，彼らの結婚を通じて自然増加に希望をつなぐことが，人口の安定・漸増を実現するほとんど唯一の実質的な方策である。

（2）**親子同居の実現**　次に，高齢化の進展に目を向けよう。65歳以上の高齢者が総人口に占める割合は，第4表に示した通りである。岩手県の高齢人口比率は，1975年以降，全国の数値を上回っている。対象地域内のいずれの市町村も，

第5章　岩手県胆江地方における産業と人口

第4表　高齢人口の比率

	1965	1975	1985	1995
全　国	6.3	7.9	10.3	14.5
岩手県	6.1	8.5	11.9	18.0
水沢市	5.7	7.9	11.8	17.0
江刺市	7.1	11.2	16.3	23.2
金ヶ崎町	5.7	8.9	12.7	19.1
胆沢町	5.5	8.7	12.8	20.0
前沢町	7.5	10.5	15.8	22.5
衣川村	7.4	10.6	15.3	21.6

単位は％。『国勢調査報告』から作成。

特に1975年以降における高齢化の動向が顕著である。とりわけ1985-95年の伸び率が高く，最近に至るほど高齢化の勢いが強まっていることを確認しうる。最新の年次である1995年の高齢人口比率を見ると，対象地域はいまや，全国や岩手県の水準を上回る高齢化の水準に達していると考えていい。

以上のような人口高齢化の流れは，年老いた親と成人子の同居の問題に，われわれの目を向けさせる。つまり，高齢化した住民ははたして配偶者のみとの夫婦世帯か，ないしは配偶者と死別して単独世帯を形成しているのであろうか，あるいは，成人子と同居しているのであろうか？

胆沢扇状地では，跡継ぎが農家に残留し老親との同居が実現した場合，それがしばしば景観の明瞭な変化となってあらわれる。伝統的にこの地域では，東側半分が入母屋，西側半分が寄棟になった片入母屋の母屋と，その東側に畜舎あるいは作業場を持ち，さらに，それらの北側あるいは西側に屋敷林である「えぐね」，その下に薪状の木を塀のように重ねた「きづま」を備えた農家が卓越していた[15]。これらの「えぐね」や「きづま」はこの地域を特色づける遺産であるが，高度経済成長期以降，家屋の新築や改築のさい取り除かれることも多かった。

農家の跡継ぎが配偶者を得て親と同居することになった場合，同じ母屋の下で親と同居する息苦しさを避けて，母屋の一部，通常は南側の玄関の上に新しく二階部分を増築するか，母屋の西側部分またはすぐ西隣に跡継ぎである子供夫婦用の家屋を増築・新築する（第3図）か，あるいは，母屋の東側のかつて

2 農家世帯の事情

筆者撮影。
第3図 母屋を改築し，母屋の西に増築をした農家の事例

筆者撮影。
第4図 作業場を改築をした農家の事例

第5章　岩手県胆江地方における産業と人口

第5表　親子同居率

	一般世帯数	親子同居数	比率 (%)
全　国	43,899,923	4,910,606	11.2
岩手県	452,461	85,239	18.8
水沢市	19,851	3,321	16.7
江刺市	9,315	2,968	31.9
金ヶ崎町	4,538	1,276	28.1
胆沢町	4,225	1,644	38.9
前沢町	3,873	1,385	35.8
衣川村	1,311	500	38.1

「親子同居数」は、「親族世帯」の中の「核家族」を除いた「その他の親族世帯」のうち、＜夫婦と両親からなる世帯＞・＜夫婦と片親からなる世帯＞・＜夫婦，子供と両親からなる世帯＞・＜夫婦，子供と片親からなる世帯＞の合計。
1995（平成7）年『国勢調査報告』から算出。

の畜舎ないしは作業場を子供夫婦用に新築・改築する（第4図）ことが多い。このような事例は，胆沢扇状地の至る所に見られる。

　この地域における，結婚した子供夫婦と親の同居の比率の高さについては，他のデータからも確かめることができる。第5表は，全国と岩手県，さらに対象地域2市4町村における，結婚した子供夫婦と親の同居の比率を示したものである。ここで言う同居率とは，1995年の『国勢調査報告』に基づき，〈親族世帯〉から〈核家族〉を除いた〈その他の親族世帯〉のうち，〈夫婦と両親からなる世帯〉・〈夫婦と片親からなる世帯〉・〈夫婦，子供と両親からなる世帯〉・〈夫婦，子供と片親からなる世帯〉を合計した世帯数を，一般世帯数で割って得られる比率である。

　わが国の世帯類型の地域差に関する既往研究によれば，東北・北陸では親子同居の比率が高い拡大家族の比重が高いのに対し，三大都市圏や西日本では核家族を中心とする夫婦世帯が卓越する[16]。これを念頭に置けば，岩手の同居率が全国のそれより1.5倍高いのは理解できる。しかし，胆江地方の同居率は，水沢市の16.7%を除けば，最低の金ヶ崎町の28.1%から最高の胆沢町の38.9%に至るまで，県の比率を大きく凌いでいる。

　ただし，第5表のデータには非農家が含まれている。そのため，農家のみの

親子同居率を検討し，かつ，明らかな地域差があるのかどうかを知るため，胆沢扇状地の中心をなす胆沢町を取り上げ，1995年農業センサスにおける農業集落単位の分析を試みた。具体的に利用したのは，農業集落カードに含まれている「家族構成別農家数」であり，〈世帯主夫婦と同居あとつぎがいる〉農家の中の〈同居あとつぎ夫婦がいる〉農家と，〈単身世帯主と同居あとつぎがいる〉農家の中の〈同居あとつぎ夫婦がいる〉農家の合計数を，当該農業集落の総農家数で割った比率である。

それによれば，胆沢町の81農業集落全体では23.3％，旧村別では南都田24.2％，若柳20.2％，小山24.9％で，顕著な地域差は見いだされなかった。いまこの親子同居率が30％を越える農業集落のみを列挙すれば，南都田では第6・8・10・11・14・19・20部落の7集落，若柳では該当集落なし，小山では昼檀・大畑・四ツ屋・中の森・南方北・南方南の6集落である。しかし，これらの農業集落とて50％を越える比率を示す事例は存在しない。つまり全体的に見れば，胆沢町内に，親子同居を実現している農家が広く分散していると言えよう。

胆沢町で親子同居の割合がこのように高いことは，注目に値する。全国的に見たさいにも，対象地域は，結婚した子供夫婦と親の同居の割合が比較的高いグループに属するのではないかとの推察も，あながち間違っているとは言えないかもしれない。このような高い親子同居率がなぜこの地域で見られるのか，ここでその原因を解明することはできないが，これが，今後詳細に検討される価値がある人口地理学のテーマであることのみを，とりあえずここで指摘しておきたい。ともあれ，親子同居の高い割合は，人口転換の実現による1970年代以降の子供数の大幅減少とあいまって，域外への人口流出圧力の大幅な低下に緊密に結びついている。

3　通勤圏の拡大

（1）モータリゼーションの進展　前節において，対象地域における労働市場の安定化や，高齢化した親と結婚した成人子の高い同居率を明らかにした。こ

第5章　岩手県胆江地方における産業と人口

第6表　運転免許保有者比率の推移

	1985 昭和60	1990 平成2	1995 7	2000 12
岩手県	41.8	47.3	52.2	56.8
水沢市	41.0	47.8	52.8	57.5
江刺市	45.1	49.9	54.8	59.8
胆沢郡	46.3	50.8	55.5	60.4

単位は％。岩手県運転免許センターの資料から，算出。

れを可能にした有力な要因が，自家用車の普及による通勤圏の拡大であった。以下，この点を具体的に検討してみたい。

　第6表は，運転免許保有者数を国勢調査時の人口で割って得られた，運転免許保有者比率の推移をまとめたものである。ちなみに，この比率を算出するさいの基本データである市町村別の運転免許保有者数は，岩手県運転免許センターでコンピュータ処理が始まった1983（昭和58）年から入手可能である。ここでは，一人が複数の免許を保有しているさいでも，保有者は一人とカウントされていることにご留意いただきたい。なお，胆沢郡内の4町村では一律に比率の上昇が著しいが，大きな町村格差は認められないので，第6表では胆沢郡として一括して示した。

　同表によれば，水沢市・江刺市・胆沢郡4町村における免許保有者比率は，1985年時点で既に4割を越えていた。運転免許取得が可能になるのが18歳であることを考えれば，それ以上の年齢層での免許保有状況は，5割，すなわち二人に一人以上の割合に達していたかもしれない。第6表は，1985年以後の15年間に，免許保有者比率が急速に上昇してきたことを示している。

　とはいえ，同表は免許の取得に関するデータをまとめたものであり，免許保有者比率の上昇は必ずしも自家用車の普及を意味しない。そこで，東北運輸局岩手陸運支所の「市町村別車両数調」に基づいて，実際に保有していると考えられる数値を登録データとして提示したい。この調査は，1951（昭和26）年以来毎年，市町村別の自動車登録データをまとめた詳細なものであり，現在では，用途別・車種別・業種別の登録台数が判明する。ここで論じたいのは，通勤圏の拡大に関連する現象としてのモータリゼーション，すなわち，各世帯レベル

3 通勤圏の拡大

第7表 登録車両数の推移

	1960 昭和35	1970 45	1980 55	1990 平成2	2000 12
水沢市	14	2,882	10,785	15,003	27,721
江刺市	4	1,871	6,948	8,277	14,304
胆沢郡	8	2,382	11,408	13,989	24,554

単位は台。用途別が〈乗用〉で，車種別が〈普通車〉と〈小型車〉で，業種別が〈自家用〉に該当する車両数と，用途別が〈軽自動車〉で，車種別が〈四輪〉で，業種別が〈乗用〉に該当する車両数の合計。数値は，各年の3月31日現在。国土交通省東北運輸局岩手陸運支所の「市町村別車両数調」から作成。

での自家用車の普及である。そのため，貨物運搬用車両やバス・タクシーなどの業務用車両を除き，各世帯で通勤手段に利用しうるような車両を数え上げたい。各家庭での通勤用と業務用との間に明確な境界線を引くのは必ずしも容易でないが，ここでは具体的に，用途別が〈乗用〉で，車種別が〈普通車〉と〈小型車〉で，業種別が〈自家用〉に該当する車両数と，用途別が〈軽自動車〉で，車種別が〈四輪〉で，業種別が〈乗用〉に該当する車両数の合計を求めた。第7表がその結果である。

同表によれば，1960年時点での自家用車の普及は，まだ微々たる数にとどまっていた。その後，1960・70年代に普及の勢いが強まった。しかし，詳しい理由は不明であるが，1980-90年における伸びは，他の時期に比較してやや緩慢であった。が，1990-2000年には増加に再度拍車がかかった観がある。1世帯あたり1台の自家用車の保有の段階を過ぎて，今や一人に1台の保有を意味するパーソナリゼーションの段階に入ったとする山根の指摘[17]が，おそらくこの地域においても妥当しているであろう。

（2）通勤圏　以上の動向は，近隣市町への通勤の増加をもたらしたと考えられる。ここではまず，モータリゼーションが顕著になる前の時期であり，かつ，新規学卒者の大都市圏への大量流出が依然一般的であった時期として1970年を選び，対象地域を含む北上盆地全体における通勤圏を確認しておきたい。なお，ここで言う通勤圏とは，特定の市町村に常住する15歳以上の就業者のうち，特定の市を従業地とする比率が5%以上を示す市町村の範囲をさしており，データの出典は『国勢調査報告』である。周辺市町村に通勤圏を広げていない

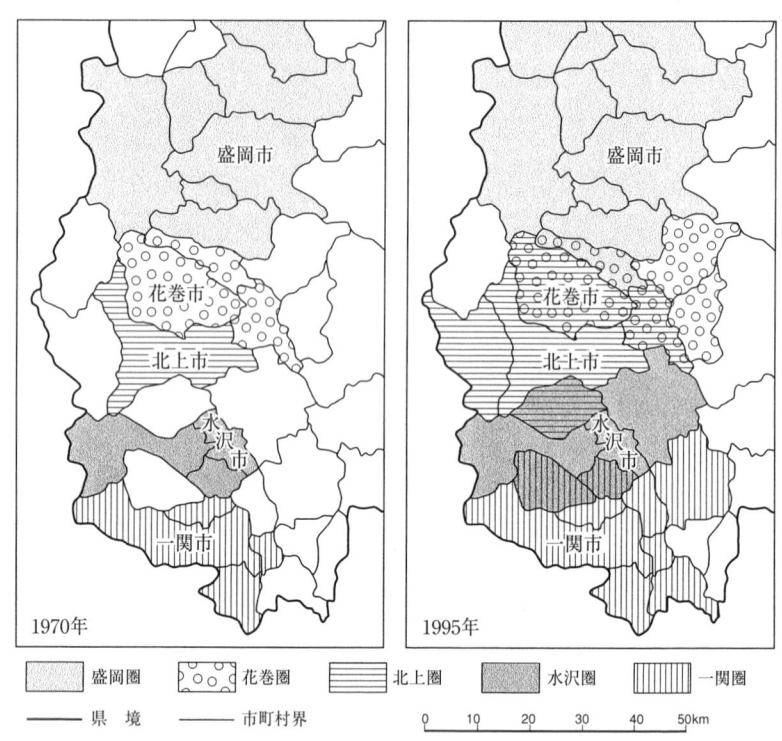

第5章　岩手県胆江地方における産業と人口

	盛岡圏		花巻圏		北上圏		水沢圏		一関圏

――― 県　境　　――― 市町村界　　0　10　20　30　40　50km

1970（昭和45）年・1995（平成7）年の『国勢調査報告』から作成。市町村境界は，左右両図とも，1995年のものを利用している。

第5図　北上盆地の通勤圏 (5%)

　江刺市を除く，盛岡・花巻・北上・水沢・一関の5市の通勤圏を描いたのが，第5図の左図である。

　モータリゼーションが本格化する以前の時期である1970年当時，北上盆地は，以上の5市の通勤圏が周辺町村をくまなく覆うという段階には達しておらず，各市の通勤圏の重複はまだ見られない。胆沢郡内では，胆沢町と前沢町が水沢市の通勤圏に含まれていたにすぎず，江刺市・金ヶ崎町・衣川村は，水沢市はおろか，北上市・一関市の通勤圏にも含まれていなかった。

　25年後の1995年における通勤圏を示したのが，第5図の右図である。それによれば，北上盆地においては，南から，一関・水沢・北上・花巻という似かよ

った規模の4つの市が，周辺の町村に通勤圏を広げている様子が明らかである。北上盆地が南北に細長いという性格にも影響されていようが，上記の4市は，どちらかと言えば東西方向の周辺市町村を，自らの堅固な通勤圏として取り込んで拡大してきた様子を理解できる。

なお，岩手県の県庁所在都市であり，県内での人口分布からみたさい一極集中の観のある盛岡市の通勤圏は，1995年時点で，花巻市の北隣の石鳥谷町まで伸びている。ちなみに，1970年時点では南限はこの石鳥谷町の北に位置する紫波町であった。1970年代以降におけるモータリゼーションの進展を考えれば，盛岡市の通勤圏の南への顕著な拡大があり得たであろうが，必ずしもそうならなかった有力な原因としては，北上盆地に比較的分散する形で，製造業の雇用機会が創出された点[18]を挙げることができよう。

二つの通勤圏に属している町村も認められ，北上盆地内での通勤圏の交錯も目立ってきている。特に，花巻市自体が，南に隣接する北上市の通勤圏に含まれるようになった点が注目される。また，胆沢扇状地を占めている市町村のうち，胆沢町は水沢市の通勤圏に，前沢町は水沢市・一関市の通勤圏に属している。金ヶ崎町は北上市，衣川村は一関市の通勤圏にも含まれている。ちなみに，対象地域において，製造業雇用がほとんどピークに達していた1990年（第2図参照）の対象地域の通勤圏に関して言えば，前沢町が一関市の通勤圏にまだ編入されていなかった点のみが，第5図の右図と異なっている。

さて，第5図に示された，1970年から1995年にかけての25年間の通勤圏の変化は，上述したような，北上盆地への活発な工場の進出を重要な契機とし，胆沢郡をはじめとする農村部における農業雇用の縮小，および，それを補った花巻・北上・水沢・江刺・一関などの市における産業構造の二次化・三次化や，さらにモータリゼーションの進展がそれを後押した結果，圏域が拡大した所産であると理解できるであろう。また，対象地域内の農村部では，農家規模が必ずしも大きくなく，農作業の機械化が進んだことも，農家の跡継ぎやその配偶者が農外所得の獲得をめざして通勤に出ることに利したと考えられる。つまり，就業者数からみた経済的基盤の農業から二次・三次産業への移行（第1表参照）は，周辺町村から最近隣の市へと通勤する農家人口が増えるという結果をもた

らした。

まとめ

　本章の目的は，胆沢扇状地の中心部分を構成する胆沢町を主とし，これに，水沢市・江刺市・金ヶ崎町・前沢町・衣川村を加えた範囲を対象地域として取り上げ，そこでの近年の産業と人口の動向の分析を通じて，わが国の周辺部に位置する農村部における，1970年代以降の再生の動きをスケッチすることであった。再生に寄与した条件としては，二次・三次産業，とりわけ製造業部門の雇用機会の成長に起因する地元労働市場の活況や，それを支えたモータリゼーションの動向が重要である。こうした動きは，本書における他の研究対象地域である砺波地域に関して言及されてきた「農工一体化」という視角[19]が，この胆江地方においても妥当することを示唆しているように思える。胆江地方への工場進出が，散村での居住を維持したまま無理なく農外収入を得る機会を提供してきたという点では，伝統的な散村景観の否定要因とならず，むしろその支持要因となってきた，と言えよう。また，農家跡継ぎ男子の結婚や跡継ぎ夫婦と老親との同居の実現も，この地域の再生を語る上で見逃すことができない。親子同居の実現に結びついた背景として，母屋の隣接地に跡継ぎ息子夫婦用の増築スペースをいつでも確保できるという散村特有の条件があった点を指摘できよう。

　しかしながら，対象地域の将来を考えるさい憂慮されるのは，この地域の再生を経済的に支えた製造業の就業機会が，第2図に明らかなように，1990年代以降縮小傾向にあり，これを有力な原因として，地元の労働市場が厳しさを増し，有効求人倍率が1998年から急速に悪化した点である。対象地域の再生に力を貸した製造業の縮小は，この地域の不振に直結する危うさを秘めている。対象地域の製造業は，必ずしも，研究・開発機能を欠く，域外支配にさらされやすい典型的な分工場経済の事例ではなく，設計・開発機能を有する工場も見られる[20]。このような機能が多少とも存在することで，製造業の縮小がこの程度

まとめ

で済んでいると理解すべきなのか，あるいは，この設計・開発機能の集積自体が小さくて，労働市場の悪化の歯止め役はとても期待し難い，と理解すべきなのか，筆者にはあいにく判断がつかない。

ところで，カナダのオンタリオ州から東海岸までの農村地域における中心集落の衰退と再生を論じたダムス（Dahms,F.）は，それを農業経済・技術革新・コミュニティとの関係で，分析している。そして，そこで検討する内容は，ヨーロッパやオーストラリア，そして北アメリカなどの類似の地域でみられるものと多くの共通点をもっている。おそらく似たような現象が，日本にも存在すると考えられる，と述べている[21]。とりわけ，ヒューロン湖のジョージア湾の南岸に位置するソーンバリーの事例を詳しく取りあげ，その発展の要因を，遺産・近接性・アメニティ・企業家の4点から検討を加えている。また，ダムスは，他の論文で，ジョージア湾南岸地域の再生の条件として，トロント大都市圏からの引退高齢者の流入が果たす役割の大きさに言及している[22]。

もとより，カナダのジョージア湾南岸地域と日本の岩手県の胆江地方，とりわけ胆沢扇状地における農村の衰退と再生を取り巻く条件は大きく異なっており，両者を同列で論じていいかどうかに関しては異論があろう。しかし，かつて衰退傾向を示し，近年再生の道を歩んできた，という点では類似している。再生に寄与した条件のうち，両地域で大きく異なるのは，前者では域外から流入してきた引退高齢者の貢献の大きさであり，後者では製造業雇用の拡大のインパクトが大きく，その恩恵を受けたのは引退以前の年齢にある生産年齢人口であった。

他方，両地域にはいくつかの共通点があることにも，注目する必要がある。例えば，カナダのジョージア湾南岸地域における再生の一つの条件として，トロントへ約200kmという近接性が挙げられている。一方，本章の対象地域は，東北自動車道と東北新幹線で首都圏と直結しており，東京駅・水沢江刺駅の間470kmが，早い列車では約2時間40分で結ばれている。また，文化遺産の存在といった類似点もある。ダムスにとっての遺産とは，主に古い建築をさしている。しかし，遺産とは本来広い概念であり，宮口[23]が強調するように，長い歴史と土地に根ざした知恵が現在の住民の生活と深く結びついているものと柔

第 5 章　岩手県胆江地方における産業と人口

軟に理解すれば，他の地域には見られない独特の文化景観もこの範疇に入るであろう。「えぐね」や「きづま」を含む散居を中心としたこの地域における農村景観も，この条件を満たすように思われる。さらに，胆沢扇状地の中心をなす胆沢町は，景観やアメニティという点でも高い評価を受けている[24]。

1970年代の人口移動転換が観察されて以降の時期を対象に，それまで衰退傾向にあった周辺部の農村部が，その後はたして再生を遂げたのか。そうとすれば，その具体的条件とは何であったのか。この点を国内の他地域やさらには海外の諸地域との綿密な比較研究を通じて解明することは，重要な研究課題である。

1）石川義孝編『人口移動転換の研究』京都大学学術出版会, 2001。
2）本書序章の金田章裕論文を参照されたい。
3）前掲注1）280頁。
4）大友篤『日本の人口移動――戦後における人口の地域分布変動と地域間移動――』大蔵省印刷局, 1996, 20-21頁。
5）(1) 池田雅美『みちのくの風土――その地誌学的研究――』古今書院, 1981, 109-131頁。(2) 石川義孝「胆沢扇状地」(山田安彦・伊藤安男・青木伸好編『東山道の景観と変貌』古今書院, 1991) 210-218頁。(3) 水陸万頃編纂委員会編『水陸万頃――胆沢平野，水と大地のなりたち――』農業農村整備情報総合センター, 1998。
6）板倉勝高『日本工業の地域システム』大明堂, 1988, 24-54頁。
7）小田宏信「岩手県北上地域における機械系工業の集積・連関構造」経済地理学年報 44-1, 1998, 48-57頁。
8）〈一般〉とは，常用と臨時・季節を合わせたものを言う。〈常用〉とは，雇用契約において雇用期間の定めのないもの，または4ヶ月以上の雇用期間の定められているもの（季節労働を除く）を言う。〈臨時〉とは，雇用期間が1ヶ月以上4ヶ月未満のもの，〈季節〉とは，季節的な労働需要に対し，または，季節的な労働余暇を利用して一定期間就労するものを言う。総務庁統計局編『第五十一回 人日本統計年鑑 平成14年』日本統計協会, 2001, 95頁。
9）石川義孝『人口移動の計量地理学』古今書院, 1994, 103頁。
10）農林水産省統計情報部編『1995年農業センサス 第1巻 岩手県統計書』農林統計協会, 1996, 311頁。

11) (1) 光岡浩二『日本農村の結婚問題』時流社, 1989。(2) 光岡浩二『農村家族の結婚難と高齢者問題』ミネルヴァ書房, 1996。
12) 農業の機械化に言及している, 本書第6章の田林明論文を, 参照されたい。
13) 前掲注11)。
14) 石川義孝「わが国農村部における男子人口の結婚難」(石原潤編『農村空間の研究(下)』大明堂, 2003) 289-305頁。
15) 前掲5)(1) 160-168頁, および, 村田貞蔵「胆沢の景観に関する若干の記録」地理学評論15-9, 1939, 711-728頁。
16) (1) Ito,T., 'A geographical study on the regional pattern of household composition and household formation in Japan,' *Sci. Rept., Inst. Geosci., Univ. Tsukuba (A)*, 15, 1994, pp.123-173. (2) 伊藤達也『生活の中の人口学』古今書院, 1994, 109-114頁。
17) 本書第11章の山根拓論文を, 参照されたい。
18) 前掲注7), および, 小田宏信「北上川流域地方における工業集積の進展と生産・分業体制」地域調査報告13, 1991, 101-112頁。
19) 前掲注2)。
20) 前掲注18)。
21) 本書第16章のF.ダムス論文を参照されたい。
22) Dahms,F.A., 'The greying of South Georgian Bay,' *The Canadian Geographer*, 40, 1996, pp.148-163.
23) 宮口侗廸『地域づくり——創造への歩み——』古今書院, 2000, 57-96頁。
24) 例えば, 胆沢町の優れた景観やアメニティは, 国土庁の「農村アメニティコンクール」で最優秀賞を受賞 (1991年),「美しい日本のむら景観コンテスト」で農林水産大臣賞受賞 (1994年), 国土庁の「水の郷」の認定 (1995年) など, 高い評価を受けている。胆沢町役場企画情報課『いさわ——水と緑と散居のまち——』, による。なお, 本書第12章の関戸明子論文も, 参照されたい。

第6章
胆沢扇状地における農業維持の可能性

田 林　明

　農業を基本とする時代においては，日本の散村・小都市群地域は農業・農村的性格が極めて強く，食料生産を担う中核地域として重要な役割を果たしていた。しかし，1960年代からの高度経済成長を契機に，農業的土地基盤の整備，農業の機械化・省力化が進められる一方，兼業が深く浸透した。また，モータリゼーションが進行するとともに農村の生活環境の整備も進められた。その結果，現代の散村・小都市群地域は機能的には都市的な性格が強くなり，都市的産業へ就業する兼業農民あるいは安価な土地と良質な環境を求めて転入するする都市住民の居住地としての役割も持つようになってきた。しかし，このような状況にあっても，兼業農民の多くは，自ら農業機械を利用しながら，あるいは一部作業委託をしたり営農組合を組織しながら，農業を継続してきている。日本の散村・小都市群地域は大都市圏や地方中枢・中核都市圏と比較していまだに農業的性格も相対的に強い地域といえよう。

　他方，兼業化が早くから進行した西日本や大都市圏の農村では，兼業農民が高齢化により農業から撤退しつつあるにもかかわらず，それを引き継ぐ者が少なくなってきている。なかには農業崩壊の危機に直面している場合もある。このような状況のなかで，農業をどのように存続させていくのか，そのためにはどのような農業の形態が考えられるのかを解明することが重要な課題となっている。

本章は，現代の農村において，どのような形態の農業経営が行われ，それがどのように維持されているのか，場所によって維持形態に差があるのか，また，将来的にはどのように農業が存続していくと予想されるのかを，胆沢扇状地において明らかにする。この地域では，一般的に農業はいまだに堅調に維持されているが，最近になって一部の農村において農業離脱傾向がみられるようになってきたため，農業変化という点では様々な段階の農村が比較的狭い範囲に並存するようになっている。したがって，異なった性格の農村を比較検討することができ，それによって一般的な展望を得ることができる可能性がある。

1 研究の手順と農業動向

（1）研究の手順　対象地域の岩手県胆沢扇状地ではすでに第5章で説明されたように高度経済成長により，まずは出稼や日雇の機会が増加し，次いで，既存の市街地やその周辺において恒常的通勤兼業の機会が増加した。さらに，1980年代に東北自動車道や東北新幹線が開通し，北上川流域地方にハイテク産業を中心とする工業立地が活発となり，農外就業の機会が増加した[1]。この結果，胆沢扇状地では全体としては農業的性格は相対的に強いものの，最近になって離農傾向が明瞭になった農村も出現してきた。

本章ではまず，1995年の農業集落カードに示された農業に関する主要指標を用いて，胆沢扇状地の農業集落の類型化を試みる。そしてそれぞれの類型を代表すると考えられる事例集落における土地利用と農業経営，就業構造に関する現地調査に基づいて，胆沢扇状地の農業経営の特徴と農業の維持形態を明らかにする。さらに，今後農業はどのように存続していくかを探ることにする。

胆沢扇状地は多くの段丘面から成り立っている開析扇状地であり，段丘面は低いものほど北に位置している[2]。これらの段丘面は一般に高位，中位，低位と大まかに分けられており，高位段丘には一首坂段丘面，中位段丘には上野原と横道，堀切，福原の4つの段丘面が，それ以外が低位段丘とされる（第1図）。低位段丘が広がる北東部の標高は50〜60mであるのに対して，高位段丘にあた

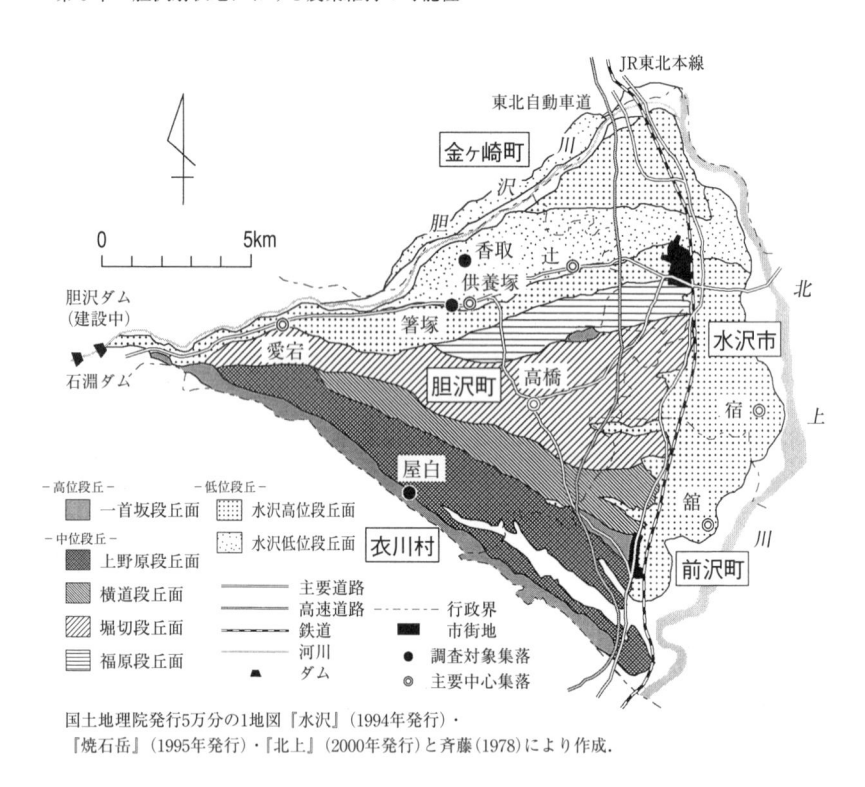

第6章 胆沢扇状地における農業維持の可能性

第1図 胆沢扇状地の地形と事例集落の位置

る南西部の標高は170〜200mとなる。標高の高い段丘になるにしたがって農業用水の確保が困難となり，特に高位段丘では開発が遅れた[3]。この標高の違いは，例えば適応水稲品種や作季，収量などにも影響し，現在でも農業経営を規定している。また，一般に低位段丘では都市域への近接性が高く，中位・高位段丘になるに従って低くなる。特に冬季の積雪時にはその差が明確になる。ここで対象としたのは，水沢市，前沢町，胆沢町，金ヶ崎町のうち胆沢扇状地に含まれる部分で，2000年の農業センサスによると農家は7,029戸，経営耕地面積は10,109haであった。

（2）農業動向　1970年代後半から胆沢扇状地の農業は急速に変化した。胆沢町の例で検討すると，まず，農家については，1960年には総数が2,976戸で，

そのうちの46.6%に当たる1,388戸が専業農家であり，1,141戸の第1種兼業農家を加えると，85%の農家が農業に強く依存していたことになる。1970年までは各種の農業水利事業や農地造成により農家は増加し続けたが，専業農家はしだいに減少していった。1960年から1970年までは第1種兼業農家が，1975年以降2000年に至るまでは第2種兼業農家が増加した。1980年代からは総農家数が減少し始めた。2000年には2,859戸の農家のうち243戸が専業農家で，第1種兼業農家は505戸，あわせて26.2%となり，農業に強く依存する農家の減少が著しいことがわかる。

一方では，新規の開田，用水路の整備による畑の水田化によって，胆沢町の農地面積は1990年まで増加し続けた。1960年における総経営耕地面積は4,429haで，そのうち72.0%が水田であったが，1990年には総経営耕地面積が5,522haまで増加し，91.7%が水田によって占められるようになった。また，胆沢町では1960年代後半に耕耘機が普及し，1970年代後半には田植機やバインダー，動力防除機，トラクターなどが急増した。

以上のように，胆沢扇状地では第2次世界大戦後も農地が拡大し続け，農業に強く依存する農家も相対的に多かったが，1970年代後半からの農業の機械化と兼業化といった，他地域とも共通する現象がおきたことがわかった。しかし，日本全体の傾向と比較すると，胆沢扇状地では兼業化の進展は遅れ，現在でも農業への依存の程度が相対的に高いといえよう。そして，最近ようやく兼業化から脱農化への転換が起き始めた。

2　胆沢扇状地における農業の地域差

（1）**農業集落の類型化**　まず，胆沢扇状地の214の農業集落を単位として，農業に関して重要と考えられる変数を選定し，因子分析を行った。その際，土地，資本，労働力といった農業経営の3要素を網羅すること，胆沢扇状地の農業生産で重要な稲作と肉牛飼養，野菜栽培を含むこと，そして近年の農業存続に不可欠な稲作請負に関する変数を取り上げるよう配慮した（第1表）。そして，

第6章 胆沢扇状地における農業維持の可能性

第1表 胆沢扇状地における農業集落の類型化に用いた変数と因子構造 (1995年)

範疇	変数	因子負荷量				
		第1因子	第2因子	第3因子	第4因子	第5因子
農家	農家率*	−0.673				
	第1種兼業農家率**	−0.668				0.465
	第2種兼業農家率**	0.318				−0.893
	雇用兼業農家率**	−0.363	0.565			−0.391
	自営兼業農家率**	0.284	−0.790			
	林地所有農家率**	−0.377			0.274	
農業労働力	1農家あたりの世帯構成員数**	−0.708				−0.383
	1農家あたりの農業就業人口**	−0.808				
	1農家あたりの基幹的農業従事者数**	−0.779				0.274
	1農家あたりの農業就業人口・男女計**	−0.583				
	男子40〜59歳の農業就業者率***	−0.499			0.315	0.266
	男子60歳以上の農業就業者率***	0.253				
	女子40〜59歳の農業就業者率***					
	女子60歳以上の農業就業者率***	0.251				
兼業	男子恒常的勤務者率****		0.763			
	男子日雇・臨時雇者率****	−0.346				
	男子自営兼業者率****	0.307	−0.737			
	女子恒常的勤務者率****					
	女子日雇・臨時雇者率****					
	女子自営兼業者率****	0.382	−0.485			
経営規模	1農家あたりの経営耕地面積**	−0.846				
	経営耕地面積0.5ha未満の農家率**	0.749				
	経営耕地面積1.0ha以上の農家率**	−0.827				
土地利用	土地利用率*****					
	稲収穫面積率******				−0.887	
	麦類・雑穀・いも類・豆類収穫面積率******					
	野菜類収穫面積率******					
家畜飼養	飼料用作物収穫面積率******				0.892	
	肉用牛飼養農家率**	−0.532			0.367	
稲作請負	耕起請負農家率**			0.841		
	田植請負農家率**			0.922		
	稲刈・脱穀請負農家率**			0.796		
農業機械	1農家あたりの動力耕耘機・農用トラクター台数**	−0.797				
	1農家あたりの動力防除機台数**	−0.598				
	1農家あたりの自脱型コンバイン台数**	−0.592				
	因子の解釈	農業志向	兼業の内容	稲作請負	畜産・稲作	兼業依存度
	固 有 値	9.91	3.85	2.69	2.00	1.72
	変動説明量 (%)	22.6	7.3	6.9	6.3	5.1
	累積変動説明量 (%)	22.6	29.9	36.8	43.1	48.3

注:分母 *総戸数、**総農家数、***総農業従事者数、****総兼業従事者数、*****総経営耕地面積、
値が0.25以上のものを表示。
農業センサスにより作成。

第6因子	第7因子	第8因子	第9因子
		0.303	
			−0.272
−0.483			
0.967			
−0.609		0.279	
	0.442		
	−0.709		
			−0.420
	0.272	0.637	
	−0.689	−0.261	
		−0.484	
			0.335
	0.557		
			0.362
			−0.431
			−0.551
			0.303
			0.251
女子農業労働力	日雇・臨時雇用	女子恒常的勤務	土地利用
1.71	1.43	1.38	1.21
5.0	4.5	4.5	4.1
53.2	57.7	62.2	66.4

******総収穫面積。因子負荷量は，絶対

2 胆沢扇状地における農業の地域差

既存の研究を参考に[4]，1995年の農業センサス農業集落カードから農家と農業労働力，兼業状況，経営規模，土地利用，家畜飼養，稲作請負，農業機械に関する35の変数を選んだ。その結果，固有値1.0以上の9つの因子を得ることができた。これらの因子の累積変動説明量は66.4%であった。各因子の解釈を容易にするため，バリマックス回転により，因子構造を単純化した。

第1因子は農業に対する意欲，志向の強弱を表すものである。全体として，胆沢扇状地における農業集落の農業に対する志向は，南部の高位段丘において強く，市街地の広がる北部と東部の低位段丘に向かうに従って弱くなる傾向にある。第2因子は兼業の内容を示している。第2因子の得点分布は，市街地や主要幹線道路ぞいの農業集落において高く，南部の高位段丘の中央部の農業集落において低くなっている。第3因子は稲作請負を表している。北部の低位段丘と北上川ぞいの平野部，特に市街地とその周辺において得点の高い集落が多い。第4因子は畜産と水稲作とを分ける因子である。高位と中位の段丘において畜産が，低位段丘と北上川沿岸の平野部において水稲作が卓越している。第5因子は兼業への依存度を示す。高位と中位の段丘上と市街地周辺において第5因子の得点が高く，低位段丘と北上川沿いの平野部において低い。

第6因子は比較的若い女子農業労働力と高齢の農業労働力を分ける因子である。水沢市街地や前沢市街地周辺で得点が低く，扇央部から扇頂部にかけて相対的に得点が高い。高位・中位段丘上の農業集落では，中間的な得点になっている。第7因子は農外就業を恒常的就業と日雇・臨時就業とに分けるものといえる。市街地に近接した北部の低位段丘と北上川ぞいの平野部において得点が高く，また，市街地から離れた高位段丘において得点が低い。第8因子は女子の農外就業形態を分けるものである。低位段丘から中位，高位の段丘へと向かうにしたがって，因子得点が高くなる。第9因子は土地利用に関する変数によって特徴づけられる。すなわち，稲の収穫面積率が正の因子負荷量を示しており，胆沢扇状地全体で因子得点が高い。

（2）農業集落の諸類型と地域差　因子分析よって検出された9つの因子得点行列に，ウォード法によるクラスター分析を適用し，214の農業集落を類型化した。その際，奥野に従って[5]，それぞれの因子の変動説明量に基づいて因子の重みづけを行った。すなわち，最も説明力が低い第9因子の変動説明量を基準値（1.00）として，他の因子の変動説明量を基準化した。クラスター間の距離更新に大きな変化が生じる情報損失量46.9%の水準で区分し，214の農業集落を6つの類型に分けた。胆沢扇状地における農業集落の各類型の分布を第2図に示した。

　類型A　類型Aは44の農業集落から構成される。この類型は農業に対する志向の強さと畜産経営が盛んなこと，兼業への依存度の低さが特徴である。すなわち，現在でも積極的に営農している農業集落のグループである。これらの農業集落のほとんどは高位および中位の段丘に集中している。

　類型B　類型Bに属する農業集落は14であり，畜産経営と高齢農業労働力によって特徴づけられる。すなわち，農的的性格は比較的強く，小規模な水稲作と畜産を組み合わせた複合経営が多い。この農業集落は北上川ぞいの低地に散在している。この類型に分類された農業集落では，農家に兼業が浸透したが，かなりの水準の農業がいまだに高齢者によって維持されている。

　類型C　類型Cには44の農業集落が含まれる。この類型には請負農家率の高さ以外に目立った特徴がない。すなわち，農業的な性格が強くもなく，弱くも

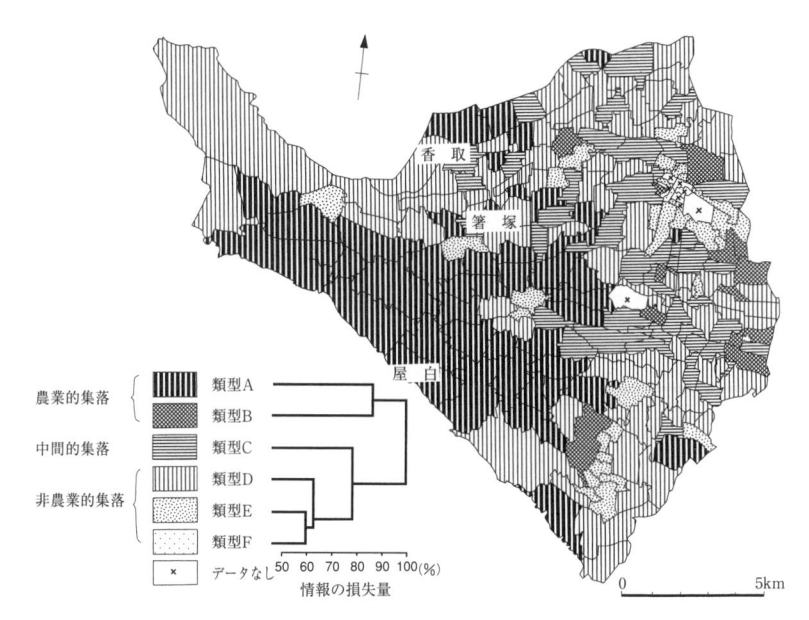

2 胆沢扇状地における農業の地域差

第2図 胆沢扇状地における農業集落の諸類型（1995年）

ないといえる。この農業集落は扇状地北東部の中位段丘と低位段丘に分散している。次に述べる類型Dや類型Eを取り巻くように分布している。

類型D 類型Dに属する農業集落数は77で，全類型中で最も多い。これは兼業農家の卓越と通勤兼業者の多さによって特徴づけられる。この類型の農業集落は，主に北上川ぞいの平野部と低位段丘に分布し，中には中心集落としての機能をもつ農業集落もある。また，各主要道路ぞいにも多く分布している。小規模経営農家が卓越し，農業的な性格は弱く，農業が後退傾向にある集落である。

類型E 類型Eは33の農業集落によって構成される。その特徴は第2種兼業農家が卓越し，農業への依存度が低いことと畜産農家が少ないことである。高齢者によってかろうじて農業が維持されている程度であり，経済活動としての農業の役割はほぼ消失している。類型Eに属する集落は北上川ぞいの沖積低地に集中しており，水沢市や前沢町の市街地とその近接地域に多く分布する。中位段丘上の集落の多くは中心集落としての機能を有している。全体的に農業が

後退傾向にある。

類型F この類型に属する農業集落は，水沢市の横町と宿の2つのみである。横町は水沢市の中心市街地に位置し，宿は旧姉体村の中心集落の1つであった。そのため，農家数自体が少なく，農業への依存度は極めて低い。

3つの農業集落タイプ 以上，多変量解析に基づく各類型の農業集落における農業に関する特徴を述べたが，このことから6つの類型は，さらに大きく3つにまとめることができよう。すなわち，類型Aと類型Bは農業的性格が相対的に強いと考えられることから，農業的集落と呼ぶ。類型Dと類型E，そして類型Fは，都市の影響を強く受け，通勤兼業者が増加し，さらには脱農化が進んでいる。農業は後退もしくは崩壊傾向にあり，これを非農業的集落とする。類型Cは両者の中間的性格を有し，農業は停滞傾向にあり，中間的集落と呼ぶことにする。

また，3つのタイプの農業集落の分布から，比較的明瞭な地域差が見いだせる。農業的集落は市街地から離れた扇状地南部の高位や中位の段丘に，中間的集落は扇状地北東部の中位あるいは低位の段丘で，市街地や中心集落により近いところに立地する。さらに非農業的集落は扇状地北部の低位段丘と北上川ぞいの平野部に主に立地し，そこは中心集落や市街地に接していたり，主要道路ぞいの場所である。つまり，胆沢扇状地上の農業集落は，市街地からの距離および高位段丘と低位段丘といった地形条件によって，その性格がかなりの程度規定されている可能性がある。ただし，農業的集落のうち，類型Bは農業的性格が比較的強いとはいえ，兼業化・脱農化が進む中で高齢者に依存した農業活動を行っている。その分布も主として北上川ぞいの平野部における市街地の周辺に限られ，集落数自体も少ない。これらの点を考慮しながら，以下で3つのタイプの農業集落における農業の特徴を，事例農業集落の考察を通して検討する。

胆沢町企画政策室の協力を得て，胆沢町の中から農業的集落の事例として屋白地区（類型A）を，中間的集落の事例として香取地区（類型C）を，非農業的集落の事例として箸塚地区（類型D）を選び，聞き取りと観察を中心とした現地調査を行った。

3　胆沢扇状地における農業の性格

（1）事例集落の概要　農業的集落の事例である屋白地区は，胆沢扇状地の南端の一首坂段丘面上に位置する散村であり，その標高は150～200mである。2002年の胆沢町資料によると，世帯数は53で人口は278であった。また2000年の農業センサスによると，総農家は49戸であり，すべてが販売農家である。そのうち専業農家は3戸，第1種兼業農家は10戸，残りの36戸は第2種兼業農家であった。1970年には52戸の総農家のうち専業農家は3戸にすぎなかったが，第1種兼業農家は44戸で，合わせて90.3％が農業を中心とする農家であった。これらの多くは農閑期には日雇や出稼に従事していたが，1980年代になると恒常的勤務に従事する農家が増加し，1990年代になると第2種兼業農家が過半を占めるようになった。しかし，経営耕地規模は全体として大きく，2.0～3.0ha層が20戸と40.8％を占め，3.0～5.0ha層と5.0ha以上層がそれぞれ8戸と4戸で，16.3％と8.2％を占めた。全体としては農業に対して積極的に取り組んでいる集落である。

　一方，中間的集落の事例である香取地区は胆沢扇状地の北部に位置する散村であり，地区の北側は胆沢川に面している。標高は90～100mほどであり，斉藤の地形区分によると水沢低位段丘面に位置する。平坦な水田地帯で，以前から茂井羅堰(しげいらぜき)によって灌漑され水利の便もよく，胆沢扇状地の中でも良質米の産地として知られている。2002年の胆沢町資料によると世帯数が25で，人口は104であった。2000年の農業センサスによると，総農家は22戸で，21戸が販売農家であった。そのうちの3戸が専業農家，7戸が第1種兼業農家，11戸が第2種兼業農家であった。総経営耕地面積は49.1haであり，その95.9％が水田であった。経営耕地面積規模からみると，2.0ha未満が13戸と全体の59.1％を占める。一方，3ha以上の農家も6戸で，全体の27.3％を占めるという両極分解の傾向が明確である。県営担い手育成基盤整備事業によって圃場整備事業が実施され，香取地区の大部分の農地は2002年度末までに整備された。

第6章　胆沢扇状地における農業維持の可能性

　非農業的集落の箸塚地区は香取地区の南2kmに位置する。この集落も香取地区と同様に水沢低位段丘上の平坦地に立地しており，その標高は100～110mである。集落は国道397号線ぞいの集村部とその周辺の散村部から成り立っている。もともと箸塚地区は交通の便がよいことから，主として周辺地区より移住してきた農家の分家が集まって成立した集落である。2002年の胆沢町資料によると総世帯は42戸で人口は162であった。また，2000年の農業センサスによると農家は27戸で，専業農家と第1種兼業農家がそれぞれ1戸，第2種兼業農家が23戸，自給的農家が3戸であった。全農家の3分の2の経営耕地面積が1.0ha未満であることからも明らかなように，農業への依存度は低く，恒常的勤務に就く者が多い。

（2）事例集落における農業経営と農業維持の比較　胆沢扇状地の農業集落を農業の性格によって類型化すると3つに分類することができ，それぞれについて事例調査を行った。まず，3つの事例集落の就業構造と農業経営について比較してみよう（第2表）。いずれの集落の世帯も，農業主体世帯と農業副次世帯，非農業世帯に分けることができた。農業主体世帯の割合は屋白地区で33.3%，香取地区で28.0%，箸塚地区で7.7%であった。こうしてみると，農業的集落の屋白地区と中間的集落の香取地区との違いは大きくないようにみえるが，前者では農業主体世帯の17戸は1戸を除いて2ha以上の農地をもち，農業専従者も1戸あたり3人は確保している農家が多かったが，香取地区では3人以上の農業専従者がいる農業主体世帯は3戸で，残りの4戸では1～2人であった。また2戸の経営規模は1.5ha以下で，実質的には高齢者専業という性格のものであった。

　集落の平均所有農地については屋白地区が2.88haであるのに対して，香取地区は2.36haでやや小さい程度であるが，屋白地区では2ha以上の規模の農家が全体の60%以上を占め，3ha以上でも42.2%に達すのに対して，香取地区では54.4%が2ha未満の所有農地の農家である。ただ，香取地区では5～10haの大規模な農地所有農家が3戸存在し，これが平均値を高くしている。また，農業労働力についても，農業主体の就業者は屋白地区では1戸当たり1.98人であるのに対して，香取地区では1.6人にすぎない。このことから，数字以上に屋

3 胆沢扇状地における農業の性格

第2表 胆沢扇状地の事例集落における農業経営の比較 (2001年8月)

農業経営の属性		屋白	香取	箸塚
		戸 %	戸 %	戸 %
就業類型	農業主体	17 (33.3)	7 (28.0)	3 (7.7)
	農業副次	28 (54.9)	15 (60.0)	20 (51.3)
	非農業	6 (11.8)	3 (12.0)	16 (41.0)
	合　計	51 (100)	25 (100)	39 (100)
		戸 %	戸 %	戸 %
経営部門	水稲作	26 (57.8)	13 (59.2)	20 (87.0)
	水稲作＋野菜栽培	5 (11.1)	6 (27.3)	2 (8.7)
	水稲作＋花卉栽培	0 (0)	1 (4.5)	0 (0)
	水稲作＋葉タバコ栽培	0 (0)	1 (4.5)	0 (0)
	水稲作＋牛飼養	14 (31.1)	1 (4.5)	1 (4.3)
	合　計	45 (100)	22 (100)	23 (100)
所有農地規模	集落平均	2.88ha	2.36ha	0.96ha
		戸 %	戸 %	戸 %
	0〜1 ha	3 (6.7)	4 (18.2)	14 (61.0)
	1〜2 ha	11 (24.4)	8 (36.3)	7 (30.4)
	2〜3 ha	12 (26.7)	4 (18.2)	1 (4.3)
	3〜4 ha	11 (24.4)	2 (9.1)	1 (4.3)
	5 ha〜	8 (17.8)	4 (18.2)	0 (0)
	合　計	45 (100)	22 (100)	23 (100)
		人 (人／戸)	人 (人／戸)	人 (人／戸)
農業労働力	農業のみ	79 (1.76)	34 (1.55)	25 (1.08)
	農業（主）＋農外就業（副）	10 (0.22)	1 (0.05)	1 (0.04)
	農外就業（主）＋農業（副）	45 (1.00)	22 (1.00)	19 (0.83)
	農外就業のみ	36 (0.80)	12 (0.54)	26 (1.13)
	家事・無職	18 (0.40)	4 (0.18)	8 (0.35)
	合　計	188 (4.18)	73 (3.32)	79 (3.43)
		戸 %	戸 %	戸 %
農業維持形態	自家で維持	40 (78.4)	19 (76.0)	15 (38.5)
	部分委託	5 (9.8)	3 (12.0)	8 (20.5)
	全面委託・作付放棄	5 (9.8)	2 (8.0)	4 (10.3)
	所有耕地なし	1 (2.0)	1 (4.0)	12 (30.7)
	合　計	51 (100)	25 (100)	39 (100)

胆沢町役場資料および聞き取りにより作成

第6章　胆沢扇状地における農業維持の可能性

白地区の農業的性格は強いと考えられる。箸塚地区では農業主体世帯3戸のいずれもが高齢者専業であり、明らかに農業後退の性格を示していた。

屋白地区と香取地区では農業副次世帯と非農業世帯の割合はほとんど差がない。農業副次世帯についても屋白地区は、所有農地規模と農業労働力において香取地区よりも優位にたっていた。箸塚地区においても同じ程度の割合の農業副次世帯があったが、この場合も所有農地は狭く、農業の重要性ははるかに低かった。箸塚地区の特徴は、非農業世帯が多いということで、全体の41%も占めた。もともと、周辺地区の農家の二・三男が分家をする際に中心集落あるいは主要街道ぞいであるため箸塚地区を選んだということで、農業的性格は強くなかった。

次に3つの農業集落の主要農業部門をみると（第2表参照）、農業主体世帯では屋白地区では水稲作に特化するものが多いが、これは作業受託も含めて大規模水稲作経営の存在を示している。香取地区では経営規模が相対的に小さいこともあって、水稲作と野菜や花卉の栽培や和牛飼養などとの複合経営が多い。箸塚地区では高齢者専業が多いという意味で、水稲単一経営が多い。農業副次世帯については、いずれの地区でも水稲単一経営が多いが、屋白地区では従来からの和牛繁殖を小規模に続けている農家が多く、香取地区ではピーマンのビニールハウスでの栽培を行う農家が目立つ。箸塚ではほとんどが水稲単一経営である。

それでは、現在それぞれの農業集落ではどのように農業を維持しているのだろうか。屋白地区では大部分の農家が農外就業に従事しながらも、およそ80%の農家が自家で農業を維持している。聞き取りによると、45戸の農家のうち40戸までが、主要な農業機械を所有して農作業を行っている。特にこの地域は高位段丘上に位置し、傾斜が大きいために水田の畦畔の面積が大きく、その草刈りが重労働であるが、兼業農家の場合でも出勤前後や休日に草刈りを行っている。農家の兼業化が進んでいるが、和牛繁殖や野菜栽培、ピーマンの苗生産など、農業活動も活発である。また、この地区では屋白集落営農組合を組織し、これを中心に今後農業を維持しようとしている。この組織は米の生産調整などの補助金の受け皿としての機能をもつが、兼業が浸透する中で、多くの農家が

この組織に依存しながら，2 ha以上の農地を維持し，農業を存続させていこうと考えている。このことは，個々の農家が世襲的にそれぞれ農業後継者を確保することが困難になる中で，集落全体として後継者を確保しようとしていると解釈できる。農業主体世帯は当然営農組合の中心的役割を担っているが，恒常的兼業を行う農業副次世帯も重要な役割を担っている場合が多い。情報処理関係の会社に勤務しながら，パソコンで営農組合に所属する農家の農地管理を行っている者もいる。

また，営農組合と行政の末端組織としての屋白地区の構成員はほぼ合致しており，青年部，婦人部，若妻会，老人クラブ，子供会などの活動が盛んである。最近では集落の情報誌も発行されている。そして，これらのコミュニティ活動の中心的役割を果たしているのが，農業主体世帯である。すなわち，屋白地区では農業の継続と集落およびコミュニティの維持が一体化しており，まとまりのよい農村の一つの生き方がこの事例から理解することができる。

一方，香取地区でも農家の76.0％が主要農業機械を装備し，自家で農業を維持している。しかし，同地区では部分的に農作業を委託する割合が屋白地区よりもやや多い。聞き取りによると6戸を除いては，当面は兼業を継続しながら農業を維持するであろうが，後継者不足や労働力の高齢化のために，多くの農家は近い将来農業を放棄するか，他の専業的農家に農作業を全面委託せざるをえない状況である。実際，先に挙げた農業副次世帯の大部分と農業主体世帯のうちの高齢者専業農家が，農地を保持しながら農業から離脱する方向へ向かうと考えられる。また，香取地区で現在進められている圃場整備事業は，小規模兼業農家から専業的農家への農地利用集積や作業委託を促進し，ますます農業主体世帯と農業副次世帯の経営規模に差異をもたらすと予想される。

箸塚地区では自家で農業を維持する農家は40％に満たず，逆に部分委託や全面委託の割合も30％を超えている。同地区における農家の経営規模は一般に小さく，農外就業が早くから広まった。そして，現在では，他の地区の専業農家や農業協同組合に全面的に農作業を委託する農家が増加傾向にある。各農家におけるここ10年ほどの農業経営の見通しに関する聞き取り結果でも，ほとんどの農家が作業委託に向かうことがわかった。箸塚地区では，今後ともますます

農業的性格は薄れていくと推察される。

4 胆沢扇状地における農業の存続形態

（1）胆沢扇状地における**農業維持形態**　ここまで胆沢扇状地の農業集落を取り上げ，主として農業経営と就業構造から，現在の農村の性格を明らかにし，農業はどのように維持されているかについて検討した。これに基づいて胆沢扇状地における今後の農業の存続形態について検討してみよう（第3図）。すでに述べたように屋白地区では，農業主体世帯が中心となるが，農業副次世帯も含めて，集落営農組合を運営することによって，農業を存続させていくと考えられる。平均所有農地が3haに近いということもあって，大部分の農家が農業に強い関心を持っているが，高齢化が進み，後継者がない農家は，農業継続が困難になると予想される。しかしながら，屋白地区では集落外の農家に頼ることなく，集落営農組合によって集落全体で農業を存続させていこうとしている。個々の農家が世襲によって，それぞれの後継者を確保することが困難な状況の下で，集落という集団で後継者の受け皿を作ろうとするのがこの営農組合の目的である。現在，営農組合において中心的な役割を果たしているのは40歳以上の農業従事者である。この点を考慮すると，兼業化が進行しても，少なくとも今後10〜15年の間は営農組合が存続し，屋白地区の農業は維持されていくものと考えられる。

　一方，香取地区においては，農業主体世帯の数戸の大規模農家を除くと農業副次世帯の農家が卓越し，ますます農外就業が重要になると考えられる。また，香取地区の半数以上の農家の所有耕地が2ha未満であり，同時に後継者不足の状況にある。したがって，香取地区の場合，集落内外の専業的農家に作業を委託するという形で農業を存続せざるをえない状況に近い将来陥ると考えられる。農家も少数の大規模な専業的農家と大多数を占める小規模な農作業委託農家とに二極分化していくと予想される。

　箸塚地区の農業はすでに委託に依存する状態に至っており，しかも集落内に

4 胆沢扇状地における農業の存続形態

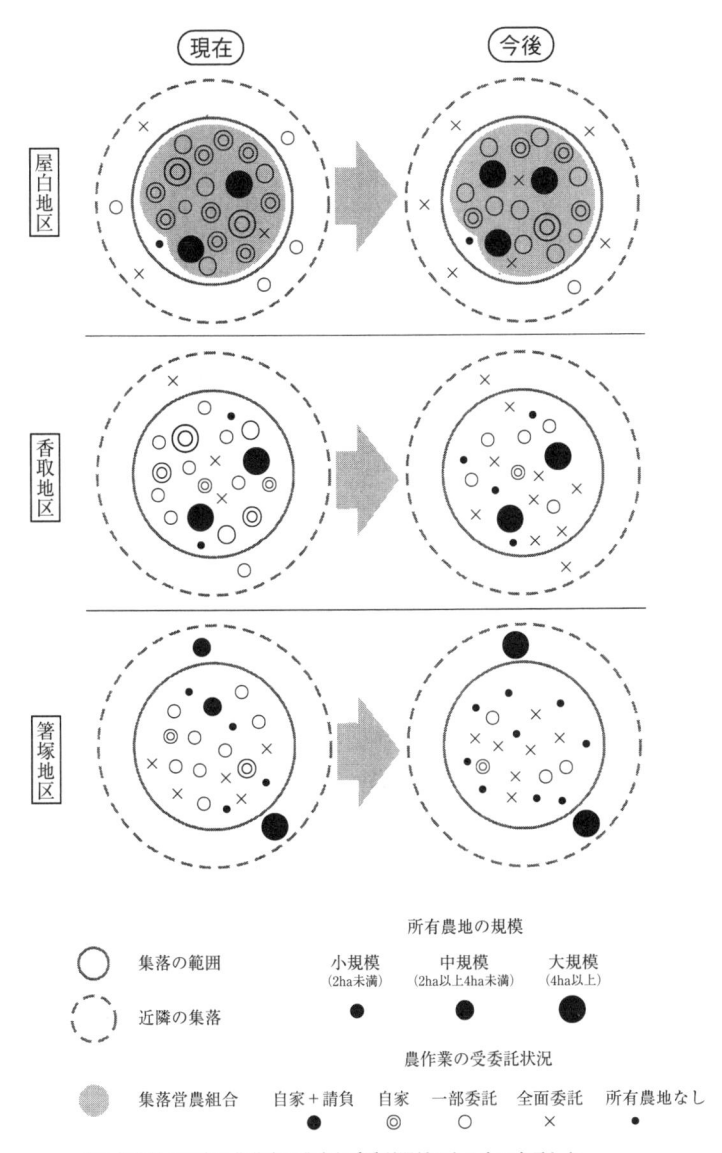

|現在| |今後|

屋白地区

香取地区

箸塚地区

所有農地の規模

○ 集落の範囲　　小規模　　中規模　　　　大規模
　　　　　　　　(2ha未満) (2ha以上4ha未満) (4ha以上)
◯ 近隣の集落　　●　　　　●　　　　　　●

農作業の受委託状況

● 集落営農組合　自家＋請負　自家　一部委託　全面委託　所有農地なし
　　　　　　　　　●　　　　◎　　○　　　　×　　　　●

注：集落外の農家は集落内の農家と受委託関係にあるものを示した。

第3図　胆沢扇状地の事例集落における農業の存続形態

第6章　胆沢扇状地における農業維持の可能性

は実質的に農業で生計を維持している農家は存在しない。箸塚地区の農家は経営規模の零細さと市街地へのアクセスの良好さから，屋白・香取地区に比べ早い時期から農外就業に従事していた。その結果，集落外の専業的農家あるいは農業協同組合などに農作業のほとんどを委託し，実質的に農業を放棄する形態になっていくと予想される。

　これら3つの農業集落における農業の地域的差異は，各集落がおかれた土地条件に影響を受けている。すなわち，高位段丘上に位置する屋白地区は起源は古いが，第2次世界大戦後の開拓によって農地が大きく拡大した集落である。したがって，低位段丘や北上川ぞいの沖積低地に位置する集落に比べて，水利なども含めてもともとの土地条件が劣っていた。また，屋白地区の標高はおよそ150～200mと高いために，気温が低く，積雪量が多く，春先まで根雪が残る場所もあった。このような地形と気候条件は，例えば水稲作にも影響を及ぼしている。1982年の岩手県における農業改良技術指針によると[6]，胆沢扇状地では，作付けされた稲の品種と収量が標高によって異なっている。標高およそ100mまでは良食味米であるササニシキが作付けされ，10aあたりの玄米収量は550kgを越えていた。しかし標高150mを越えると，低温に弱いササニシキは作付けされず，代わって高収量型のキヨニシキが作付けされた。屋白地区では，この他に同じ高収量型品種のトヨニシキや耐冷性のあるコガネニシキが栽培された。ただし，これらの品種はササニシキに比べ，食味は劣る。キヨニシキを例に10aあたりの玄米収量を述べると，標高150m付近でおよそ400kg，標高200m付近でおよそ300kg，そして標高250mを越えるとおよそ250kgへと減少する。つまり，高位段丘と低位段丘および北上川沿岸の沖積平野では，農業を営む上で明瞭な自然的基盤の差異が存在するのである。そのため，屋白地区では作季を1週間ずらすなどの工夫を余儀なくされた。現在でも胆沢農業協同組合の指導によって，屋白地区を含めた標高130m以上の集落では**あきたこまち**が作付けされ，箸塚・香取両地区を含めた中位・低位段丘に位置する集落では**ひとめぼれ**が栽培され，標高によって品種は異なる。このような厳しい自然条件の中で農業を営んできた屋白地区では，かえって土地に対して強い愛着を持ち，農業を維持してきた。さらに，市街地からも離れており，道路の整備も遅れて

いた。現在では道路状況も改善され，自動車の普及もあって，通勤兼業は容易となったが，他の2つの集落に比べて，兼業化の進行は遅かった。このことが，集落営農組合にみられるような集落社会全体で農業に取り組もうとする意識に結びついたと考えられる。

　これに対して，香取地区と箸塚地区は水沢低位段丘上に立地し，土地条件は屋白地区に比べて良好であった。また，水沢市などの都市周辺部に位置し，就業機会にも恵まれており兼業化の進行が速かった。現在，香取地区では若い世代の住民の中には休日に農業に従事する者もいるが，ほとんどの農家では高齢者によって農業が維持されている。ただし，箸塚地区の住民は香取地区よりも早い時期から農外就業に従事し始めた。これは単に集落が主要道路ぞいに位置し，市街地への通勤が容易であったことだけに起因するわけではない。すなわち，もともと箸塚地区の農家の経営規模は小さく，農業だけで生計を立てるには不十分であった。そのため，農業以外の経済活動が必要であった。

　(2) 胆沢扇状地における農業維持形態の意味　次に，胆沢扇状地の農業が日本全体の農業変容の中でどのような意味をもっているかについて，予察的であるが，考えてみよう。細山によると[7]，1980年代後半から，いわゆる「昭和一桁世代」の農業経営からの離脱にともない，西日本を中心に農家数が減少し，「土地もち非農家」が急増している。これによって，借り手市場の中で，農地の貸借が本格化し，20ha以上の借地型の大規模経営が，特に近畿地方や東海地方で形成されるようになった。他方，恒常的通勤兼業の進展が西日本に比べて相対的に遅かった東北地方では，単位面積当たりの収量が高いこともあって，いまだ自作農的な性格が強い。したがって，農地の貸し手は少なく，地価が高く，高地代である。このような貸し手市場である東北地方では10ha以上といった大規模な企業的経営が発展しにくい状況にある。そして，細山は北陸地方を東日本と西日本の漸移地帯として位置づけており，事実，福井県や石川県，富山県などの北陸南西部では借り手市場，新潟県中頸城などの北陸北東部では逆に貸し手市場となっている。

　同様の傾向が胆沢扇状地でもみられ，10ha以上の経営耕地を持つ農家はほとんどなく，5ha以上の経営耕地を有する農家も少ない。しかし，事例集落

第6章　胆沢扇状地における農業維持の可能性

の農業の性格を考慮すると，東北的な農業の性格は西日本的なものに徐々に変化しつつあるといえる。すなわち，箸塚地区の事例でみた非農業的集落では，すでに農作業の委託が盛んに行われ，中には農地を縮小あるいは手放す農家も存在した。香取地区のような中間的集落では，兼業農家あるいは少数の「土地もち非農家」と借地型の大規模経営との分化が始まっている。今後，両類型の集落が分布する胆沢扇状地の市街地と主要幹線道路ぞいおよびそれらの周辺においては，いわゆる西日本的な借り手市場への移行が進み，本格的な借地型の大規模経営農家が成立すると考えられる。また，屋白地区のような農業的集落でも恒常的農外就業の浸透，後継者不足などがみられ，中間的集落や非農業的集落と同様の問題を抱えている。ただ，両集落と異なる点は，農業の存続を集落営農組合という組織によって，集落社会全体で支えていこうとするところにある。西日本でも集落営農組合が組織され，現在その多くが崩壊の危機に直面し，結局は借地型の大規模経営農家に依存する農業形態へと変化している。胆沢扇状地の集落営農組合も，その移行の流れの中に位置づけられるかもしれない。さらに，今後米の生産調整政策が見直され，補助金の大幅な減額あるいは廃止が実施されれば，組合の存立自体危ぶまれる事態にもなりかねない。しかし，個々の農家における世襲的な農業の継続ではなく，集落社会全体で農業を存続させていこうとする集落営農の考え方は，新たな農業維持あるいは集落の在り方の可能性を追求するものとして注目される。

　胆沢扇状地の農業は未だ自作的な，いわゆる東北的な性格を有している。しかしながら，全体としてみた場合，北陸地方のような西日本的状況への過渡期にあるとはいえないまでも，その兆候は明瞭である。すなわち，現在の胆沢扇状地の農業は，東北地方において，今後起こるであろう変化を予期させるとともに，わが国における農業の動態を探る上で注目すべき時期にあることを示唆している。胆沢扇状地における農業的集落と非農業的集落，そして中間的集落の並存は，日本の東日本と西日本の農業存続形態の地域差を象徴するものと解釈することができる（第4図）。

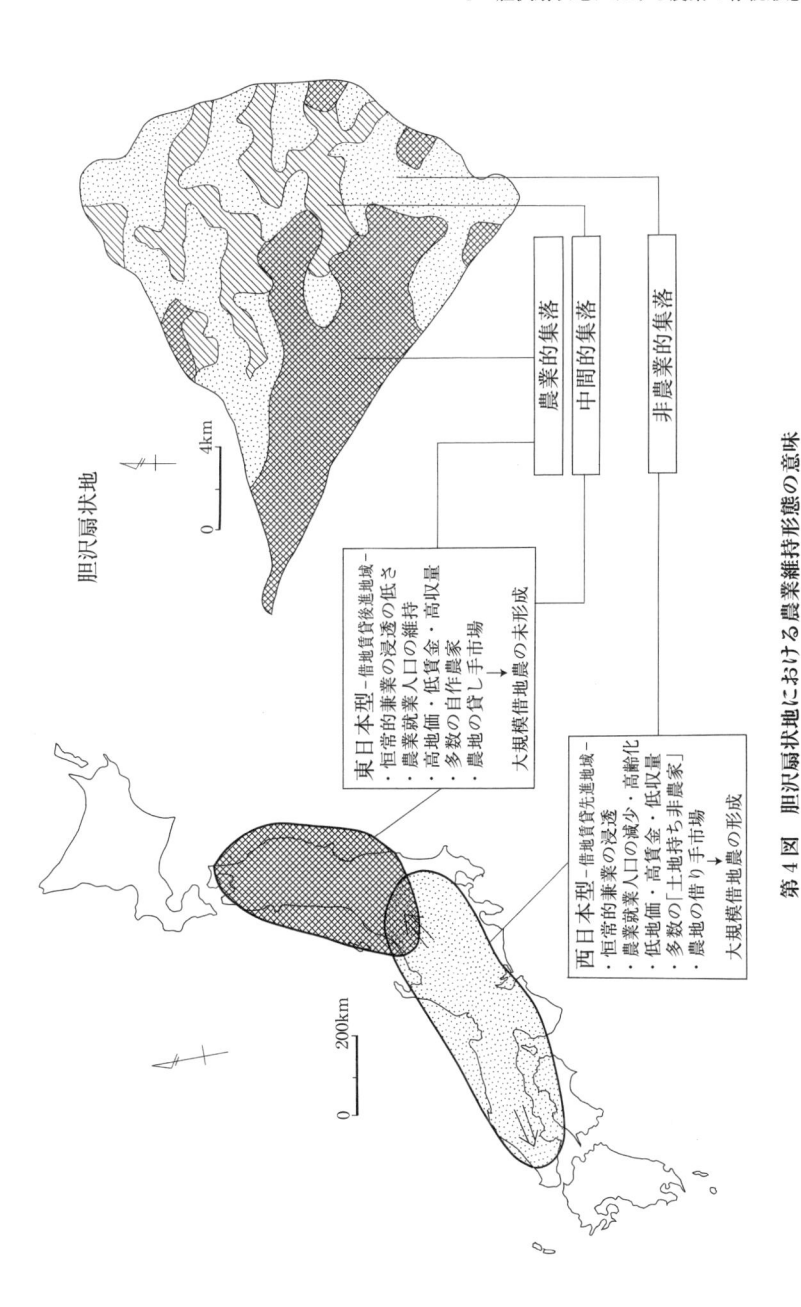

4 胆沢扇状地における農業の存続形態

胆沢扇状地

農業的集落
中間的集落
非農業的集落

東日本型―借地貸後進地域―
・恒常的兼業の浸透低さ
・農業就業人口の維持
・低賃金・高収量
・多数の自作農家
・農地の貸し手市場
　↓
大規模借地農の未形成

西日本型―借地貸先進地域―
・恒常的兼業の浸透
・農業就業人口の減少・高齢化
・低地価・高賃金・低収量
・多数の「土地持ち非農家」
・農地の借り手市場
　↓
大規模借地農の形成

第4図 胆沢扇状地における農業維持形態の意味

151

第6章　胆沢扇状地における農業維持の可能性

まとめ

　東北地方の農村ではいまだに自作農的な性格が強く，大規模な企業的な経営が発展しにくい状況にあるが，最近になって農業からの離脱傾向が現れ始めた。この章では，胆沢扇状地において，主として農業経営と就業構造から，現在の散村・小都市群地域における農業はどのように維持されており，今後どのように存続していくかについて検討した。

　胆沢扇状地における農業動向は，散村・小都市群地域という性格を反映している。その一端は，林地や雑種地の開墾によって農地の拡大が最近まで続けられたということにも現れている。農業的集落の屋白地区では1970年から1995年までに20ha近くの水田面積が増加した。1999年から2005年までの予定で国営農地再編整備事業が実施されており，0.5ha区画への整備と，農地の集団化，用排水路と農道の整備が行われている。中間的集落の香取地区でも1970年から1995年までに共有原野の開拓によって8ha余りの水田が増加し，これによって3～5ha規模の水稲作を行う自立経営農家ができた。また，県営担い手育成基盤整備事業によって圃場整備事業が2002年度までに完了した。散村は開拓や農業経営上の利便性が優先し，集村化する契機がないまま現在に至っている地域とされるが，開拓の余地が残っており，農業経営意欲も高く，まさにそのような状況が明確に現れているのが胆沢扇状地である。日本全体としてみれば，この地域は依然として食料生産地として重要な役割を担っているといえよう。将来的に，胆沢扇状地では兼業農民や高齢農民による自給的経営のほかに，自立経営農家と集落営農組合との連携によるものと，大規模借地農の作業受託によるものという，二つの形態によって農業が継続されるものと予測される。

　他方では，散村地域への都市的要素の浸透という現象も着実に進んでいる。一つは非農業的集落の箸塚地区のように，供養塚という元々の小中心地の周辺の国道ぞいに，農家の分家や他地域から移転してきた非農家が集住することによって集落が形成されたという事例である。もう一つは，1980年代からの北上

まとめ

盆地における工業発展と道路網の整備，モータリゼーションによって，農業的集落や中間的集落においても，恒常的通勤者が急増したことである。そこでは，農業は継続されているが，労働面や収入面で確実に都市的な要素が強まった。また，非農業的集落では景観的にも労働面でも都市的要素は拡大した。現在のような不況期には十分に機能を果たし得ない面もあるが，胆沢扇状地は日本の工業生産を支える労働力の供給地としての役割をもっているといえよう。

すでに第5章で指摘されているように，胆沢扇状地では親子同居が実現されている。聞き取りによると，非農業的集落の箸塚地区では，非農家が多いこともあって，39戸のうち親子同居世帯は24戸にすぎないが，農業的集落の屋白地区では51戸のうち49戸，中間的集落の香取地区では25戸のうち20戸で親子同居がみられる。専業的農家では2世代が農業に専従するが，一般に親世代が農業に専従し，子供世代が都市的産業に従事しながら農業を補助するという形態が多い。その意味では，砺波地域ほどではないにしろ，胆沢扇状地の散村地域は，農業就業地としての機能が相対的に低下し，居住地としての役割がより重要になっているといえよう。

最後に，胆沢扇状地の農村ではコミュニティ活動が盛んであることが指摘できる。近年コミュニティ活動が低調になったとされる非農業集落の箸塚地区でも，2月の新年宴会，3月のスライド大会と総会，4月の道路・水路清掃，5月のさなぶり（田植後の旅行），6月の世代交流事業，7月の道路の除草作業，ソフトボール大会，8月の夏祭と水路清掃，ビール祭，9月の敬老会，着付け教室，10月の道路の除草と収穫祭，11月の球技大会など，多様な集落行事を通して住民の結束がはかられている。これによって農村コミュニティの活力が維持されており，この集落に居住するという意義が示されている。また，農村コミュニティによって地域資源や環境の維持管理が行われている。農業的集落の屋白地区では，さらにコミュニティ活動が活発で，これを基盤として集落営農組合がつくられ，今後の農業継続に重要な役割を果たそうとしている。

以上のように，胆沢扇状地の農村は日本における食料生産地と工業労働力の提供地であり，それによって農業就業地よりも居住地としての機能が強くなるという砺波地域とも共通する性格をもっている。しかし，胆沢扇状地ではより

第6章　胆沢扇状地における農業維持の可能性

強固な農村コミュニティが依然として存在し、これが農業の継続と地域資源や環境の維持管理に大きな役割を果たしているという特徴がある。

本章はすでに発表した、田林明・藤永豪・中村昭史「胆沢扇状地における農業の存続形態」地学雑誌112, 2003, 50-72頁を、共著者の了解を得て書き改めたものである。

1）小田宏信「北上川流域地方における工業集積の進展と生産・分業体制」地域調査報告13, 1991, 101-112頁。
2）斉藤享治「岩手県胆沢川流域における段丘形成」地理学評論51, 1978, 852-863頁。
3）池田雅美「胆沢扇状地における開拓過程の歴史地理的研究」人文地理18, 1966, 1-20頁。
4）（1）桜井明久「因子分析法および数値分類法による関東中央部の地域区分」地理学評論46, 1971, 826-849頁。（2）田林明・伊藤悟「経済低成長期における黒部川扇状地の変容と地域差」人文地理学研究9, 1985, 181-206頁。（3）山本正三・秋本弘章・村山祐司「関東地方の農業地域構造」人文地理学研究12, 1988, 139-163頁。
5）奥野隆史「長野県における松本盆地の地域性－数値分類法に基づく考察－」地域調査報告7, 1985, 1-12頁。
6）岩手県農政部『昭和57年度農業改良技術指針』岩手県, 1982。
7）細山隆夫「北陸地域における農地賃貸借進展の地域差と大規模借地経営の展開条件」北陸農業試験場報告44, 2001, 1-129頁。

第7章
胆沢地域の小都市群の中心機能と都市化

藤 井　正

　先に第3章において，砺波地域の小都市群の動向について検討を行ったが，この章では胆沢地域とその周辺の中心地としての小都市群，それに加えて水沢市と他の中規模都市群の機能と動向にアプローチする。まず商業やサービス業と住民の生活行動から中心性の変化について明らかにし，次に都市群と小都市群，新たな郊外型施設群の有する機能の関係がどのようになりつつあるのかにも論及する。また，金田[1]が砺波地域で明らかにしたような小都市への転居傾向から分散化へという居住地としての側面にも言及する。

1　水沢市・胆沢町の都市化

　（1）主要都市群の成長　第1表は岩手県の北上地方における主要都市を比較したものであり，中規模都市群が並ぶこの地域の特性がよくわかる[2]。このうち機能についてはかなり相互に分担関係がみられる。県庁所在地の盛岡市は別格とすると，人口規模では北上市が少し抜け出し，花巻市がこれに次ぐ。小売業の売場面積でも北上市がもっとも広く，水沢，花巻両市がこれに続く。行政的な中心機能を示す簡易・家庭裁判所や税務署については，盛岡以外では花巻，一関，水沢の各市に立地している。近年の工業化を背景に急速に成長して

第7章 胆沢地域の小都市群の中心機能と都市化

きたのが北上市であり[3]，水沢市は面積も狭く人口規模はそれほどではないが，中心性の点では北上地方では上位に位置する都市といえよう。水沢市・胆沢町や江刺市とその周辺からなる胆江地域の中心として，水沢は近代以降に成長してきた。第2表には明治8年の人口を示すが，この時点では北上水運の中継点であった岩谷堂（現在は江刺市）が水沢よりわずかだが人口が多く，盛岡・一関に続いている。水沢の発展は1889（明治23）年に鉄道駅がおかれてからで，銀行がおかれ競馬場が開かれるなど次第に中心地となってきたと考えられる。

　第1図には，1920（大正9）年以降の国勢調査による現市域での各都市の人口増減が示される。ここでも大正期から高度成長期までは，面積が水沢市域の

第1表　胆沢地域ならびに近隣都市の都市成長

	人口 (千人)	面積 (km²)	従業者数 (千人)	小売業売場面積 (千m²)（'97)	第1種大型店（'97)		工業出荷額（'97) (10億円)
					店舗数	売場面積(千m²)	
盛岡市	286.5	489.2	161.5	352.8	13	127	243
花巻市	72.0	385.4	34.8	94.4	5	27	220
北上市	87.3	437.6	47.4	107.3	5	43	338
一関市	62.3	410.2	35.1	85.9	4	33	292
水沢市	59.3	96.9	35.2	97.1	5	30	91
江刺市	35.0	362.5	11.9	37.9	2	12	82
胆沢町	18.0	298.0	4.9	9.5	－	－	19
前沢町	15.5	72.3	6.4	32.0	1	19	28
平泉町	9.3	63.4	4.1	10.7	－	－	7
金ヶ崎町	15.9	179.8	8.4	8.9	－	－	158

3倍以上ある現在の江刺市域の人口が多く，その後水沢が人口規模を拡大していったことがわかる。通勤流動についても，こうした小都市群の機能分担を反映し，かなり重複した流動となっている。胆沢町は常住就業者の26％が水沢市に通い，もっとも強い関係を持つ。前沢町や江刺市も15％前後の水沢市通勤率を示す。しかし，北隣の金ヶ崎町は北上市と水沢市の両者に11％の通勤率を持つ（通勤流動

第2表　1885（明治8）年の
主要都市の人口

都市名	人口（人）
盛　岡	25,457
一関駅	4,365
水沢駅	3,973
前沢駅	1,572
金ヶ崎駅	1,196
岩谷堂村 （江刺）	4,051
黒沢尻町 （北上）	2,910
遠野村	5,175

資料：『共武政表』による

1 水沢市・胆沢町の都市化

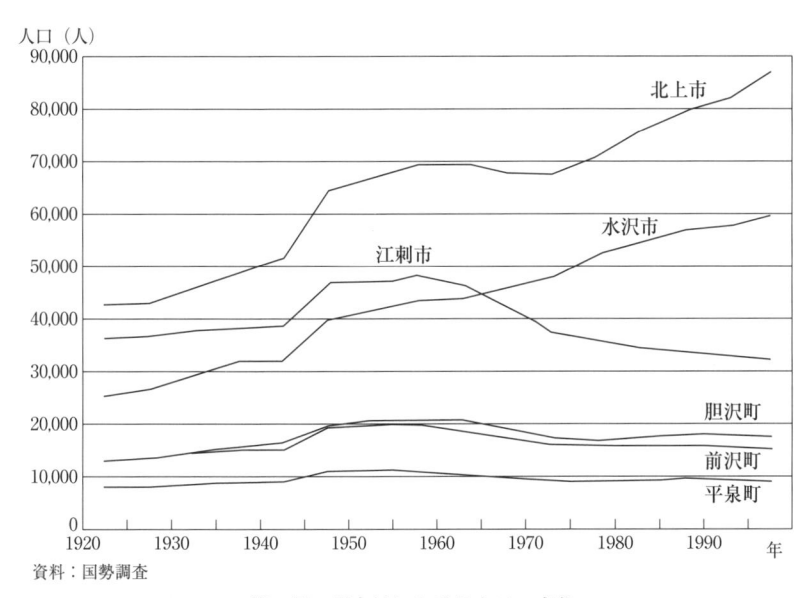

第1図 現市域における人口の変化
資料：国勢調査

の詳細については第5章参照）。

（2）水沢市の都市化　次に第2図は水沢市における都市化の展開を示している。人口密度平方キロあたり4,000人以上の人口集中地区（DID）の展開状況から，都市化はまず鉄道の東に展開し，次に西部や南部で進んだことがわかる。また，第3図の建築件数から90年代前半には市街地南部で新規建築物が多く見られることもわかる。なお，市街地中央部で大きな新規建築件数が見られるのは，中心商業地区の一部である横町地区における土地区画整理事業によるものである。さらに図の左端中央で15件の建築件数が見られるのは，散村地域の中で胆沢町との境界に接したミニ開発であり，境界を越えた少し西側には胆沢町（公社）による29戸の住宅地造成が1998年に行われている。

（3）胆沢地域における中心地の変化　農村における道路整備はモータリゼーションの展開と相まって，第4図・第5図の道路網変化に見られるように，胆沢扇状地をアクセシビリティのいい空間に変えた。第4図の右上で道路の集まるところが水沢であり，当時は隆起扇状地の下を南の前沢へと南北に国道4号線が走り，西へは現在の国道397号線が延びていた。農村部の中心地の立地も

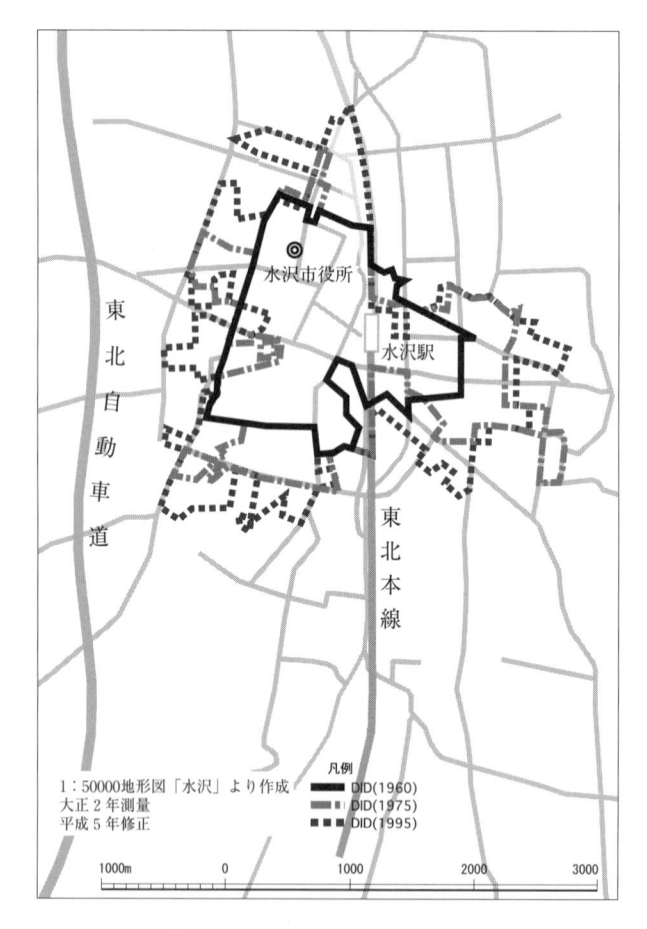

第7章　胆沢地域の小都市群の中心機能と都市化

第2図　水沢市におけるDIDの拡大

この交通網変化により姿を変えた。第5図の胆沢町役場周辺で進んだ公共施設整備もその一環といえよう。1984（昭和59）年の役場建設（北東の南都田からの移転）以降役場周辺には，1980年代後半から90年代にかけて，多様な施設が建設され，新たな中心地が形成されたわけである。ただしこれら施設の間の距離は少し離れており，商業地区における従来の商店街とロードサイド商業地区の違いと同様，自動車時代の密度といえよう。

一方で，旧来の徒歩交通時代の中心地（小都市）は変容・衰退がすすむ。こ

1 水沢市・胆沢町の都市化

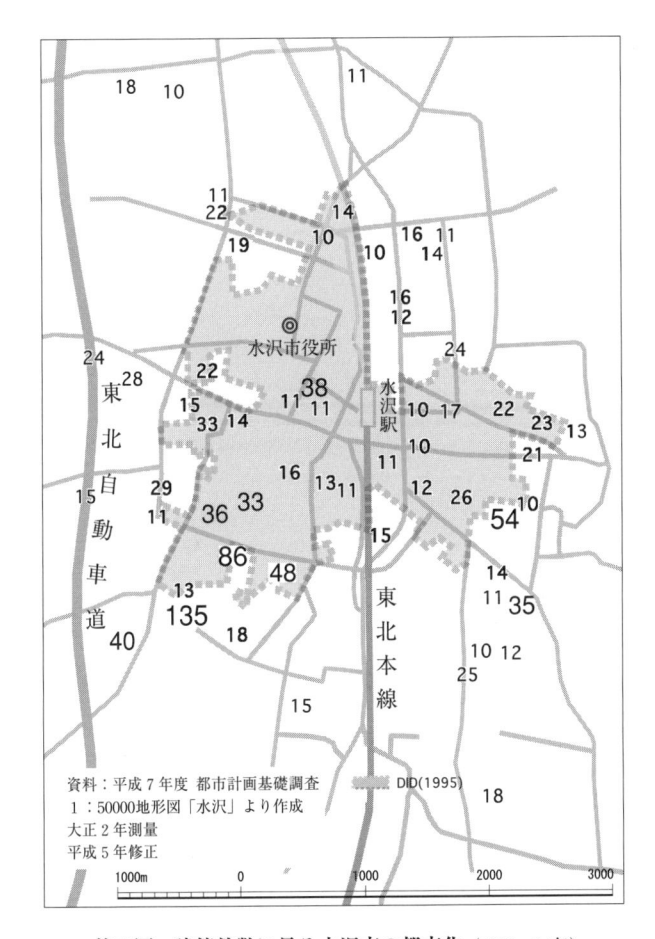

第3図　建築件数に見る水沢市の都市化（1990-94年）

とに商業については，モータリゼーションの進展の結果，水沢中心商業地への交通アクセス向上による流出，さらにはロードサイド店舗や前沢町の全国チェーンの大規模店に代表される郊外型大型店の吸引が顕著となる。第4図左下で道路が集まる胆沢扇状地上の小都市・高橋は，1988（昭和63）年の『胆沢町広域診断報告書』の商業地区概要によれば45の商店があり，そのうち13店が買回品店で，胆沢町でもっとも商店が集積していたが，ここでも最近15年ほどで11店舗に変化が見られる（住宅地図の分析による）。同報告書では，ほかに北西の

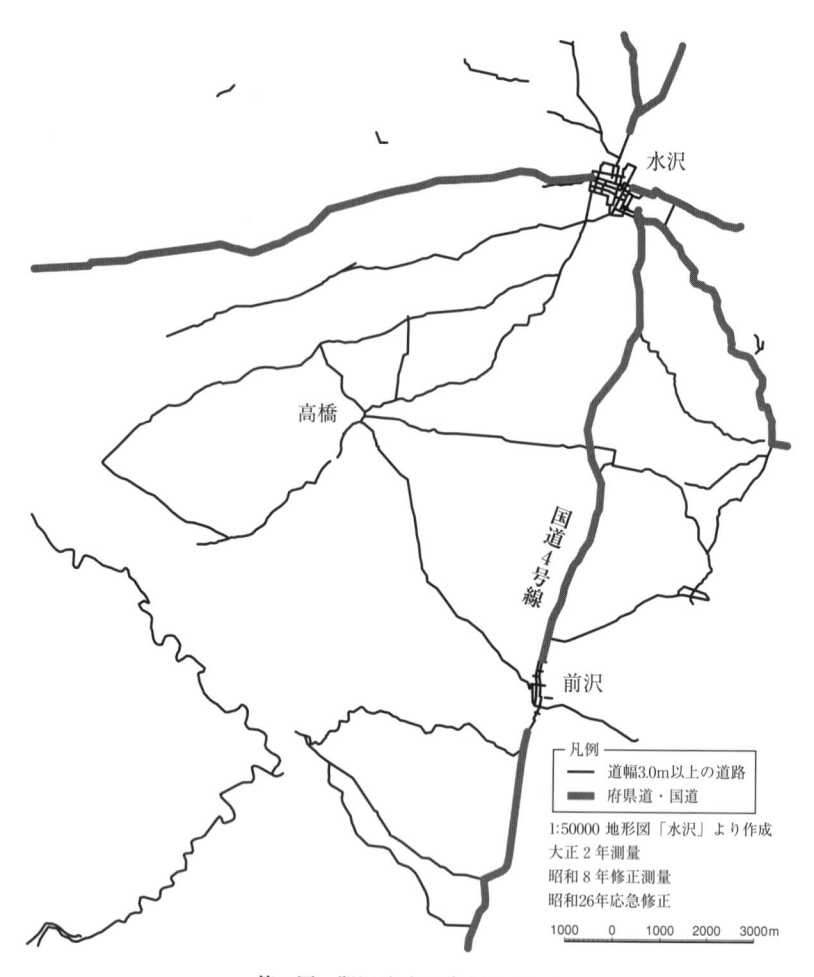

第7章　胆沢地域の小都市群の中心機能と都市化

第4図　胆沢地域の道路網（1951）

若柳地区に最寄り品を中心として36店の商店からなる供養塚商店街（第5図参照），近くに中規模のスーパーも立地する南都田地区の18店舗からなる辻商店街，そして上記の同じ若柳地区の13店が集まる愛宕商店街（これは図外）を商業地区としてあげている。高橋を除き，他の3商業地区はすべて国道397号線沿線とその周辺で線状の形態を持つ。

　胆沢町における地区別の人口の分布と増減[4]については，上述の町の公社

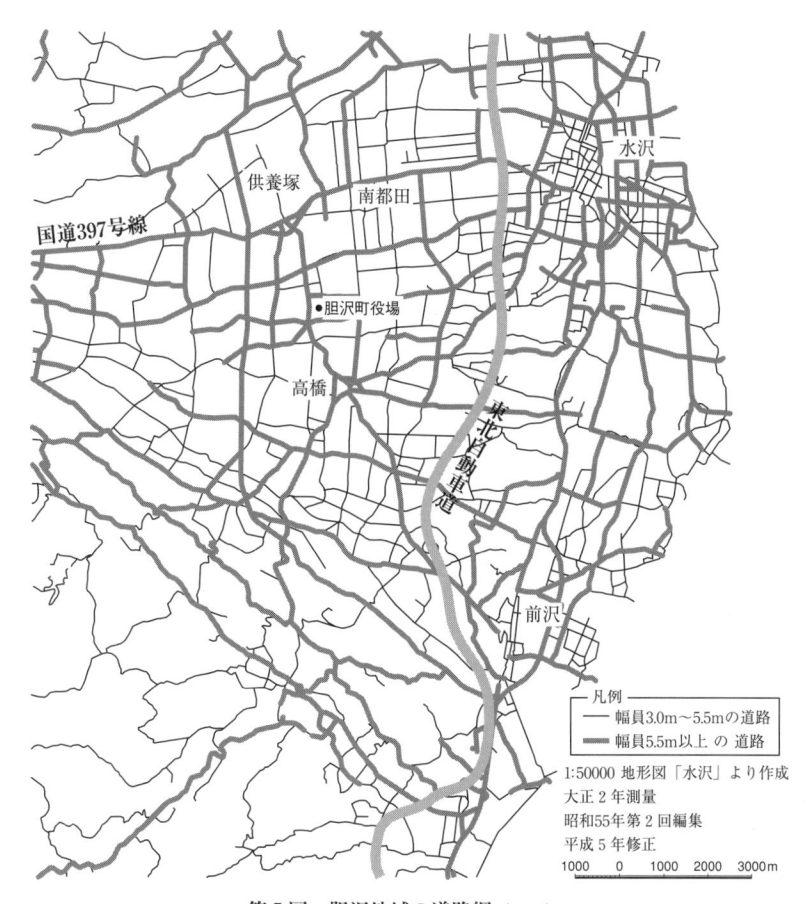

第5図　胆沢地域の道路網 (1993)

による住宅建設など，もっとも人口が多い東部の水沢市域隣接部以外では，高橋など中心集落のある地区，扇状地の北部を東西に横切る国道397号線沿いなどに人口の多い地区が見られる。これらは先の商業地区を含む農家率の低い地区でもある。人口増加は北東部でことに顕著であり，農地の宅地化も水沢に近い北東部ですすんでいる。

　また水沢の市街地の中心部についてみると，多くの町丁で人口が減少しており20％以上の人口減少を示す町も少なくない[5]。とりわけ区画整理事業を行っ

た横町と中心部南東の鉄道沿いの南町では，1988-98年で30％以上の人口が減少した。このように全般に人口は，水沢中心市街から胆沢町の東北部を含む市街地周辺への分散傾向にあり，砺波地域の小都市群と同様，市街地中心部の人口減少と相まって密度の低い，分散した市街地を形成しつつあるといえよう。

2　水沢市における小売業の変化

（1）大型店の立地変化　水沢市においては，第6図にみるように，水沢駅から市役所の東の旧街道に沿った旧来の商業地区に多くの空き店舗が発生している。駅近くでも，地元百貨店に由来する全国チェーンの大型店で，売場面積は約9,000m^{2}だが駐車台数は232台（東洋経済『全国大型店総覧98』による。以下同様）の店舗も1998年7月末に撤退・閉店し巨大な空き店舗と化している（第6図）。これに対して新たな大型店は1990年代半ばから周辺部の環状道路沿いに立地展開が進んでいる。そのなかで1985年開店の再開発による横町の大型店（メイプル：第6図の第1種大型店の番号1で売場面積は約1万1,000m^2）とその南に続く区画整理で生まれた新たな商店街が中心商業地区再生の鍵となるが，この地図の外にも，いわば都市間競争の形で南隣の前沢町に巨大なショッピングセンター（売場面積約1万9,000m^2，駐車台数1,900台）が1996年に立地した。

（2）消費者の動向　これらの商業施設をめぐる消費者の買い物動向は，第3表のように98年段階で示される[6]。この時点では水沢駅前の大型店はまだ閉店していない。この資料から主要都市シェアをみると，水沢市は，この時点では突出した盛岡市に次ぐ第2位グループで，北上市にわずかに負けて県内シェアは3位である。なおこれは，95年の2位から水沢市が購買シェアを落とし北上市に逆転されたものである。水沢市はとくに若年層のシェアが低いが，紳士服の吸引人口でも95年の県内2位から4位に順位が下がっている。

また第7図のグラフは時系列的なシェアの変化を示している。ここでは水沢市のシェアも1986（昭和61）年までは増加しているが，近年では北上市の急成長（これは早くに立地した郊外型大型店を有する隣接町村の合併も絡む）が印象的で

2 水沢市における小売業の変化

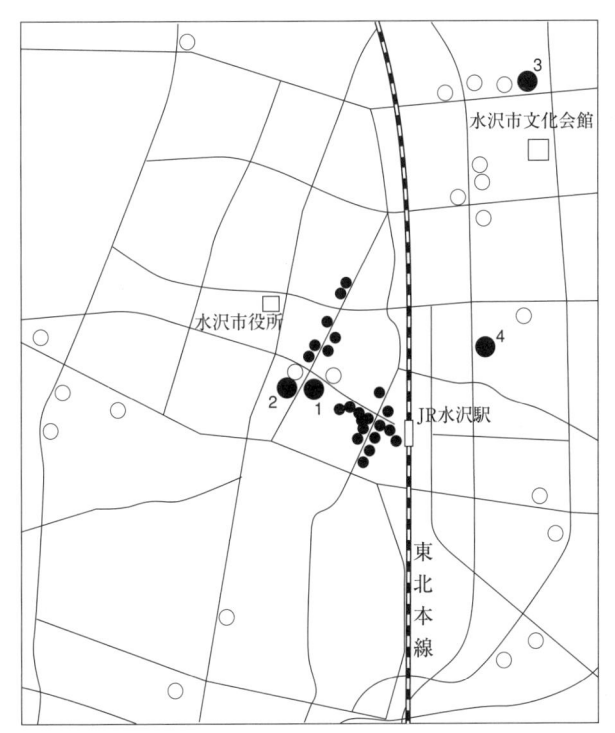

●第1種大型店（3,000m²以上，1〜4） ○その他の大型店 ●空き店舗
資料：水沢市『中心市街地活性化基本計画書』より（一部修正）

第6図　水沢市の大型店と空き店舗

第3表　主要都市の購買シェア

都市名	購買シェア（%）		紳士服の吸引人口（千人）	
	品目総合（一般）	同（若年層）		
盛岡市	25.5 ① （25.6 ①）	29.0	488	(492)
花巻市	6.2 ③ （5.9 ④）	6.4	119	(109)
北上市	6.4 ② （6.4 ③）	5.9	97	(90)
水沢市	6.2 ③ （6.6 ②）	5.7	101	(118)
一関市	5.7 ⑤ （5.7 ⑤）	5.2	105	(116)
江刺市	2.4 （2.0）			
前沢町	1.7			

丸囲み数字は順位．
資料：岩手県広域購買動向調査（1998年7月1日調査，カッコ内は95年調査）

163

第7章　胆沢地域の小都市群の中心機能と都市化

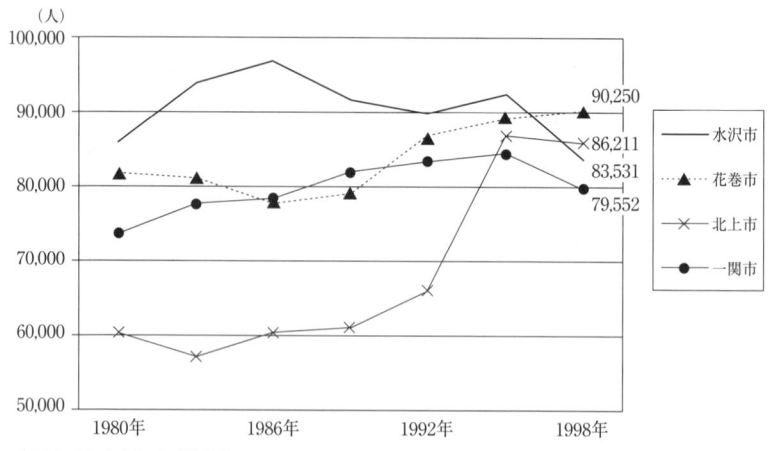

水沢市『中心市街地活性化基本計画書』より
資料：岩手県広域購買動向調査

第7図　主要都市の商圏人口の変化

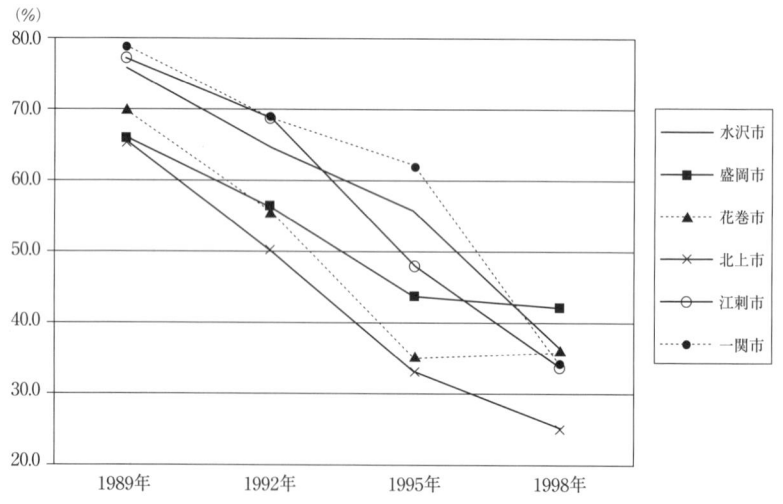

水沢市『中心市街地活性化基本計画書』より
資料：岩手県広域購買動向調査

第8図　主要都市商店街シェアの変化

ある。しかしながら，これらの中規模都市群は日常の買い物においてそれほど競合しているわけではないと考えられる。むしろ先の前沢町の大型店にみるように，それぞれの商圏内における郊外のショッピングセンターや幹線道路沿線の商業地区との競争が問題となる。この点は，第8図の各都市商店街シェアのグラフにおける，アメリカ都市の中心商業地区データを見るような顕著なシェア低下が明白に示している。

このように商業都市としての性格が強かった水沢市も，規制緩和以降の郊外型大型店の立地による影響が強く現れつつある。隣接の江刺市は商業機能は大きくないが，「藤原の郷」や「黒船」，また中心街路の景観整備など個性的な観光政策を展開しており，独自の吸引力を今後発揮することが予想される。

まとめ

このように，胆沢地域の都市においても，中心市街地の空洞化，低密度の分散的な市街地化が水沢周辺を中心に展開している。コンパクトな中心市街地形成が問われている昨今だが，胆沢町の新たな行政中心地における施設の密度も問題となろう。

一方，小都市が商圏分割することで機能分担する旧来の商業から，徒歩・バス交通から自動車交通への変化，大型店規制の緩和に伴い，まず水沢における大型店立地による吸引，さらには郊外型大型店への流出が展開したと考えられる。後者は全国チェーンの大型店の中心商業地区における閉店と相まって水沢の商業も衰退させる。結果として中心部は空洞化させつつも，砺波のような小都市間の機能分担の展開とも理解できる。胆沢町での行政中心形成，買い物は前沢の郊外型店舗，工業は北の金ヶ崎町や北上市など，そして新たな町おこし・街路整備などによる観光拠点が江刺市といったかたちの機能分担である。その中で水沢中心市街地やかつては中心地であった他の小都市についても，個性的な機能の整備や他の小都市群との特性の差別化が問われている。

モータリゼーションへの交通弱者対策としての公共交通整備に関しても，コ

第 7 章　胆沢地域の小都市群の中心機能と都市化

ミュニティバスを曜日限定の通院など毎日の通勤を行わないという高齢者の生活行動のパターンに合わせ，またコストを下げるため曜日により運行ルートを変えると行った工夫も行っている。しかし，こういったコミュティバスの運行がまた民間のバス利用者を減退させるという逆効果も否めない。コンパクトシティの連携する地域に向けての課題はまだ多いといえよう。

1）金田章裕「砺波平野における中心集落から散村地域への住居移転」砺波散村地域研究所研究紀要 7，1990，1-40 頁．
2）1980 年代前半の状況は次の論文に詳しい．石沢孝「宮城県および岩手県北上地方における小売業からみた市町村の階層システム」地理学評論 57A,,1984，439-454 頁．
3）須山聡「北上市における工業化にともなう農村の変化」地域調査報告 13，1991，89-100 頁．ならびに小田宏「北上川流域地方における工業集積の進展と生産・分業体制」同報告，101-112 頁．
4）胆沢町『胆沢農業振興地域整備計画書』1998，ほかの検討による．
5）水沢市『中心市街地活性化基本計画書』2000．
6）岩手県『広域消費購買動向調査』1998 年度（3 年ごとに実施）．清水ほか「胆沢町における商圏設定の試み」新潟大学教育学部地理学教室『安曇野・新庄盆地・胆沢扇状地 II』1985，64-87 頁．

C. 富良野地域

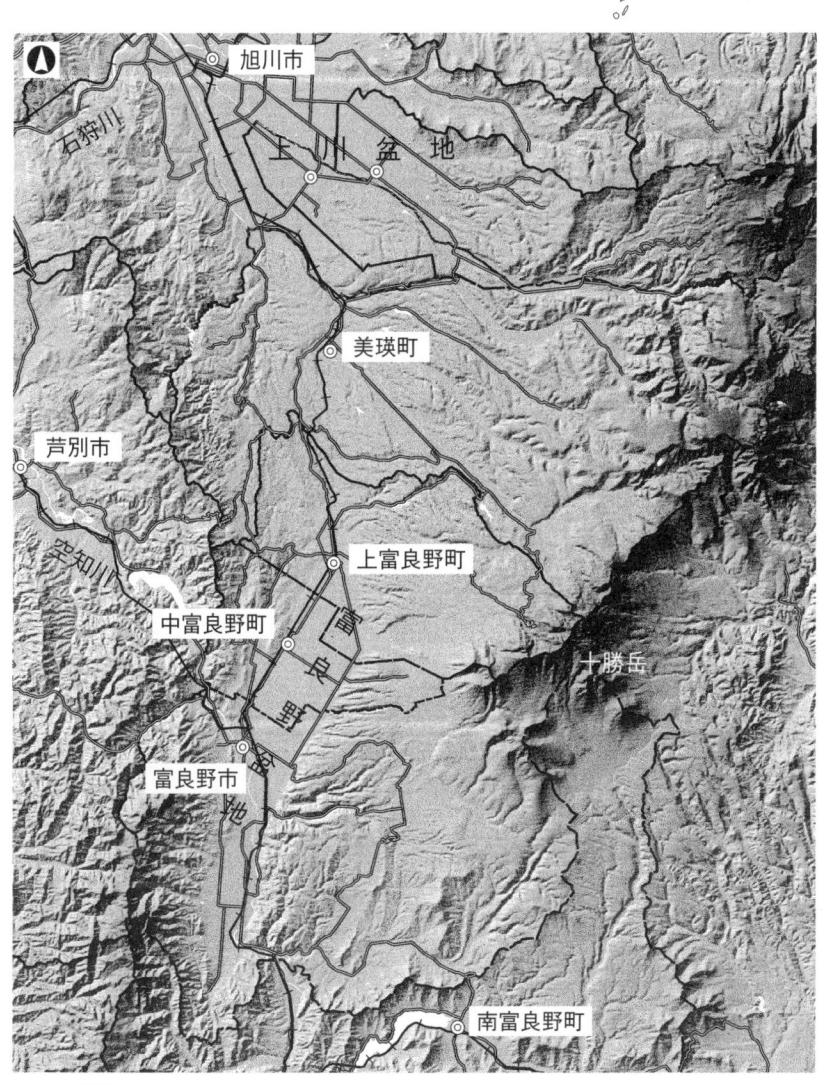

富良野地域

旭川市
石狩川
上川盆地
美瑛町
芦別市
空知川
上富良野町
中富良野町
富良野
富良野市
盆地
十勝岳
南富良野町

10km

C. 富良野地域

富良野地域　現況概説

　富良野地域は北海道の中央部，旭川市の南に位置する。富良野地域の空間的なまとまりは，地形的には富良野盆地となる。これを中心としつつも富良野市自体，この盆地から南部や東部に大きく広がる市域をもつ。上川支庁南部の行政的な富良野地域としては，下の表の市町村から北の旭川市とその間に位置する美瑛町を除くこととなる。自然地域としても，美瑛は旭川とともに石狩川流域であるが，富良野盆地から南は北西の芦別方面に流下する空知川流域である。しかしながら，歴史的に見れば，開拓は比較的起伏の緩やかな北の美瑛側から富良野盆地へ進んできた。また近年は，後述のように美瑛から富良野一帯が一連の地域イメージを持つ観光地域ともなりつつある。そこでここでは，富良野盆地を中心に南部上川を富良野地域としつつも，北の美瑛もあわせて富良野・美瑛地域としての考察も行う。

　このような富良野・美瑛地域は，富良野市・上富良野町・中富良野町・南富良野町・占冠村と美瑛町の1市3町1村からなる。この地域の地勢は変化に富み，中央部にはかつてフラヌ原野と呼ばれ，泥炭地性の湿地帯だった富良野盆地が南北に広がり，東側を十勝岳連峰が，西側から南側を夕張山系がそれぞ

市町村名		面積 (km^2)	人口 (国勢調査)	人口増減率 (%)	人口密度 (人/km^2)	DID面積 (km^2)
富良野・美瑛地域	富良野・美瑛地域計	2,860.73	61,765	−1.0	21.6	7.66
	富良野市	600.83	26,112	0.3	43.5	3.52
上川郡	美瑛町	677.16	11,902	−1.7	17.6	1.94
空知郡	上富良野町	237.18	12,809	−0.6	54.0	2.20
〃	中富良野町	108.70	5,833	−1.7	53.7	0.00
〃	南富良野町	665.53	3,236	−2.9	4.9	0.00
勇払郡	占冠村	571.33	1,873	−11.0	3.3	0.00
都市中心	旭川市	747.60	359,536	−0.3	480.9	77.89

れ囲み，東部から北部には溶岩性の台地・丘陵地が広がる。気候は内陸性で寒暖の差が激しく，冬の最寒期には－30℃，夏には30℃以上に達する。

この地域の本格的な農業開拓は，富良野盆地などに殖民区画が設定された1890年代に始まる。旭川－下富良野（現富良野）間に鉄道が開業した1900年頃には，美瑛・上富良野・中富良野・下富良野などの市街地区画が計画的な中心地として設定され，各種の公共機関や銀行・組合，商工業施設や倉庫などが立地し始めた（第8章参照）。これらの市街地は，周辺農村に対して農産物の集積地やサービスセンターとして機能するようになり，開拓地としての殖民区画に農家が配された散居形態の農村部と市街地という，現在の集落景観の骨格が出来上がった。他の事例の散村地域で特徴的な各農家の屋敷森は，ここでは見られない。農家の建物の形態の違いなどとともに，これもまた散村の卓越する北海道で，独特の村落景観を構成する重要な要素である。

農業の特徴としては，大規模経営，高い専業農家率，市場指向性の強い商品生産，農産物加工業や観光業との強い結び付きなどがあげられる。歴史的にも大正期に上富良野などに製麻工場が立地し，亜麻栽培が盛んとなったり，昭和初年には北部上川にできた製糖工場へ出荷するてんさい作の中心となっている。現在の主な作目を見ると，北部・東部を中心に盆地周辺に広がる台地・丘陵地では麦類・豆類・バレイショ・テンサイなどとニンジン・タマネギなどの野菜

老年人口 (人)	高齢化率 (%)	昼夜間人口比 (%)	世帯規模 (人/世帯)	産業別就業人口構成比		
				第1次(%)	第2次(%)	第3次(%)
13,596	22.0	100.79	2.70	26.9	15.9	57.2
5,565	21.3	103.81	2.63	23.9	16.8	59.3
3,157	26.5	99.45	2.78	32.8	18.3	48.9
2,385	18.6	98.50	2.90	21.0	14.0	64.9
1,421	24.4	91.33	2.99	46.2	13.5	40.3
779	24.1	103.18	2.45	31.0	15.1	53.8
289	15.4	108.28	1.82	7.7	11.6	80.6
65,866	18.3	100.70	2.46	3.0	23.6	72.2

統計年次は2000年，増減率は1995－2000年。

C. 富良野地域

類とを組み合わせた畑作が卓越し，そこに酪農，メロン・スイカなどの果実やラベンダー・ホップといった工芸作物の生産が加わる。一方，富良野盆地では北部を中心に水田稲作が主力であり，とくに中富良野町の水田率は70％近くに達する。2000年における農業粗生産額は約485億円で，製造品出荷額の297億円を優に上回っている。

しかし，そうした農業生産は，強い市場指向性ゆえに常に激しい産地間競争にさらされてきた。この30年間に農家数はほぼ半減し，農家率もおよそ25％から10％ほどにまで低下した。砺波地域や胆沢地域では主として第二次産業への兼業を通して農業経営が維持されてきたのに対して，最近の観光業を除いて大きな兼業機会がなかった当地域では，農業経営の不振がそのまま離農につながり，それが人口の減少を招来した。実際，開拓以来増え続けた地域人口は1960年のおよそ10万人をピークにして減少に転じ，現在は昭和初期の水準である6万人ほどで推移している。人口の集中により低密度な中心市街地の拡大が美瑛や富良野などで見られる一方，農村部では人口流出による廃屋も見られる。これは後述のオーストラリアの散村地域とも共通する動向である。

この地域のゆるやかな起状の丘にひろがる畑や林は，1970年代頃から商品広告のポスターやテレビCMを通して，あまり日本的ではない北海道の風景として，全国的に知られるようになった（第11章）。1980年代には，富良野市南東部の麓郷(ろくごう)地区を舞台にしたテレビドラマ『北の国から』の放映を契機として，とくに夏季の観光客が急増し，例えば富良野市の年間観光入込数は1990年代に2百万人を超えるようになった。今日，この地域の農業が商品として生産するものは，食料としての農作物だけではなく，疑似自然的な農地景観と農場生活や農作業の経験にまで及んでいる。こうした農村ツーリズムの動きは，地域を支える経済基盤としてだけでなく，新規の就農者や移住者を惹きつける，新しい地域アイデンティティを創出するものとして注目されている。

第8章

富良野盆地における小都市群の形成
―― 明治後期開拓地における中心市街地の成立と変容

松 田 隆 典

　本書における事例地域の1つである富良野盆地の開拓は19世紀末に始まり，近代以降の日本の開拓地の中でも最も遅い開拓地に属する。したがって，富良野盆地における散村・小都市群地域の成立も約1世紀前に遡るにすぎない。本章では，小都市群を構成する中心市街地の成立や変化について考察する。
　富良野盆地には北から上富良野・中富良野・下富良野・山部という小都市群を構成する4つの中心市街地が分布しているが，明治後期に成立した開拓地であることが中心市街地の成立にどのような影響を及ぼしたであろうか。まず，これらの中心市街地の成立の経緯について考察する。なお，南富良野に幾寅という中心市街地が富良野盆地から離れた空知川上流の谷底平野に，旧東山村の中心市街地が富良野盆地の東縁を限る丘陵上にそれぞれ設定されたが，これらは考察の対象外とする。
　次に，旭川・札幌・東京という上位中心地を含む中心地システムのうち，下位中心地に属する小都市群の関係を小都市群システムと称し，その形成について考察する。散村地域に小都市群が並存するということは，散村と小都市群との中間的な存在である補助的中心地との区別も可能になる。補助的中心地とはクリスタラーの定義[1]のとおり，中心地機能の一部を分担する集落であるが，散村・小都市群地域において景観的には散居に対して集居（景観的に散居でないという意味）というべき特徴を示している。

第8章　富良野盆地における小都市群の形成

最後に，小都市群システムが形成されたのちの変化として，工業化の不十分とそれに代わる基盤産業としての観光地化について考察し，中心市街地との関係について論及する。また，市街地の拡大を郊外化として捉え，郊外化とモータリゼーションに伴う小売業の市街地周辺への分散や大型化について検討する。

1　中心市街地の成立

（1）市街地成立前の状況　富良野盆地はその開拓が本格的に進む以前には空知支庁の管内に置かれていた[2]。しかし，空知川の航行が困難であったことから，1899（明治32）年5月には上川支庁（庁舎所在地は旭川）の管内に編入されるとともに，翌6月に富良野村戸長役場は富良野盆地の北部にあたる上富良野の北26号の仮道路沿いに設置された。戸長役場が下富良野にではなく上富良野に設置されたことは，上富良野が旭川からみた富良野盆地の玄関口であるだけでなく，当時下富良野より開拓が進んでいたからだと思われる。

開拓当初，富良野盆地の中央部（現在の中富良野町と富良野市とに跨る）には泥炭湿地が横たわり，景観的には上富良野と下富良野の2つの開拓地に分断されていたといえる。戸長役場仮庁舎が設置される以前において，上富良野では1897年4月に最初の主要な植民集団である草分の三重団体が入植し，1899年3月に島津農場（鹿児島藩主の経営）が設立されたほか，すでに泥炭地に接して北東の東中，北西の西中にいくつもの集団が植民している。一方，下富良野では1897年5月に扇山に佐々木（筑後組合）農場が設立されているものの，主要な植民団体である札幌農学校第8農場は1898年に東2線以西の学田一区に下富良野看守所を設置したばかりで，第8農場の山部地区への植民は20世紀に入ってからである。

富良野地方で最初の郵便局が1899年9月に上富良野の北25号沿いに設置され，また翌年には戸長役場の庁舎が東1線北25号に新設された。戸長役場周辺に商店等が自然発生的に集積し，いわゆる旧市街地の形成をみた[3]。旧市街地は十勝岳山麓の高燥地であるだけでなく，島津農場と三重団体とによって南北に挟

1 中心市街地の成立

まれた位置にあることから，ここに郵便局や戸長役場が設置されたことも，旧市街地の商業集積と同様に市場（消費）立地の原理にしたがって形成された結果であると考えられる。また，下富良野の扇山の南3号沿いにも自然発生的に商店などが集積して小さな市街地を形成していた[4]といわれる。扇山の場合も市場立地であったことは想像に難くない。

　鉄道の敷設については，現況のコースとは異なり，上富良野の旧市街地から斜線道路・東中・旭中など富良野盆地の東縁を通過して扇山に至り，山部方面に向かうというプランがあった[5]といわれる。この説の真偽について明確に示す資料は未見であるが，上富良野旧市街地（駅東）や扇山の小市街地を結ぶという点では都合のよいコースである。しかし，鳥沼が鉄道敷設の障害になったことや扇山における土地買収の失敗によって，富良野盆地の西縁を通過する現況のコースが実現した。

　（2）市街地区画の設定・貸付　鉄道敷設の予定コースと鉄道駅は植民区画図（1901年8月初刷，第1図はその市街地部分）にも記入され，1899年11月に十勝線（現在の富良野線）の上富良野駅，翌年8月に中富良野駅と下富良野駅がそれぞれ開業した。1900年6月に上富良野・中富良野・下富良野の市街地区画がそれぞれ駅前に設定され，土地の貸付が告示された。富良野盆地における中心市街地の成立の特殊性は，鉄道駅の開設が中心市街地の成立と同時期，もしくはそれ以前に決定されたことであり，こうした時間的継起は明治後期の開拓地にみられるものである。

　ところが，近年の研究[6]によると，上富良野の市街地区画内の無願建築を立ち退かせるのに手間取ったという。上富良野駅の開業から市街地区画の設定までの約7ヶ月間だけでも区画内に多くの無願建築が占拠したと考えられる。上富良野市街地の土地貸付が実際に開始されたのは1901年7月である。一方，下富良野市街地の区画設定の2ヶ月後に下富良野駅が開業しているため，無願建築が占拠する時間的余裕は小さい。植民区画図には下富良野の市街地区画がすでに記入されているのに対して，上富良野の市街地は空白である（第1図）が，これは市街地区画の設定から上富良野市街地の土地貸付前までの状況を示すものであろう。

第8章　富良野盆地における小都市群の形成

　市街地区画の設定により，初期の自然発生的な集積は計画的に設定された新市街地に移転することとなった。下富良野駅の開業直前の1900年7月に郵便局が新市街地に開局し，扇山の商店群は下富良野駅前の正面に位置する現在の本通り付近に移転した[7]。一方，上富良野では旧市街地と駅前の新市街地区画が接近していることも手伝って，中心地機能は前者から後者へ10年以上をかけて暫時移転したといわれる。設定された市街地の規模は上富良野と下富良野でほぼ同じであるが，実際に貸付けされた区画は上富良野が少なかった[8]といわれる。1903年7月に富良野村は上富良野村と下富良野村に分村し，行政的に両者は対峙することとなった。

　中富良野の市街地の成立は1900年8月の中富良野駅の開設後である。上富良野と下富良野の間の駅舎は，前述の植民区画図によると北16・17号（現在の西中駅），北8・9号（現在の鹿討駅）に予定されていたが，結果的には上富良野の場合とは逆に

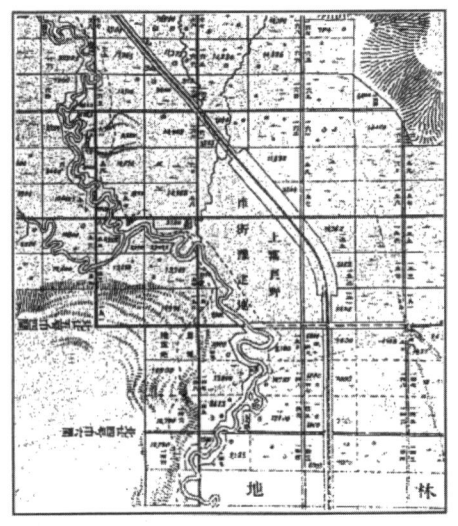

明治34年(1901) 8月初刷，
1：25,000

第1図　植民区画図における上富良野・下富良野の市街地部分

174

北星山山麓の微高地である現在地に選地された。中富良野の市街地区画も当初現在の北16・17号（現在の西中駅前）に設定されていたが，駅の開設に伴い同年12月に市街地区画も現在地に設定された[9]ものと考えられる。また，山部は下富良野の一部とあわせて札幌農学校（のちの北大）の第8農場として開拓された。1900年12月に山部駅が開業すると，翌年山部の学田地に看守所が設置され，さらにその翌1902年に市街地区画が設定された[10]。

2　小都市群システムの形成

（1）**産業組合と都鄙共同体**　市街地の区画設定の段階から，中富良野と山部の市街地の規模は上富良野・下富良野市街地より小さく設定された。1919年測量の地形図（第2図）においても，中富良野と山部の中心市街地は上富良野・下富良野よりも規模は小さい。また，富良野盆地中央部の広大な泥炭湿地が横たわっていたために，開拓当初における中富良野市街地の勢力圏は鉄道沿いの地域に限定されていたと考えられる。山部地区も富良野盆地の中で開拓が遅れたこともあって，その中心市街地の勢力圏人口は同様に小さかったと考えられる。

　富良野盆地では現在の農業協同組合の前身である産業組合が地域経済の振興に重要な役割を果たした。中富良野産業組合は富良野盆地で最も早い1904年5月に創立されたが，これは購買販売組合としてであった。中富良野産業組合の購買販売活動はとくにさかんで，1920年代から1930年代には農村デパートと称され，地元の商工業者の反産業組合運動にまで展開された。また，開拓当初の山部村は北大第8農場の地主支配による影響が大きかったが，1915年に下富良野村から山部村が分村すると，翌1916年に設立された産業組合が地域経済の核としての役割を果たすようになった。

　1913年の大凶作を契機として上富良野産業組合が創立されたのをはじめ，その後数年間に中心市街地のほか旭中・西中・東中などの補助的中心地においても産業組合が創立された。しかし，1917年に泥炭地排水事業の負担問題から上

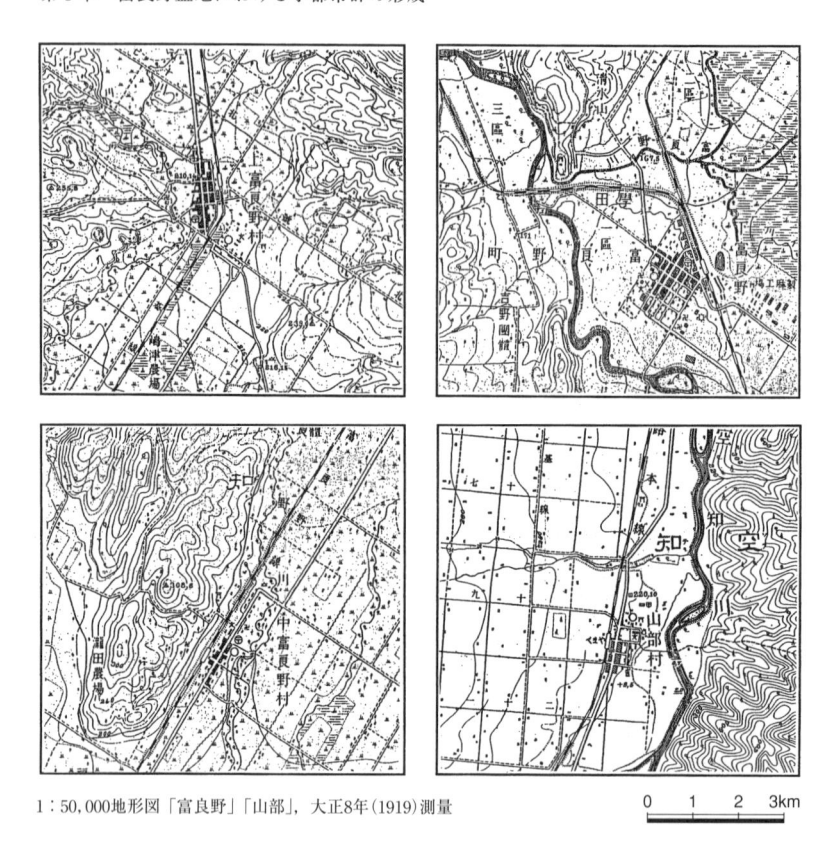

第8章 富良野盆地における小都市群の形成

1:50,000地形図「富良野」「山部」,大正8年(1919)測量

第2図 産業形成期の中心市街地

富良野村から中富良野村が分村したことを契機として、旧泥炭地の開発が進む[11]と、1922年に旭中の産業組合が解散して中富良野産業組合に事実上統合された。1929年には中富良野町で最後まで独立の組織であった西中産業組合を合併するに至った[12]。こうした過程によって中富良野産業組合の隆盛が実現されたものと考えられる。

中富良野と山部はまさしく産業組合を核とする最低次中心地、クリスタラーの中心地階層でいうとMarktort（M中心地）に比定することができる。両中心地と周辺散村との関係は、ほぼ同時期の20世紀初頭にアメリカの農村社会学者ギャルピン[13]が提起した都鄙共同体（rurban community）にあたる。当時の面

2 小都市群システムの形成

影を残す農業倉庫[14]が現在も駅前に建ち並ぶ両市街地に共通の景観はそのことを物語っている。

（２）下富良野市街地の優位　市街地の区画設定の段階で上富良野と下富良野の２つの市街地は同等の規模として計画されたが，新旧市街地間の距離や無願建築の立ち退きによって，両市街地における集積の進捗状況に差違がみられたと考えられる。これを反映するように，1901年3月に下富良野に旭川警察署派出所が設置され，1904年4月に上富良野には派出所ではなく巡査駐在所が設置された（第2図には駐在所は示されていない）。同様に，巡査駐在所は1909年に中富良野，翌年山部にそれぞれ設置されて[15]おり，下富良野とその他の中心市街地の間に小都市群システムにおける階層差がすでに生じつつあったと考えられる。1918年7月に旭川区裁判所（のち旭川法務局）の下富良野出張所がまず設置され，その約3年後に上富良野出張所が設置されたことは，その証左といえる。

1911年に下富良野村戸長に対して遊郭の設置申請がなされ，結果的に却下された[16]けれども，このことなどは下富良野の市街地の賑わいを象徴する出来事である。また，1913年に下富良野線の滝川〜下富良野間（現在の根室本線の一部）が開通し，下富良野は鉄道交通の結節点となった。また，この時駅舎は本通り正面から現在の東5条通り寄りに移転し，商業地は本通りより東側に面的に発展した。下富良野村は1919年に富良野地方で最初に町制を施行し「富良野」町となったが，他村が町制を施行したのはいずれも戦後である。1921年に上富良野で魚菜市場が開設されたのに対して，1925年に下富良野で地方卸売市場が開設された。

富良野盆地の小都市群システムにおける下富良野の優位を示す別の側面として，下富良野における地域産業の勃興をあげることができる。20世紀初頭の産業は木工場などであったが，1917年に下富良野駅東地区の田園地帯に帝国製麻の製線所が設置される[17]など，散村の農業を基礎としない産業が興った。域外からの民間資本の参入が下富良野の産業発展の主たる要因となっている。地域産業の勃興の背景として，1916年に下富良野に富良野電気㈱が創立され市街地に電灯が灯る[18]とともに，重要な産業インフラとして機能した。

第8章　富良野盆地における小都市群の形成

　また，1915年に下富良野で旭川が本店の絲屋銀行（のち北海道拓殖銀行が吸収）の富良野出張所が最初の銀行として開設された。下富良野産業組合は富良野盆地で最も遅い1918年に創立されたが，そのことは域外からの金融機関の進出とかかわっていたと思われる。都鄙共同体のシンボルである産業組合に加えて産業基盤としての金融機関が進出したことは，下富良野が単なる周辺散村の中心地であることを超えた存在となったことを示すものであろう。1926年には現在の富良野商工会議所の前身にあたる富良野実業協会が設立されたことは，周辺農村から自立した都市的共同体の成立を意味すると考えられる。

　戦時体制下において富良野盆地の小都市群システムにおける下富良野の優位が確立される。1940年に南1号（のちの国道38号線）東5条通りに最初の総合病院である富良野協会病院を開院し，1941年には旧制の富良野中学校が創立された。当時の下富良野の優位を象徴的に示す出来事として，次の2つのことをあげることができる。上富良野神社などが大正・昭和初期に村社となったが，1919年に村社となった富良野神社は1940年に郷社となった[19]。また，1942年には下富良野駅が「富良野」駅と改称されて，富良野盆地の中心地として認識されるに至った。

　戦後には下富良野に1947年に簡易裁判所が設置され，1949年に電報電話局が開局する。域外からの北海道拓殖銀行のほか，地元金融機関として1949年に富良野信用組合（のちの富良野信用金庫）が下富良野で創立され，翌年に上富良野に支所，1955年に中富良野支店が設置された。一方，1970年に北海道拓殖銀行上富良野支店が閉鎖されるに至り，1972年には旭川法務局上富良野出張所が下富良野に統合された。高度経済成長期においても高次の中心地機能が下富良野に一元化する傾向は続いた。1958年測量の地形図（第3図）をみても，下富良野市街地の規模は上富良野のそれを大きく上回っていることが知られる。

（3）**富良野市成立時の小売商圏**　下富良野の中心地機能の向上は市町村合併としてあらわれた。富良野町は1956年に東山村を，1966年に山部町を合併して，人口36,627の富良野市が成立した[20]。1969年には富良野市，上・中・南富良野町および占冠村で広域市町村圏が指定され，1972年には富良野地方4市町村の衛生処理組合の処理場が操業を開始している。富良野市成立の直後に実施された

2 小都市群システムの形成

1：50,000地形図「富良野」「山部」，昭和33年(1958)測量

第3図　高度成長期の中心市街地

買物調査[21]の結果から各中心市街地の勢力圏について分析し，小都市群システムの形成を確認してみよう。

　この買物調査は富良野市（旧富良野町・旧山部町・旧東山村）だけでなく，上富良野・中富良野・南富良野の3町を含む富良野地方全域で実施され，富良野地方の小売商圏を包括的に把握することができる。購買先のカテゴリーとして，合併前の旧自町村内の中心市街地[22]，それ以外の自町村内の商店，自町村外の商業地，旭川・札幌などの上位中心地のほか，市街地内の農協購買会などを別カテゴリーとして設けている。また，買回り品のうち衣料品・身の回り品・文化品，最寄品のうち日用品・食料品という品目別に購買先が調査されている。

179

第8章　富良野盆地における小都市群の形成

本章では各地区共通の調査品目である食料品と衣料品の小売商圏について考察する。

　食料品の購買地（第4図）については，いずれの地区においても自地区の中心商業地の利用が70％以上を占め，最寄品としての性格を示している。しかし，市街地から遠い布部・麓郷を含む旧下富良野町や下金山を含む旧山部町をのぞいて補助的中心地などの地元商店の利用者はほとんどいない。中富良野町と旧山部町では農協購買会の利用者が中心商業地内の他の商店の利用者を上回り，前述のように産業組合を核とする都鄙共同体という性格を継続していることが知られる。上富良野町や旧下富良野町でも，農協購買会が中心商業地内の他商店に匹敵する利用者を擁する。

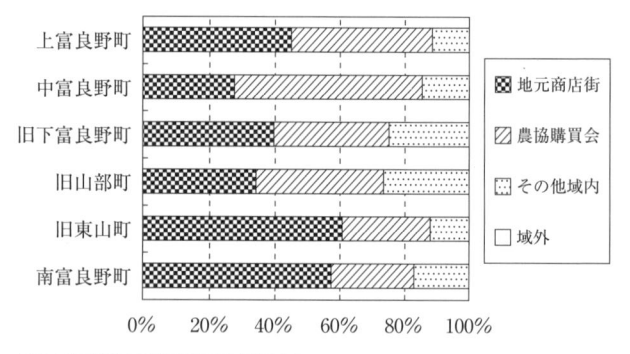

資料：富良野地方消費動向調査(1966)

第4図　富良野市成立時における食料品の購買地

　買回品としての衣料品の購買地（第5図）については，自地区の中心商業地の利用はいずれも食料品の場合より少ない。食料品の場合と同様に，中富良野町・旧山部町は農協購買会の比率が高い。図中の「その他域内」には富良野市街地の利用者が含まれるが，南富良野町の30.1％をはじめ，旧山部町が17.0％，中富良野町が14.1％，旧東山村が13.2％を占め，やや規模の大きい中心市街地を擁する上富良野町は2.5％にすぎない。同じ富良野地方周縁部でも南富良野町と旧東山町で富良野市街地の利用者の比率が大きく異なるのは，鉄道が利用できる南富良野町と利用できない旧東山村との差違であろうと思われる。

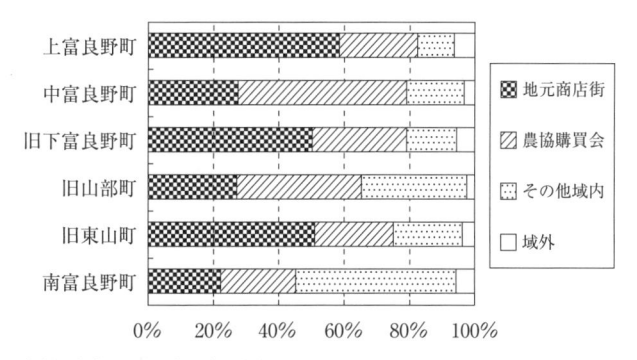

資料：富良野地方消費動向調査(1966)

第5図　富良野市成立時における衣料品の購買地

3　小都市群の性格の変化

（1）**基盤産業の変化**　日本の農村地域は1960年代後半から急速に加工組立型工業を主とする工業化が進んだが，北海道は工業化があまり進展しなかった。この意味において北海道の典型的な産業構成をもつ富良野地方は，本書における他の事例地域である砺波平野や胆沢平野と大きく異なる。産業別人口構成（平成12年国勢調査報告による）においても，北海道の第2次産業比率は沖縄・高知についで低いのに対して，富山県のそれは全国で第3位で全国平均を大きく上回り，岩手県は全国平均をやや下回っている。富山県は第1次産業比率が全国平均を下回っており，兼業化の深化が知られる。

　前述のように，富良野地域の工業化は戦前の帝国製麻工場の進出などですでに始まっているが，1958年に下富良野市街地の南東部を画する国道38号線沿い（植民区画における南1号）に雪印乳業富良野工場やデージー食品アスパラ缶詰工場などが設置され，上富良野でも1961年に日本合同缶詰㈱の工場が開設された。これらの事業所は食品加工という農業の延長上にある産業であり，稲作と並ぶ畑作物や酪農という北海道における農業を基礎としている。砺波平野では1970年代以降に，胆沢平野では1980年代以降に輸送機械・電気機器などの加工

第8章　富良野盆地における小都市群の形成

組立型の大工場が進出しているが，富良野盆地では中小企業の進出がみられるにすぎない。

　上富良野市街地における最大の変化は1954年に市街地の南，かつての島津農場のあたりに陸上自衛隊上富良野駐屯地が開設されたことである。下富良野の就業機会の増加が域外からの民間資本の参入によるところが大きいのに対して，上富良野は公共投資によって図られる傾向にある。また，戦前から高度経済成長期にかけて確立した下富良野市街地の質的な優位に対して，上富良野市街地に下富良野に匹敵する量的な機能拡充を図ろうとしたものと思われる。

　ところで，上富良野の日本合同缶詰㈱の工場は1979年に上富良野町農協に買収されることになったが，この背景として1968年に上富良野農協と東中農協を合併するという動きがみられた。東中は1921年に中心市街地と同様に巡査駐在所が設置され，単独で東中土功組合が結成されるなど，上富良野町の中で長く独立性を保っていた地区であったが，ここに至って上富良野「町」農協に機能を収斂させた。

　富良野地方における工業化に代わるべき基盤産業の振興は観光産業に向けられた。北の峰スキー場（1931年に開設）における1975年の国体のスキー大会の開催を契機に，1974年に北の峰に富良野プリンスホテルなどが開業するとともに，国際スキー連盟（FIS）によって国際公認スキー場に認定（富良野国際スキー場と改称）されて，冬季のスキー客が急増した。観光地としての富良野地方の性格を決定づけたのは1981年に放映されたTVドラマ「北の国から」であり，これを機に夏季の観光客も急増し，1995年には富良野市の観光入込客数は203万人に達した（第6図）。観光の中心は中心市街地から約10km離れた東部丘陵上に位置するドラマの舞台となった麓郷であり，観光スポットとして1984年に「麓郷の森」が完成した。

　「北の国から」とともにメディアに露出したラベンダー畑の景観は，富良野盆地の中では日の出公園（1977年に設置）などの上富良野で最もよくみられる。しかし，上富良野の観光開発の主軸はやはり十勝岳や温泉といった観光資源であり，この特徴は1980年代末以降のリゾート法に基づく富良野・大雪山リゾート基本構想に継続された。下富良野が域外の民間資本，上富良野が公共投資と

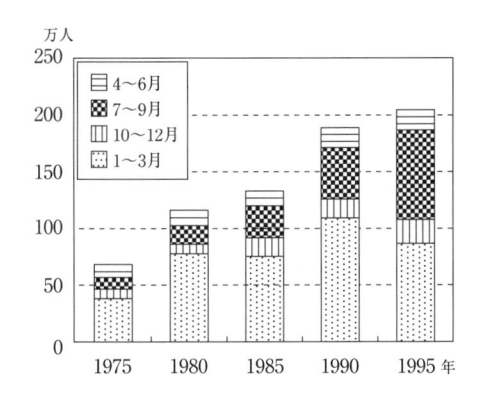

第6図　富良野市における観光入込客数の推移

いう対比は観光開発においても成り立つ。

　富良野地方の新たな基盤産業となった観光であるが，北の峰の宿泊施設を利用するスキー客は市街地を素通りする場合も少なくないといわれる。自動車や観光バスによる観光客は市街地を通過せずに麓郷などに向かうことが多く，駅前の案内所だけが市街地での接点である鉄道旅行者もいるという。このような観光地と市街地との機能的分離は，農家の成員が市街地から離れた田園地帯に設置された工場に通勤することと類似しているように思われる。

　（2）郊外の形成　高度経済成長期には下富良野市街地の東五条通り（植民区画の東3線）以東への市街地の拡大が著しい（第3図・第7図）。市街地の拡大とそれに伴う散村地域の人口減少と高齢化は若年・壮年層の居住地を反映する小学校の移転や新設にあらわれている。下富良野の扇山小学校（1899年に設立）が1959年に富良野小学校の校区を一部統合して，国道38号線沿いの緑町（西扇山）に移転した。

　1968年には駅東地区の製麻工場が全面的に閉鎖され，その跡地に市の特別会計で麻町団地の宅地造成事業が開始された。1975年までに公営住宅286戸，市振興公社住宅127戸などが建設された。そのため，1970年に駅東の麻町に扇山小学校東分校（のち東小学校）を開校した。また，1971年から市振興公社は空知川左岸の下御料に文化村をつくって入村者を募集し，北の峰地区の観光開発と相俟って新興住宅地の開発が進んだ。国道237号線（植民区画の東2線）以西

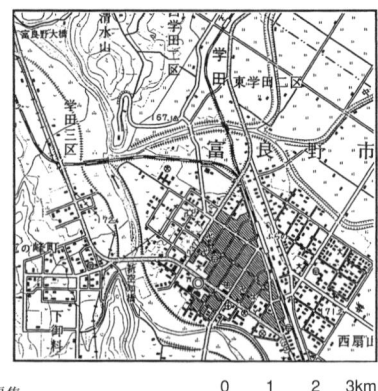

第8章　富良野盆地における小都市群の形成

1：50,000地形図「富良野」，昭和62年(1987)第2回編集

第7図　安定成長期の中心市街地（上富良野・下富良野のみ）

の学田一区にも住宅地が拡大した。しかし，富良野小学校（1902年に設立）が市街地区画の西部に位置する[23]ために小学校は新設されなかった。

一方，上富良野町においても町土地開発公社による柏台団地の造成など，駅東地区を中心に住宅地開発[24]が顕著である（第3図・第7図）。富良野小学校の場合と同様に，上富良野小学校（1902年に設立）が駅東地区に位置しているため小学校の新設はなかったが，町北部の人口減少や高齢化によって，草分（三重団体）の創成小学校（1900年に設立）は1967年に閉校し，市街地北西部に上富良野西小学校として開校した。

下富良野は既成市街地から四方への市街地の拡大がみられるのに対して，上富良野市街地の拡大は駅東地区に限定され，かつて新市街地とよばれた旧市街地（駅西地区）とかつて旧市街地とよばれた駅東地区が並立した地域構造となっている。このような上富良野市街地の地域構造は市街地区画の設定の段階からあまり変化していないといえる。郵便局など駅西地区に設定された市街地区画内に移転した公共施設もあったが，学校だけでなく，役場・駐在所（派出所）・消防署など公共施設の多くは駅東地区に設置され，その後も駅東地区に残っている。一方，下富良野は富良野市の成立に伴い1968年に市役所新庁舎が国道38号線以南に建設され，国道38号線以南への簡易裁判所・警察署などの移転や文化会館などの新規立地などにより新たな公共地区を形成するに至った。

3 小都市群の性格の変化

　郊外化のほかに，諸施設の分散立地を促進したもう1つの要因はモータリゼーションである。モータリゼーションが進展する[25]と，中心市街地に存する集積の利益よりもアクセシビリティを求めて，既存市街地周辺の主要道路沿い（ロードサイド）に諸施設が新規立地したり移転したりするようになった。モータリゼーションの影響を最も受けたのが小売業であり，既成市街地周辺の住宅地化が進むにつれて，大・中型小売店が郊外のロードサイドに進出した。

　店舗の大規模化は古くは各中心市街地内のAコープ店舗に始まるが，1976年国道38号線沿いにラルズ富良野店が開店すると，同年に中心部のすずらん通り商店街（東三条）に国井デパート（約1,700m^2），翌年に本通り・相生通りの交差する東南隅に金市館デパートが開店した。1980年代末以降に生協店舗・サンエーSCなどが国道38号線沿いに，ホームセンターなどが国道237号線に続々と進出して（第8図），ロードサイド型商業地が形成されていた。下富良野市街地は郊外のロードサイド型商業地という従来とは違った形態で中心性を発揮するようになった。

　上富良野町においても，1979年にスーパーフジ（旭川本店）が駅東地区の住宅街に進出，1996年に新旧市街地を結ぶ農協本町支所の跡地にスーパーダイイチ（帯広本店）が開店した。この立地は上富良野市街地の地域構造と旧国道237号線の経路を考慮すれば，十分に理解し得る立地条件である。1988年に中心市街地の西側を迂回する国道237号線バイパス完成したが，ロードサイド型商業地の形成はまだみられず，この点においても下富良野市街地と大きく異なっている。

　また，モータリゼーションの進展につれて，既存の中心商店街，とくに中富良野・山部のような小規模な中心市街地ほどの商店街の衰退は著しい。最寄品を中心とするAコープ店舗が利用されているものの，空き店舗はしだいに増加しつつある。富良野市街地においても，金市館デパートは1992年に三番館としてリニューアルしたが，国井デパートは1999年に倒産閉鎖され，中心商業地の衰退は決定的となった。これに対して，富良野市では中心市街地の活性化[26]を図るために，年間観光入込観光客数約200万人を有する富良野市の特徴を活かした再開発プランを策定したが，いまだ実現には至っていない。

185

第8章　富良野盆地における小都市群の形成

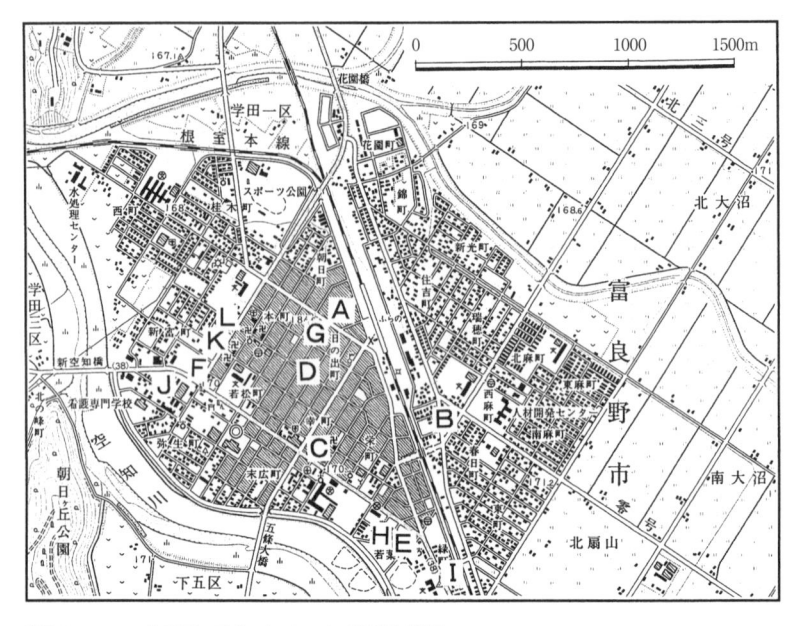

基図は1：25,000地形図，平成11年（1999）部分修正測量

記号	店舗名	開設年月	店舗面積
A	Aコープ本店	48・4	1365m²
B	Aコープ春日店	73・8	455m²
C	ラルズ富良野店	76・7	1205m²
D	くにいデパート＊	76・10	1700m²
E	生協富良野店	89・5	2800m²
F	Aコープフォーレスト店	91・12	757m²
G	丸善三番館ふらの店	92・6	3078m²
H	サンエーSC	93・3	1157m²
I	ツルハドラック緑町店	96・10	562m²
J	ワールドホーム富良野店	96・11	2307m²
K	YES富良野でんき店	97・7	508m²
L	YES富良野ソフト店	97・7	781m²

＊：1999年に閉鎖

第8図　富良野市街地における大・中型店の立地

まとめ

　北海道開拓地である富良野盆地において市街地区画の設定は計画的になされたが，明治後期という遅い時期の開拓地であるため，市街地の位置は鉄道駅の開設に大きく影響された。そのため，上富良野・下富良野市街地のように，市街地の成立以前に形成された自然発生的な中心地とは異なる位置に設定される状況が生じた。中富良野市街地のように，駅の開設予定地の変更に伴って市街地の設定位置も変更される例もあった。

　市街地の区画設定の段階から，上富良野・下富良野と中富良野・山部との間に市街地規模が定められていて，当初から両者の間の中心地階層の差が生じていた。中富良野・山部は産業組合を核とした都鄙共同体の性格が強い。また，下富良野と上富良野との間に自然発生的な旧市街地から計画的な新市街地への集積の進捗状況に差違が生じ，やがて数十年後の戦時体制下から高度経済成長期にかけて，下富良野市街地の小都市群の階層システムにおける優位がはっきりとしてきた。下富良野市街地の優位は域外からの民間資本の参入によるところが大きく，他の中心市街地と同様の都鄙共同体の中心地としての性格に加えて，散村から自立した産業を内包する都市としての性格をもつに至った。

　富良野地方は1970年代以降工業化が進展せず，観光がそれに代わる産業となったが，中心市街地への影響はほとんどないといえる。高度経済成長期以降，下富良野市街地において顕著な郊外の形成がみられたが，上富良野市街地は駅東地区の住宅地化によって，東西の2地区が並立した地域構造が形成された。また，下富良野市街地の周辺部においてモータリゼーションに対応したロードサイド型商業地の発達が著しく，下富良野は既存の中心商業地による場合と違った意味で中心性を発揮している。逆に既存の中心商業地は，産業組合の後進であるAコープ店舗の堅調さをのぞいて，小規模の市街地ほど衰退が著しい。

　最後に，富良野盆地の小都市群の形成過程について考察した結果をふまえて，富良野盆地における特徴を少し考察しておきたい。砺波平野の場合は，モータ

第 8 章　富良野盆地における小都市群の形成

リゼーションの進展がかつて下位中心地であった砺波（出町）の中心性を高めた[27]）のに対して，富良野盆地では開拓から数十年後に成立した小都市群システム（下富良野市街地の優位）をモータリゼーションが強化する結果となった。もっとも，奇妙な表現かもしれないが，既存市街地と郊外とが機能的に連動しないのであれば，下富良野の観光地や郊外型商業地は既存市街地のそれとは異なる新しい「中心地」として理解し得るかもしれない。

---

1) Christaller, W., *Die zentralen Orte in Süddeutschland*, 1933, SS. 23-26.
2) 行政的には，富良野地方は1890年1月に設置された滝川村に含まれ，1896年5月のフラヌ原野（富良野盆地）の植民区画を測設後は1897年7月以降空知支庁歌志内村・富良野村組戸長役場（歌志内に設置）の管轄下にあった。
3) 岸本翠月編『上富良野町史』上富良野町役場，1967，557頁。
4) 富良野市史編纂委員会編『富良野市史（第3巻）』富良野市役所，1993，706頁。
5) 中富良野町史編纂委員会『中富良野町史』中富良野町，1986，188-189頁。
6) 上富良野百年史編纂委員会編『上富良野百年史』上富良野町，1998，246-249頁。
7) 前掲注4)。
8) 前掲注6) 249-251頁。
9) 前掲注5) 188頁。
10) 山部町史編集委員会『山部町史』山部町役場，1966，74頁。
11) 1919年に中央排水溝を竣工し，1923年に空知川を水源とする山手幹線用水の掘削を完成して水田化が完成した。
12) 岸本翠月編『中富農協20年史』中富良野村農業協同組合，1968，41-51頁。
13) Galpin, C.G., *Social anatomy of an agricultural community*, 1915.
14) 1919年に中富良野産業組合が第1号農業倉庫を建設，1931年に山部産業組合が北大第8農場から現在地用地を借用，事務所・購買部・精米工場・第2号農業倉庫を建設した。
15) 巡査駐在所と同様に，中富良野と山部にはこの時期に郵便局など公共施設が順次設置された。
16) 岸本翠月編『富良野市史（第1巻）』富良野市役所，1968，225頁。
17) 上富良野では1926年に日本麦酒（のちのサッポロビール）の作業場が設置された。
18) やがて1920年に中富良野・上富良野市街地，1923年に山部市街地にもそれぞれ電灯が灯ることとなった。
19) 岸本翠月『富良野地方史』富良野地方総合開発連絡協議会，1969，593頁。

まとめ

20) 1959年に山部村議会が富良野町と合併しないことを議決するなどの抵抗があった。
21) 北海道・富良野市・富良野商工会議所・山部商工会『富良野市商店街診断報告書』1967。
22) 富良野市商工会などを中心とする調査であるため，富良野市街地の本通り・相生・東五条商店街，山部一条商店街が購買地のカテゴリーとしてあげられている。
23) 1914年の京大理学部教授新城新蔵博士一行による北海道中央経緯度観測標の礎石が1955年に校庭で発見されたが，これが下富良野市街地におけるへそ公園・へそ神社などのモチーフとなっている。
24) 中富良野町でも1968年以降の企業誘致と並行して，土地開発公社により基線北13号などに宅地造成がなされている。
25) 1958年10月に市街地本通りに初めてアスファルト舗装道路が完成した。
26) 富良野市商工会議所『富良野市TMO構想』2000，60頁＋資料。
27) 松田隆典「砺波地方における中心地システムと小売業の構造的変化」砺波散村地域研究所研究紀要12, 1995, 12-28頁。

第9章
富良野地域における農業地域構造とその変動

高 橋　誠

　富良野盆地の本格的な農業開拓は，かつての湿地帯フラヌ原野に殖民区画が設定された1890年代に始まる。開拓当初は自給用の雑穀類やイモ類などが主に作付けされたが，鉄道開業を契機として換金作物が導入された。商品価値のより高い麦類や豆類，トウモロコシなどが生産されるようになり，当時の地域的農産物市場の中心だった旭川の後背地として位置づけられた。1920年代には用水・土功組合の土地改良や灌漑整備によって，泥炭地性の富良野盆地が本格的に水田化された。米は食用のみならず酒や糀などの原料として商品価値が高く，その生産は富良野盆地全域に急速に拡大した。

　富良野盆地を構成する3市町（富良野市・上富良野町・中富良野町，以下「富良野地域」と呼ぶ）における農業は，こうして開拓以来ほぼ一貫して重要な基幹産業であり，高い専業農家率と農業就業人口率，市場指向性の強い商品生産，水田稲作と大規模畑作，豆類・野菜類（バレイショ・タマネギ・ニンジン・メロン・スイカなど）の産地化，そして農産物加工業や観光業などと結びついたブドウ栽培や酪農，ラベンダー栽培に代表される花卉生産・観光農園などによって特徴づけられる。現在，地域全体で見ると，就業人口に占める農業就業人口比率は4分の1を下回っているが，農業粗生産額は約336億円（2000年）であり，製造品出荷額の約215億円を大きく上回っている。

　第8章で松田が言及するように，こうした農業の展開は，金融機関や産業組

合，農産物の加工場や倉庫などが立地してきた市街地の発展と不可分の関係にある。つまり富良野地域は，開拓当初より，農産物集散地およびサービス中心としての市街地と，商業的農業生産の場所としての周辺農村との機能的結合関係によって特徴づけられてきた。

　したがって，計画的な入植によって散村が成立し，いわゆる伝統的な村落共同体が未発達だったこと，自給的農業の歴史がほとんどなく，独立性の強い個別農家によって商業的農業が当初より行われてきたこと，それゆえ，アメリカの社会学者，チャールズ・ギャルピンによって「都鄙共同体」[1]として概念化された市街地と周辺農村との関係が住民の社会生活の基本を形作ってきたことなどの理由により，この地域は本書で取り上げられる日本国内の散村・小都市群地域のなかで新大陸のそれに最も近い性格を持っている。こうして，周辺農村における農業生産の動向は，この地域の経済基盤のみならず，そうした関係のありようを考える上で重要である。

　岡田（第2章）と田林（第6章）が焦点づけたように，砺波地域と胆沢地域では，水田稲作が全体的に卓越し，その兼業化や多角化の動向が重要だったのに対し，富良野地域の農業生産に関する一つのポイントは，その多様性をどう捉えるかということにある。この地域は，中央部の富良野盆地から周辺部の溶岩性の台地や丘陵地に至る多様な地勢によって構成され，また気候的には内陸性で寒暖の差が激しいが，丘陵地では比較的冷涼である。地域農業の特徴は，基本的に，こうした自然条件に加え，農業関連施設や主要輸送路との位置関係，地域社会の集団的営為などによって形作られてきた。本章の目的は，データの得られた1970年以降の時期に焦点を絞り，そうした農業地域構造とその変動について統一的・定量的な指標を用いた農業地域類型によって分析し，市街地－農村関係を支えてきた農業生産がどのように維持されてきたかということを検討することである。

第9章　富良野地域における農業地域構造とその変動

1　農業の地域構造

　本節では，農業集落カードをデータソースに，農業集落を分析単位としたクラスター分析によって，富良野地域をいくつかの特徴ある農業地域に類型化する。まず，胆沢地域に関する田林の分析と同様に，農業生産に関わる総合的指標について予察的に主成分分析を行った結果，富良野地域の農業地域構造が，胆沢地域のそれとは若干異なり，労働力基盤，経営規模，生産形態の3側面によってかなり説明されることがわかった。それゆえ，ここではそれらの3側面に焦点を絞りたい。なお，局地的・部分的に見られる畜産の取り扱いは難しく，生産を行う農家数がゼロの農業集落が多すぎるために，地域農業の全体的な傾向を見る指標として相応しくないと判断した[2]。

　具体的には，1970～2000年の10年ごとについて，それら3側面に関連した7変数（列）と，すべての年次についてデータの得られた166集落（行）によって構成される地理行列を作成し，それぞれをウォード法のクラスター分析に投入した。そして各クラスター間の距離を検討して，各年次とも5クラスターに類型化し，それぞれの農業地域類型の特徴について解釈するとともに，収穫面積比率から見た生産形態に注目して各類型のネーミングを行った（第1表）。また，各年次において各農業地域類型の空間的分布を図示した（第1・2図）。ここで生産形態にとくに注目した理由は，それが労働力や経営規模など他の農業経営の特徴と相互に密接に関わるからである。なおネーミング中の「＋」は，副次的ないし複合的であることを表している。

　（1）**1970年の農業地域構造**　クラスターⅠは，麦・雑穀等収穫面積比率が相対的に高く，稲収穫面積比率が相対的に低い「畑作型」の農業地域類型で，全体のおよそ5分の2の農業集落を含み，経営規模が大きいという特徴を併せ持つ。クラスターⅡとⅢはともに稲収穫面積比率が相対的に高く，経営規模が相対的に小さいという特徴を持ち，両者で全体のおよそ半数の農業集落を含む。両者間の違いは労働力基盤の強弱にあり，それが相対的に弱い前者を「稲作型

1 農業の地域構造

第1表 クラスター分析の結果と農業地域類型の特性

	変数	クラスターごとの平均値					全体	
		Ⅰ	Ⅱ	Ⅲ	Ⅳ	Ⅴ	Av	SD
1970年	基幹的農業従事者 率(%)	82.5	70.4 −	82.9	80.9	81.7	79.3	9.1
	65歳以上農業就業人口 率(%)	8.3	10.9 +	4.7 −	10.6 +	6.8	8.3	4.5
	1農家当たり経営耕地面積（a）	653.4 +	403.9 −	406.5 −	478.4	390.5 −	516.1	171.7
	借入耕地のある農家 率(%)	6.7	4.0	2.5	35.7 +	3.4	6.5	9.4
	稲収穫面積 率(%)	25.8 −	85.6 +	87.0 +	44.0	33.2 −	55.4	34.6
	麦・雑穀・イモ・豆類収穫面積 率(%)	49.0 +	8.1 −	7.0 −	33.6	7.0 −	26.9	23.5
	野菜類収穫面積 率(%)	6.2	2.8	2.3	4.0	54.6 +	6.4	11.8
	農業集落数	72	44	34	9	7	166	
	農業地域類型	畑作型	稲作型B	稲作型A	稲+畑作型	野菜作型		
1980年	基幹的農業従事者 率(%)	79.8	79.1	82.8	63.3 −	80.3	77.7	10.4
	65歳以上農業就業人口 率(%)	12.8	8.0 −	8.9 −	19.1 +	18.6 +	12.1	6.3
	1農家当たり経営耕地面積（a）	651.8	478.8 −	952.1 +	458.2 −	631.4	617.9	238.8
	借入耕地のある農家 率(%)	3.4	2.5	2.3	6.2	28.2 +	4.7	8.1
	稲収穫面積 率(%)	13.8 −	58.3 +	6.4 −	59.3 +	27.0	32.8	26.4
	麦・雑穀・イモ・豆類収穫面積 率(%)	36.4	23.6 −	65.9 +	25.6 −	35.0	35.5	19.2
	野菜類収穫面積 率(%)	27.8 +	10.2	8.7	3.7 −	19.2	15.9	18.2
	農業集落数	60	48	25	24	9	166	
	農業地域類型	畑+野菜作型	稲作型A	畑作型	稲作型B	畑+稲作型		
1990年	基幹的農業従事者 率(%)	88.8	69.4 −	92.6 +	75.4	90.8	85.4	11.1
	65歳以上農業就業人口 率(%)	16.5	26.9 +	15.5	14.1	13.9	17.6	9.5
	1農家当たり経営耕地面積（a）	593.9 −	550.6 −	898.8	1,378.9 +	769.7	773.7	344.5
	借入耕地のある農家 率(%)	11.3	8.4	11.2	29.8 +	5.0 −	12.5	14.0
	稲収穫面積 率(%)	46.6 +	36.8	4.8 −	6.7 −	6.1 −	26.3	23.6
	麦・雑穀・イモ・豆類収穫面積 率(%)	24.0 −	34.1	45.8 +	59.6 +	17.1 −	34.0	19.3
	野菜類収穫面積 率(%)	21.7	20.1	26.1	11.3 −	66.0 +	26.4	20.9
	農業集落数	60	31	31	23	21	166	
	農業地域類型	稲作型	稲+畑作型	畑+野菜作型	畑作型	野菜作型		
2000年	基幹的農業従事者 率(%)	84.1	88.5	90.3	82.8	87.9	86.3	8.5
	65歳以上農業就業人口 率(%)	28.1	27.0	21.4 −	21.5 −	41.6 +	27.0	10.0
	1農家当たり経営耕地面積（a）	736.5 −	684.2 −	1,386.8 +	1,603.2 +	1,047.6	970.2	453.0
	借入耕地のある農家 率(%)	19.4	14.4	15.7	46.6 +	25.8	22.0	18.1
	稲収穫面積 率(%)	53.1 +	16.5	1.9 −	4.3 −	11.0 −	26.2	26.0
	麦・雑穀・イモ・豆類収穫面積 率(%)	15.8 −	11.0 −	37.1 +	55.7 +	44.7 +	26.5	19.7
	野菜類収穫面積 率(%)	22.8 −	67.3 +	44.9	14.3 −	25.9	35.1	24.4
	農業集落数	64	36	25	21	20	166	
	農業地域類型	稲作型	野菜作型	野菜+畑作型	畑作型	畑+野菜作型		

注：2000年における収穫面積は作付面積。1990年以降は販売農家の数値。クラスターⅠ〜Ⅴは，農業集落数の多い順に並べてある。各セルの平均値について，"+"は全体の"Av+SD／2"以上，"−"は"Av−SD／2"以下であることをそれぞれ表す。

B」，強い後者を「稲作型A」と呼ぶことができる。クラスターⅣは，稲と麦・雑穀等の収穫面積比率がともに高い「稲+畑作型」の農業地域類型で，著しく高い借入農家比率によって特徴づけられる。クラスターⅤは，野菜類収穫面積

比率が際立って高い「野菜作型」の農業地域類型で，その経営規模は比較的小規模である。

これらの空間的分布を見ると，大規模性を特徴とする「畑作型」は，北部・東部・西部の台地・丘陵地や南部の富良野市山部地区に広く見られる。「稲作型A」と「稲作型B」は，ともに富良野盆地北部，中富良野町を中心とした低地地域のほか，南部の山部地区周縁部に分布している。これらのなかでは，交通条件のよりよいところに労働力基盤の比較的弱い後者が位置するように見える。これら3農業地域類型は，この時期における本地域の典型的な農業タイプとして位置づけられ，基本的に自然条件の地域差に応じて展開したと考えられる。借地農業が特徴的な「稲＋畑作型」の空間的分布はきわめて分散的だが，どちらかと言えば市街地や小中心地の周辺に位置している。「野菜作型」は，富良野市西部の御料地区などに分布し，ブドウ・スイカなどの果実栽培との関連が示唆される。

（2）1980年の農業地域構造　クラスターⅠは，麦・雑穀等収穫面積比率と野菜類収穫面積比率がともに高いために，「畑＋野菜作型」と呼ぶことができる。こうした麦・雑穀等と野菜類との組み合わせによる畑地農業は，10年前には明瞭ではなかったが，1980年には最も重要な農業地域類型を形成している。クラスターⅡとⅣは，ともに稲収穫面積比率が相対的に高く，経営規模が相対的に小さいという特徴を持つが，労働力基盤の強弱に相違が見られ，1970年にならって，それが強い前者を「稲作型A」，弱い後者を「稲作型B」と呼ぶことができる。クラスターⅢは，麦・雑穀等収穫面積比率が相対的に高く，稲収穫面積比率が低い「畑作型」の農業地域類型であり，経営規模がかなり大きいという特徴を併せ持つ。クラスターⅤは，収穫面積比率から見ると「畑＋稲作型」の農業地域類型であり，借入耕地のある農家比率の高さに特徴を持っている。

これらの空間的分布を見ると，まず「畑＋野菜作型」の農業地域類型は，富良野市東部の麓郷地区や南東部の東山地区，富良野盆地南部の山部地区などに広く分布している。大規模農業を中心としつつも野菜類の生産があまり顕著でない「畑作型」は，富良野市北東部の布礼別・富丘地区や上富良野町北部の台地・丘陵地に見られ，同じ畑地農業地域でも北部と南部とで性格の異なるよう

1　農業の地域構造

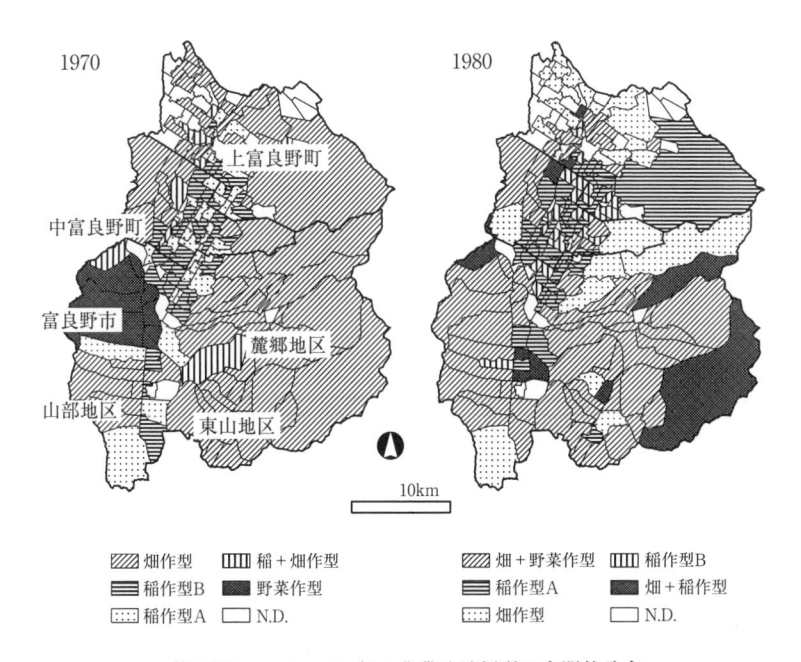

1970　　　　　　　　　　1980

上富良野町
中富良野町
富良野市
麓郷地区
山部地区　東山地区

10km

▨ 畑作型　　　▥ 稲＋畑作型　　　▨ 畑＋野菜作型　　▥ 稲作型B
▬ 稲作型B　　■ 野菜作型　　　　▬ 稲作型A　　　　■ 畑＋稲作型
▦ 稲作型A　　□ N.D.　　　　　　▦ 畑作型　　　　　□ N.D.

第1図　1970・1980年の農業地域類型の空間的分布

すが見て取れる。「稲作型A」と「稲作型B」は，ともに大部分が中富良野町を中心とする富良野盆地北部に分布し，10年前の特徴を基本的に引き継いでいる。「畑＋稲作型」は，その分散的な分布状況から特殊タイプと推察されるが，今度は10年前と逆に，市街地から離れたところで目立つようになっている。

（3）1990年の農業地域構造　クラスターⅠは，稲収穫面積比率が相対的に高い「稲作型」の農業地域類型で，経営規模が相対的に小さいという特徴を併せ持つ。クラスターⅡは，経営形態上どの作物生産もほぼ平均的な「稲＋畑型」で，労働力基盤が相対的に弱く，経営規模が相対的に小さいという特徴を持つ。クラスターⅢは，麦・雑穀等と野菜類の収穫面積比率が相対的に高く，稲収穫面積比率がきわめて低い「畑＋野菜作型」で，基幹的農業従事者比率が高く，経営耕地面積が大きいという特徴を併せ持つ。クラスターⅣは，麦・雑穀等収穫面積比率の高さと，稲収穫面積比率の低さとに明瞭な特徴を持ち，「畑作型」と呼ぶことができるが，経営規模の大きさと借地農業の展開とが結

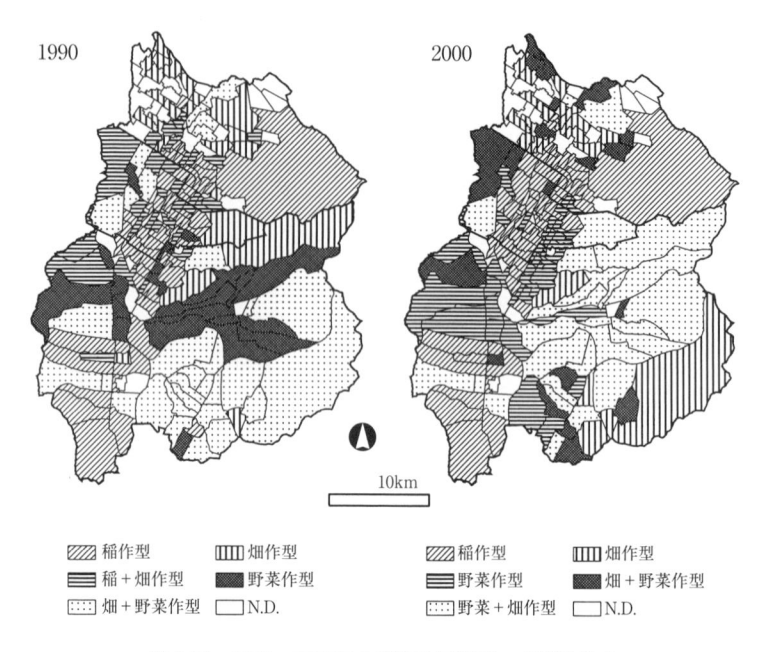

第9章　富良野地域における農業地域構造とその変動

第2図　1990・2000年の農業地域類型の空間的分布

びついたタイプである。クラスターVは，野菜類収穫面積比率がきわめて高く，稲と麦・穀物等の収穫面積比率がかなり低い「野菜作型」の農業地域類型である。

　これらの空間的分布を見ると，「稲作型」の農業地域類型は，1980年と同じように富良野盆地北部の中富良野町，南部の山部地区などに広く分布している。水田稲作農業に副次的に穀物・野菜等の生産が組み合わさり，さらに労働力基盤の相対的な悪化が指摘される「稲＋畑作型」は，富良野・上富良野・中富野の市街地周辺部にまとまって分布し，兼業化や都市化との関連が示唆される。残りの3農業地域類型は畑地農業を基礎とするが，まず麦・雑穀等に野菜類の生産が加わった「畑＋野菜作型」は，富良野盆地周辺部の台地・丘陵地に広く分布しており，とりわけ富良野市南東部の東山地区で顕著である。また，上富良野町北部や富良野市北東部で，借地農業の展開による規模拡大が指摘される「畑作型」が，富良野市の布礼別・麓郷・御料の各地区で，野菜生産に特化し

た「野菜作型」がそれぞれまとまって分布している。

　(4) 2000年の農業地域構造　クラスターⅠは，稲収穫面積比率が高く，麦・雑穀等と野菜類の収穫面積比率が相対的に低い「稲作型」の農業地域類型であり，経営規模が相対的に小さいという特徴を併せ持つ。クラスターⅡは，野菜類収穫面積比率がとくに高い「野菜作型」で，経営規模が相対的に小さいという特徴を併せ持つ。クラスターⅢは，野菜類と麦・雑穀等の組み合わせを特徴とする「野菜＋畑作型」で，労働力基盤が相対的に強く，経営規模が相対的に大きいという特徴を併せ持つ。クラスターⅣは，麦・雑穀等収穫面積比率が高く，稲と野菜類の収穫面積比率の相対的に低い「畑作型」で，経営規模がきわめて大きく，借入耕地のある農家比率が高いという特徴を併せ持つ。クラスターⅤは，麦・雑穀等と野菜類の収穫面積比率が相対的に高い「畑＋野菜作型」で，やはり大規模畑地農業が特徴的だが，農業労働力の高齢化が指摘される。

　これらの空間的分布に関しては，「稲作型」の農業地域類型は，これまでの3年次と同様に富良野盆地北部と南部の地域に広く見られるが，盆地中央部，とくに富良野市街地周辺部に野菜類生産に特化した「野菜作型」が分布するようになった。つまり，富良野盆地の農業を特徴づけてきた水田稲作農業に対する依存度の高さは，現在必ずしも明瞭ではない。残りの3農業地域類型は大規模畑地農業を中心とするが，野菜類生産との結びつきが強い「野菜＋畑作型」は，富良野市東部の富丘地区・麓郷地区や中富良野町東部などに，借地農業と結びついた規模拡大が特徴的な「畑作型」は，上富良野町市街地周辺部と富良野市東山地区東部に，さらに労働力の高齢化が指摘される「畑＋野菜作型」は，本地域周辺の北西部と南東部にそれぞれ広く見られる。こうして畑地農業地域は，生産形態の相違や労働力基盤の強弱によって地域的に細分化される傾向にある。

2　地域構造の変動

　前節の農業地域類型化に用いた労働力基盤，経営規模，生産形態に関わる指

第9章　富良野地域における農業地域構造とその変動

標によって，富良野地域全体での1970〜2000年における変化を概観しておきたい。基幹的農業従事者比率は70年代に若干低下するものの，その後はむしろ増大に転じている。労働力の高齢化は着実に進行しているが，他地域と比べると，本地域の農業が現在でも高い労働力基盤によって支えられていることがわかる。1農家当たりの経営耕地面積はかなり拡大し，この30年間でおよそ90％の増加率を示したが，とくに80年代以降は10年ごとの増加率がそれぞれ25％に達し，同じ期間に見られた借地農業の展開との関連が推察される。生産形態に関して，稲収穫面積比率は米の生産調整政策の影響で1980年には3分の1まで低下し，それ以降は4分の1ほどで推移している。70年代に急増を見せた麦・雑穀等収穫面積比率は，最近は4分の1ほどで落ち着いている。それに代わって，この30年間で一貫して比率を高めてきたのが野菜類収穫面積比率であり，耕種農業の主力は明らかに穀物・イモ・豆などから野菜や果実に移っている。

　これらの傾向についてもう少し詳細に検討するために，各年次間における農業地域類型の変化について図示した（第3図）。この図では，前年次に各農業地域類型に分類された農業集落が次年次にどの類型に分類されるようになったか

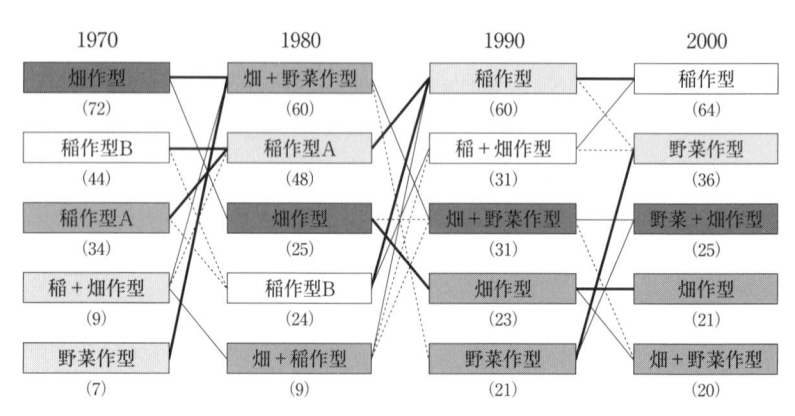

第3図　各年次の農業地域類型間における変化

ということが，前者における当該農業集落数の百分率で表され，各類型の労働力基盤や経営規模から見た生産基盤の相対的地位が付記されている。以下，農業地域類型間の農業集落の移動率が50％を超えるものに焦点を絞って，10年ごとの農業地域構造の変動を簡単に見ていこう。

　1970～80年に50％以上の移動率を示すものは「畑作型」→「畑＋野菜作型」，「稲作型B」→「畑作型A」，「稲作型A」→「稲作型A」，「野菜作型」→「畑＋野菜作型」で，稲作を中心とする地域に大きな変化は見られないが，畑作の輪作体系あるいは米の減反政策と関連した副次的な野菜作などの導入と関係した動きや，一部で，それらにともなう生産性の上昇が見られる。

　1980～90年の変化ではかなり複雑な移動が見られるが，移動率50％以上のものは「稲作型A」→「稲作型」，「畑作型」→「畑作型」，「稲作型B」→「稲作型」である。このうち「稲作型A」・「稲作型B」→「稲作型」は，それまで労働力の面で二分されていた稲作中心のタイプが単一の農業地域類型になったものである。稲作ないし畑作への副次的な野菜作導入は，この時期でも目立つ動きとして指摘できるが，それらは明らかに生産基盤の強化と関連している。また数は少ないが，「野菜作型」への野菜作の特化も部分的に現れ始めている。

　1990～2000年においては，農業地域類型間の移動が比較的単純になり，「畑作型」→「畑作型」，「野菜作型」→「野菜作型」に代表されるように，生産形態や生産基盤に顕著な変化の見られないものが多くなっている。このことは，それらの農業地域類型に分類される農業集落が畑作地域あるいは野菜作地域として定着してきたことを示唆する。数の上で最も多いのは「稲作型」→「稲作型」や「稲＋畑作型」→「稲作型」といった移動であり，それらは明らかな生産基盤の低下と結びついている。90年代の変化をまとめると，野菜類生産の重要性がおしなべて指摘され，それが強い生産基盤と関連する農業地域がある一方で，稲作農業を中心とした農業地域では，一部で生産基盤の弱体化が指摘される，といった二極分化の傾向が見て取れる。

第9章　富良野地域における農業地域構造とその変動

まとめ

　富良野地域の農業生産は，基本的に，自然的な生産条件によって盆地における水田稲作農業と台地・丘陵地における大規模畑作農業という二つの特徴的な農業地域によって構成されてきた。1970年代以降は，この基本パターンが維持されながらも，それまでも部分的に行われてきた野菜や果物の生産がほぼ全域で顕著になる。野菜類の生産は，前者における転作と，後者における輪作とそれぞれ結びつき，商品作物生産の重要な部分を担うようになった。そして最近，その生産に特化する農業地域がもう一つのタイプとして指摘される。一方で，富良野盆地の水田稲作地域のなかには，良好な交通条件が労働力面から見た生産基盤の相対的低下につながる動きも見て取れる。

　散村景観の存続には，居住者としての農家とその農業経営の維持が前提条件であり，砺波地域や胆沢地域では，それが主として製造業との兼業化や水田稲作の機械化などを通して図られてきた。しかし，富良野地域の歩んだ道筋はそれらと若干異なる。かつてより食料の生産基地として開発されてきた富良野地域は，重要な地域経済基盤としての農業生産を，その形態を少しずつ変えながらも，商業的性格を保持しつつ，労働力の再生産と経営規模の拡大をともないながら維持してきた，と言える。

　本章では，労働力・経営規模・経営形態に関わる指標によって富良野地域の農業生産の特徴を概観したが，残念なことに，最新の農業集落カードでデータの得られなかった生産額や収益性に関する分析は，割愛せざるをえなかった。また，この地域をめぐって注目されてきた，その他の多様な農業のありようについてはほとんど触れられなかった。

　例えば，1960年代以降の缶詰・冷凍加工工場とアスパラガスやトウモロコシ栽培との関連，70年代から研究・開発が進められたブドウ栽培と「ふらのワイン」の生産，80年代に生産が開始された地場チーズ，もともとオイルの生産を目的に始められたラベンダー栽培などは，地場での農業生産と農産物加工業と

の強い結びつきを示唆するものである。また新しい基幹産業として注目されつつある観光業は，かつては温泉とスキー場開発を中心としたが，近年は，そういった地場の農産物関連の加工品のみならず，農地の景観や農場での体験などを重要なアトラクションとする傾向にある[3]。農業生産を良好な形で存続させていくことは，それらの活動にとっても重要である。

さらに，例えば富良野市では，「富良野方式」として広く知られるように，80年代からゴミの分別収集が試みられ，市直営の有機物供給センターなどを通して有機物が圃場に還元されている。こうした試みは，畜産農家が北海道他地域に比べて少ない本地域において，生産基盤としての「土づくり」に寄与してきた，と指摘されている[4]。農業生産の維持を考える上で，新規農業就業の状況などとともに，そうした市街地と周辺農村との機能的な結びつきは，現在でも重要である。これらの詳細な検討は，今後の課題としたい。

---

1) 森岡清美「アメリカ農村社会学におけるルーラル・コンミュニティ論の展開」(村落社会研究会編『村落共同体の構造分析』時潮社，1956) 180-203頁。
2) 例えば，肉牛生産・酪農・養豚について生産農家比率で見ると，それが比較的高い地域は，中富良野町中央部付近にも見られるが，富良野市東部・南部・南西部や上富良野町北部の台地・丘陵地を中心としたところであり，このパターンは1970～2000年でほとんど変わっていない。いずれにしても，その比率は地域全体で10%を大きく下回っており，近年さらに低下する傾向にある。
3) 実際，富良野市麓郷地区の畑地景観は，1991年に農林水産省が選定した「美しい日本のむら景観100選」に，隣接する美瑛町とともに選ばれている。そこでは，「多自然居住」という言葉で示唆されるように，広大な丘陵地の圃場における輪作景観が「大自然」を表象するものとして評価されている。
4) 本地域における土壌条件の維持・改良については，次のものが参考になる。(1) 進藤賢一「土地生産力向上のための輪作，土づくり――富良野地区を事例として」北海道地理 59, 1985, 6-17頁，(2) 坂本英夫「北海道富良野におけるニンジン生産の状況と立地」人文地理40-1, 1988, 1-19頁。富良野市の有機物還元事業については，富良野市 (リサイクル推進課) のウェブページ (http://www.city.furano.hokkaido.jp) を参照のこと。

第10章
富良野地域におけるローカルニーズと
ローカルイメージ——田園居住を考える視点として

高 橋 　 誠

　現在の日本の農村地域では，何らかの形で農林漁業に就業する人の比率は，わずかに十数パーセントに過ぎない。国内的・国際的市場の再編によって農林業生産が全般的に後退するなかで，かつて国土空間のなかで食料などの生産基地として位置づけられた「農村」の意味は曖昧になり，1990年代には，「多面的機能」や「多自然居住」といった政策上の言葉に反映されるように，農村の持つ環境や景観の保全，あるいは居住やレクリエーションの空間としての役割が注目されるようになっている。こうして現在の農村は，景観的には大部分が農地や森林によって占められているにもかかわらず，社会経済的に「農業の村」とは一概に言えなくなっている。

　本書の焦点が置かれる散村・小都市群地域は，マクロには都市近郊農村と過疎化農山村の中間に位置づけられるが，「隠れた都市化」[1]として指摘されるように，労働集約的な工場立地や新しい田園居住，レクリエーションなどの広範な資本・人口流動のなかに置かれている。一方，ローカルレベルの地域構造は，農地や森林の広がる周辺地域と，農林産物の集散地や周辺住民のサービスセンターとしての中心地との機能的結合によって編成されてきたが，近年，両地区の関係は必ずしも補完的・調和的なものでない可能性がある。

　住民が地域の文脈で何を必要としているかというローカルニーズの問題は，それらの異なった地区に住む異なった人たちの異なった生活空間やネットワー

クと関係するために，かつてのように地元の農業生産を支える方向に必ずしも収斂しない。例えば，「都市と農村の調和」を目指した地域計画は，農民と非農民との間で異なって評価される傾向にある[2]。地域の基幹産業である農業の景観は，前者にとって現在の生産のみならず，将来の開発の可能性を持った経済基盤であるが，後者にとっては眺めて心地よい風景であり，古い状態のまま保護されるべきものと考えられた。こうして，多様化するローカルニーズは，住民が自分たちの暮らす場所の文脈でそこをどのように感じているかというローカルイメージの多様化と相互に関係し，それらの協調や競合は実際の土地・資源の利用・管理のありようを決定する力となる[3]。

本章の目的は，富良野市・上富良野町・中富良野町の3市町（以下「富良野地域」と呼ぶ）を事例として，ローカルニーズとローカルイメージのありようを議論することである。このことは，そうした散村・小都市群地域における田園居住の問題を考える上で鍵となる。

ここでは，北海道農村の特性に係わる次の二点を考慮したい。第一に，富良野地域の農業生産は，開拓直後の一時期を除いて常に商品生産が支配的であり，市場指向と大規模化・省力化・近代化といった経営戦略によって特徴づけられる[4]。しかし第12章において関戸が美瑛町の事例で示唆するように，農村景観に対する関心の高まりは農業生産の側面と必ずしもリンクせず，その近代化と競合する傾向にある[5]。第二に，第8章において松田が述べるように，富良野地域では農業開拓とほぼ同時期に市街地が成立し，これ以降，市街地と周辺農村というローカルな地域構造が展開してきた。社会生活と地域社会の基本を形作ってきたのは，一義的に，両地区間の機能的結合関係であると言ってよい[6]。

したがって，この地域構造に焦点を置き，両地区間の関係が協調的か競合的かということを具体的に検討する。ここで用いられる主なデータソースは，筆者が行ったアンケート調査[7]である。なお，ここでは便宜的に富良野・上富良野・中富良野の3市町役場所在地のみを市街地とする。これらの3市町は過去100年近く行政上別々の道を歩んできたが，かつて一つの自治体として編成された歴史を持ち，ある程度の地域的まとまりを保持してきた。それゆえ，ここでは市町間の差異は不問とした。

第10章　富良野地域におけるローカルニーズとローカルイメージ

1　富良野地域の概要

（1）地域構造の再編　富良野地域における1920年以降の人口推移を見ると（第1図），50年代後半までほぼ一貫して人口の増加が見られたが，60年代以降は逆にほぼ一貫して人口を減らし（1965～75年の5年間ごとの減少率がそれぞれ10パーセント），現在でも微減傾向にある。過去10年間を見ると，それぞれの市町において，年間あたり百数十人から数百人ほど転出人口が転入人口を上回り，一貫して社会減が続いている。

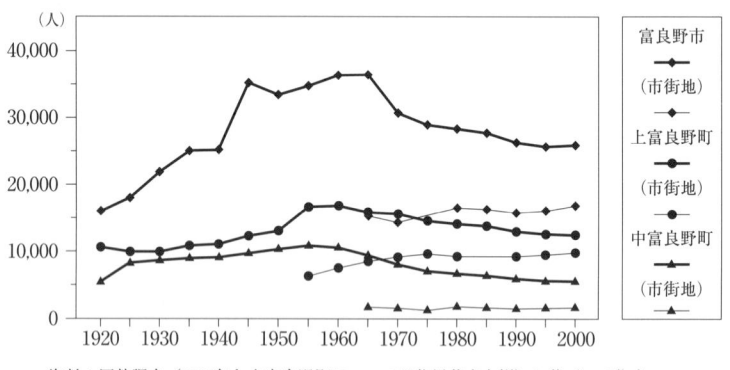

資料：国勢調査（2000年と中富良野町については住民基本台帳）に基づいて作成。

第1図　富良野地域における人口推移

そうした地域全体の人口減少にもかかわらず，富良野・上富良野・中富良野の3市街地の人口は，データのある1960年代以降，むしろほぼ一貫して漸増傾向にある。市街地の人口比率は，中富良野町では3分の1ほどだが，富良野市では70年代半ばに，上富良野町では60年代半ばにそれぞれ50パーセントを超え，現在では3分の2から4分の3に達している。こうして市街地の人口分布上の重要性は相対的に高まっており，その水準が市町全体の社会減を凌駕することから，周辺農村から市街地への移住によるものも大きいと推察される。

実際，本地域周辺部に位置する丘陵地の畑作地帯では，世帯数の減少が続い

1 富良野地域の概要

ている（第2図）。これらの地域では，過去数十年間に農家数の減少と農家経営の規模拡大が急速に進行し，地域内に多くの非農家を生み出すとともに，地域から人口を押し出す一因になったと考えられる。一方，世帯数の増加地区は，70年代には市街地縁辺部に見られたが，80年代から90年代にはその外側の地域に拡大した。その結果，農家比率が70パーセント未満の地域は，かつては市街地周辺や主要交通路沿線に限られたが，より周辺へと拡大する傾向にある。

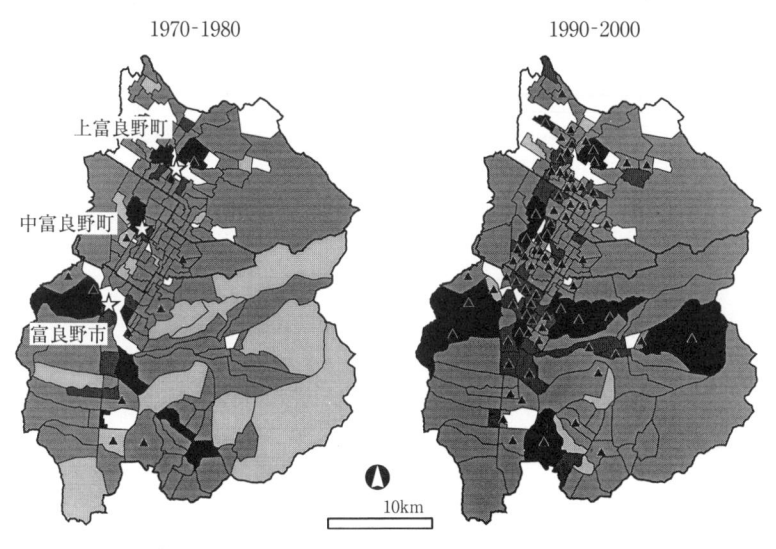

第2図 世帯増加率から見た富良野地域の構成

　これには，1960年代後半以降の既成市街地周辺における中小規模の住宅地開発によるところが大きい。こうした住宅地は，周辺農村からの移住人口の受け皿になるとともに，既成市街地からの人口分散に寄与した。その結果，市街地が面的に拡大するとともに，商業施設や一部の公共施設が市街地周辺部に新設・移転された。それと同時に，かつて中心地機能の重要な部分を担ってきた農産物加工場，倉庫や集荷施設なども既成市街地の外に移設される動きが見られる。

第10章　富良野地域におけるローカルニーズとローカルイメージ

（2）観光と田園イメージ　富良野地域の基幹産業は，最近に至るまで，もっぱら農業であった。しかし，第9章で議論したように，さまざまな新しい展開にもかかわらず，農業生産が全体として停滞傾向にあることは否めない。例えば，富良野市の農業純生産額はここ10年ほどは微減傾向にあり，20年前と比較した伸び率はわずか20パーセントに過ぎない。地域全体の農家戸数は1970年の約4,000戸から2000年には2,000戸あまりにまで減少し（30年間の減少率は約48パーセント），この地域を特徴づけてきた高い専業農家率も同じ時期に約60パーセントから35パーセントに25ポイントも低下した。

　こういう状況下で，観光は，とくに農村部で商業・サービス業関連の就業機会を提供する新しい基幹産業として注目されている。とりわけ，次の二つの出来事が重要である。一つは，FISワールドカップ富良野大会の開催（1977〜95年に通算10回）と，それと併せたスキーリゾート整備であり，中央資本による本格的なリゾート開発の先駆けとなった。もう一つは，フジテレビ系列のドラマ『北の国から』の放映である（1981〜2002年にスペシャル版も含めて十数回）。その舞台となった麓郷地区では，オープンセットをそのまま保存・展示する「麓郷の森」が1984年にオープンし，年間数十万人の観光客が訪れるようになった。また放映を契機として，1940年代後半以降栽培されてきたラベンダー畑の景観を目当てに訪れる観光客が急増した。1980年代以降は，3市町のすべてに公営のラベンダー園と併設の観光施設が開かれている。これらの結果，例えば富良野市では，過去30年間に観光入込客数が5倍以上になった。

　それらの出来事の意義は，その経済的な効果もさることながら，かつて北海道ではごく一般的な農村を「特別な場所」に変えたことにある。例えば，現在の各市町要覧にある，「都会ではなく田舎でもなく，観光地でもなく北海道でもないような不思議な時間が流れるまち，ラベンダーの花香る北の国・富良野から初夏のスケッチをお届けします」（富良野市），「人も自然も，いっそう輝きをます夏。ラベンダーの紫や木々の緑は目にまぶしく，人々は短い夏を惜しむかのように，さまざまなイベントに興じます」（上富良野町），「大地がくれた自然のパレットに色とりどりの絵の具たち。情景の丘」（中富良野町）といった表現は，富良野地域の農業や林業が生産・再生産・維持してきた，北海道ではご

く普通の（擬似自然的）景観を，それ自体は偶然に過ぎない，メディアの作り出した牧歌的イメージと結びつけ，それをパッケージ化して売り出そうとする，かつてポール・クロークが指摘した状況と同種のものである[8]。

さらに，3市町とも基本構想の根幹を田園都市の建設・整備に置いているが，この田園都市は，市街地のもたらす都市的サービスと周辺農村の持つ農業景観や自然環境のアメニティとの，自治体レベルにおける調和を意味している。ちなみに，自市町通勤者の比率は1995年でも90パーセント以上であり，最寄品と一部の買回品の商圏は地域内でほぼ完結し[9]，人々の生活空間として富良野地域の持つ意味は重要である。しかし，第11章において山根が述べるように，モータリゼーションの進展によって人々の行動圏は着実に拡大している。急増する観光客が点在する観光アトラクションを目指して市街地を素通りし，ペンションやレストランなどが田園地帯に立地するにつれて，市街地と周辺農村との関係はおそらく確実に再編されることになる。

2　アンケートから見た市街地と農村部の対比

市街地と農村部とは，人口構造上，相互に異なる性格を持つが，ここでは，アンケート結果をもとに，とくに次の4点に言及しておきたい（第1表）。第一に，一人暮らし・核家族世帯の比率は，過疎化傾向にある地域特性を反映して農村部でも低くない。第二に，市街地で高い比率を占めるのは管理的・専門的職業と販売・サービス・事務的職業で，後者は農村部でも一定の割合を示している。製造・建設等の現業労働の比率がきわめて低いために，そうした職業の持つ意義は大きい。また専業主婦や退職者など無職の比率は，市街地において相対的に高い。第三に，義務教育のみの修了者比率は農村部で高いが，高等教育について両地区間に明瞭な差異は認めがたい。第四に，ほとんどの就業者が自市町内に通勤しており，富良野地域内も加えると，その比率は95パーセント以上に達する。

どこで生まれたのか，どこから，なぜ移住してきたのかということを検討す

第10章　富良野地域におけるローカルニーズとローカルイメージ

第1表　アンケートから見た市街地と農村部の対比

変　数		全　体	市街地	農村部
回答者数（人）		331	146	101
家族構造 （2）	一人暮らし	35.9%	40.4%	27.7%
	核家族	32.5%	41.1%	25.7%
最終学歴 （9）	義務教育	23.6%	17.4%	27.8%
	高等教育	12.1%	13.2%	13.4%
通勤地 （20）	住居地の市町内	84.2%	77.9%	92.8%
	富良野地域内	10.8%	17.3%	2.4%
職　業 （16）	企画・管理・専門	15.6%	20.4%	6.3%
	販売・サービス・事務	26.7%	40.1%	14.7%
	製造等の現業労働	6.3%	7.0%	4.2%
	農業関係	28.6%	2.8%	63.2%
	無　職	22.9%	29.6%	11.6%

注：（　）は欠損値数。全体は住所秘匿者を含む。
資料：筆者のアンケート調査。

第2表　出生地・前住地・転居理由

変　数		全　体	市街地	農村部
回答者数（現住者：人）		322	145	97
出生地	現住地	28.3%	13.8%	44.3%
	現住地のある市町	28.9%	37.9%	19.6%
	富良野地域内	5.6%	6.2%	4.1%
	旭川市・周辺市町村	9.6%	11.0%	11.3%
	その他の北海道	17.1%	17.9%	11.3%
	北海道外	10.6%	13.1%	9.3%
回答者数（移住者：人）		237	133	55
前住地	現住地のある市町	34.4%	49.7%	22.7%
	富良野地域内	9.8%	7.6%	6.2%
	旭川市・周辺市町村	10.4%	11.7%	12.4%
	その他の北海道	14.8%	15.2%	11.3%
	北海道外	5.7%	7.6%	4.1%
転居理由	住居の新築	19.6%	30.3%	4.2%
	就転職・職場の都合	21.8%	28.9%	12.6%
	結婚・離婚	18.6%	13.4%	26.3%
	家族の事情	9.8%	12.0%	8.4%
	その他の理由	5.4%	7.0%	4.2%

注：全体は住所秘匿者を含む。資料：筆者のアンケート調査。

ることは，地域に対する愛着の度合いを考える上で重要である（第2表）。出生地については，農村部では現住地生まれの比率が半数ほどを，市街地では現住地のある市町内生まれの比率が3分の1以上をそれぞれ占めるが，富良野地域外からの移住も珍しくない。移住者の前住地では，現住地のある市町の比率が高く，市街地ではほぼ半数に上っており，市町内の別のところに住み，現住地に再移住した傾向が見て取れる。さらに，現住地に転居した理由は，両地区間で明瞭に異なる。市街地では住宅の新築と職業上の理由が，農村部では結婚等がそれぞれ目立っており，いわゆる新規就農者は数の上では重要ではないと推察される。

したがって，通勤や移住といった空間的行動の点から見ると，自治体地域（あるいは，それを含む富良野地域）の持つ意義は重要である。こうした事情は，回答者自身が感じる「身近な地域」に部分的には反映されるが，富良野地域の

第3表　住民が感じる「身近な地域」

地　　域	全　体	市街地	農村部
回答者数（人）	315	139	96
自宅付近・自治会・町内会	21.9%	15.8%	29.2%
小学校区・地区・市街地	10.5%	8.6%	16.7%
住居のある市町の全域	17.8%	18.7%	13.5%
富良野盆地・富良野地域	26.3%	30.9%	20.8%
富良野地域＋旭川市	12.1%	12.2%	9.4%
その他の地域	11.4%	13.7%	10.4%

注：全体は住所秘匿者を含む。資料：筆者のアンケート調査。

精神的な位置づけをめぐって両地区間で若干の違いが見られる（第3表）。すなわち，回答された「身近な地域」としては，農村部では近隣空間の持つ意味がとくに重要だが，市街地では富良野地域がもっと重要である。このことは，富良野地域が物理的・経済的・歴史的に保持してきたある程度のまとまりを反映し，あとで再び言及するように，この範囲での地域づくりの可能性を示唆するものである。

3　ローカルニーズとローカルイメージ

（1）地域に対する評価とローカルニーズ　回答者自身の地域に対する主観的評価として，まず現住地[10]の長所と短所を検討したい（第4表）。簡単に言えば，地域構造の特徴が両地区間での主観的評価の差異となって現れている。すなわち物理的環境，とくに静けさ・環境の雰囲気や自然・緑・動植物の存在が，とりわけ農村部で肯定的に評価され，第2位以下の項目の2倍以上のポイントを上げている。2番目に評価された項目は両地区間で異なり，市街地では交通・近接性，農村部では社会的環境にそれぞれ関わる項目が評価されている。一方，否定的に評価された項目では，両地区とも交通・近接性に関わるものが

第4表　現住地に対する主観的な評価

a．優れていること

項　　目	全体	市街	農村
物理的環境	51.5	47.4	58.2
静けさ・環境の雰囲気	21.1	20.6	23.4
自然・緑・動植物	17.2	15.3	19.1
自然景観・田園景観	8.9	6.2	12.8
交通・近接性	16.5	23.0	10.6
市街地・施設の近接性	13.0	18.7	7.8
交通の便	2.7	2.9	2.1
経済活動・経済の環境	7.8	7.2	7.8
農業・食料	5.3	3.8	7.1
社会的環境	11.4	9.6	14.9
地域活動・社会的活動	6.2	4.8	8.5
人情・人柄・意識	3.2	2.4	4.3
総合的評価	6.6	5.3	4.3
田園性・田舎性	3.4	2.9	1.4
生活基盤・施設	3.7	4.8	2.8
行政・町づくり	2.1	2.4	1.4
なし・わからない	0.5	0.5	―
合計ポイント（n）	437	209	141

b．劣っていること

項　　目	全体	市街	農村
交通・近接性	24.7	24.0	28.3
道路・鉄道整備	8.8	10.4	6.6
交通の便	6.9	4.9	12.3
市街地・施設の近接性	6.3	6.0	8.5
交通渋滞・交通量	2.7	2.7	0.9
生活基盤・施設	24.5	22.4	24.5
商業・購買環境の質	10.4	10.4	8.5
病院・福祉施設の質	6.0	7.7	1.9
生活基盤・上下水道	4.1	1.6	9.4
娯楽施設・温泉の存在	3.0	2.2	3.8
物理的環境	13.7	17.5	10.4
災害の少なさ	6.6	8.7	4.7
静けさ・環境の雰囲気	3.0	3.8	2.8
経済活動・経済の環境	9.9	8.7	10.4
雇用・経済開発	4.4	4.9	3.8
行政・町づくり	7.1	9.8	3.8
教育・福祉・行政サービス	3.6	4.4	1.9
社会的環境	6.3	7.1	5.7
総合的評価	5.8	2.7	6.6
なし・わからない	8.0	7.7	9.4
合計ポイント（n）	364	183	106

注：全体で10ポイント未満の小項目は省略。小項目は内数。表中の単位は％。全体は住所秘匿者を含む。
資料：筆者のアンケート調査。

第5表　地域づくりの方向として期待するもの

方　向　（複数回答）	全　体	市街地	農村部
回答者数（人）	315	138	98
自然環境の保護	63.5%	60.9%	66.3%
医療・福祉サービスの増進	53.3%	57.2%	48.0%
農業振興・生産基盤整備	49.5%	38.4%	61.2%
雇用対策・雇用促進	43.5%	55.1%	36.7%
景観の保全・整備	37.1%	40.6%	32.7%
文化教育施設の拡充	33.3%	41.3%	25.5%
犯罪防止・治安対策	32.7%	34.1%	31.6%
商工業の振興・誘致	31.1%	41.3%	21.4%
交通機関の整備・拡充	27.3%	28.3%	27.6%
生活基盤・道路の整備	27.3%	23.9%	32.7%
地域文化・歴史の研究・教育	16.2%	12.3%	21.4%
観光開発・誘致	15.6%	17.4%	8.2%
祭・イベントなどの実施	13.7%	15.9%	10.2%
住宅地開発・住宅建設	11.7%	14.5%	8.2%

注：全体は住所秘匿者を含む。資料：筆者のアンケート調査。

第1位に出現し，生活基盤・生活施設や経済的環境などに関わる項目がそれに続く。なお，市街地では物理的環境，とくに災害（雪害），社会的環境，行政・町づくりなどに関わる項目が，農村部では生活基盤，とくに上下水道整備，交通の便などに関わる項目がそれぞれ相対的に否定的に評価されている。

　こうした評価は，地域づくりに対する期待に反映し（第5表），全体的には自然環境の保護や生活環境の整備，あるいは経済開発などを望む人が多く，地域の主観的評価で最も否定的に評価されていた交通・近接性の改善を望む人は7分の2ほどに過ぎない。しかし具体的に必要とされるものは，両地区間で確かに異なっている。やや細かくなるが，自然環境の保護は農村部でより必要とされている。生活環境の整備では，市街地において医療・福祉サービスや文化教育施設が，農村部において生活基盤・道路の整備がそれぞれ必要とされている。また経済開発に関しては，農村部で農業振興が，市街地で雇用・商工業・観光・住宅に関わる開発がそれぞれ相対的に必要とされている。この傾向は，両地区間での物理的・社会経済的差異と，先述した相互関係とを反映する。

　最後に，そうしたローカルニーズを実現するために期待される地域づくりの主体について，簡単に触れておきたい（第6表）。全体として自治体行政やその

第10章　富良野地域におけるローカルニーズとローカルイメージ

第6表　期待する地域づくりの主体

主　体　（複数回答）	全　体	市街地	農村部
回答者数（人）	313	138	97
市役所・町役場（議会や委員会も含む）	85.6%	89.1%	88.7%
政府・道庁・北海道開発局	49.2%	42.0%	59.8%
自治会や町内会といった住民組織	40.6%	45.7%	34.0%
観光協会や商工会などの組合	35.5%	48.6%	26.8%
地元の民間企業	27.2%	39.9%	12.4%
農協・土地改良区などの農業団体	26.8%	16.7%	38.1%
老人会・婦人会・青年団などの任意団体	20.1%	21.7%	18.6%
学校や公民館などの教育機関，PTA	16.0%	18.1%	16.5%
文化サークルやスポーツクラブ	12.1%	13.8%	9.3%
NGOやNPOといった非営利組織	10.9%	18.1%	4.1%

注：全体は住所秘匿者を含む。主体は10％未満を省略。
資料：筆者のアンケート調査。

他の中央・地方政府に対する期待が大きく，民間企業や，住民組織や各種団体による自発的・自助的努力の役割はさほど期待されていない。それでも，これらのなかには両地区間での差異が大きいものもあり，市街地では観光・商工業・文化活動に関わる各種団体や非営利組織，地元の民間企業，農村部では地方・中央政府や農業団体の役割がそれぞれ相対的に期待されている。ローカルニーズが両地区間で微妙に異なる状況下で，自治体地域や富良野地域に対する「身近な地域」としての主観的な意義づけをより強固なものにし，それらの利害を調整するために，自治体行政の果たす役割は大きいと言える。

（2）場所の表象とローカルイメージ　ここでは，回答者自身が自分たちの住む場所をどのような言葉で表現し（＝代表させ）ているかということについて検討することで，そうした複雑なローカルニーズの背後にあるローカルイメージのありようについて議論しておきたい。

　現住地を表現するものとして，最も多くの，全体の3分の1近くの回答者によって選ばれた言葉は，「町」である（第7表）。その比率は，農村部では10パーセント未満なのに対して，市街地では半数近くを占めている。2番目に多く，全体の4分の1ほどの回答者によって選ばれた言葉は「農村」で，逆に，農村部で半数以上を占めている。全体として3番目に多く，およそ6分の1の回答者によって選ばれた言葉は「郊外」であり，その比率はとりわけ市街地に居住

する回答者のほぼ4分の1に達している。さらに、それぞれ全体の10パーセントほどの回答者によって選ばれた言葉は、「田舎」と「田園」である。両者とも農村部で言及される比率は高いが、絶対数では市街地でも少なくない[11]。

アンケートでは、空間を構成する具体的な要素と表象との結びつきを調べるために、そのような言葉を選んだ理由について自由に記入してもらった。ここでは、回答者数の多かった「町」、「農村」、「郊外」、「田舎」、「田園」の5用語を取り上げ、それぞれに関する各回答者の記載内容について検討しておきたい。調査者によって設定された11アイテムに記載内容が関係するかどうかが調べられ、それぞれのアイテムに関係した記述のあった回答者の割合が図示された（第3図）。記載内容に関しては、「農村」、「田舎」、「田園」を選んだ回答者は富良野地域全体を念頭に置いているように思われる一方で、「町」や「郊外」を選ん

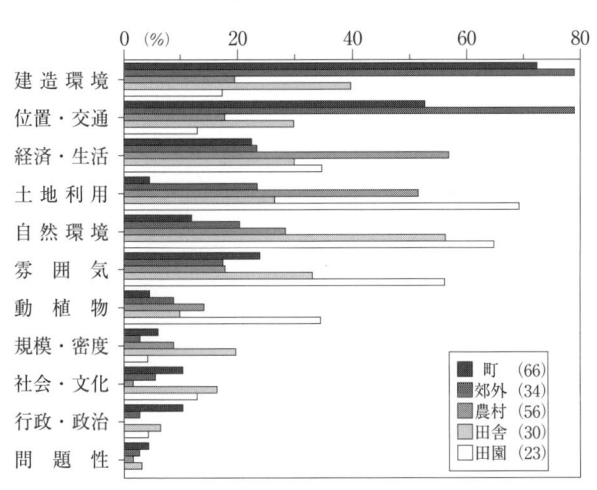

第7表 現住地を表現する言葉

言　葉	全　体	市街地	農村部
回答者数（人）	321	142	97
町	30.2%	46.5%	7.2%
農村	27.1%	5.6%	53.6%
郊外	16.2%	23.2%	9.3%
田舎	11.2%	9.2%	14.4%
田園	9.0%	7.0%	12.4%
都市	0.9%	0.7%	-
村	0.9%	-	1.0%
その他	4.4%	7.7%	2.1%

注：全体は住所秘匿者を含む。
資料：筆者のアンケート調査。

注：凡例中の数値は言及者数。資料：筆者のアンケート調査。

第3図　表現された言葉と関連して言及されたアイテム

だ回答者の記述は現住地周辺の狭い範囲のことに言及する傾向があった。

「町」に関する記述は，その多くが建造環境に関係している。ここでよく言及されるのは，「郵便局」，「学校（幼稚園）」，「スーパー（コンビニや商店）」，「銀行」，「病院」，「公共機関」などの（消費）生活に関わる施設である。位置・交通に関係した記述も半数を超え，「駅」や「道路」といった交通に関わる建造環境と，「市街地」や「徒歩で行ける」といった位置的要素とが結びつき，「生活に便利」や「生活に支障がない」といった評価に及ぶものも見られる。雰囲気に関しては，「寂れている」という記述がある一方で，「のんびりと暮らせる」といった肯定的な評価もある。

「郊外」に関する記述は，やはり，その大部分が建造環境や位置・交通に関係している。ここでよく言及されるのは，「市街地」や市街地を象徴する「駅」や「商店街」などからの一定の距離，あるいは「町はずれ」といった位置的な表現で，同時に「自然」や「緑」，「虫」や「キツネ」への近づきやすさも強調されていた。それゆえ，そこの評価は決して否定的ではなく，「静か」だが「生活に困らない」といったものである。言及される土地利用としては「住宅地」と「畑」であり，そこが旧来の市街地と農村部との中間あるいは境目に比較的新しく生み出された空間であることを示唆している。しかし数は少ないが，「週末には札幌や旭川に出かけ，日々は静かな環境に住む。アウトドアの場所への移動距離も少なく，仕事も住居もある」（筆者が一部改変）といった，よりマクロな視点に立つ記述もあった。

「農村」に関する記述は，その過半数が経済・生活と土地利用に関係しており，ほかの言葉に比べて，その他のアイテムとの結びつきは相対的に弱かった。経済に関する記述では農業の占める比率が高く，具体的な農作物名，「専業」や「収穫性」といった農業生産のプロセス，作業の苦労話や「離農」や「後継者不足」といった個人的経験に対する言及もあり，そして多くの回答者に，農業が地域の基幹産業だという認識があった。また土地利用に関しては，それゆえ「水田（地帯）」や「畑」への言及が目立ち，自然環境や野生動植物などに関する記述は少なかった。

「田舎」と「田園」という言葉が結びつくアイテムは，一部を除いてよく似

ている。すなわち，両者とも共通して自然環境に言及した回答者が過半数を占め，「豊かな緑」，「美しい山」，「明瞭な季節感」などの自然的要素と，「農業」といった経済活動や「水田」・「畑」といった農場景観とが結びつけられる傾向にある。また，生活・社会・文化などに対する言及も比較的多い。

　しかし，それらの具体的な内容は，両者間で微妙に異なる。「田舎」という言葉は相対的に規模・密度と関係する。そこでは，一部に「昔ながらの付き合い」や「古きよき暮らし」といった表現が見られるものの，規模の小ささが「（経済的に）劣っている」や「（文化的・経済的に）遅れている」といった社会的状況や，過疎化や高齢化といった問題性の側面につながる傾向がある。一方，雰囲気や動植物への言及が示すように，「田園」という言葉が使用される文脈は，明らかに肯定的なものである。例えば，「ぬけるような空。土。カエルの鳴き声。風の音。静寂。月の光……」，「四季を感じ，生命の鼓動を感じ，都会での生活ではあじわえないすばらしいまち」といった表現は市町要覧のそれとだぶり，地域に対するロマンチックな見方を反映している。「ラベンダー」や農場景観と結びついた観光も，「田園」に関する記述を特徴づけていた。

　以上のように，現住地の特性をめぐって，市街地と農村部とでは異なった場所の表象がある。半数の回答は，富良野地域で展開されてきた市街地（＝町）と農村部との機能的結合を示唆するものである。しかし，残りの半数の文脈はそれと異なる。なかでも重要なのは，「郊外」と「田園」という言葉の使用に関するものである。おそらく，前者は「町」や「農村」という言葉では表現されえない，もう一つ別の空間が存在していることを示唆し，後者は富良野地域に関してメディアなどで語られ始めた牧歌的イメージを反映している。最後に，選択された言葉と性別・年齢・学歴・職業などの個人属性との関係は，必ずしも明瞭ではない。

まとめ

　富良野地域は，そこに住む人たちによって，一つのイメージで語られてはい

ない。人々は,自分たちの居住する比較的狭い空間の文脈で広い空間のことを語ろうとする。多くの場合,自治体や地域のレベルで見ると,それらは歴史的に作られてきた地域のまとまりを反映する。多くの人にとって自分たちの住む場所が「町」と「農村」として意識され,富良野地域が「身近な地域」として一定の割合を保っているのはその現れである,と言える。

しかし,地域の基幹産業としての農業が現実として停滞傾向にあり,一方で,外部の人たちがそれとは異なった文脈で富良野地域に関わるにつれて,「田園」という新しいイメージが生まれてきた。また,地域のなかで市街地の果たす役割が少しずつ変化し,市街地自体が物理的に改変されるにつれて,「郊外」という第三の空間が生み出されてきた。そして,人々の生活の多様化や行動圏の拡大は,富良野地域自体が「都市」と「田園」や「野生」とを結ぶ空間として,札幌市や旭川市の郊外である認識を生みつつある。

こうした状況は,住む場所としての散村・小都市群地域の主観的評価をめぐって,次の二つの問題を提起する。

第一に,多様なローカルイメージは,人々がこの地域に「住む場所」として何を求めているのかということの複雑なありように反映する。少なくともここでの分析に関するかぎり,市街地と農村部とにおけるローカルニーズの差異は,両地区間の機能的結合関係を反映して,補完的ないし協調的である。しかし詳細な検討は省略したが,選ばれた言葉とローカルニーズとの関連を見ると,「農村」に住む人が生産基盤の整備や交通条件の改善を望むのは自然だが,「田園」に住む人がインフラの過度の近代化に反対するのもまた自然である。「町」に暮らす人たちは中心商店街の活気のなさを嘆くかも知れないが,「郊外」にいる人たちはより静かな生活環境を望んでいる。

第二に,富良野地域の牧歌的イメージは,全国的なメディアによって生産され,現実を過剰に美化する傾向にある。しかし,「田園」や,部分的に「郊外」や「田舎」という言葉の使用に見られるように,そのイメージは地元の住民自身によって地域の文脈で語られ始めている。そのことが他者のまなざしを通して自己を顧みること,つまり「富良野」とは何かという地域アイデンティティの創出に果たす役割は評価されるべきである。こうして,「住む場所」として

の富良野地域の将来にとって，人々の求めるものを，少なくとも自治体あるいは地域のレベルで，どのような方向でどう調整していくかということは重要である。そうした調整の試みはすでに始まっているが，それに関する検討は今後の課題としたい。

謝辞　アンケートに回答いただいた多くの方々に，心からお礼を申し上げたい。また，データ収集の際にお世話になった富良野市・中富良野町・上富良野町役場をはじめとする関係機関各位に謝意を表する。

1）浜谷正人「村落」（坂本英夫・浜谷正人編『最近の地理学』大明堂，1985）203-220頁。

2）Takahashi, M., 'Inhabitants' attitudes torward town administration in the rural-urban fringe of Japan' (Pierce, J., Prager, S. and Smith, R. eds., *Reshaping of Rural Ecologies, Economies and Communities*. Simon Fraser University, 2000), pp.25-37.

3）このことは，都市近郊農村において最も端的に現れるが，西欧や北米での報告を見ると，先進国共通の現象であり，日本の散村・小都市群地域のようなところでも今後問題になると思われる。（1）高橋誠「空間としての『農村』から農村空間の社会的表象——農村性の社会的構築に関するノート（1）」情報文化研究 7，1998，97-117頁。（2）高橋誠「ポスト生産主義，農村空間の商品化，農村計画——農村性の社会的構築に関するノート（2）」情報文化研究 9，1999，79-97頁。また北米の状況に関しては，（3）Bryant, C. and Coppock, P., 'The city's countryside' (Bunting, T. and Filion, P. eds., *Canadian cities in transition*. Oxford University Press, 1991), pp.209-238，が参考になる。

4）（1）坂本英夫「北海道富良野におけるニンジン生産の状況と立地」人文地理40-1，1988，1-19頁。（2）進藤賢一「土地生産力向上のための輪作，土づくり——富良野地区を事例として」北海道地理 59，1985，6-17頁。

5）抽象的レベルでは，人々の農村像から生産の要素が欠落する傾向にあり，それが具体的な地域の場面でどのように現れるかということは重要である。高橋誠・中川秀一「人々のもつ『農村像』の特徴」農村計画学会誌21-2，2002，143-152頁。

6）（1）鷹田和喜三「自然村・開拓村・ラーバンコミュニティ——北海道農村の社会的性格に関するノート」拓殖大学論集146，1984，180-209頁。（2）鷹田和喜三「集村・散村・ネーバーフッド——北海道農村の社会的性格に関する研究ノート（2）」拓殖大学論集163，1985，169-205頁。

第10章 富良野地域におけるローカルニーズとローカルイメージ

7) このアンケート調査では，最新の選挙人名簿から各投票区ごとにおよそ40分の1の割合で等間隔で抽出された1,000人に対して2001年9月に調査票が郵送され，その後2カ月ほどの間に331名から有効回答が得られた（回収率33.1％）。

8) Cloke, P., 'The countryside as commodity: new rural spaces for leisure' (Glyptis, S. ed., *Leisure and the environment: essays in honour of Professor J. A. Patmore*, Belhaven Press, 1993), pp.53-67。

9) 根田克彦「北海道における商圏構造」北海道地理62，1988，1-6頁。

10) アンケートでは，「お住まいの場所」の優れていることと劣っていることについて，それぞれ二つまで自由に記入してもらった。その記述内容は，調査者において設定されたカテゴリーに照らして検討され，各々該当する項目のポイントとされた。

11) なお，「都市」と「村」という言葉は，現住地を表現するものとしてはほとんど重要ではない。その他としては「住宅街」や「リゾート」などと，「田園・町」や「農村・村」など複数の言葉の組合せだった。複数の言葉を選んだ回答者は7名で，選択理由に関する記述は興味深い内容を含んでいるが，ここでの分析対象から除外した。

D. 空間の変容と整備

北陸自動車道の小矢部砺波ジャンクション（『砺波平野の散村』より）

第 11 章
モータリゼーションと地方都市空間の変容

山根　拓

　本章では，高度成長期以来のモータリゼーションが地方空間においていかに進行し，それが地方空間の変容といかに結びついてきたかという問題について考察する。モータリゼーション（motorization）は直訳すれば自動車化となり，池井（1993）[1]などを参照すれば，社会における自動車の存在・役割の質的量的な巨大化・普及を意味する言葉と捉えられる。ただし，この定義に基づくモータリゼーション概念はやや広義なため，ここではそれを社会の自動車依存の高まり，とりわけ市民生活における自家用車の活用やそれへの依存の高まりを意味する概念として用いたい。

　わが国のモータリゼーションを扱った地理学的な研究としては，酒井（1989, 1991, 1992），小方（1989），Nojiri（1992）や奥井（1994）が見られる[2]が，モータリゼーションが都市・農村空間の構造変容に及ぼす影響力に比べれば，決して多くの分析が行われてきたとは言えない。後述する1990年代以降の状況変化もあり，とりわけわが国地方空間における自動車社会の浸透事情とその影響に関しては，一層の実態検証が必要である。

　今日の地方空間で，モータリゼーションの進行は既に上限に達しているようにすら見える。その進行過程は，自家用車保有の面で見ると，各世帯への自家用車普及の段階（ファミリーカー）を終え，成人一人当たり1台保有のパーソナルカー段階に入っている（パーソナリゼーション）。モータリゼーションは，あ

る時期まで地域社会の都市化指標として有効であったが，自家用車依存という点で大都市圏と地方の状況は今や逆転した。例えば都道府県別1世帯当たり乗用車保有台数（2000年）[3]をみると，同値が1.00を下回るのは東京（0.59），大阪（0.75），神奈川（0.85），京都（0.93），兵庫（0.97），長崎（0.99）の6都府県であり，京浜・京阪神の2大都市圏を主とするのに対して，同値が高いのは富山（1.68），福井（1.67），群馬（1.66），岐阜（1.64），栃木（1.59）といった地方空間である。さらに，県域内でも都市部と農村部の間の差異は大きく，例えば富山県内の市町村別乗用車保有台数（2000年）をみると，都市部の富山市（1.50）・高岡市（1.62）と農村部の井口村（2.16）・下村（2.11）等との間に一定の差異が見られる。大都市圏よりも地方圏，地方圏の中でも非都市的な地域で，パーソナリゼーションの進行が顕著であると言えよう。

　利用状況の側面でも，近年の地方空間における自家用車依存の高さが証明される。地域住民の移動行動に注目した建設省（現国土交通省）のパーソントリップ調査は，これまで1987・1992・1999年の3度，全国的に実施されてきた[4]。都市計画情報センター（2001）によるこの3時点・54都市の調査結果の比較内容を参照すれば，トリップ時の利用交通手段として自動車の割合が増大してきたことがわかる。全国集計でみると，1987年に平日34.4％，休日45.6％であったその分担率は，1992年に各々39.6％，52.5％，1999年には43.2％，60.9％に達した。地方都市圏[5]における自動車の分担率の推移は，地方での自動車依存の一層激しい進行を示唆する。すなわち，1987年の平日42.2％，休日53.8％が，1992年には50.1％，62.2％，1999年には53.6％，69.9％と推移し，地方では平日は過半，休日にはほぼ7割のトリップが，自動車利用となった。

　さらに，1999年パーソントリップ調査における全対象98都市の集計分類結果を見ると，「三大都市圏・政令市」（25.4％），「三大都市圏・その他」（44.0％），「地方中枢都市圏」（44.0％），「地方中核都市圏（50万人以上）」（55.8％），「地方中核都市圏（50万人未満）」（59.2％），「地方中心都市圏」（61.5％）の順に平日の自動車利用率は増加している。この順は，都市階層の高次から低次への秩序に対応しており，自家用車依存が地方小都市ほど高い傾向は一層明瞭である。なお，休日に関しては，「三大都市圏・政令市」（40.5％）以外の全ての地域類型で，自動車

第11章　モータリゼーションと地方都市空間の変容

利用率が60～70％台を占めた。

建設省調査とは別に，富山県では1974・1983・1999年に富山高岡広域都市圏及び周辺市町村を対象とするパーソントリップ調査が実施され，本研究の事例地域である砺波地域の砺波・小矢部両市も調査対象地域に含まれていた。1999年調査の報告書[6]によれば，富山・高岡都市圏及び周辺市町村で発生した全トリップの利用交通手段別構成比のうち，徒歩・二輪車・公共交通機関の分担率が各々13.5％・10.1％・4.2％と低率に留まったのに対し，自動車類は72.2％と圧倒的に高い割合を示した。自動車利用率は1974年に42.5％，1983年に52.5％と既に高水準にあったが，1980～1990年代を通じ一層大幅に増加したことが判る。なお，同報告書によれば，1999年の富山・高岡地域の自動車利用割合は，全国的にも最高であったという。

このように，地方空間においては，1990年代以降も自家用車の保有と利用の両面で，モータリゼーションの顕著な進行過程が確認された。地方空間の中でも，とりわけ中核都市・中心都市から離れた人口規模の小さな地域において自動車依存が進む傾向にある。

本書では序章にあるように「散村・小都市群地域」という地域類型を設定し，構造変容下にある現在の当該地域の具体的な姿を描こうとしている。この種の地域は，国家空間の内部で大都市圏外の地方圏の一角を占める。地方圏は均質空間ではなく，都市的な地域や農山漁村的な地域など，多様な地域類型を内包する多様な空間である。その中での散村・小都市群地域とは，県都・準県都級の地方中心都市でも，他地域からの隔絶性が高い村落地域でもない，「都市－村落」の二項図式に馴染まない中間的な地域の中にあり，特異な集落形態に特徴を有する地域である。従来，この種の地域は，散居という景観的特性で同定される以外は，固有の一類型地域と見なされ難い地域であり，純然たる都市でも村落でもない残余の空間として一括りにされた存在ではなかったか。しかしながら，モータリゼーションの進行という側面から見ると，ここは一定の特徴を共有する地域として，国土空間の中で固有の位置づけを与えられるのではなかろうか。

そこで本章では，当該地域について，①モータリゼーションの時系列的な進

1 モータリゼーションの進行に見る地域的特徴

行の特徴を見出し，②その進行過程と地域空間の変容とがいかに関連していたかを捉え，③住民によってモータリゼーションの結果がいかに受け取られているのかということについて考えたい。具体的には，富山県砺波，岩手県胆沢，北海道富良野・美瑛の3地域について，上記の考察を進めてゆきたい。砺波，胆沢，富良野・美瑛地域の基本的な範囲は，それぞれ砺波市・水沢市・富良野市を中心とする旧砺波郡域・旧胆沢郡域・富良野盆地地域である。

1 モータリゼーションの進行に見る地域的特徴

砺波，胆沢，富良野・美瑛の3地域におけるモータリゼーションの長期的な進行過程を，本章では乗用車保有台数と免許保有者数の変化からみてゆくことにする。なお，各地域で入手し得たデータにおいて，対象年次の幅に差異が見

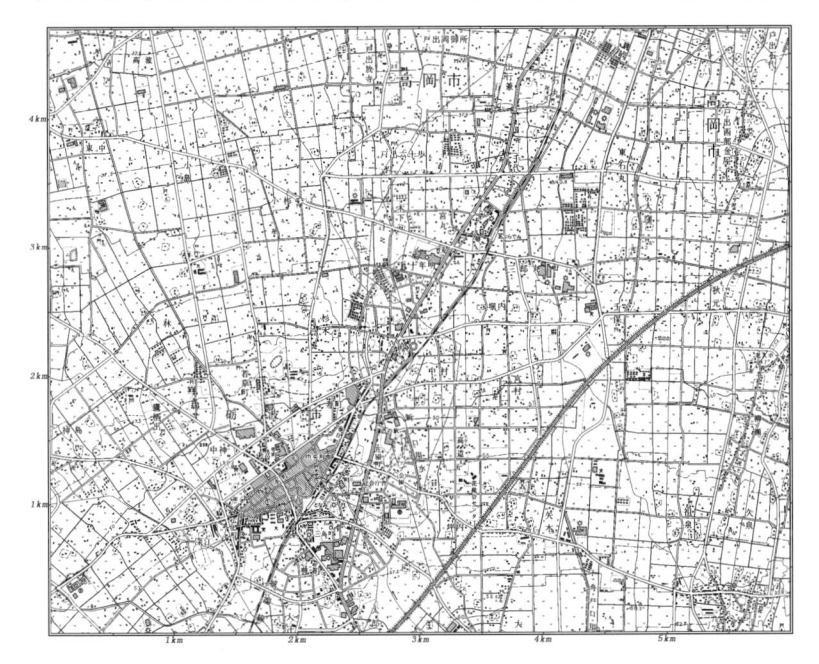

第1図　砺波市中心部とその周辺（1/25000地形図「砺波」の一部）

第11章 モータリゼーションと地方都市空間の変容

られた。そのため，特にデータの初年次に関して，3地域間で差異があることを予め明らかにしておきたい。

（1）砺波地域におけるモータリゼーションの進行　第1図は砺波地域の一部を示す。図中南西部の砺波市街地は砺波平野のほぼ中心に位置し，平野に点在する小都市群の一つである。周辺には散村地域が広がるが，近年では都市的施設や住居の展開，道路網の充実によって散村景観は以前ほどの明瞭さを欠いている。

砺波市など旧砺波郡に属する12市町村[7]のうち2市2郡における，1965年以降の乗用車（普通車・小型車・軽乗用車）保有台数の推移を示したのが第2図である。この図は，当該地域の自家用車普及過程が一定の速度で進行しなかったことを示している。その普及過程は，1960年代後半から徐々に自家用車の普及が始まり，続く1970年代を通じて著しい増加を示し，1980年代にややその伸びは緩んだが，1990年代に入って再び急増に転じ現在に至るというものであった。実際には東砺波郡のうち，五箇山山村とその他の平野部の間で普及度に差異がみられるが，増加基調は共通する。さらに人口・世帯当たり保有台数の変

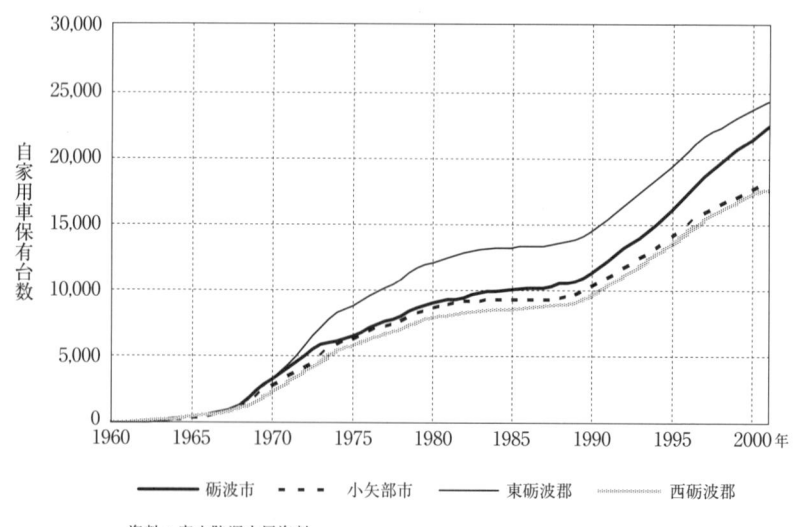

資料：富山陸運支局資料

第2図　砺波地域における自家用車保有台数の推移（1960-2001年）

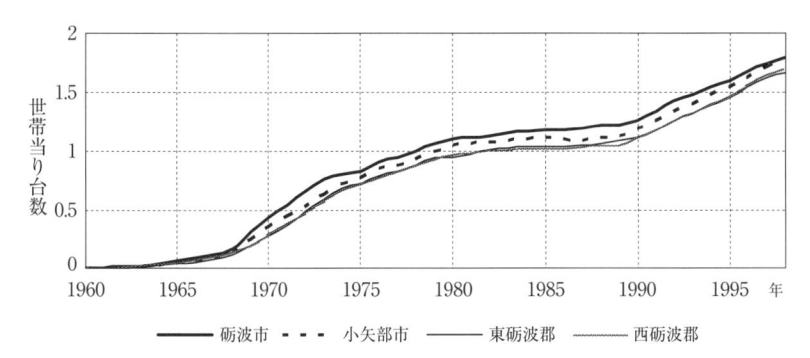

1 モータリゼーションの進行に見る地域的特徴

資料：富山陸運支局資料および住民基本台帳

第3図　砺波地域における世帯当り自家用乗用車数の推移（1960-1998）

化をみると，砺波地域各市町村の普及過程は，五箇山を別とすれば同程度の水準で推移しており，人口と保有台数の関係は1970年代後半に5人に1台，1980年代末に4人に1台，1990年代末には一挙に2人に1台に達し，世帯当たり台数は1970年代前半に0.5，1980年頃に1.0，1990年代後半には1.5を超え，現在2.0に迫りつつある（第3図）。ここから，当地域の自家用車普及過程は，1960年代〜1980年頃の「ファミリーカー」（家族共有車）普及段階と，それ以後とくに1990年代以降の「パーソナルカー」（個人専用車）普及段階に区分できる。このうち後段階の普及過程では，乗用軽自動車の急増が重要な役割を果たした。普通車・小型車に比べ税制上優遇され相対的に廉価であった乗用軽自動車の台数は，1990年代を通じて砺波地域全体で約6倍に増加した。これは，世帯のセカンドカー，主婦層の足として導入され，パーソナルカーの普及に大きく寄与したと考えられる。また，世帯台数を市町村別にみると，井口村の普及度が1975年以降常に他よりも0.1〜0.2程度高い状態を保つ一方，利賀・上平・平村の普及度は他より低く，その差はここ10年で一層拡大した。パーソナル化段階で平地農村と山村の間に新たな差異が現れたとみられる。

次に，潜在的な自動車運転可能者数の推移を運転免許保有者数の変化からみてみよう。富山県警察の資料から，当地域の1970年代中盤以降の運転免許人口の推移が把握できる[8]。この間，砺波地域全体の運転免許人口は，1970年代中盤の6万人台から，1980年代に8万人台に達し，1990年代を終えると10万人を

突破した。この増加傾向は乗用車の普及過程にみられるような段階的な変化ではなく，常に堅調な増加である。人口に対する免許保有者の割合（免許保有者率）も1970年代後半以降は直線的に増加しており，当初の40％前後から，1980年代後半には50％を越え，1990年代後半には60％以上に達した。また世帯当たりの免許保有者数は，1980年代中盤に2.0を超えている。例えば，砺波市の生産年齢人口（15〜64歳）の割合は64.7％（1995年）であるが，近年の免許保有者率はほぼこの割合に匹敵しており，成人層の皆免許化が実現したと言える。以前に筆者らは，砺波市での実態調査に基づいて，自家用車の購入とも結びつく多世代的な免許取得ブームが1960年代に当地で発生し，それ以降は25歳以下の若年時に免許を取得する傾向が一般的になったことを指摘した[9]。したがって，40％から60％への免許保有者率の増加過程は，取得可能年齢に達した若年人口がそのまま免許取得者に移行する形でもたらされたと考えられる。ただし，その増加過程には，若年層以外に成人女性の免許取得の同時進行が寄与した側面もあったのではなかろうか。上記の軽乗用車の爆発的な普及やオートマチック車の限定免許の登場（1991年）など，幅広い年齢層の女性がモータリゼーションの進行過程に組み込まれる状況が1990年代には出現していたとみられるためである。

　結局，自家用車保有と免許保有の2点から砺波地域のモータリゼーションをみると，1990年代に入って自家用車の成人個人単位での利用環境が整い，自家用車のパーソナル化が著しく進展したことが理解できる。

　（2）胆沢地域におけるモータリゼーションの進行　第4図は，胆沢地域の中核都市である水沢市の市街地とその西の胆沢扇状地上に広がる散村地域の地形図である。砺波同様，市街地の周辺に道路に沿った市街化が見られ，非散村的な居住空間の拡大が見られる。

　胆沢地域5市町村（水沢市，胆沢町，前沢町，金ヶ崎町，衣川村）における乗用車保有台数（乗用自動車（自家用普通車・小型車）と軽乗用車の計）の推移を，第5図に示した。この年次推移の曲線は，砺波地域と同様の形状を描く。すなわち，普及過程は，1960〜1970年代の急速な増加の後，1980年代に緩慢な増加過程に入るが，1990年代に再び急増段階に移行するというものである。世帯当り

1 モータリゼーションの進行に見る地域的特徴

第4図 水沢市中心部とその周辺（1/25000地形図「水沢」「供養塚」の一部）

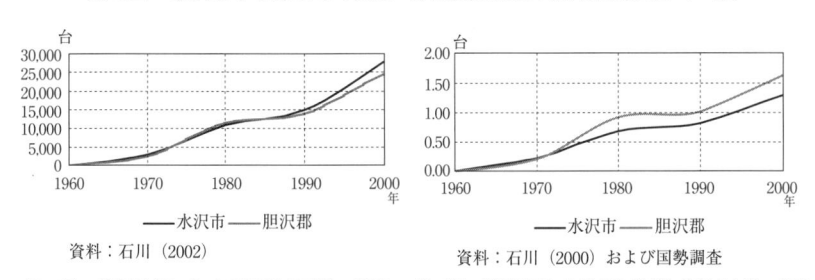

資料：石川（2002）

第5図 胆沢地域における登録車両数の推移
（1960－2000年）

資料：石川（2000）および国勢調査

第6図 胆沢地域における世帯当り乗用車台数の推移
（1960－2000年）

台数も，類似した推移を示す（第6図）。1970年代初頭の0.2程度から，1980年代初頭に0.68（水沢市），0.92（胆沢郡）に達し，その後の10年の緩やかな推移を経て，1990年代に再び急増した。1980年代に伸び悩みで1.0前後に留まった世帯当り台数は，2000年に胆沢郡で1.62，水沢市で1.3まで増加した。したがって，胆沢地域においても，モータリゼーションは1990年代以降，第2段階のパーソナリゼーション段階に移行したと見てよいのではないか。また，砺波同様に軽

227

第11章　モータリゼーションと地方都市空間の変容

乗用車が1990年代の車両数増加に寄与したことは，1987～2000年の13年間に乗用車台数が約1.7倍増であったのに対し，乗用軽自動車台数が約5倍に増加したことから明らかである。なお，世帯普及率における水沢市と胆沢郡の格差は，都市地域（水沢市街地）と周辺地域の間の交通環境・居住環境における差異に基づいた，自動車普及の跛行的進行の結果と考えられる。ただし，第5図から判るように，1990年代以降は水沢市の車両数の伸びが大きく，市街地やその附近の車社会化が進行しつつある現状が見て取れる。

次に，免許保有者数の推移をみると，胆沢地域も他地域同様に増加基調である。各市町村で1970年代に30％前後であった免許保有者率は，1980年代の終わりに50％前後，1990年代末にはほぼ60％台に達した。増加傾向は，1980年代以降はほぼ年率1％程度の堅調なものであった。これは砺波に比べ緩やかなペースであるが，基本的に類似の変動パターンである。男女の保有者率の格差も縮小し，男女比（女性保有者／男性保有者）が1980年代初頭の50％程度から1990年代末には70％程度まで上昇し，成人の皆免許化が胆沢でも着実に進行したと言える。

免許保有者率の市町村間格差（最大市町村と最小市町村の差）は，1975年頃には約10％弱であったが，近年は約3.5％まで縮小した。かつては周辺部の胆沢と中心地の水沢の格差が目立ったが，1990年代には，工場進出地域の金ヶ崎が最大となり，郊外化の影響か水沢の保有者率も最小を脱した。

（3）富良野・美瑛地域におけるモータリゼーションの進行　第7図は，富良野市街地とその北郊を収めている。この盆地のさらに北には上富良野，中富良野の二つの市街地があり，これら三つの市街地は盆地内で計画的に配置された。また，市街地周辺には規則正しい方形地割と散居の景観が展開している。散村景観は他の2地区と同様ではありながら，その居住密度が相対的に低いことがわかる。

富良野・美瑛地域（富良野市などの現6市町村[10]）における自動車台数の年次推移を第8図に示した。この長期データによれば，1960年代後半から自動車の大衆的な普及は始まり，以後は順調にその台数が増加した。とくに中心都市である富良野市は，1990年代末には1970年頃の4.2倍へと著しい増加を経験した。

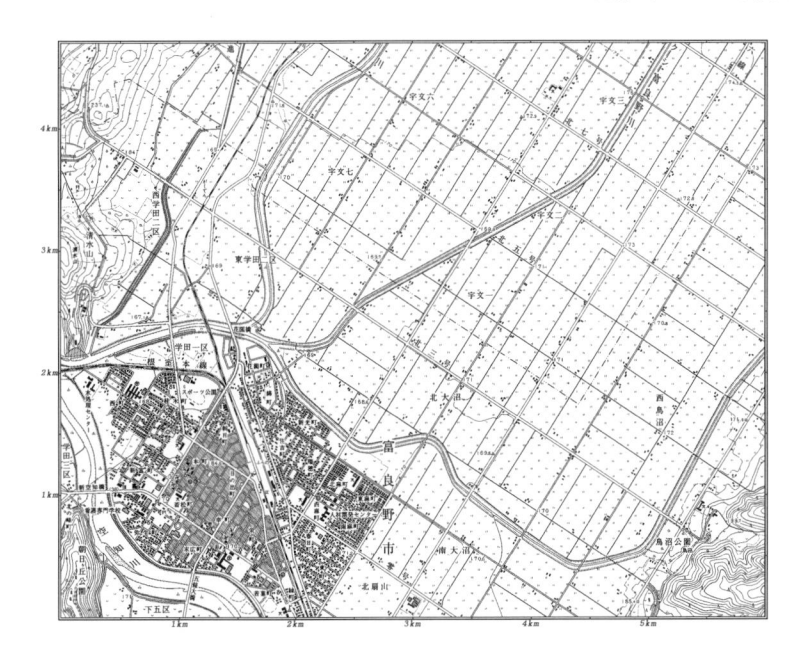

1 モータリゼーションの進行に見る地域的特徴

第7図　富良野市中心部とその周辺（1/25000地形図「富良野」の一部）

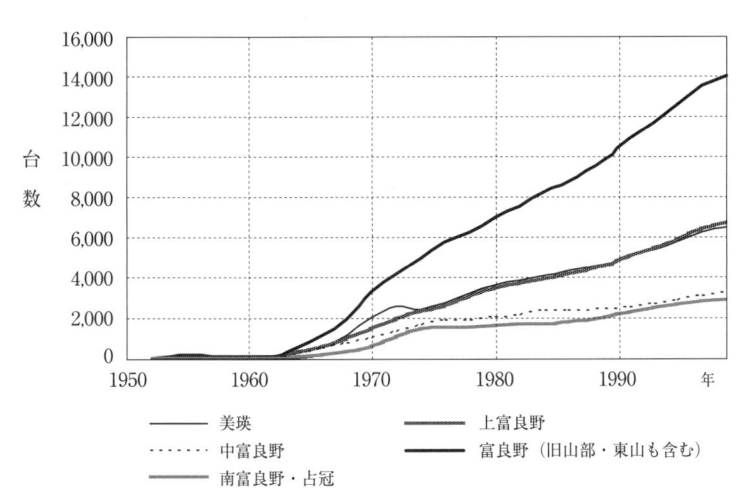

資料：旭川陸運局資料

第8図　富良野・美瑛地域の乗用車台数の推移（1952-1999年）

凡例：
- 美瑛
- 上富良野
- 中富良野
- 富良野（旧山部・東山も含む）
- 南富良野・占冠

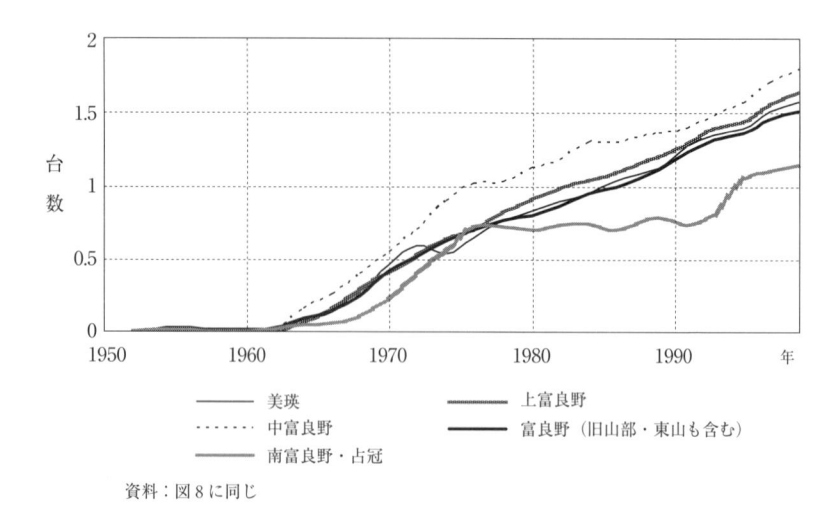

第11章　モータリゼーションと地方都市空間の変容

	美瑛	上富良野
	中富良野	富良野（旧山部・東山も含む）
	南富良野・占冠	

資料：図8に同じ

第9図　富良野・美瑛地域における世帯当り自動車保有台数の推移（1952-1999年）

　こうした実数での推移を見る限りでは，砺波の場合のような普及過程の段階的差異は見出し難いが，人口当たり・世帯当たりの市町村別台数の変動からは，1970年代前半頃までの活発な普及，そこから1980年代までのやや緩慢な推移，1990年代に入っての増加速度の回復という年代別傾向が認められる（第9図）。近年の増加が軽乗用車の普及に負うところが大きいのは砺波と同様であるが，当地域では1980年代前半よりその傾向がみられる。自家用車普及水準を見ると，1世帯に1台というファミリーカー段階へは主として1980年代半ばまでに達し，僻遠の2町村（南富良野，占冠）を除けば1990年代末までに世帯当り1.5台の水準に達し，パーソナル化が進んでいる。

　一方，当該地域における自動車免許人口の変化に関しては，1983年以降の富良野警察署管内5市町村のデータが得られた。それによれば，居住人口の長期的な停滞・減少傾向の中で，各市町村の免許人口は堅調に増加してきたことがわかる。さらに，富良野署管内全体の免許保有者率の変化をみると，1983年の40％から1990年には50％に達し，現在までに60％弱まで伸びた。砺波ほどの急増ではないが，富良野でも確実に皆免許化が進行している。当該過程は上述のごとく，運転可能年齢に達して間もない若年層による免許取得の継続傾向と成

人女性の免許取得の増加傾向を反映したものであろう。後者の傾向に関しては，富良野地域での男女比の43％（1983年）から69％（2000年）への増加がそれを示唆する。

（4）3地域の比較　モータリゼーションの進行過程にみられる特徴は，3地域間でほぼ共通していたと考えられる。すなわち，初期のファミリーカーの普及と免許取得者の増加の対応，後のパーソナルカーの普及と皆免許化の進展という2段階的な過程が3地域で一致した。最近10年では，モータリゼーションの新たな担い手として女性の存在が強調されることも共通していた。

3地域各々の域内差の傾向に共通性はみられるのであろうか。モータリゼーション関連指標の集計単位がせいぜい市町村単位までで，それよりも細かな集計単位が存在しないため，地域内格差の問題についての精細な議論は困難である。そうした前提を踏まえた上で，例えば近年の自家用車普及度に関しては次のように言える。

砺波では，平地部と山間部の格差は大きいが平地部の中での差異は一部の村を除き小さい。胆沢では，地域差は周辺部と中心市（水沢）の間にある。富良野・美瑛では，北部平地部と南部山間部の格差が見られるが，平地部市町間の差異は小幅に留まった。この点では砺波と富良野・美瑛が類似性を有するが，平地部での市街地－村落間の差異は胆沢以外の2地域では明瞭ではない。

また，モータリゼーションの進行度合に関しては，数字から砺波が他の2地区を若干リードしているように見える。しかし，こうした差異よりも地域変容にみられる共通性の方が，両地域の間ではより顕著であったように思われる。あるいは，3地域に共通する特性すなわち散村・小都市群地域の空間構成が，他の空間形態の地域（村落・都市）に比べて住民に対する自家用車移動の恩恵を一層高めており，自家用車の普及を促していたという点も，考慮されるべき事柄かも知れない。

3地域は，第1図・第4図・第7図からも多少は判るように，比較的小規模な中心市街地[11]とそれを取り巻く散村地域の組み合わせを基本とする単位地域が複数連坦した空間構造を有する。次に，各々の地域内での中心都市である砺波市，水沢市・胆沢町，富良野市の地域構造の変化を示し，それとモータリ

ゼーションの進行との間の関係について考えたい。

2　地方都市空間の変容とモータリゼーション

（1）砺波市における人口分布構造の変化とモータリゼーション　砺波市の人口は，1970年代前半を境にそれまでの減少傾向から増加に転じた。3万人台で推移していた人口は1998年には4万人を突破し，現在も増加を続けている。その過程で市域内の人口分布は変化した。1960年代半ばから現在にいたる砺波市の17地区[12]別人口の推移をみると，唯一の市街地である出町地区の高い人口集積，同地区の1990年代後半の人口停滞から増加への転回，他の散村地区の人口推移における複数タイプ（急増地区，停滞地区，減少基調地区など）への分化などが判る。

出町地区に関しては，その形成過程から内部を中心部（旧出町），市街地連坦部，周辺部の3地帯に区分すると，人口が減少・停滞する内側2地帯と常に増加する周辺部に区分できる。元来散村であった周辺部は人口増加を続け，1990年代には出町地区内最大の人口を擁したことから，旧来の市街地・出町では空洞化・郊外化が進行したことが判る。

一方，散村16地区では，油田・林・鷹栖地区がほぼ一貫して人口増を示したほか，庄下地区が1980年代から，南般若・柳瀬地区が1990年代から人口増に転じた。市域17地区を中心市街地と周辺7セクターに再編成[13]し人口推移をみると（第10図），砺波市街地に近い庄川左岸の4セクターで増加した。このうち，北東部の著しい伸びは，高岡方面からの人口流入の影響と考えられる。また，その他の人口増加地区では，中心市街地からの人口流入の影響が見られたと考えられる。これと対照的に，庄川右岸の各セクターは都市化の影響から外れ，人口を減少させた。

市街地周辺・郊外部に位置する近隣散村地域への人口のシフトは，広い居住空間を求める地域住民の潜在的な志向性が，30年来進行してきたモータリゼーションと1990年代以降のパーソナリゼーションの流れの下で実現された結果と

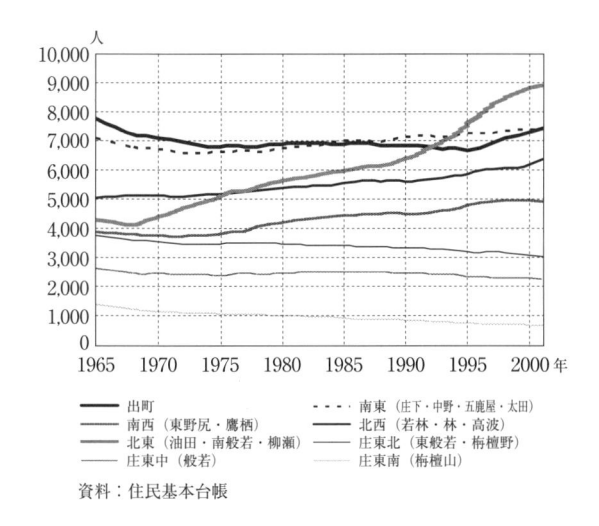

2 地方都市空間の変容とモータリゼーション

第10図　砺波市内のセクター別人口の推移 (1965－2001年)

凡例：
- 出町
- 南東（庄下・中野・五鹿屋・太田）
- 南西（東野尻・鷹栖）
- 北西（若林・林・高波）
- 北東（油田・南般若・柳瀬）
- 庄東北（東般若・栴檀野）
- 庄東中（般若）
- 庄東南（栴檀山）

資料：住民基本台帳

解されよう。「モータリゼーション→パーソナリゼーション」の流れは，脱農化・第2種兼業化が著しく進行したこの地域で，公共交通機関に依存しない形での非農業的散村生活を可能にした。

（2）水沢市・胆沢町における人口分布構造の変化とモータリゼーション　胆沢地域のうちで密接に連繋する水沢市と胆沢町の地区別人口の推移を，まず見ておこう。第11図は，水沢市と胆沢町の9地区[14]の人口推移を示したグラフである。1980年代半ばまでの動向を見ると，中心部の水沢地区が戦後急速に人口集積・市街地形成を経験してきたことが判る。水沢地区は1986年以降水沢・南・常盤に分区されたが，少なくとも1980年代後期以降，3地区のうち，砺波同様に中心部の中の周辺部（南，常盤）で人口は増加しており，それは郊外化の結果であったと思われる。他の地区の動向は，第11図から読み取り難いが，1970年代を境にそれまでの減少から増加に転じた地区が意外に多い。近年では，それらの地区の人口は1950年代の水準まで復帰しつつある。一貫した人口減少は，水沢市南東部の黒石，胆沢町西部（胆沢扇状地扇央部）の若柳のような縁辺部の地区で見られる程度である。すなわち，水沢市近在の農村地区ではここ20～30年間に脱農化による社会減が弱まり人口回復傾向が卓越し，当該地域は生活空

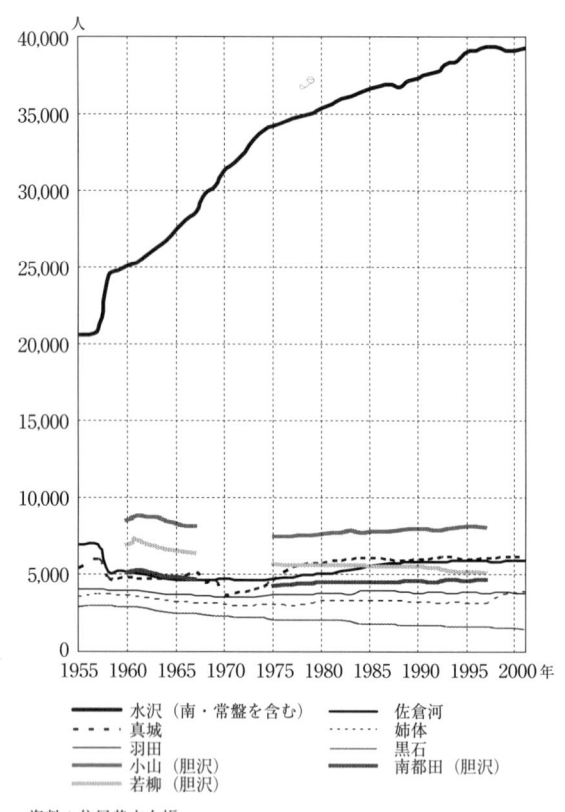

第11章　モータリゼーションと地方都市空間の変容

```
資料：住民基本台帳
注）胆沢町3地区の人口データは1960年以前，1968-74年と1998年以降は欠損
```

第11図　水沢市・胆沢町の地区別人口の推移（1955-2001年）

凡例：水沢（南・常盤を含む）／佐倉河／真城／姉体／羽田／黒石／小山（胆沢）／南都田（胆沢）／若柳（胆沢）

間として再生産されたと見られる。それに関しては北上地方への工場進出による地域雇用の拡大が重要な因子であろうが，それとともに急速に進んだモータリゼーション，パーソナリゼーションが農村居住に伴う生活・通勤の不便を緩和したことも，その促進要因であったと考えられる[15]。すなわち，モータリゼーションは外在的契機としての工業化・サービス化による労働市場・生活圏の再編を同時期に下支えし，地域人口の維持・再生に寄与したといえよう。

（3）富良野市における人口分布構造の変化とモータリゼーション　富良野市内

2 地方都市空間の変容とモータリゼーション

の地域別人口規模・構成の変容過程に見られる特徴を，ここでは見出してゆきたい。富良野市内の景観構成は，大まかに言えば，JR富良野駅を中心に広がる方形の市街地と周辺にある散村形態の開拓村落に分けられる（第7図）。また，これ以外に小規模な市街地が山部にも見られる。市域は行政上，市街・下方面・麓郷布礼別・山部・東山の5地区に区分されている。

まず，国勢調査の結果から1965～1995年における市内5地区の人口の推移を示した（第12図）[16]。これによれば，市街地と周辺各地区の人口規模には当初から大きな差が存在したが，その差は年々拡大した。市街地人口と周辺4地区合計人口を比較すると，1965年には後者が前者を5,627人上回っていたが，1975年にその関係は逆転し，1995年になると前者が後者を6,882人上回った。この約30年間の経過をみると，全市域人口の一貫した減少過程の中で，市街地区は現状維持から微増の傾向を示すのに対して，その他の地区は軒並み減少を示している。すなわち，官公庁の統廃合、企業の撤退、離農などによって富良野市が人口の社会減少過程から免れることはなかった[17]が，空間的にみてそれは周辺部農村に偏倚して進展した。また，1970～1995年間の世帯数の推移についてみると，市街地では4,412世帯から6,463世帯へと約46％増加したが，他の4地区では3,646世帯から2,847世帯へと約22％の減少となった。

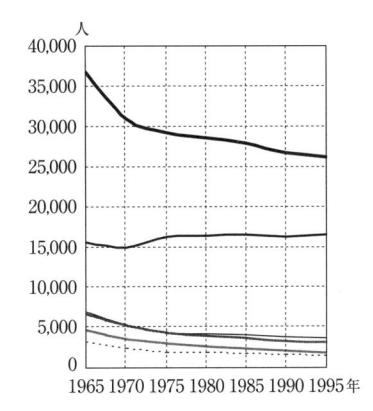

第12図　富良野市の地域別人口推移
(1965－1995年)

こうした人口・世帯数の時空間的変動から確認し得ることは，周辺農村地域における離脱・離農の進行と衰退である。近代以降の開拓地が大半の北海道では，本州に比べ農民の土地・場所への執着は少なく，農家が土地生産の有効性を見限って脱農・移転に踏み切るタイミングは早いという。そうした環境の下で富良野市周辺地区から離脱した人々は，同市全体の社会減の規模に照らせば

第11章　モータリゼーションと地方都市空間の変容

多くが市外流出したと考えられるが，市内の中心市街地へ移動した可能性もある。他地区が長期的な人口減少を続けた同時期に人口規模を維持（微増）し世帯数を増した事実に鑑みれば，恐らく富良野市街地は，周辺部人口の吸収により規模の均衡を保ったと考えられる。周辺部から市街地域への居住地移動は，脱農転職によるものが想起されるが，必ずしも転職を伴わない移動すなわち農業に従事したまま市街地へ転居する事例も見られるという[18]。この職住分離は，住民が，購買行動など種々の面で利便性が高く近隣関係も豊富な市街地を居住生活の場として確保しながら，従来どおりの農業生産の場も手放さない新しい生活形態である。冬季厳寒の地域でありながら，早ければ2月頃に始まる農作業に通勤という形で対応することを可能にした重要な要因は，交通環境の劇的な変化であった。道路網の整備とモータリゼーション（パーソナリゼーション）が一体となって進行する中で，以前は困難であった通年型の日常的な移動が実現可能になり，市街地居住農民が現実化したのである。

　ところで，ここまで富良野市統計で用いられた慣例的な地域区分にしたがい，「市街地区」という地域単位を用いて議論を進めたが，中心部への人口回帰はこの地区全域で生じたわけではない。富良野でも市街地中心部は空洞化しており，近年の人口が30年前の2～3割程度に激減した町が複数ある[19]。実際には，砺波の出町地区や水沢の南・常盤地区と同様に旧市街地に近接した外縁地帯で計画的宅地化が進み，その新市街地が人口受入地域となった[20]。

　結局，3地域とも主たる人口増加地区が旧市街地の外側にある点は共通する。しかし，砺波や水沢では市街地からその周縁部を超えた散村地区に人口増の地域が見られるのに対し，富良野では周辺部から人口が離脱し，散村地域は人口動態の点で停滞・衰退する空間となった。何故こうした対照性が現れたのであろうか。今や，地方空間ではモータリゼーションによって快適な郊外生活を送る可能性が高まり，実際，狭隘な旧市街地から外部への転居を志向する住民意識の存在を示した調査結果もある[21]。それにも拘わらず，富良野の郊外は発展しない。その理由として考えられるのは，富良野には非農業的郊外居住の一般的な利点や魅力が乏しいということではなかろうか。広く寛いだ居住空間の確保という郊外居住の利点は，恐らくそれだけでは大きな移動の流れを喚起しな

いであろう。地方空間で人口分布の郊外化を牽引する主因としては，中心都市（母都市）の発展や新規雇用や購買の場の郊外立地などが考えられる。砺波や水沢には多少なりともそうした要因が存在するが，富良野の場合，都市規模が小さく工業立地は乏しく商業施設の郊外進出は不活発である。また，高岡に対する砺波のように，有力他都市の近郊として発達する可能性も少ない。旭川は道北の拠点都市であるが，その外延化した日常生活圏・通勤圏の中に富良野市を位置づけることには無理がある[22]。また，人口・世帯数の急減によるコミュニティ機能の低下も富良野における郊外居住の魅力を奪っていると考えられる。

（4）モータリゼーションに関わるさまざまな地域的変化　モータリゼーションは，上述の如く，地方都市空間の構造変容を促進する重要な要因・誘因である。砺波の出町中心部，水沢の水沢地区中心市街地，富良野の市街地の各々における商業空洞化や，出町周辺部，江刺や前沢，富良野市街地縁辺部での大規模店舗の新規立地促進に見られるような商業空間構造の再編成や，そうした新規施設の立地や道路網の拡充に伴う景観の変貌にも，それは深く関与してきた。

さらに，地域住民の生活活動空間のあり方にも，モータリゼーションそしてパーソナリゼーションの影響は強く刻印されている。筆者らによる1996年の砺波調査[23]において，1日単位での家族の生活空間のあり方をみたとき，当地域で今なお卓越する多世代型世帯における成人構成員の外出活動が，時空間的に極めて個別分散的に行われていることが判明した。個人的な活動における選択肢の増加や効率化にとってマイカーの存在が画期的であったことを，その事実は示した。地域におけるモータリゼーションの深化＝パーソナリゼーションの進行は，人間の移動行動の多様化・複雑化した空間的パターンを現出させるだけではなく，われわれの生活空間の構造変容をももたらしている。

3　地方空間におけるモータリゼーションの評価

地方空間におけるモータリゼーションは，既に30〜40年の歴史を有する不可逆的な流れである。モータリゼーションは，道路整備や大規模商業施設の市街

第11章 モータリゼーションと地方都市空間の変容

地縁辺・郊外立地など「車社会」を前提とした社会・空間構造を強化し，良くも悪くも住民の日常生活を大きく変化させてきた。ところで，それは当該地域住民によってどのように評価されているのであろうか。この問題について最後に考えたい。資料として『新しい砺波市総合計画策定に向けた市民意識調査』（「砺波市民」と略，以下同）[24]，「砺波散村に関する住民の意識調査結果」（「砺波散村」）[25]，水沢市の『まちづくり白書2000』（「水沢」）[26]，胆沢町の「まちづくりアンケート調査結果」（「胆沢」）[27]，『富良野市総合計画　地区懇談会　意見・提言一覧』（「富良野」）[28] を用い，それらの掲載内容に依拠して議論を進めたい。各資料は，地方自治体や関連機関が地域開発計画の策定等を前提に，行政に対する住民意識を把握するために企画実施したアンケート調査や地区懇談会の結果を収録している。したがって，住民の声を知ることができる重要なデータ集である。筆者は，各調査結果の中からモータリゼーションに関連する回答内容（設問への選択回答や自由記述回答）を抽出し，地域住民のモータリゼーションに対する種々の視点を明らかにしようとした。

各資料において明らかにされた地域住民の回答・提案の中で，モータリゼーションに関連づけられる指摘は随所に見られた。何れの指摘も「車社会」の到来を無視した非現実的な議論ではない。しかしそれらは，現状を肯定的に捉えるか，批判的に捉えるかによって，①車社会の利便性を一層高める志向性を持つ立場と，②車社会の現状に不満・不安を感じており，そのデメリットに目を向け，過度の自動車依存を是正する方向に社会や生活を転換してゆく志向性を持つ立場に区分されよう。

このうち①は，基本的にモータリゼーションの進展を前提とした，より快適な環境の実現を求め，具体的には道路と付帯設備の整備（道路の舗装改良や新設，橋梁の建設，駐車場の確保，歩道整備など）の促進を期待する声である。そこでは，交通問題（例えば，渋滞・違法駐車・事故等の問題）対策，住環境整備，商業振興などの必要条件として，道路や駐車場等の新設・整備が重視されている。例えば，「砺波市民」では市に対して今後望まれる対策の3番目（27.2％）に，「道路，公園，下水道等の整備」が挙げられたし，「水沢」では住環境充実のために力を入れるべきこととして「生活道路の整備」を挙げた回答が最多（35.8％）であ

った（この他にも道路関係の要望の割合は高い）。また，「胆沢」では，「（町の事業の中で）特にお金をかけるべきもの」の2番目（17.4％）に「道路，交通安全」が挙げられていた。このように，道路関係の要望は地域社会の世論となっているかに見える。こうした立場での主張を「開発志向型」の見解ということもできよう。

　他方，②は基本的に①のような多数意見ではない。モータリゼーションという状況に対峙はしてもそれには対応し難い者，顕在化する車社会の中で非クルマ生活を余儀なくされた「弱者」やそれに同調する者，すなわち「少数派」の立場が表明されている。高齢者，周辺部居住者，自家用車や運転免許の非保有者，自動車運転に消極的な者らにとって，パーソナリゼーションの域にまで達したモータリゼーションの進展と，それに伴う公共交通の衰退や自動車利用を前提とするかのような社会の構築は，地域における日常生活を不便なものに変え，社会的不平等を実感させられる場面を増やすことになるであろう。

　各資料から，②の立場を表すような住民の声を抜粋してみよう。「大人でも車がないとどこにも行けない」(砺波市次郎丸，20代女性，「砺波散村」)，「だんだん年老いていく私にとって，今後ここに住み続けることができるか，すごく不安を感じている。特に，年々不便になる交通機関（中略）には困ってしまう。(中略) 私個人としては，もうここに住むことはあきらめるしかないような気がする」(砺波市小島，60代男性，「砺波散村」)，「高齢者にとって交通の手段は家族に頼ることが多い。つながりができる反面，個々に生活時間・予定があり，ふりまわされてしまうことがある。相互理解が必要で，トラブルを最小限にする努力がいると思う」(砺波市田尻，30代女性，「砺波散村」)，「福祉施設を作る時は，人口密集地に作ってください。自分の足でできるだけ行けるように。ボランティアの方も自転車や徒歩で行けるように」(水沢市，60代女性，「水沢」)，「石綿に住んでいるが，歩くことが非常に困難になっている。タクシーで病院通いをする人が沢山いる。足の確保について以前からお願いしていた。病院，買い物等タクシーを利用した場合（の）助成など地域の願い（を）かなえてほしい。全市的に考えてほしい」(富良野市布部地区在住者，「富良野」)，「人に優しい道路整備。これまでは車重点の整備。(中略) 国では「自転車を使いやすい環境づく

り」の取り組みを始めたと聞いている。富良野規模のまちでは，自転車利用の促進が効果的と考える…」(富良野市幸・栄・若葉地区在住者,「富良野」) など，マイカー依存・マイカー優先の地域社会の弊害を嘆き，あるいはそれに対するオルタナティヴの導入を迫っている。

　しかしながら，筆者自身の砺波・胆沢・富良野での調査を踏まえて言えば，3地域とも，上記②の立場が広く共有されたり，それに依拠した地域整備が進められたりしてきた地域ではない。むしろ，他の地方都市と同様に，まさに①の立場で自動車社会を前提にした地域発展のシナリオが描かれ続け，それが上述したようなモータリゼーションの急展開と噛み合ってきた地域ではなかったか。3地域の郊外は，居宅間の距離が離れた散村という集落形態と冬季の寒冷・降雪・凍結という気候条件を共有しており，それらはかつて住民の移動行動を妨げる要因であった。しかし，自家用車はそうした散村居住者の不利を克服する用具となっただけではなく，その導入展開が散村地域の居住生活の場としての適性を引き出すことにもなった。すなわち，当該地域はここ30～40年の間，他地域以上にモータリゼーションに適合的な発展を果たした地域であったといってもよい。それゆえになおさら，自家用車への依存を緩和する方向へ当該地域の行政や住民生活が転換する可能性を期待することは困難であろう。しかし，地域において，①に示されるような方向でモータリゼーションへの対応が続けられる限り，地域社会を維持するための少なくない負担が地方政治や個人に求められ続けるであろうし，多数派と疎外された少数弱者との間の地域内格差は広がるのではないか。既に，道路建設批判も住民の一部から提言されている[29]。むしろ，少数派とは言え，②のような立場に配慮し，そこに積極的に対応してゆくことが，生活空間としての散村・小都市群地域の維持・発展にとって望ましい結果をもたらすように思われる。

まとめ

　本章では，国内3ヶ所の散村・小都市群地域における，主として高度成長期

まとめ

以降のモータリゼーションの進行と地域変容の関係について，考察を進めてきた。モータリゼーションの実態は，地域社会における自家用車の保有・利用状況とその前提となる運転免許取得状況に関する資料の分析から，把握可能であった。

わが国において，公共交通の脆弱な地方空間におけるモータリゼーションがここ30年間で顕著に進行したことは，パーソントリップなど各種調査において明らかな事実である。当該研究地域もその例に漏れないが，より詳細に見ればその進行過程は段階的であり，初期のファミリーカーの充足段階から1980年代以降のパーソナルカー保有段階へと移り変わり，1990年代の自家用車数の急増を経て，現時点では世帯の成人ほぼ全員が自家用車を保有する状態に達したことが，本章で明らかになった。自家用車の保有に先行して自動車免許の取得が進み，現在では世代差や性差を縮小しつつ，免許保有者の割合は各地域で高水準に達した。こうして，居住生活に不可分の道具としての地位を得た自家用車は，地方社会における空間的移動の制約を大幅に緩和した。それは，屋敷地が散在する散村地域を，多くの住民にとって相対的に利便性の高い快適な生活空間に変化させた。

砺波や胆沢では，宅地化に伴う中心市街地の連坦的拡大や散村地域の宅地化や商業立地，その反面での中心市街地の空洞化といった景観的・機能的な地域変容が，モータリゼーションと連動し進行した。モータリゼーションは散村地域の変容を促進する要因であると同時に，その結果でもあったといえる。ただし，こうしたモータリゼーションと密接に関連した散村・小都市群地域の空間構成の変化は，中心（小都市市街地）の衰退と周辺（散村）の発展という二項図式的な展開に常に還元されるわけではない。富良野では，モータリゼーションが全域的に進行しつつも，散村地域への人口環流は生じず，周辺は衰退を続けている。地域固有の産業構造・社会構造・空間構造が，散村の居住地化を妨げてきたと解される。

本章では最後に，モータリゼーションの負の側面についても触れた。それは，換言すれば，モータリゼーションの展開は地域社会の中に少数の弱者層・不利益層を顕在化させる恐れがあるということである。これは前述のとおり，住民

第11章　モータリゼーションと地方都市空間の変容

の声として既に表出されている。今後の散村・小都市群地域のさらなる発展のためには，ここまでの趨勢とは別に，地域計画等において，そうした不利益層に配慮した施策，例えば最低限の公共交通の確保や，交通弱者の住民の移動効率を最適化した生活必需施設の立地が，具体化されるべきであろう。

〔付記〕砺波市，水沢市，胆沢町，富良野市，上富良野町，中富良野町などでの現地調査の際にお世話いただきました皆様に深く感謝申し上げます。

---

1) 池井望「モータリゼーション」森岡清美・塩原勉・本間康平編『新社会学辞典』有斐閣，1993，1422-1423頁。
2) (1) 酒井多加志「福島県における乗用車普及率の変化とその地域的特徴」地域調査報告11，1989，41-48頁。(2) 酒井多加志「岩手県川井村におけるモータリゼーションの進展と住民生活」地域調査報告13，1991，113-124頁。(3) 酒井多加志「ライフサイクルステージからみた山梨県勝沼町の自動車保有の特色」筑波大学人文地理学研究ⅩⅥ，1992，149-161頁。(4) 小方登「都市交通地理学の一断面――大阪大都市圏におけるモータリゼーションと女性」奈良大学文学部地理学教室編『地理学の模索』地人書房，1989，29-40頁。(5) Nojiri,W., 'Choice of transportation means for commuting and motorization in the cities of Japan in 1980', Geographical Review of Japan 65 (B), 1992, pp.129-144. (6) 奥井正俊「本邦地方都市のモータリゼーションに関する因果メカニズム――1990年におけるクロスセッション分析――」人文地理46，237-253頁。
3) 国土交通省自動車交通局『自動車保有車両数月報』による。ここで乗用車とは，普通車（排気量2000cc超），小型車（同660超〜2000cc未満），軽四輪車（同660cc未満）の各乗用車の合計を指す。
4) パーソントリップ調査が開始されたのは1967年であるが，全国規模で同時期に調査されたのは，当該の1987年（131都市），1992年（78都市），1999年（98都市）の3回のみである。この3回の調査が全て実施されたのは，全国54都市であった。都市計画情報センター『都市における人の動き――平成11年度全国都市パーソントリップ調査集計結果から――』，財団法人計量計画研究所都市計画中央情報センターホームページ（PDF形式），2001，28頁，http://www.ibs.or.jp/cityplanning-info/zpt/zpt_color.pdf。
5) 三大都市圏以外の地域。
6) 富山高岡広域都市圏（富山市，高岡市，新湊市，婦中町，小杉町，大門町，大島町，下村の8市町村）と周辺市町村（氷見市，滑川市，砺波市，小矢部市，大沢野町，大山

まとめ

町，上市町，立山町，舟橋村，八尾町，福岡町の合計11市町村）に居住する約67,000人（回収数約56,000人）を対象に，1999年10-12月にかけて実施された。その結果については，次のweb文献を参照した。（1）富山県土木部都市計画課「富山高岡広域都市圏の人の動きについて～富山高岡広域都市圏第3回パーソントリップ調査から～」富山県都市計画課ホームページ記者発表，2001，http://www.pref.toyama.jp/sections/1506/PT.htm。（2）青木亮「くるま社会、富山の都市交通事情——道路渋滞と空気を運ぶバスの関係——」とやま経済月報2001年9月号（Web版月刊誌），2001，http://www.pref.toyama.jp/sections/1015/ecm/back/2001sep/tokushu/index.html。

7) ただし，旧砺波郡のうち，北部の現高岡市域は除く。
8) 1992年までは警察署管轄区別集計値（富山県警調べ）。
9) 神谷浩夫・山根拓「富山県砺波地方における生活空間の特性」愛知教育大学地理学報告86，1998，1-15頁。
10) 富良野盆地外の美瑛町も含む。また，旧山部村・旧東山村は現在では富良野市に帰属する。
11) とりわけ，砺波市の中心地である出町地区は現在DIDも形成しない小規模市街地である。
12) 出町，庄下，中野，五鹿屋，東野尻，鷹栖，若林，林，高波，油田，南般若，柳瀬，太田，般若，東般若，栴檀野，栴檀山の17地区。
13) 中心市街地と7セクターの地区構成は次のとおり。中心市街地：出町，南東セクター：庄下・中野・五鹿屋・太田，南西セクター：東野尻・鷹栖，北西セクター：若林・高波，北東セクター：油田・南般若・柳瀬，庄東北セクター：東般若・栴檀野，庄東中セクター：般若，庄東南セクター：栴檀山。
14) 水沢市の水沢（1986年に南・常盤両地区を分区したが，図11ではそのまま同一区として扱った），佐倉河，真城，姉体，羽田，黒石地区。胆沢町の小山，南都田，若柳地区。
15) こうした状況は，次の文献の中で詳細に説明されている。石川義孝「胆沢扇状地における産業と人口」『平成11～13年度科学研究費補助金　地域連携推進研究費（1）　散村・小都市群地域の動態と構造に関する比較・統合研究　研究成果報告書』（研究代表者　金田章裕），2002，56-79頁。
16) 図中で，富良野市全市域の人口は住民基本台帳人口に基づく。しかし，地区別人口と国勢調査実施年の全市域人口は国勢調査に基づいている。なお，1980年の地区別人口は不明。
17) 富良野市ホームページ（http://www.furano.ne.jp/city/puro/puro/html）で指摘されている。
18) 富良野市役所での聴き取りによる。
19) 年次比（1995年の人口／1965年の人口）で見た場合，日の出町27.0%，若松町33.0%，本町33.6%，朝日町36.3%など。

第11章　モータリゼーションと地方都市空間の変容

20) 年次比（1995年の人口／1965年の人口）で見た場合，北の峰町431.0%，弥生町289.0%，桂木町212.0%，瑞穂町211.6%など。
21) 市民アンケートの結果をまとめた次の文献で，水沢市の中心部居住者の間に他地区や市外への転居志向がやや強いことが示されている。水沢市『まちづくり白書2000』，2000，86頁。
22) 1995年国勢調査による旭川市の常住地ベースの10%通勤圏・10%通学圏に，富良野市は含まれない。また，旭川市を中心とする複数の広域圏（第3次北海道長期総合計画における道北圏上川中部地域（1市8町）など）にも，富良野市は含まれない。
23) 前掲注9）。
24) 砺波市総務部企画調整室編『新しい砺波市総合計画策定に向けた市民意識調査』砺波市，2000，21頁。
25) 砺波散村地域研究所「砺波散村に関する住民の意識調査結果」砺波散村地域研究所研究紀要17，2000，27-50頁。
26) 前掲注21）。
27) 胆沢町「まちづくりアンケート調査結果」『胆沢町まちづくり総合計画』岩手県胆沢町，2000，183-187頁。
28) 富良野市総務部企画振興課『富良野市総合計画　地区懇談会　意見・提言一覧』富良野市，2000，103頁。
29) 例えば，胆沢町では「まちづくりアンケート」の中で「我慢して予算を削るべきもの」として，「道路，交通安全」が3番目に多い回答を得ている。

第12章
散村の景観保全と地域づくりの課題
―― 美瑛町・胆沢町と砺波散村を事例に

関 戸 明 子

　本章では，散村における地域づくりの課題について，景観保全とのかかわりに着目しながら考察したい。地域づくりのあり方を考えるためには，散村がどのような地域特性をもっているのか，そして，散村で暮らす住民がどのような意識を持っているのかを明らかにする必要があろう。散在する家々は，かつてのように農家だけで構成されるのではなく，非農家の割合が高まっている。そのため，農業を主体とした生産基盤と日常の生活環境が機能的に密着した地域として散村を捉えることが難しくなっており，生活の場としての役割が強まっている。

　このような動向は，日本における農政の大きな転換とも密接にかかわっている。かつては生産性の向上を目標として，土地改良などによって農業基盤の整備を進め，農業経営の改善を図ってきた。それが1970年代以降，生産基盤だけでなく生活環境の整備も進める農業農村整備へと徐々に再編されてきた[1]。それは，農村地域が兼業化・離農化・混住化の進行によって，非農家も受益の対象となる生活環境の整備を行うことが求められるようになったことによる。

　さらに近年では，農村のもつ公益的，多面的な役割が見直され，それが国民的な財産として位置づけられている。例えば，1999（平成11）年1月に閣議決定された「生活空間倍増戦略プラン」では「食料を供給するだけでなく，生命に不可欠な土・水・緑といった自然環境を構成する資源にあふれ，豊穣な国土

第12章　散村の景観保全と地域づくりの課題

を形成・保全するとともに，肉体的・精神的なリフレッシュなど国民にゆとりとうるおいのある生活をもたらす」地域として「田園空間」という考え方が示された。また，同年7月に施行された「食料・農業・農村基本法」でも，国土の保全，水源の涵養，自然環境の保全，良好な景観の形成，文化の伝承など，農村で農業活動が行われることにより生ずる，農産物の供給の以外の機能を「多面的機能」として重視している。

このように農村にかかわる政策が変化するなかで，1998（平成10）年12月に農林水産省によって創設されたのが「田園空間整備事業」である。これは，農村地域の「水」と「土」を中心とする地域資源について，歴史的・文化的観点から再評価し，美しく豊かな田園空間を創造し，地域の活性化，国民的な活用を推進しようとするものである。

「田園空間整備事業」では「田園空間博物館」が構想されている。それは，建物の中に展示する従来の博物館とは異なり，エコミュージアム活動にならって「地域全体が博物館」という思想に基づき，地域住民の参加を得ながら田園空間を保全・活用していくことをねらいとしたものである。そして，1998年度に「となみ野」（砺波市ほか6町村）を含む17地区が採択されたのに始まり，1999年度には10地区，2000年度には13地区，2001年度には9地区，2002年には3地区が採択を受けて，全国各地で事業が進められている。

このように「農村」ではなく「田園」という言葉が使われているが，それは何を意味するのだろうか。当時の農林水産省構造改善局整備課長は「農村を歴史的価値のある田園として再評価し，「田園空間」を日本の伝統として残していく，それがこの事業で最も訴えたいところである」と述べている[2]。農林水産省が作成したリーフレットの「田園空間博物館のイメージ」には，茅葺き農家群や棚田，水車小屋・石積み水路・伝統的ため池・古い堰，石碑・史跡などが描かれている。このような生産性の追求のなかで失われてきたものを保存や復元することによって「懐かしい田園風景の再現」「美しい農村景観の復元」を目指し，「田園空間の国民的活用」という新たな価値を付与し，「田園空間整備事業」の展開を図ろうとしているといえる。

とくに散村地域では，集村地域のように家々が凝集していない点で，景観的

には一軒一軒の家や屋敷林の印象がより強く感じられるため，景観の保全には，住民個々の意識が重要な意味をもつと考えられる。本章では，以下，かねてより景観保全について取り組みを進めている北海道美瑛町と岩手県胆沢町を事例として検討を行い，田園空間整備事業の行われている「となみ野」の地域づくりの課題を考える材料としたい。

1 丘の風景が注目されて観光客が急増した美瑛町

　美瑛町は北海道のほぼ中央に位置し，面積は677km^{2}で東京23区よりも大きく，山林が7割を占め，南東部には十勝岳がそびえる。この地への開拓は，1894（明治27）年の旭農場創設に始まり，美瑛駅が開業した翌年の1900（明治33）年に美瑛村として独立した[3]。その時の人口は1,171人であったが，1925（大正14）年には12,280人に増加した。第二次大戦後には，旧陸軍演習地や御料地で緊急開拓事業が行われ，多くの入植者を加えて，1960（昭和35）年には人口は21,743人とピークを迎えた。しかし高度経済成長期には過疎化が進み，1970（昭和45）年18,002人，1980（昭和55）年14,826人，1990（平成2）年12,769人と推移し，ピークからの減少率は40％にもなった。その後は減少の速度がやや弱まり，2002（平成14）年には11,974人となっている。

　近年，美瑛町は「丘のまち　びえい」として全国的に知られ，年間140万人ほどの観光客が訪れるようになっている。この知名度の向上に寄与したのが写真家の前田真三である。彼は1971（昭和46）年7月，美馬牛峠付近の「馬の背のようななだらかな丘の上に連なる一条のカラ松林」の感動的な光景に出会って以来[4]，この地域に通い続け，1986（昭和61）年に写真集『丘の四季』を出版した。その翌年7月には美瑛町拓進の廃校となっていた小学校を活用してフォトギャラリー「拓真館」を開館した。美瑛町の丘の風景はテレビＣＭのロケ地に使われたこともあって，その美しさが全国に紹介され，多くの人々を惹きつけるようになった。

　その後，拓真館の周辺の町有地は千代田公園として整備され，工芸品や農産

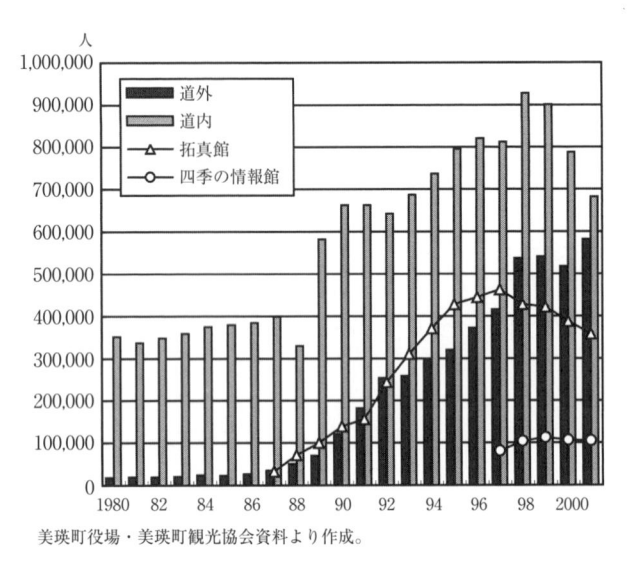

第12章　散村の景観保全と地域づくりの課題

美瑛町役場・美瑛町観光協会資料より作成。

第1図　美瑛町における観光入込客の推移

物を販売する四季の交流館が1996（平成8）年に完成した。翌年に美瑛駅前に建設された四季の情報館では，前田の監修したハイビジョン作品を立体映像で見ることができる。

　第1図には美瑛町の観光入込客の推移を示した。拓真館の入館者の増加が道外からの客の増加に結びついていることがわかる。それ以前は，1950（昭和25）年に開発された白金温泉地区が最大の観光拠点であり，道内の客がほとんどであった。1988（昭和63）年には十勝岳の噴火によって，白金温泉が4ヶ月閉鎖されたため，町の観光は大きな打撃を被った。しかし，拓真館の効果もあって，その後，観光客は急増した。宿泊施設もかつては白金温泉地区に限られていた。2001年現在の白金温泉地区の施設は，ホテル3軒（定員1,046人），その他4軒（定員125人）である。一方，温泉地区外の施設は，1989年には民宿4軒（定員47人），ペンション1軒（定員16人）だったのが，2001年には民宿16軒（定員274人），ペンション21軒（定員324人），ユースホステル2軒（定員50人），ライダーハウス3軒（定員183人）と急増した。

　美瑛町役場が2000年に実施した「観光入り込み客調査」のなかで，観光客

641人に対して行ったアンケートによれば，美瑛町を選んだ目的としては「なだらかな丘の田園風景」が87.5％の選択率で圧倒的に高いことがわかる。さらに「拓真館」9.3％や「写真」2.4％などもあげられており，ほとんどが風景を楽しむため来訪しているといえる。美瑛での訪問地・訪問予定地をみても，「パッチワークの路」65.5％，「パノラマロード」63.0％，「拓真館」42.1％が上位にあり，そのことが裏づけられる。なお，美瑛の景観保全についての関心は「ある」が69.7％，「ない」が3.6％，「どちらとも言えない」が25.1％で，観光客も関心をもっていることがわかる。次に，美瑛への訪問回数では，「初めて」が52.1％と最も多いが，「4回以上」という客も19.3％を占めており，いわゆるリピーターが多いのが特徴である。したがって，動機には「以前来てよかったから」29.3％と「友人・知人にすすめられて」24.0％が上位にある。これは，季節によって異なる丘の風景の魅力によるものと考えられる。ただし，美瑛で宿泊する人はあまり多くなく，旅行日程は「日帰り」が51.0％と半数を占めている。

第2図には，美瑛町の観光スポットと道案内のサインの位置を示した。主な周遊コースは，町の北西部にあるパッチワークの路と南部のパノラマロードである。これらの丘をめぐるには，自転車・自動車・観光バスが必要である。やはり，パッケージツアーに組まれたコースを大型バスで移動していく観光客が目立つ。そうしたなか，観光客が写真撮影のため圃場に入り込んだり，トイレを勝手に使ったり，路上駐車が交通の妨げとなるといった問題が生じてきた。その解決のため，トイレと駐車場のある展望公園の整備が1990年の新栄の丘に始まり，三愛の丘，北西の丘と続いた。1995年からは「美瑛町サイン計画」に基づいて生活者・来訪者へ情報を提供する統一規格のサイン整備が進められ，ケンとメリー木やセブンスターの木の近くにも駐車帯が造成された（写真1）。

しかし，自動車やバスによる客の多くは，「風景を楽しむ」ことを目的とした，夏季を中心とした日帰り・通過型で，町内に大型施設がないこともあって経済的効果は十分ではない。逆に，ピーク時の駐車場・トイレの不足に対しては不満の声も聞かれる。美瑛町としても，第2図に示したようにルートの整備を図り，サービスの充実に努めているが，短時間しか滞在しない団体客に対し

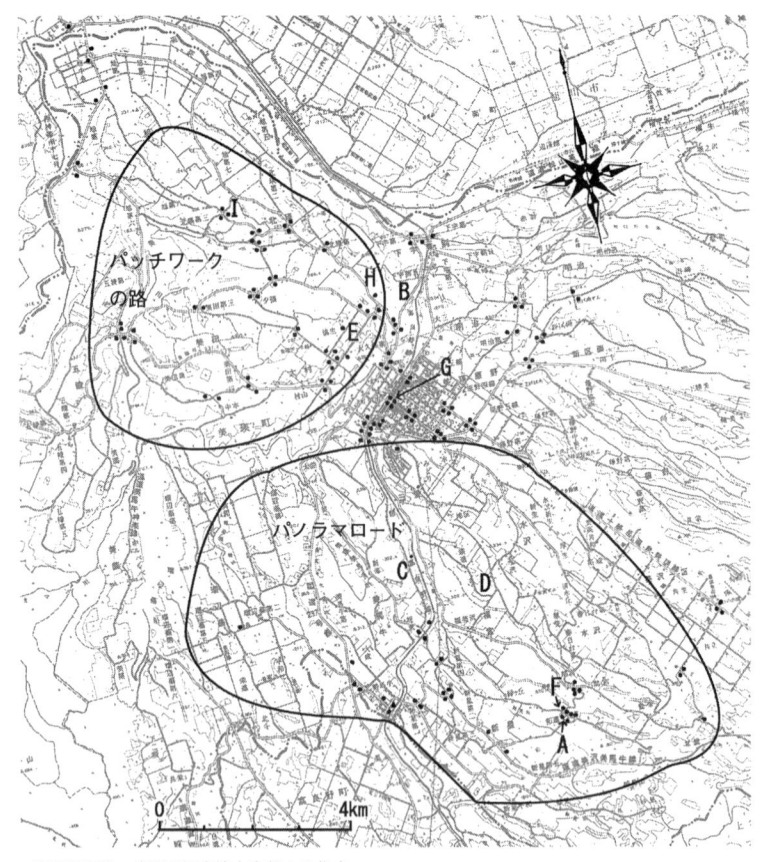

第12章 散村の景観保全と地域づくりの課題

美瑛町役場・美瑛町観光協会資料より作成。
A：拓真館　B：ぜるぶの丘・亜斗夢の丘　C：新栄の丘展望公園　D：三愛の丘展望公園
E：北西の丘展望公園　F：四季の交流館　G：四季の情報館　H：ケンとメリー木
I：セブンスターの木　・：設置されたサイン

第2図　美瑛町における観光スポットとサインの分布

ては限界があるだろう。

　いうまでもなく美瑛の丘の風景は，自然のままではなく，農業の営みによって創り出されたものであるが，それを取り巻く情勢は厳しい。1955（昭和30）年には農家数2,419戸，農家人口15,445人を数えたが，その後20年間で農家数は5割，農家人口は4割にまで激減した。現在も減少が続いており，2000年には

1 丘の風景が注目されて観光客が急増した美瑛町

2001年6月筆者撮影

写真1　大型バスが駐車しているセブンスターの木周辺

農家数674戸，農家人口2,945人となった。すなわち，1955年には全人口の75%を農家人口が占めていたが，2000年には25%に低下したのである。ただし，2000年の就業人口に占める農業就業者の割合は31.4%で，全国平均の4.5%と比べれば非常に高い。

一方，経営規模は1980年代に始まった農地開発事業によって拡大が進み，2000年には10-30haの規模をもつ農家が355戸，30ha以上の農家が84戸と多数を占める。最大規模の国営しろがね地区畑地帯総合土地改良パイロット事業では，上富良野町・中富良野町も若干含む8,180haの丘陵地域を対象にして，1980（昭和45）年度から312kmの用水路，380haの農地造成，1,570haの区画整理などが進められた。2002年度の事業完了後には償還が始まるので，その負担に対する農家の不安も大きい。

こうして美瑛町における農業経営は，規模拡大・大型機械の導入・専業化を指向してきたが，近年では，農産物価格の低迷を受けて，野菜を導入した複合

第12章　散村の景観保全と地域づくりの課題

的・集約的な経営への展開や農事組合法人による協業化の取り組みが行われている[5]。しかしながら、離農した農家の跡地をどうするかなど多くの問題を抱えている。

　美瑛町の主要な作物は、小麦・馬鈴薯・小豆・てんさい・水稲・牧草であり、丘陵地の畑には多様な作物がパッチワークのように栽培されている。しかし、均平化事業による区画整理が進んだところでは、波状の起伏ある農地が姿を消し、緩傾斜の大きな圃場と法面（のり）が続くようになったり[6]、防風林が伐採されたりした。急傾斜の畑地は土壌浸食を受けやすく、作業効率も悪く、事故が起きやすいため、土地改良が進められたのである。そのため、風景はあまり絵にならなくなったと、前田真三はいう。「ここは、……以前から撮影の好ポイントでした。おおらかに広がった田園はこの丘陵地帯独特の景観を形づくっています。……好ポイントでしたと書きましたが、それはこのあたり一体が耕地の均ぺい化工事であまり絵にならなくなってしまったからです」[7]。こうして、写真家による丘の風景の記録と人工的な改変とが並行して進んだのである。

　それでは、美瑛町は、景観保全に対してどのような取り組みを行ってきたのであろうか。その契機は、1989（平成元）年に総合保養地域整備法（リゾート法）の「富良野大雪リゾート地域」の指定を受けたことにあった。そこで、自然環境の保全と乱開発の防止、健康で文化的な生活の確保を目的とする「美瑛町自然環境保全条例」と、美しい風景を守り、つくり、育てることを目的とする「美瑛町景観条例」を制定し、ともに1990年より施行した。さらに1994年には、美しい丘陵景観の積極的保護を目指した「景観ガイドプラン」を策定した。このガイドプランでは、「豊かな大自然と波状丘陵型農地の保全によって全国でも例のないすばらしい景観資源を守り、美瑛のアイデンティティを確立」することを理念の一つに掲げ、農用地に広がる丘陵地のなだらかな曲線を"美瑛カーブ"と呼び、その保全についての指針を示している。ただし、景観条例にもとづく景観形成地区の指定は、1997年のビルケの森のみにとどまった。ビルケの森は町有地であり、地権者の理解を得ることが困難な民有地はまったく指定されなかった。

　そこで、美瑛町は町全域を対象とした景観条例への改正を検討するため、

1　丘の風景が注目されて観光客が急増した美瑛町

2001年に住民を対象として「景観・自然環境の保全に関するアンケート」を実施した。この調査における回答数は620件であり，以下，それぞれの項目の選択率を示すことによって，住民がどのような意識をもっているのかを明らかにしたい。

まず，美瑛町の景観と自然環境については，81.1％の人が「魅力がある」と回答しており，「丘の田園風景」を目的に来訪する観光客の急増が地域資源の発見をもたらしたといえる。それは，美瑛町における魅力的な景観・自然環境として，「農業景観（丘の風景）」の77.1％が，「山並みや森林などの景観や自然環境」の68.4％よりも高くなっていることからも裏づけられる。そして，景観保全のための具体的なルールづくりを必要と思うかという質問では「思う」が46.0％，「どちらかといえば思う」が23.2％と多数を占めるのに対して，「思わない」と「あまり思わない」の合計は9.3％にとどまった。

また，近年，顕在化している，眺望のよい丘への住宅等の建設については「景観に配慮した上で建ててほしい」が44.7％，「できれば沢や市街地に建ててほしい」が31.6％と高くなった。従来，丘陵地に散在する農家は，水が得やすく雪や風が避けられる沢に展開してきた。しかし，美瑛の風景に魅せられ，移住してくる人々は眺望を求めて，丘の上に住宅等を建てたいと望む傾向があるという。それが民宿やペンションの増加となり，観光の面では寄与していることは事実だが，一方で，景観を阻害することにもなっている。

さらに，丘の景観を保全するためには何が必要かという問いでは「農業者が安心して農業に取り組めるよう農業振興に力を入れる」が49.8％，条例をつくる場合に配慮すべきことは何かという問いでは「個人の財産や農業生産などに影響しないようにする」が48.4％，景観条例に期待する効果は何かという問いでは「農地の保全と農業振興」が45.0％と，それぞれ第1位になった。いずれも農業振興・農業生産・農地保全というように農業経営にかかわる選択肢であり，このことが住民に最も重要な問題と認識されていることがわかる。

こうした調査をふまえ，2002年からは景観条例の改正に向けて，地区ごとに住民説明会が開催され，2003年7月「美瑛の美しい景観を守り育てる条例」が施行された。この新しい条例には次のような内容が盛り込まれた。美瑛町全域

第12章　散村の景観保全と地域づくりの課題

を対象とし，農村景観地域・市街地景観地域・山岳高原景観地域の三つに分類し，それぞれに適した景観形成を図る。一定の規模以上の開発行為に対しては，町との協議，関係住民への説明といった手続きを必要とする。景観形成を進める地区や重要な景観の要素となっている地点を指定して保全を図る。町民が景観形成の主体であることを認識し，景観審議会の設置や住民による景観協定の締結など行う。

このように，観光客の急増や行政の働きかけを受けて，景観保全に対する住民の関心が高められてきたといえる。美瑛の丘の景観は，農業の営みによって形成されてきた。しかしながら農業は観光地化による恩恵をあまり受けていない。そこで，丘のイメージを活用して農作物に付加価値をつけるなどの工夫が必要となろう。美瑛町では，地域資源を活かして，各産業が連携し，地域産業おこし，地域を支える人材の育成，都市との交流などを行うことを目的とした「農観学園」の運営を目指している。今後は，「丘の田園風景」という地域資源を主体的に評価しつつ，通年・滞在型観光への転換，農業と観光の共存を図る仕組みをつくり，活動を継続していくことが課題となろう。

2　景観・生態系に配慮した圃場整備が進む胆沢町

胆沢町は岩手県の南西部に位置し，面積は298km^{2}で，町の西部は焼石岳を最高峰とする山地で，東部には胆沢扇状地が広がる。北西の季節風を防ぐ「えぐね」と呼ばれる屋敷林やその下に薪を塀状に積み上げた「きづま」に特徴づけられる，散村の景観が展開している。1955（昭和30）年の人口は20,953人であったが，高度経済成長期には人口が減少し，1975（昭和50）年には17,032人となった。しかし，その後は横ばい傾向にあり，1990（平成2）年には18,091人，2002年には17,815人となっている。また，1960（昭和35）年の就業人口に占める農業就業者の割合は82.5％と高かったが，その後，大きく低下した。それでも2000年の割合は30.6％で，全国平均と比べれば高い水準にある。

胆沢扇状地の開拓には胆沢川の水を高い段丘面にどのように導くかが問題と

2 景観・生態系に配慮した圃場整備が進む胆沢町

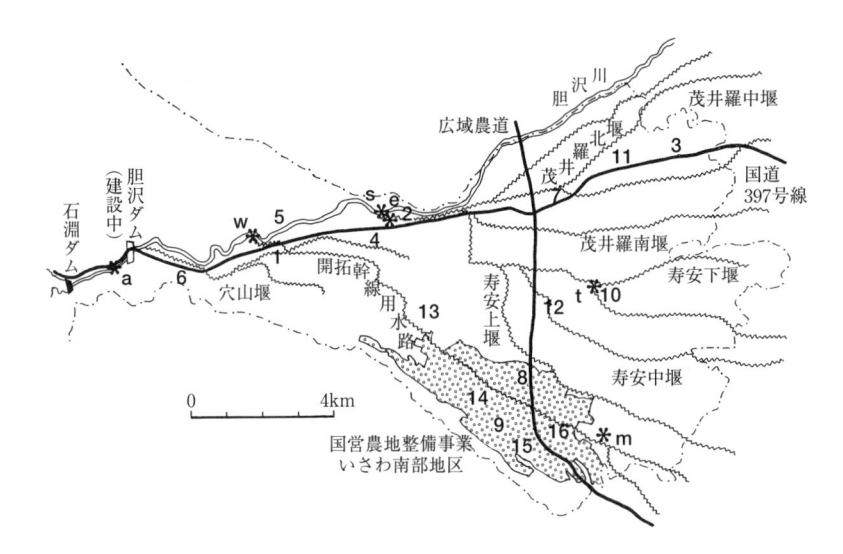

胆沢町役場資料・「胆沢平野おもしろ発見フィールドマップ」などより作成。
a：穴山頭首工　w：若柳頭首工　s：茂井羅頭首工　e：円筒分水工　t：蛸の手分水工　m：万内溜池
1：上愛宕農村公園　2：徳水園（昭和の一里塚）・水の歴史記念公園　3：角塚古墳公園　4：大歩（昭和の一里塚）　5：鹿合館跡公園　6：市野々番所跡公園　7：供養塚（昭和の一里塚）　8：紫陽花ロード展望台　9：鶴供養フラワー公園　10：蛸の手親水公園　11：いさわの郷体験公園　12：南方親水公園
13：大畑平親水公園　14：逆さ堰農村公園　15：白鳥川農村公園　16：原川農村公園

第3図　胆沢町における用水関連施設と農村公園の分布

なった。幹線用水路の茂井羅堰は近世以前の開削とされ，寿安堰は近世初頭に完成した（第3図）。また，旧穴山堰は胆沢扇状地最古の用水堰といわれる。これらの用水を受けられる地区以外は，溜池に頼らねばならず，屋敷と耕地は島状に孤立し，多くは山林原野のまま残されていた[8]。

　第二次大戦後，こうした胆沢扇状地の水不足を解消するため，北上川総合開発の一環として石淵ダムが建設された。あわせて行われた国営農業水利事業によって，1957（昭和32）年には円筒分水工が完成し，これによって茂井羅堰と寿安堰との長年の水争いが解消された。さらに1959（昭和34）年から1963（昭和38）年に実施された国営事業によって，高位段丘面の西南部にも開拓幹線用水路が引かれ，水田910ha，畑822haが開墾された[9]。さらに，現在，有効貯水容量で石淵ダムの約10倍の規模をもつ胆沢ダムが建設中で，慢性的な水不足

255

第12章　散村の景観保全と地域づくりの課題

の解消が期待されている。

　第3図にあるように，胆沢町には，頭首工・堰・分水工・溜池など多くの用水関連施設がみられ，地域学習の教材としても活用されている。また，この図には，環境保全課の管轄する農村公園の分布も示したが，親水公園や名所・旧跡と一体的に整備された昭和の一里塚など，地区ごとの特色を生かすよう配慮されている。

　胆沢町では水田主体の経営が行われてきたが，その整備率は2割程度と低く，錯綜した小区画の圃場が多いために生産性の向上が困難であった。そのため，現在，大区画に再編して担い手へ農地を集積し，経営の近代化を図ることを目的として，町内各地で圃場整備が実施・計画されている。そのなかで最大の事業が第3図に区域を示した「いさわ南部」国営農地整備事業である。

　この地域は，不整形の水田が連なる谷地，棚田のみられる段丘崖，用水路整備後に開田された高台と多様な景観が混在する。このような「景観・生態系に配慮し，散居集落をいかした田園整備」「自然と共生する田園環境の創造」がこの事業では目指されている[10]。工期は1998年からの9ヶ年で，対象地区883haのうち，702haで区画整理が進められている。整備には水辺や緑地環境などへの影響をできるだけ減少し，速やかに回復するような手法が考慮されており（写真2），逆さ堰・白鳥川・原川の3ヶ所の農村公園が創設される。この計画策定にあたっては「田園景観検討委員会」や「生態系保全調査検討委員会」を設置して景観と生態系を調査し，さらに，住民参加のワークショップを開催して地域住民との合意形成を図った。こうした手法は，2001年6月に改正された土地改良法を先取りしたものといえ，そこで求められるようになった「環境との調和への配慮」や「地域の意向を踏まえた事業計画の策定」が組み込まれている。

　このような景観や環境への配慮は，胆沢町の地域づくりに対応したものである。胆沢町では，1991年に国土庁の「全国農村アメニティ・コンクール」最優秀賞，1993年に「美しい日本のむら景観コンテスト」農林水産大臣賞，1997年に「潤いと活力あるまちづくり」優良地方公共団体自治大臣賞をそれぞれ受賞し，1994年には国土庁の「水の郷」に認定されるなど，景観・環境に対する関

2 景観・生態系に配慮した圃場整備が進む胆沢町

2001年10月筆者撮影

写真2　自然石を用いて整備された原川排水路

心を高めていた。

　1995年には「胆沢町景観形成基本方針」を策定し，1996年度からの「第6次総合開発計画」では，住んでよかったと実感できる「日本一の田舎づくり」をキャッチフレーズとし，個性のある美しい散居景観づくりを推進した。2001年度に開始された「胆沢町まちづくり総合計画」では「きれいな水が豊かに流れ，草木が緑に輝く田園風景が広がる"水と緑と散居のまち"」の実現のため，せせらぎの郷いさわ推進プロジェクト（胆沢ダム建設推進，上下水道整備など），豊かな大地保全プロジェクト（景観保全型圃場整備，農作業受委託の強化など），いさわの景観形成プロジェクト（えぐね・きづま設置助成，胆沢らしい住宅の普及推進など）を重点項目としてあげている。

　"水と緑と散居のまち"のキャッチフレーズにある「水」については，胆沢町では屋敷が散在するため上下水道の整備にコストがかかり，下水処理率が20％と低率である（1999年現在）。そのため，下水道や農業集落排水事業だけでな

く，合併浄化槽の普及に重点が置かれている。「緑」は，農業経営による農地の保全を意味し，土地基盤の整備や集落営農の推進などの振興策が図られている。「散居」については，景観形成や景観資源，環境計画に関する依託調査を行い，ワークショップを組み入れた胆沢町独自の景観づくりに取り組んでいる[11]。その具体的な施策としては，1996年から「えぐね等苗木植栽推進事業」，1998年から「きづまのある風景保全創造事業」が開始されている。また，「宅地開発及び建設等にかかわる取り扱い要綱」が1998年に定められ，開発にあたっては，焼石連峰の山並みの眺望，屋敷林や生け垣等の植栽，建築物の屋根・外壁などについて配慮するよう指針を示した。

　第1表には，国営農地整備事業の対象となっている「いさわ南部」で行った，散村の生活と景観保全に関する調査の結果をまとめた。この地区は，胆沢町のなかでも農業への志向が強く，畜産経営が盛んで，兼業への依存度が低いところである[12]。また，北部の国道397号線に沿っては，焼石連峰，温泉保養施設クワパークひめかゆ，ひめかゆスキー場，すぱおあご，桜並木などの観光スポットが立地するが，南部には紫陽花ロード展望台に農産物や加工品を販売する「産直センターあじさい」があるものの，大きな施設はみられない。つまり，町内でも都市化や観光化の影響が相対的に小さな地区といえる。

　まず，散村での生活については，9割近くの人が住みよいと評価しており，住みよいと思われる点としては「静かで水や空気がきれい」と「自然に囲まれて暮らせる」という回答が多数を占めた。一方，住みにくいと思われる点は「私道の除雪が大変である」が65.8％と最も高い。これは，公道から屋敷に至るまで比較的距離のある家が多いためであろう。

　次に，この地区では大きな屋敷林が多くみられるが，それに対する評価としては，防風や防雪の機能が非常に高くなった。その一方で「今後はいろいろな保全活動が必要である」は34.2％，「歴史的な遺産として貴重なものである」は21.1％にとどまった。また，過去20年間の自宅の屋敷林の規模については「変化なし」が6割を上回った。ここで「やや縮小」とした回答者のほとんどが自宅の増改築を契機に屋敷林を伐採している。今後の屋敷林の規模については「現状維持」という回答が8割近くを占めた。このほか，先述のえぐね・き

2 景観・生態系に配慮した圃場整備が進む胆沢町

第1表 胆沢・砺波における散村の生活と景観保全に関する住民の意識

		胆沢	砺波			胆沢	砺波
1	〈住みよいと思われる点〉			5	〈今後の自宅の屋敷林について〉		
	静かで水や空気がきれい	81.6%	81.6%		規模拡大	0.0%	0.0%
	自然に囲まれて暮らせる	76.3%	77.6%		現状維持	78.9%	87.8%
	隣と離れていて気にしなくて良い	50.0%	61.2%		規模縮小	18.4%	8.2%
	宅地にゆとりがある	47.4%	77.6%		全く残さない	0.0%	4.1%
	子育てによい環境である	44.7%	59.2%	6	〈散居景観を次の世代に残すべきか〉		
2	〈住みにくいと思われる点〉				積極的に改善・保全をすべき	23.7%	20.4%
	私道の除雪が大変	65.8%	40.8%		できるだけ現状のまま残す	68.4%	63.3%
	公共の交通手段に乏しい	36.8%	36.7%		都市化はやむを得ない	7.9%	16.3%
	公園など子どもの遊び場が少ない	18.4%	18.4%	7	〈散居景観の保全策・保全活動として必要なもの〉		
	家や屋敷林の手入れが大変である	15.8%	53.1%				
	隣と離れていて不便, 寂しい	5.3%	16.3%		公共施設や工場・道路の緑化をすすめる	50.0%	34.7%
3	〈胆沢/砺波の屋敷林について〉				イベントやシンポジウムを通じ,意識の高揚を促す	47.4%	28.6%
	風や吹雪から守ってくれる	89.5%	89.8%				
	身近な自然として大切である	57.9%	55.1%		屋敷林と伝統的家屋の維持管理に支援を行う	39.5%	42.9%
	暑さや寒さを和らげてくれる	55.3%	81.6%		散居景観を観光資源として活用し,地域を活性化させる	39.5%	28.6%
	時代の流れなので次第に減少していくと思う	47.4%	61.2%				
					体験型の交流施設をつくり,情報を発信する	39.5%	16.3%
	散居村の景観のなかで重要な要素である	44.7%	49.0%		ロードサイドの店舗を周囲の景観と調和させる	34.2%	20.4%
	今後はいろいろな保全活動が必要である	34.2%	44.9%		景観モデル地区をつくり,積極的に保全を図る	28.9%	26.5%
	歴史的な遺産として貴重なものである	21.1%	36.7%		工場の開発を規制する	21.1%	12.2%
4	〈過去20年間の自宅の屋敷林について〉			8	〈ほかの地域からの来訪者について〉		
	大きく縮小	0.0%	24.5%		増えた方がよい	44.7%	53.1%
	やや縮小	23.7%	18.4%		今のままでよい	34.2%	32.7%
	変化なし	63.2%	44.9%		減った方がよい	7.9%	4.1%
	やや拡大	7.9%	12.2%		わからない	13.2%	10.2%
	大きく拡大	2.6%	0.0%				

%は,胆沢38件,砺波49件中の選択率を示す。設問4,5,8以外は複数回答。なお胆沢では屋敷林のない回答者1件を含むため4と5の設問は100%にならない。
胆沢:2001年10月,砺波:2000年10月,2001年3月の聞き取り調査より作成。

づまの助成事業について尋ねたところ,「よく知っている」が63.2%,「聞いたことがある程度」が15.8%,「知らない」が21.1%となり,比較的よく理解されていることがわかった。このように,屋敷林の維持については肯定的な意見が多く,手入れが大変とする意見は少数であった。

さらに,散居景観を次の世代に残すべきかとの問いに対しても,「都市化はやむを得ない」との回答は1割に満たず,「できるだけ現状のまま残す」が7割近くを占めた。また,景観の保全策・保全活動については,「公共施設や工場・道路の緑化をすすめる」,「イベントやシンポジウムを通じ,意識の高揚を促す」が上位となった。後者は,ワークショップなどへの参加経験がこうした

第12章　散村の景観保全と地域づくりの課題

回答につながっているものと思われる。全体としてみれば，積極的な改善・保全までは望まないが，できるだけ現状を残したいという意識が強いといえよう。

　なお，現在進行中の「いさわ南部」国営農地整備事業に対する考えを尋ねたところ，賛否両方の意見が聞かれた。賛同する意見には，集落営農の促進や機械の導入に圃場整備が必要，景観や自然を残す試みは大切といったものがある。一方，否定的な意見には，後継者不足，米価低迷のなかで，新たな受益者負担に対する不安を訴えるものがある。さらに，工事中の箇所で全面的に表土を剥ぎ取られた状況をみるかぎりでは，生態系への配慮というのは感じられない。もちろん，圃場整備は面的改変を必要とする事業であるので，それは当然の行為なのだが，自然を壊す気がするといった懸念の声も聞かれた。生態系の保全については，緑地と水辺の環境ネットワークを形成し，整備後の圃場・水路に生物が再生するような工法が採用されているので，その評価は事業の完了後を待たねばならない。

　また，行政側は住民の理解を得るために積極的に働きかけているが，ワークショップなどへの参加状況は，聞き取り調査では4割に満たず，年齢・性別によってばらつきがみられた。圃場整備やまちづくりに対する関心が高い人は熱心に参加しているが，一方で無関心の人も多い。こうしたことから，住民主体の，あるいは住民と行政とが一体となった活動への展開には，より幅広い層の住民参加が不可欠であろう。

　さらに，胆沢町が1999年度に行った「まちづくりアンケート調査」(件数1,257)の結果にふれたい。胆沢町をどんな町だと思うかとの設問に対しては，「豊かな自然環境がある」の70.5％が大差で1位になっており，以下，「農業が盛んである」35.7％，「気候風土に恵まれている」27.3％，「居住環境に恵まれている」25.8％，「温泉が有名である」24.4％と続く。前述のクアパーク一帯には，1991年以降，ゆうゆプラザひめかゆ，ほっと館，ひめかゆスキー場，やけいし館などの拠点施設が開業している。次に，将来どのような町になってほしいかという設問に対しては，「災害・犯罪が少なく安心して暮らせるまち」が44.8％，「医療や福祉の充実した健康・福祉のまち」が44.5％，「美しい散居景観や自然環境に恵まれたまち」が34.2％，「道路や上下水道など生活環境の良

好なまち」が29.3％であった。町の予算のなかでお金をかけるべきものとしては，「医療・福祉・健康」が62.0％と圧倒的に高く，「環境保全」の11.4％，「農林業」の8.7％，「観光」の3.8％とは大きな差がみられる。

このように，"水と緑と散居のまち"とうたわれる環境や景観は，住民にとっては当然のものとして存在しており，「豊か」で「美しい」という価値観は他者のまなざしによって気づかされ，見直されたものである。「田舎らしさ」「農村らしさ」を否定的に捉えるのか，肯定的に捉えるのか，これによって大きく評価が分かれる。そこに予算をかけることまでは合意されていないのが現状であろう。胆沢町の地域づくりに対する取り組みは，住民参加を得ながらも行政主導で行われてきた。今後は，住民主導へ転換を図りつつ，農村公園や圃場・水路・屋敷林などの維持管理を進め，散村の生活環境をより高めていくことが課題となろう。それには，地域コミュニティの活動が重要な鍵となるものと考えられる。

3 「となみ野」田園空間整備事業と地域づくりの課題

田園空間整備事業の行われている「となみ野」とは，砺波広域圏の市町村（事業区域は，平村・上平村・利賀村を除く，砺波市・城端町・庄川町・井波町・井口村・福野町・福光町）を指している。この地域の1960年から2000年にかけての人口動態をみると，砺波市が12％の増加にあるほかは，いずれも減少傾向を示している。砺波平野では，1962（昭和37）年から圃場整備事業が開始され，1980（昭和55）年までには散村地域のほぼ全域で整備を終えた。水田の大型化，舗装道路の整備により農業機械の導入が進み，その結果，農家には余剰労働力が生まれた。一方，1970年代以降，市街地から離れた散村地域に工場が多く立地し，モータリゼーションの進展もあって就業機会が拡大し，兼業化・離農化・混住化が進行した[13]。また，郊外の幹線道路には大型の商業施設も複数みられる。このよう状況は，美瑛町・胆沢町とは異なっている。

「となみ野」田園空間整備事業は，1998（平成10）年からの6ヶ年の計画で行

第12章　散村の景観保全と地域づくりの課題

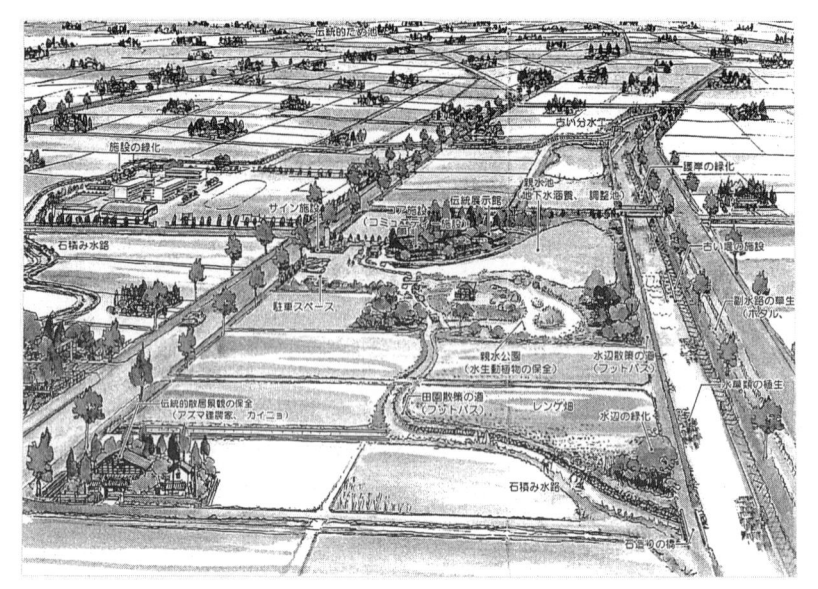

富山県農林水産部の資料より引用

第4図　「となみ野」田園空間博物館のイメージ

われている。富山県農林水産部の作成した田園空間博物館「となみ野」のリーフレットには，「砺波平野の散居には，格子と白壁の「アズマ建ち」と呼ばれる伝統的な家屋がよく似合っており，散居村の眺めは，屋敷林に囲まれた農家が点在し，緑で覆われた多くの小島が大海原に浮かぶ姿にも似て大変美しく，わが国を代表する農村の原風景のひとつです」とある。そして，この風景を後世に残すため「となみ野散居をはぐくむ水と緑の田園空間」の創造をコンセプトとして，歴史・文化などの遺産を尊重し，世代を超えた学びの活動を通して地域づくりを進めることが事業の目標とされている。リーフレットのイラストには，アズマ建て農家，カイニョ(屋敷林)，コア施設，親水公園，石積み水路，古い堰・分水工やそれをめぐるフットパスが描かれている（第4図）。

2000年にまとめられた「散居村田園空間計画報告書」では，砺波平野の散村に関して次のような課題が指摘されている[14]。都市的土地利用の拡大と農地の減少，利便性を高めた道路配置と広告の氾濫，生産効率を追求した圃場整備と

3 「となみ野」田園空間整備事業と地域づくりの課題

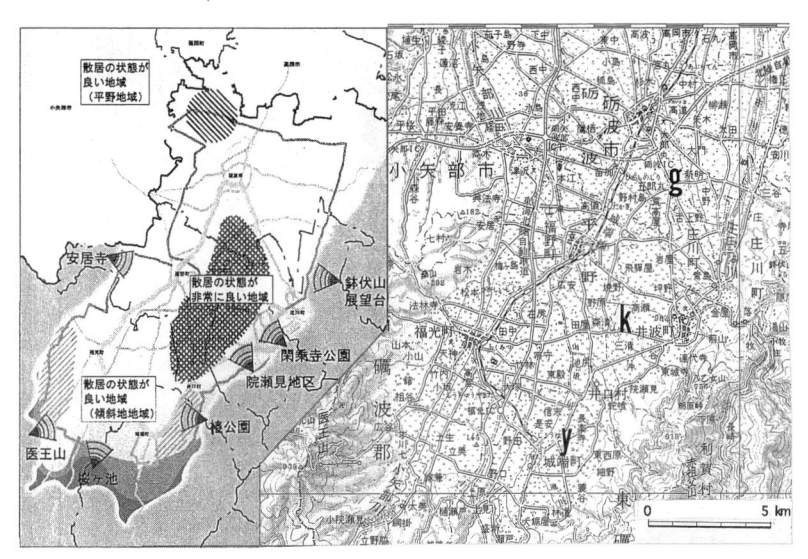

左の図は「散居村田園空間計画報告書」より引用
g：砺波市五郎丸　k：井波町北市　y：城端町吉松

第5図　散村景観の現状と調査地の位置

コンクリート水路，屋敷林の減少などによって，農村の多面的機能が失われつつある。そうした危機的な状況から未来の散居村イメージに繋げていくには，みんなが美しいと思える散居村を問い直して風景を創っていくこと，長期的に風景・文化を継続していこうという住民の内発的活動を促進することが求められる，とある。そこで，エコミュージアム活動の中心となる場として，コア（中核施設）とサテライト（地域拠点施設）を作り，それを住民活動で支え，学び合う場とし，これらのシステムを行政主体による整備・運営から徐々に民間による運営に移行していくことが計画されているのである。

　第5図には，この報告書にある散村景観の現状による地域区分を示した。このなかで，散居の状態が非常に良いとされたのは，砺波市南部から福野町・井波町・井口村にかけての地域である。また，砺波市北西の平野地域と城端町・福光町の傾斜地地域は，散居の状態が良い地域と区分されている。一方，市街地周辺ではロードサイド型の商業施設が進出し，庄川沿いには大規模な工業団

第12章　散村の景観保全と地域づくりの課題

地が立地するといった現状をふまえ，それぞれの地域の特性を考慮するよう提言している。

　この計画の策定にあたって，富山県と砺波広域圏市町村は，1999年11月にアンケート調査を実施した。この結果をまとめた「散居景観および屋敷林の保全に関する意識調査・住民アンケート結果調査報告書」(件数1,308) から住民の意識を探りたい。

　まず，回答者のうち自宅に屋敷林があるとしたのは全体の46.6%で，そのなかで屋敷林を「現状のまま残す」とした人が72.2%を占めた。また，居住する集落内に屋敷林に囲まれた散居状態があるとしたのは54.9%であった。散居景観を後世へ残す必要があるか否かとの問いに対して，「必要である」としたのは全体の64.7%で，「わからない」が22.4%であった。さらに「必要である」とした回答者を対象に，どの程度必要であるかと尋ねたところ，「ある程度の都市化はやむを得ないができるだけ残す」が44.5%，「現状の景観をそのまま残せる程度は必要」が38.3%，「景観の改善をおこなうなど積極的な保全策を展開すべき」が15.6%となった。このように「必要である」と回答した人でも，ある程度の都市化を容認する意見が最も多くなった。

　この調査は，広域圏7市町村在住の20歳以上の住民を無作為抽出して郵送法で行ったもので，市街地や集村の住民が半数近くを占める。そこで，伝統的家屋居住者を対象に2000年に県が実施した「散居村での住まい方に関する住民アンケート」(件数1,133) の結果もみたい。これによれば，現在の砺波平野の景観に対して「住民だけでなく地域全体のもの」とした回答が36.1%，「守っていく価値のあるもの」と「美しい散居景観に誇りを感じる」がそれぞれ23.1%となっており，8割以上が肯定的な印象をもっていることがわかる。また，今後の砺波平野の景観をどうすべきかという問いには，「散居村の残る全ての地域を残していくべき」が24.3%，「特に景観の良い地域を指定して残していくべき」が44.7%，「昔ながらの景観にできるなら戻していくべき」が11.6%と，景観保全を望む回答が8割を占めた。一方で「景観より商業地区や近代的な住宅団地などが必要」は6.3%にとどまった。先の調査と比べると，伝統的家屋居住者は，砺波の景観に高い関心をもっていることが明らかである。

3 「となみ野」田園空間整備事業と地域づくりの課題

 さらに,居住地による差異を考察するため,屋敷林のある散村で暮らす住民を対象に聞き取り調査を行った。調査地は,第5図に示した砺波市五郎丸,井波町北市,城端町吉松の3集落である。それぞれの2001年の世帯数と調査件数は,五郎丸137世帯・24件,北市70世帯・16件,吉松39世帯・9件である。

 まず,前掲の第1表によって全体の結果を胆沢と比較しながら検討したい。砺波でも散村での生活は9割が住みよいと評価しており,なかでも「静かで水や空気がきれい」「自然に囲まれて暮らせる」「宅地にゆとりがある」という点が高くなった。宅地のゆとりは胆沢と比べてかなり高いが,これは,それだけ市街地化の進展によって,砺波では「ゆとり」が実感されているのであろう。一方,住みにくいと思われる点では,「私道の除雪が大変である」よりも「家や屋敷林の手入れが大変である」が高くなった。

 次の屋敷林に対する評価としては,防風防雪,寒暑の緩和が8割を超えているが,「時代の流れなので次第に減少していくと思う」という回答も約6割と高いことに注目したい。そして,過去20年間の自宅の屋敷林の規模は,「大きく縮小」や「やや縮小」という回答が比較的多く,「変化なし」の割合は半数以下である。砺波では,屋敷林の維持管理が負担と感じられており,屋敷の増改築や圃場整備にともなって伐採が進んだことが,この結果からもうかがえる。しかし,今後の自宅の屋敷林の規模については,「現状維持」という回答が9割近くを占めている。

 散居景観を次の世代に残すべきかとの問いに対しては,「できるだけ現状のまま残す」が63.3％と最も多くなったが,「都市化はやむを得ない」との回答も少なくない。そして,散居景観の保全策・保全活動については,胆沢と比べると選択された割合が全体的に低いなかで,「屋敷林や伝統的家屋の維持管理に支援を行う」との回答が4割を超えた。これは,屋敷林の減少に対する危機感が現れていると考えられる。一方で「体験型の交流施設をつくり,情報を発信する」は16.3％と低くなったが,「田園空間博物館」のコアとサテライトの施設運営には,地域住民の主体的なかかわりが必要なので,この点の理解を図ることは大きな課題となろう。なお,ほかの地域からの来訪者については「増えた方がよい」との回答が半数を超えている。

第12章　散村の景観保全と地域づくりの課題

第2表　砺波における属性別にみた景観保全に関する住民の意識

	G 24件	K 16件	Y 9件	A 9件	B 16件	C 24件
〈「田園空間博物館」構想について〉						
よく知っている	33.3%	6.3%	0.0%			
聞いたことがある程度	33.3%	37.5%	22.2%			
知らない	33.3%	56.3%	77.8%			
〈砺波平野の散居景観を次の世代に残すべきか〉						
積極的に改善・保全をすべき	25.0%	25.0%	0.0%	44.4%	18.8%	16.7%
できるだけ現状のまま残す	62.5%	75.0%	44.4%	55.6%	68.8%	62.5%
都市化はやむを得ない	12.5%	0.0%	55.6%	0.0%	12.5%	20.8%
〈散居景観の保全策・保全活動として必要なもの〉						
屋敷林や伝統的家屋の維持管理に支援を行う	45.8%	43.8%	33.3%	55.6%	50.0%	33.3%
公共施設や工場・道路の緑化をすすめる	29.2%	43.8%	33.3%	55.6%	37.5%	25.0%
散居景観を観光資源として活用し，地域を活性化させる	37.5%	18.8%	22.2%	55.6%	18.8%	25.0%
イベントやシンポジウムを通じ，意識の高揚を促す	29.2%	37.5%	11.1%	33.3%	18.8%	33.3%
景観モデル地区をつくり，積極的に保全を図る	37.5%	12.5%	22.2%	33.3%	18.8%	29.2%
ロードサイドの店舗を周囲の景観と調和させる	20.8%	31.3%	0.0%	33.3%	18.8%	16.7%
体験型の交流施設をつくり，情報を発信する	20.8%	12.5%	11.1%	22.2%	12.5%	16.7%
工場の開発を規制する	16.7%	12.5%	0.0%	11.1%	18.8%	8.3%
〈自宅家屋の建築時期〉						
第二次世界大戦以前	66.7%	31.3%	22.2%	88.9%	43.8%	33.3%

居住地　G：五郎丸，K：北市，Y：吉松
「田園空間博物館」構想　A：よく知っている，B：聞いたことがある程度，C：知らない
（五郎丸：2000年10月，2001年3月，北市・吉松：2001年3月の聞き取り調査より作成）

　次に，第2表によって居住地による違いを検討したい。まず「田園空間博物館」構想については，富山県農林水産部のリーフレットをみせながら尋ねたが，調査時には，「知らない」という人が49.0％を占めた。居住地別には，砺波市五郎丸で認知度が高く，井波町北市，城端町吉松と次第に低くなっており，地域による差異が明瞭に現れている。とくに吉松では「知らない」という回答がほとんどであり，「聞いたことがある程度」という人でも「砺波市の事業だと思っていた」という返答もあった。これは北市でも同様であった。つまり「となみ野」という名称が砺波広域圏を指していることが理解されていなかったのである。

　また，散居景観を次の世代に残すべきかという問いに対しては，五郎丸，北市では「できるだけ現状のまま残す」という回答が最も多いが，吉松では「都市化はやむを得ない」という回答が多数を占めている。さらに，保全策・保全

活動については，五郎丸では，屋敷林や伝統的家屋の維持管理への支援が最も高く，観光資源としての活用や景観モデル地区による保全がそれに続いた。北市では，公共施設などの緑化やイベントやシンポジウムの開催，ロードサイドの店舗の調和なども高くなった。一方，吉松では，全体として選択率が低く，ロードサイドの店舗の調和，工場の開発の規制については全く関心が示されなかった。

　このような住民の意識の違いは，三つの集落の位置とそれにともなう都市化の圧力の差によってもたらされたと考えられる。すなわち，砺波市五郎丸には規模の大きな屋敷林がよく残っているが，国道156号線に面しているため，各種事業所の進出がみられることが景観保全に対する関心を高めているといえよう。それに対して，井波町北市と城端町吉松では，屋敷林の規模縮小や新様式の住宅への建て替えがみられるものの，それ以外の景観変化はあまり認められない。とくに吉松では，都市化を容認する意見が多いが，その集落は，事例の中で都市化の影響から最も離れた位置にあるといえる。ちなみに，自宅家屋の建築時期も尋ねているが，五郎丸では，明治以前も含む古い伝統的家屋に居住する人の割合が高いのに対して，吉松では，戦後に建て替えられた家屋に居住する人が多く，こうした違いも景観保全に関する意識の差として現れていると考えられる。

　さらに，第2表で，田園空間整備事業に対する認知度別にまとめた結果をみたい。それによれば，「田園空間博物館」構想を「よく知っている」とした人は，景観を「積極的に改善・保全をすべき」との回答が比較的多く，「都市化はやむを得ない」は皆無であった。保全策・保全活動の選択割合についても全体的に高く，「散居景観を観光資源として活用し，地域を活性化させる」という積極的な施策も支持されている。このグループの属性の特徴は，自宅の建築時期が戦前よりも古い伝統的家屋に住む人が多いことである。

　一方，「聞いたことがある程度」や「知らない」と回答したグループでは，自宅の建築時期が戦前とした割合が低下していく。それに対応して「屋敷林や伝統的家屋の維持管理に支援を行う」の選択率も小さくなっている。ただし，家や屋敷林の手入れが大変との回答には三者とも違いがみられなかった。これ

第12章 散村の景観保全と地域づくりの課題

は，旧家の中高年の人には手入れをするのは当然のことだという意識がみられ，大変だという割合を下げたためと思われる。他方で，自分の代は守りたいが，そのあとは若い世代次第という考えも多く聞かれた。しかし，県の調査では，20歳代には，伝統的な景観に否定的な意見が多いとの結果が出ている。それゆえ，散村景観の重要な要素である屋敷林や伝統的家屋の保全には，次の世代に対する啓蒙的な情報提供や支援策が必要不可欠であろう。

それに関連するものとして，2002年度から「となみ野」7市町村を対象に「散居景観保全事業」が始められた。これは，屋敷林（カイニョ）の育成・枝打ち・間伐や，景観保全のための活動に関する費用の一部を，県と市町村が補助するものである。その支援を受けるには，自治会等のまとまりのある地域で，住民が「散居景観を活かした地域づくり協定」を結ぶことが必要となる。そこでは，地域コミュニティによる活動を促進させる企図がうかがわれる。

以上のように，散村景観の保全や田園空間整備事業に対する住民の意識は多様であり，かつ地域差がみられた。地域特性の異なる広域圏というスケールを対象としているだけに，住民との合意形成には，それを考慮せねばならない。また，事業の必要性は認めながらも，税金をかけてまで積極的に保全することには疑問を投げかける意見も少なくなかった。農村景観などの地域資源を再評価し，その保全・復元に配慮した整備を行うという田園空間整備事業の趣旨からすれば，施設などの整備工事が行われることになる。それに終わることなく，エコミュージアムの理念にかなう地域づくり活動が行われることを望みたい。

まとめ

本章では，散村における地域づくりの課題について，景観保全とのかかわりに着目しながら考察してきた。いずれの地域でも，豊かな自然環境や地域独自の景観に対して，住民は高い評価を与えている。また，散村での生活も住みよいとの意見が大半を占めていた。

三つの事例地域のうち，美瑛町のみが畑作を主体とし，点在する農家と丘陵

まとめ

地に広がるパッチワーク状の耕地が「なだらかな丘の田園風景」として注目され，観光客が急増した。それにともない，眺望のよい丘陵地へ宿泊施設などが立地し，景観を阻害するような面が出てきた。そこで，新しい景観条例が施行されたが，具体的な地区や地点の指定はまだ確定されていない。また，丘の風景は大規模な畑作経営によって創出されてきたが，この基幹となる農業と観光とを連携していく仕組みづくりが課題として残されている。

胆沢町では，圃場整備による水田の大区画化が遅れていたが，それが景観や生態系に配慮し散居を活かした田園整備という，農政の転換にかなう事業手法が取り入れられることにつながった。地域づくりの計画には，ワークショップなどによって住民参加を進めてきたが，さらに生活環境を高めるため，住民主導による圃場・水路・屋敷林の維持管理，合併浄化槽の整備などを展開していくことが必要とされよう。

砺波地区では，「農工一体化」と把握された就業構造の転換がいち早く進行し，景観が大きく変容したところも少なくない。田園空間整備事業が実施されているなか，住民には，散村景観をできるだけ残していきたいとの意識がみられた。しかし，景観の保全策に対する関心は，屋敷林などの維持管理への支援以外はそれほど高くなかった。エコミュージアムの理念に基づく活動には，地域固有の資源を住民自らが見直し，主体的に活用していくことが大切である。「散居景観保全事業」でも，住民協定の締結を求め，地域コミュニティの活動を促進している。住民一人一人の主体性の喚起とともに，こうした活動の定着が重要な課題といえる。また，散村独自の景観資源について，歴史的・文化的観点から再評価していくことは，それ以外に住む人々の理解を得るためには有効な手段となろう。

一方，国土計画の上からは，良好な居住環境の整備や，ゆとりある生活を過ごせる宅地供給の推進が求められており，いずれの地域でも宅地開発がみられる。それは上下水道などのインフラ整備の経済効率を考えれば，集村の形態を取りやすい。それゆえ，ミニ団地的な住宅地と散村との調和を図っていくあり方についても，議論していく必要がある。

いずれにせよ，散村景観を保全しつつ，質の高い生活環境を保持していくた

第12章　散村の景観保全と地域づくりの課題

めには，若い世代が散村での居住を希望することが不可欠である。そのためには，散村は魅力的な生活の場であるという意識を，世代を越えて共有していくことが強く求められよう。

---

1) 社団法人農村環境整備センター編『農村整備環境の科学』朝倉書店，1995。「農村整備事業の歴史」研究委員会編『豊かな田園の創造――農村整備事業の歴史と展望――』農山漁村文化協会，1999。
2) 金藏法義「田園空間の整備について」*JAGREE information*58，1999，25頁。
3) ここでは以下の文献および美瑛町役場資料を参考にした。
　美瑛町郷土史研究会編『美瑛町史　第5巻』1991。同『美瑛町史　第6巻』2000。同『美瑛町百年史』2000。美瑛町役場『美瑛町100周年記念誌』1999。
4) 前田真三『拓真館物語』講談社，1993，2頁。
5) 2001年には美瑛町の農事組合法人「柏台生産組合」が日本農業賞を受賞した。これは4戸の農家からなる法人で，140haの畑地を完全協業化し，連作障害を避ける4年輪作，地力を上げる堆肥投入，給与や福利厚生の充実などの点が評価されたものである。
6) 人工改変にともなう農地保全の問題については，次のもので論じられている。
　早船元峰「北海道美瑛町における土地利用の変化と農地保全」駒澤大学文学部紀要41，1983，97－114頁。同「観光資源"丘"における農業と環境保全」(脇田武光・石原照敏編『観光開発と地域振興』古今書院，1996)137－147頁。
7) 前田真三『拓真館版　前田真三　風景写真』拓真館，1995，84頁。
8) 池田雅美「胆沢扇状地における開拓過程の歴史地理的研究」人文地理18-1，1966，1－20頁。岡村光展「胆沢扇状地における近世の散居集落――近世初頭における村落構成と家系の復原的研究を中心に――」人文地理43-3，1991，1－23頁。
9) 胆沢平野土地改良区の資料，および胆沢平野土地改良区区史編集委員会『胆沢平野土地改良史2』1980，による。
10) いさわ南部農地整備事業建設所の資料，東北農政局北上土地改良調査管理事務所『平成8年度国営農地再編整備事業「胆沢西南部」地区　田園景観検討委員会報告書』1997，による。
　なお，本章では「散村」という表現をとるが，行政では「散居」「散居村」「散居景観」という用語が一般的に使われているので，報告書の引用や調査票の項目などはそれにしたがった。
11) 胆沢町・多摩美術大学渡部研究室『胆沢町景観形成基礎調査委託業務報告書』1999。胆沢町・東京農工大学千賀研究室『景観資源等実態把握調査業務報告書』1999。胆沢町・

まとめ

　　東京農工大学水利環境学研究室『環境改善手法調査業務報告書』2000，など。
12）田林明・藤永豪・中村昭史「胆沢扇状地における農業の存続形態」地学雑誌112-1，
　　2003，50－72頁。
13）金田章裕「砺波散村地域の構造変化」砺波散村地域研究所紀要6，1989，1－21頁。
　　砺波市立砺波散村地域研究所編『砺波平野の散村』2001。
14）富山県「散居村田園空間計画報告書＜となみ野＞」2000。

第13章
国土計画における多自然居住地域の提唱と散村・小都市群地域

宮口　侗廸

　1950年に制定された国土総合開発法にのっとって，わが国は1962年以来五次にわたる全国総合開発計画を策定してきた。そのめざすところは長い間「国土の均衡ある発展」という言葉に集約されてきたが，第四次までの計画は，持続した経済成長のもとで，一貫して拡大成長型の理念を基盤においていたことは否めない。そして計画の中では多極分散という考え方が次第に強まっていったものの，現実に行き着いたところは，東京一極集中，大都市圏の拡大，そして県都クラスの地方中枢・中核都市のある意味で画一的な成長であった。この陰で農山村のみならず個性的な中小都市までが疲弊し，中枢・中核都市から遠距離にある地域では過疎問題が顕在化するに至った。

　低成長時代に入っても，県都クラスの地方中枢・中核都市は一応の成長を続け，それに隣接する地域は，その郊外としてその強い影響下に都市化を進行させてきた。たとえば県人口の4割が高知市に集中している高知県のように，県によっては，国全体に於ける東京の一極集中よりもさらに強力な一極集中が生じているところもある。そしてその対極に，その多くが過疎化している中山間地域や離島があり，その中間地帯として，かつて農産物の集散地や谷口集落として育った多くの小都市がある。

　かつてそのような小都市は，周囲の農村地帯にとって欠くべからざる価値を持っていた。小都市内部の人たちにとっても，歩きまわれる範囲にさまざまな

商品やサービス業が存在し，そのレベルも城下町や県都クラスの都市に対してそんなに遜色のないものであった。筆者はこのことを，わが国の各地に，大きな価値を持つ身近な都市空間が存在したというように理解しておきたい。しかし経済成長とモータリゼーションによる行動の広域化は，全国に画一的な多彩な商品をつくり出し，県都クラスの都市を成長させるとともに，これらの小都市の価値を急激に低下させた。このことは，いわば身近な地域の価値が失われていく過程であった。

本研究会で対象とした散村・小都市群地域は，上に述べたような小都市のまわりに散村地帯が広がるような地域を想定している。わが国には砺波平野を始めとして著名な散村地域があるが，それらは，当然ながらある程度の広がりを持つ平坦な地形の上に立地している。このような散村地帯に存在する小都市群は，かつての時代のように，それぞれ単独で相対的にレベルの高い機能を提供できる状況にはないが，近隣の都市やまわりの農村的な地域との新たな連携システムを構築することにより，長時間の移動のエネルギーを必要としない，現代社会が失ってきた身近な地域としての，しかもレベルの高い価値を新しく主張することができるのではないだろうか。

第5次の全国総合開発計画「21世紀の国土のグランドデザイン」で打ち出された「多自然居住地域の創造」という考え方も，圏域がより大きく捉えられているものの，上のような身近な地域の価値の創造という考え方にかなり近い。本章ではこの概念が生まれた経緯とその意図するところを示しつつ，その延長上に，散村・小都市群地域の「身近な価値」の再構築に向けての主張を展望したい。

1　わが国の地域社会の歩みと国土計画

そもそもわが国は，まわりと同じようにやっていれば無難だという価値観を，多くの人が長く持ちつづけてきた国である。極めて生産力の高い水田に支えられてきたわが国の農村社会は，一子相続を基調に強力に受け継がれてきた。こ

第13章　国土計画における多自然居住地域の提唱と散村・小都市群地域

れだけ南北に長い国であるにもかかわらず，特に九州から東北までの農村風景が極めて類似していることは，いかにまわりと同じになろうという志向が強かったかを物語っている。いわば水田化による画一的志向の長い時代があった。

しかしその一方で平和が続いた江戸時代には，新田集落の開発によって農村人口も増え，全体生産力の上昇と平和の中での輸送網の確立によって，多くの小都市（地方町）が生まれた。千葉県の佐原のように水運によって繁栄した町もある。そしてこれらの都市では，農村からはみ出た人々が多様な活動に従事するようになり，これらの都市における商業の繁栄は，日常の衣食住のみならず，芸ごとやお祭りなどにおいても，水準の高い美意識に裏打ちされた貴重な個性的文化を生み出した。

しかし明治以降とくに20世紀に入ってからの，中央集権国家の体制の中での工業化の進行は，次第に都市を画一的なものへと変えていった。八幡製鉄所の創業が1901年であることは，まさに20世紀のわが国が大工場の時代に入ったことの象徴である。この流れを工業化による画一化の時代の到来と理解することが可能であろう。そして以後しばらくは都市の成長と農村の継承（停滞）の時代が続く。

1962年に始まる全国総合開発計画は，本来，低開発地域の経済開発を促進し，国土の均衡ある利用を進めるためのものであった。同年に生まれた「新産業都市建設促進法」は，その政策の基本をあらわしている。しかし，驚異的な経済成長はむしろ投資が太平洋ベルト地帯に集中することによって実現したものであって，全総計画そのものの成果ではなかった。都市基盤の整備が進まないままに経済開発が進行する中で，都市には過密問題，さらに環境破壊による深刻な公害問題が顕著に発生した。この時期，1961年に制定された農業基本法に基づいて農村の圃場整備・機械化等の近代化策が進められたことも，農村から都市への流出を促進した。

この結果生じた経済成長は，都市化の急激な進展と，拡大成長型の志向をわが国に行き渡らせた。特に大都市における職場は増えつづけ，進学率の上昇の中で，農家の後継者のみならず中小都市の商店の後継者までが，大きな都市の企業に定着するようになる。この結果，それまで貧しい中でもしっかりと受け

継がれてきた強力な地域社会であった農山村の後継者が，都市に定着することによって地域に戻らなくなった。いわば農山村が初めて内部から崩壊を始めたわけで，この結果としての急激な人口減少と高齢化が，わが国に過疎問題と呼ばれる新たな地域問題を生み出したのであった。

1969年の新全国総合開発計画は，急激に進んだ工業開発によって生じたさまざまな地域問題を，国全体をネットワーク化することによって解決しようというものであった。いうなれば，全国的な交通・通信ネットワークを整備して，国土のすみずみまで効率的な利用を図るというものであった[1]。全国を七つのブロックに分け，それぞれが大都市ないしは大規模工業基地と直結することにより，経済発展をめざすという図式がそこにある。

この構想は現実の経済動向の前では絵に描いた餅にしかならず，地域格差や地域問題はますます深刻となった。この間，米の生産調整政策の導入や過疎地域対策緊急措置法などがつくられたが，この二つの措置は，連綿と受け継がれてきたわが国の農村のしくみが，工業化社会の中でついに行き詰まったことを示している。さらに73年の石油ショックはさまざまな新しい産業の芽を摘んだ。この流れの中で，1977年に，第3次全国総合開発計画いわゆる三全総が策定されたが，ここでは新たに「定住圏」という概念が打ち出され，全国ネットワーク的発想から，中程度の都市とその周りの農山漁村が一体となった生活圏域の健全な発展，すなわち人間居住の総合的環境の整備をめざすことが提示された。三全総では定住圏を支える経済基盤として工業の地方分散を打ち出した。しかしそのモデルとして提示されたむつ・小川原や志布志湾の大規模工業基地建設は，その後の低成長経済の中で結局破綻的状況に追い込まれ，この結果人口と投資の大都市への集中の傾向が一層強まっていった。

この状況は，都市化さらには東京志向による画一化の時代と理解してもいいのではあるまいか。ローカルテレビ局がほぼ完全に系列化し，その電波のほとんどを東京のキー局からのものに頼るようになった状況も，このことを助長したであろう。この結果生じた東京一極集中に対して，政府は1987年に策定した四全総において，あらためて「多極分散型国土の形成」を謳わざるを得なくなった。

しかし四全総は過去の計画と決別するものではなかった。四全総の第一章「計画の基本的考え方」の中の「新たな国土計画の策定」の中には，次のような記述がある。

「新たな国土計画を策定するに当たっては，これまでの三次にわたる国土総合開発の成果を踏まえ，①地域の産業構造転換問題が重要となっており，地域活性化のため工業の開発ばかりでなく，多様な産業振興施策の展開が必要なこと，②国土の主軸は形成されつつあるが，地方の発展を促進するためには，いまだ完成していない地方主要都市を連結する全国的なネットワークを早期に完成させる必要があること，③生活や経済活動の圏域が拡大し，交流が活発化している実態を踏まえ，定住構想の理念をさらに発展させる必要があること，などを今日的に認識する必要がある」。

ここに挙げられている三つの記述は，基本的に第一次から第三次の全総計画に対応しており，四全総がこれらの過去の計画の延長上にあることを示している[2]。すなわち，四全総そのものが大きな転換を示すものではなかったのである。

2　転換の時代における国土計画の策定

（1）四全総の総点検　東京一極集中の流れがようやく変化の兆しを見せたのは，1990年代になってからである。旧国土庁の「国土レポート'95」は，三大都市圏に対する地方圏の人口が，1993年に初めて転入超過になり，94年には4万人の転入超過を記録したことを冒頭に取り上げている。この傾向はその後必ずしも固定していないが，大都市への流入の勢いがいったん止まったことは，時代認識としては重要であろう。

このような状況の中で，政府は次なる全総の策定あるいは全総そのものの存在の見直しのために，92年から四全総の総点検事業を開始した。国土審議会に調査部会が置かれ，その下に「国土構造」「地域社会」「自然環境」の三つの専門委員会が置かれた。この時点で初めて「地域社会」を対象とする検討が位置づ

けられたことは，国土の望ましい利用の実現の如何は，その土地を預かる地域社会のありようによるという新しい認識を示すものであろう。筆者はこの委員会に専門委員として参加したが，わが国が大きな転換の時代にあるという点ではほとんどの委員の認識が一致し，全総の基盤になっている国土総合開発法の存在をまず考え直すことから始めるべきだという強硬な意見もかなりあった。

おそらくは当時の内閣の不安定もあって，結局は現行法に基づいて第五次の全総を策定することになったが，これまでの全総の流れを大きく変える以上，これを五全総とは呼ぶべきではないということが，専門委員会での最初の共通認識となった。

これらの議論の結果は，「四全総総合的点検調査部会報告」として94年6月にまとめられた[3]が，そこには「新しい時代の始まりと国土政策の課題」とする副題がつけられた。そして第Ⅰ章で四全総策定後の国土の状況を分析し，第Ⅱ章では時代認識を「地球時代」「自然再認識の時代」「人口減少・高齢化時代」「新地方の時代」「本格的な高度情報化時代」という五つのキーワードで示している。1962年に始まった全総が，ようやくその方向を大きく変えることになったといっていいであろう。

この「調査部会報告」には，「魅力と活力に富んだ多様な地域社会の形成」「人と自然が共存する美しい国土の形成」など，従来には見られなかった表現が多くあらわれる。経済成長の中で都市化のみが発展と認識されてきたことに対し，別の形の多様な発展があるという認識が，わが国の国土計画の中心的議論となったことは画期的なことであった。

（2）「21世紀の国土のグランドデザイン」の内容とその意義　五全総とは呼ばないという認識から出発した第五次の全総計画は，その後95年に入って国土審議会に計画部会が設けられ，その下に「人と自然」「街づくり」「地域経済」「基盤づくり」「文化と生活様式」のそれぞれを冠する五つの小委員会からなる専門委員会が設置されて，計画内容に関する具体的な議論に入った。筆者は「人と自然」「文化と生活様式」の二つの小委員会のメンバーとして議論に加わる機会を得た。

専門委員会およびこれらの小委員会では，95年春から96年夏にかけて極めて

第13章　国土計画における多自然居住地域の提唱と散村・小都市群地域

第1図　全国総合開発計画（概要）の比較

	全国総合開発計画（全総）	新全国総合開発計画（新全総）	第三次全国総合開発計画（三全総）	第四次全国総合開発計画（四全総）	21世紀の国土のグランドデザイン
閣議決定	昭和37年10月5日	昭和44年5月30日	昭和52年11月4日	昭和62年6月30日	平成10年3月31日
策定時の内閣	池田内閣	佐藤内閣	福田内閣	中曽根内閣	橋本内閣
背景	1　高度成長経済への移行 2　過大都市問題、所得格差の拡大 3　所得倍増計画（太平洋ベルト地帯構想）	1　高度成長経済 2　人口、産業の大都市集中 3　情報化、国際化、技術革新の進展	1　安定成長経済 2　人口、産業の地方分散の兆し 3　国土資源、エネルギー等の有限性の顕在化	1　人口、諸機能の東京一極集中 2　産業構造の急速な変化等により、地方圏での雇用問題の深刻化 3　本格的国際化の進展	1　地球時代（地球環境問題、大競争、アジア諸国との交流） 2　人口減少・高齢化時代 3　高度情報化時代
長期構想	──	──	──	──	「21世紀の国土のグランドデザイン」一極一軸型から多軸型国土構造へ
目標年次	昭和45年	昭和60年	昭和52年からおおむね10年間	おおむね平成12年（2000年）	平成22年から27年（2010-2015年）
基本目標	〈地域間の均衡ある発展〉都市の過大化による生産面・生活面の諸問題、地域による生産性の格差について、国民経済的視点からの総合的解決を図る。	〈豊かな環境の創造〉基本的課題を調和しつつ、高福祉社会を目ざして、人間のための豊かな環境を創造する。	〈人間居住の総合的環境の整備〉限られた国土資源を前提として、地域特性を生かしつつ、歴史的、伝統的文化に根ざし、人間と自然との調和のとれた安定感のある健康で文化的な人間居住の総合的環境を計画的に整備する。	〈多極分散型国土の構築〉安全でうるおいのある国土の上に、特色ある機能を有する多くの極が成立し、特定の地域への人口や経済機能、行政機能等諸機能の過度の集中がなく地域間、国際間で相互に補完、触発しあいながら交流している国土を形成する。	〈多軸型国土構造形成の基礎づくり〉多軸型国土構造の形成を目指す「21世紀の国土のグランドデザイン」実現の基礎を築く。 地域の選択と責任に基づく地域づくりの重視。
基本的課題	1　都市の過大化の防止と地域格差の是正 2　自然資源の有効利用 3　資本、労働、技術等の諸資源の適切な地域配分	1　長期にわたる人間と自然との調和、自然の恒久的保護、保存 2　開発の基礎条件整備による開発可能性の全国土への拡大均衡化 3　地域特性を活かした開発整備による国土利用の再編成と効率化 4　安全、快適、文化的環境条件の整備保全	1　居住環境の総合的整備 2　国土の保全と利用 3　経済社会の新しい変化への対応	1　定住と交流による地域の活性化 2　国際化と世界都市機能の再編成 3　安全で質の高い国土環境の整備	1　自立の促進と誇りの持てる地域の創造 2　国土の安全と暮らしの安心の確保 3　恵み豊かな自然の享受と継承 4　活力ある経済社会の構築 5　世界に開かれた国土の形成

2　転換の時代における国土計画の策定

	〈拠点開発構想〉	〈大規模プロジェクト構想〉	〈定住構想〉	〈交流ネットワーク構想〉	〈参加と連携〉
開発方式等	目標達成のため工業の分散を図ることが必要であり、東京等の既成大集積と関連させつつ開発拠点を配置し、交通通信施設によりこれを有機的に連絡させ相互に影響させると同時に、周辺地域の特性を生かしながら連鎖反応的に開発をすすめ、地域間の均衡ある発展を実現する。	新幹線、高速道路等のネットワークを整備し、大規模プロジェクトを推進することにより、国土利用の偏在を是正し、過密過疎、地域格差を解消する。	大都市への人口と産業の集中を抑制する一方、地方を振興し、過密過疎問題に対処しながら、全国土の利用の均衡を図りつつ人間居住の総合的環境の形成を図る。	多極分散型国土を構築するため、①地域の特性を生かしつつ、創意と工夫により地域整備を推進、②基幹的交通、情報・通信体系の整備を国自らあるいは国の先導的な指針に基づき全国にわたって推進、③多様な交流の機会を国、地方、民間諸団体の連携により形成。	－多様な主体の参加と地域連携による国土づくり－ （4つの戦略） 1　多自然居住地域（小都市、農山漁村、中山間地域等）の創造 2　大都市のリノベーション（大都市空間の修復、更新、有効活用） 3　地域連携軸（軸状に連なる地域連携のまとまり）の展開 4　広域国際交流圏（世界的な交流機能を有する圏域）の形成
投資規模		昭和41年から昭和60年 約130～170兆円 累積政府固定形成 （昭和40年価格）	昭和51年から昭和65年 約370兆円 累積政府固定資本形成 （昭和50年価格）	昭和61年度から平成12年度 1,000兆円程度 公、民による累積国土基盤投資 （昭和55年価格）	投資総額を示さず、投資の重点化、効率化の方向を提示

多くの会議を開き、それぞれの課題を検討した[4]。その内容は97年に各地方ブロックの都道府県・政令指定都市との意見交換を経て、計画部会長と小委員会の座長らからなるワーキンググループでまとめられ、10月には計画部会審議経過報告として国土審議会で了承された。これが最終的に形を整えて翌98年3月に「新しい全国総合開発計画」として国土審議会の議を経、3月31日に「21世紀の国土のグランドデザイン」という正式名称で閣議決定されたものである。この「グランドデザイン」策定の全般的経緯と内容に関しては、専門委員会の委員長代理を務めた矢田によって詳しく記述されている[5]。

「グランドデザイン」というそれまでの全総計画からのイメージの一新を図る名称で登場したこの国土計画は、集中しすぎた東京圏、ゆとりのない生活の太平洋ベルト地帯、活気に乏しい地方部からなる一極一軸型の国土構造から、経済的な豊かさとともに精神的な豊かさを重視して多軸型の国土構造に大きく転換しようという基本的な考え方に基づく。ただ、ここで挙げられた北東国土軸、日本海国土軸、太平洋新国土軸なるものは、太平洋ベルト地帯に対して著

しく投資が少なかった軸線上に，高速道路や新幹線網を貫通させようという，従来型の開発志向を持つ地方政財界の強い要望を反映したものでもある。専門委員会レベルでは，むしろこれらの地域が「豊かな自然」や「伝統文化」といった価値ある共通財産を持つ地帯と認識し，従来型ではない発展をめざすフロンティアであるとの理解が強かったのであって，これは政治的妥協の産物と考えてよい[6]。ただ，「グランドデザイン」の本文を注意深く読めば，全体として従来型の開発志向を相当に抑えるものになっていることは理解されるべきであろう。

このようにして生まれた「グランドデザイン」の基本的課題として，
①自立の促進と誇りの持てる地域の創造
②国土の安全と暮らしの安心の確保
③恵み豊かな自然の享受と継承
④活力ある経済社会の構築
⑤世界に開かれた国土の形成
の五つが設定され，特定課題として「首都機能と東京問題」「基地を抱える沖縄の振興」が位置付けられている。

そして上の五つの課題を解決するための四つの戦略として挙げられたのが
①多自然居住地域の創造
②大都市のリノベーション
③地域連携軸の展開
④広域国際交流圏の形成
である。この中で，多く過疎地域と位置付けられてきた活気に乏しい地方圏の活性化のための戦略が，「多自然居住地域の創造」と「地域連携軸の展開」である。

基本的戦略の最初に「多自然居住地域の創造」という考え方が採用されたことは，第4次までの国土計画と今回の国土計画を区別する最も大きな要素だと筆者は考えている。多自然居住地域とは，県都クラスの中枢・中核都市から遠距離にある小都市・農山村群を示し，これらは従来の拡大成長型発展とは一線を画したもう一つの発展の型を考えるというものだからである。これについて

2 転換の時代における国土計画の策定

第1部　国土計画の基本的考え方

　第1章　21世紀の国土のグランドデザイン

```
┌─────────────────────────────────────────────────────────────┐
│　　　　　　　　　20世紀の国土構造＝一軸一極型国土構造　　　　　　　　　│
│　地方 ― 活気に乏しい生活，ベルト地帯 ― ゆとりのない生活，東京圏 ― 人口・諸機能集中 │
└─────────────────────────────────────────────────────────────┘
```

```
┌──────────────────────────┐   ┌──────────────────────────┐
│　　　　価値観・生活様式の多様化　　　│   │　　　　　　時代の大転換　　　　　　　│
│　自由な選択と自己責任，自然再認識等　│   │　地球時代，人口減少・高齢化，高度情報化　│
└──────────────────────────┘   └──────────────────────────┘
```

```
┌─────────────────────────────────────────────────────────────┐
│　　　　　　　21世紀の国土のグランドデザイン＝多軸型国土構造　　　　　　　　│
│　新しい国土軸の形成，ベルト地帯の再生，多様性に富んだ美しい空間，経済活力，精神的豊かさ　│
└─────────────────────────────────────────────────────────────┘
```

　第2章　計画の課題と戦略（目標年次　2010 - 2015）

第1節　基本的課題	第3節　特定課題
①自立の促進と誇りのもてる地域の創造　②国土の安全と暮らしの安心の確保　③恵み豊かな自然の享受と継承　④活力ある経済社会の構築　⑤世界に開かれた国土の形成	①首都機能と東京問題　②基地問題を抱える沖縄の振興

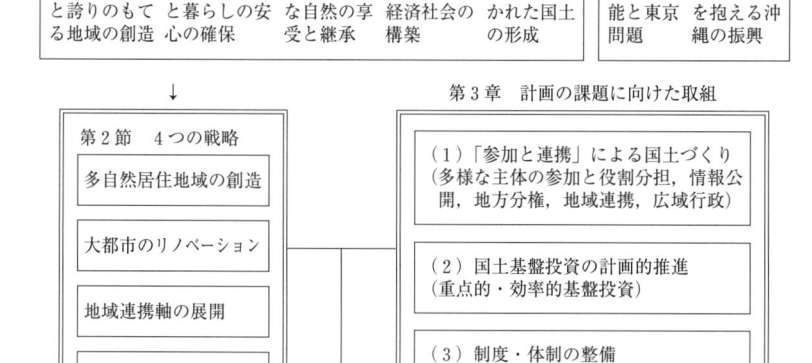

　　　　　　　　　　　　　　　第3章　計画の課題に向けた取組

第2節　4つの戦略	
多自然居住地域の創造	（1）「参加と連携」による国土づくり（多様な主体の参加と役割分担，情報公開，地方分権，地域連携，広域行政）
大都市のリノベーション	（2）国土基盤投資の計画的推進（重点的・効率的基盤投資）
地域連携軸の展開	（3）制度・体制の整備（新たな国土計画体系の確立）
広域国際交流圏の形成	

第2部　分野別施策の基本方向 ──────── **第3部　地域別整備の基本方向**

（1）国土の保全と管理に関する施策（防災・環境・流域）　（2）文化の創造に関する施策（地域文化・国際交流）　（3）地域の整備と暮らしに関する施策（中枢拠点都市圏）　（4）産業の展開に関する施策（産業創出の風土）　（5）交通，情報通信の整備に関する施策（情報活力空間）	1 北海道，2 東　北，3 関　東　4 中　部，5 北　陸，6 近　畿　7 中　国，8 四　国，9 九　州　10 沖　縄，11 豪雪・離島・半島

第2図　21世紀の国土のグランドデザイン・基本構図[7]

第13章　国土計画における多自然居住地域の提唱と散村・小都市群地域

は詳しく後述したい。

　地域連携軸とは，異なる資源を有する地域が，都道府県境を越えるなど広域にわたって連携することにより生ずる軸状の連なりからなるまとまりとされる。この軸上では，人，物，情報の活発な交流が行われ，生活，産業，文化等の諸活動が日常の生活圏域を越えて営まれ，選択可能性の高い暮らしが可能となるという考えである。太平洋側と日本海側の中核都市を結ぶような地域連携軸の育成が想定されているが，四全総までの考え方とは異なり，単に都市と都市を効率的に連結させるのではなく，長い軸線の上でそれぞれの地域の本来的個性と役割分担を育てることが狙いである。この軸線から，さらにあばら骨のように分岐を考えるならば，地域連携軸は相当広範囲の地域の活力の育成にかかわることになる。

　「大都市のリノベーション」は東京一極集中の負の遺産を改善することであり，「広域国際交流圏の形成」は，それぞれの地方ブロックが中枢都市を中心として，東京を経由しない国際交流のキャパシティを高めることによる活性化をめざすことを示す。このように説明すると，四つの戦略は，県都クラスの地方中枢・中核都市の都市的成長が，今しばらく持続することを前提にしていることが理解されるであろう。

　（3）多自然居住地域の創造　「人と自然」小委員会では，都市的発展から取り残された地域の発展のあり方をどう考えるかについて，かなり長時間にわたって議論をした。筆者はそこで，「人口増加と経済成長のみを指標にして地域の発展を考えるのはおかしい。空間の使われ方という観点からも地域の発展を考えるべきだ。人口が減っていても，空間や資源が以前よりも活用されて新しい生産のしくみが生まれ，一人当たりの生産力が増えているならば，地域は発展していると考えるべきではないか」という意味のことを強く主張した。このような地域では，相対的に少数の人々が空間や資源を多面的に利用し，一人当たりの取り分を増やすことこそがめざすべき方向だという議論である[8]。地球環境の有限性が叫ばれ，自然との共生が時代のキーワードになってきた時代に，このような地域での生活の価値が，多数の人口によって支えられる都市生活に対して優るとも劣らないもう一つの価値と考える認識がそこにある。まさに

2 転換の時代における国土計画の策定

「豊かな低密度居住」の価値を議論したのであった。

　低成長時代に入ってからも，県庁所在地レベルの地方中枢・中核都市は一貫して成長してきた。これらに隣接ないし短時間で行き来が可能な地域では住宅開発が進み，中枢・中核都市との関係がますます強まってきている。このような地域に対して，中枢・中核都市から遠距離にある小都市・農山村でかつて行われてきた取組みは，ひたすら人口の流出に歯止めをかけ，わずかでも都市部に近づこうという地域整備をめざすものであった。これらの地域こそ，独自の発展をめざす低密度圏域として，創造的な取組みをすべきなのである。

　この「低密度居住」は，低いという表現に抵抗があった向きもあって，「多自然居住」という表現に落ち着いた。実際に出来上がった「グランドデザイン」では，「中小都市と中山間地域等を含む農山漁村等の豊かな自然環境に恵まれた地域を，21世紀の新たな生活様式を可能とする国土のフロンティアとして位置付けるとともに，地域内外の連携を進め，都市的なサービスとゆとりある居住環境，豊かな自然を併せて享受できる誇りの持てる自立的な圏域として，「多自然居住地域」を創造する」と書かれてある。

　これは，上にあげた議論をベースにして，空間や資源を活用したレベルの高い産業の育成の上に，医療や教育，商業・サービス施設の利用などの利便性を上乗せすることによってまとめられたと考えられる。したがって多自然居住とは，単に自然の中の暮らしを意味するのではなく，これからも都市的発展が期待できる中枢・中核都市とは一線を画して，小都市とまわりの農山村をひとくくりにして，都市化と拡大成長の時代とは違った発展のしくみをつくり出すことだと考えてよい。

　この考え方によれば，冒頭に述べたように身近な高い価値をかつて有していた小都市の役割は極めて大きなものになる。そしてこのような考え方で小都市・農山村の空間を見ることは，必ずしもわが国の現実の経済の流れにかかわりなく可能だったはずである。もちろん過疎という言葉で象徴される小都市・農山村の衰退が国土計画上このような位置付けをもたらしたことはいうまでもないが，そのこととは無関係に，拡大成長とは異なる個性的発展があり得ることは，本来，論理的可能性としてあったはずである。しかしかつての画一的拡

大思考がこのような発想を芽生えさせなかったと考えざるを得ない。このように考えるとき，この「多自然居住地域」という理解は，この大きな転換の時代を象徴する重要な概念だと考えるべきであろう。

実際，大都市で学生生活を過ごした学生が，山村の林業組織に就職する例を始め，大都市から小都市や農山村に移り住むＩターンと呼ばれる人たちも，90年代から着実に増えてきている。単にまわりに流されるのではなくて，自分にとって強く価値を感じられる職場や空間へ人がシフトする動きは，その後の経済の低迷の中でリストラや転職が増える中で，ますます避けられない状況にある。経済の空洞化のなかで大量生産型モノづくりが限界を迎えているとき，小都市・農山村的地域において従来型とは異なる生産活動および職場が生まれることが，単に衰退地域の活性化のためではなく，わが国の全体経済のために必要になってきていることは言うまでもない。

3　多自然居住地域の創造に向けての議論

多自然居住地域の創造とは，単純化して言えば，中枢・中核都市から遠距離にあるような位置にある小都市とまわりの農山村が，お互いの資源や場がうまく活用されるしくみと関係を築き，さらに小都市の都市的サービスの機能をレベルアップすることによって，そこに一人当たりという点でレベルの高い経済力と安心できる生活のシステムをつくり出していくことに他ならない。このことは場の価値を見極めそこにさらに価値を上乗せするという点で，本質的にそれぞれの地域における創造性を必要とする。

このような方向で，中枢・中核都市から遠距離にある自立的圏域が形成されるためには，しっかりした持続的な産業の育成と，身近な距離での程よい都市機能の立地という困難な課題を，それぞれの地域の内実から出発して解決していかなければならない。

多自然居住地域をどのように認識し，圏域をどう捉えるべきかについては，その後旧国土庁に「多自然居住地域創造推進検討委員会」が設けられ，筆者も

3 多自然居住地域の創造に向けての議論

議論に参加し，99年8月に報告書としてまとめられている。その内容は国土計画の観点から，どちらかといえば産業論よりも都市的サービスのあり方を優先させて記述するものとなっているが，その議論の前提として次のようなデータが提示された[9]。

まず全国の市町村を，1995年の国勢調査の人口の規模によって次のように分類する。

  1-1　小市町村：人口5千人未満
  1-2　小市町村：人口5千人以上1万人未満
  1-3　小市町村：人口1万人以上2万人未満
  1-4　小市町村：人口2万人以上5万人未満
  2　　小都市　：人口5万人以上10万人未満

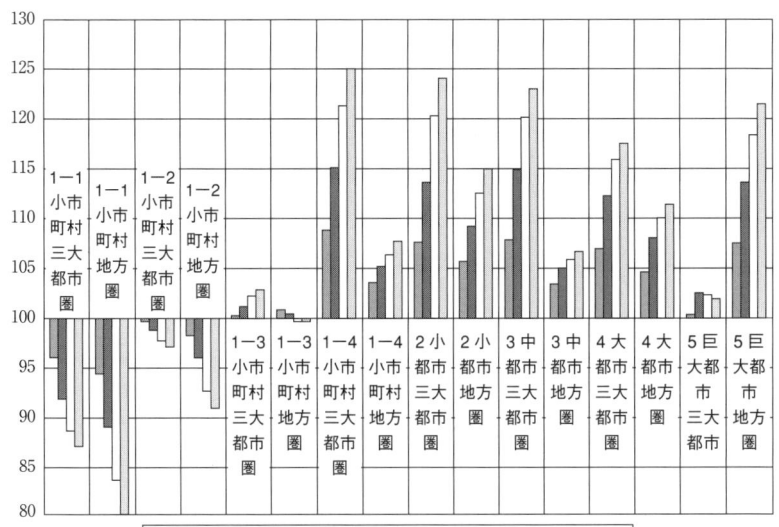

註）①三大都市圏とは，埼玉県，東京都，千葉県，神奈川県，岐阜県，愛知県，三重県，京都府，大阪府，兵庫県，奈良県の11都府県をいう。
　　地方圏とは，これ以外の道県をいう。
　　②データの期間は5年間を基本とするが，平成5年から9年の間はデータの制約上4年間しかないので注意を要する。
出典）各年の住民基本台帳人口要覧に基づき国土庁計画・調整局作成。

第3図　各都市・地方圏の人口推移（昭和53年3月を100とした指数比）

第13章　国土計画における多自然居住地域の提唱と散村・小都市群地域

　　　　3　中都市　：人口10万人以上30万人未満
　　　　4　大都市　：人口30万人以上の市（巨大都市を除く）
　　　　5　巨大都市：東京23区および政令指定都市

そして各規模別市町村の，1983年，1988年，1993年，1997年の総人口をグラフにあらわしたものが第3図である。

第3図では上記のカテゴリーのそれぞれを，さらに三大都市圏とそれ以外の地方圏に分けてグラフが描かれている。これを見ると，地方圏において平均的に人口が増加しているのは2万人以上の市町村であるということになる。しかし筆者は，各地域との直接の接触から受ける感触からして，中核都市に近い市

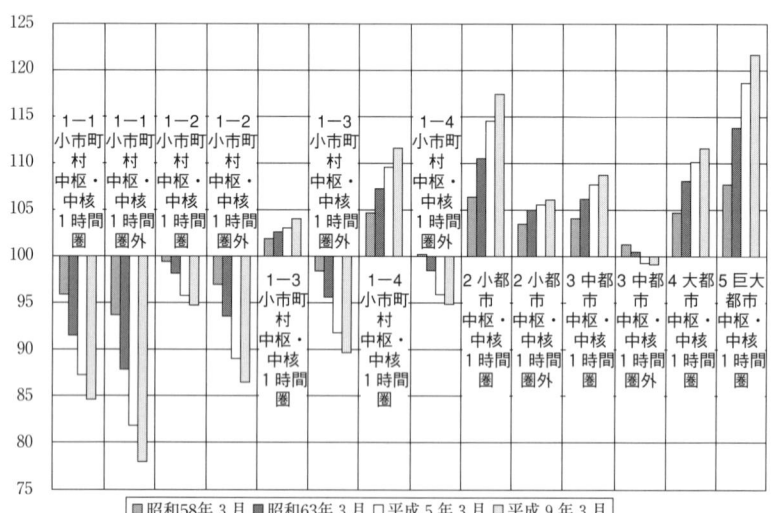

註）①中枢・中核1時間圏とは，地方中枢都市（札幌，仙台，広島，福岡），地方中核都市（県庁所在都市及び人口30万人以上の都市），3大都市圏の県庁所在都市および人口30万人以上の都市の市役所から，自動車・鉄道・船を利用して（高速手段利用可）地方圏の各市町村の市役所又は役場へ1時間で到達可能な圏域のこと。
　②地方圏とは，埼玉県，東京都，千葉県，神奈川県，岐阜県，愛知県，三重県，京都府，大阪府，兵庫県，奈良県の3大都市圏11都府県を除く36道県をいう。
　③データの期間は5年間を基本とするが，平成5〜9年の間はデータの制約上4年間しかないので注意を要する。
出典）各年の住民基本台帳要覧に基づき国土庁計画・調整局作成。

　　　　第4図　各地方圏の人口推移（昭和53年3月を100とした指数比）

286

町村と遠い市町村では大きく異なるのではないかと考え，中枢・中核都市から1時間圏内かそうでないかを分けて精査してもらった。それを示したのが第4図である。この点では筆者の予想が当を得ていた。

特に人口規模2万人以上5万人未満の市町村でみると，地方中枢・中核都市1時間圏内の市町村が増加基調にあるのに対し，1時間圏外の市町村は減少傾向を示す。このことは，このクラスの市町村の人口が増加傾向にあることが，その市町村の力によっているのではなく，中枢・中核都市との関係によっていることを示すと考えられる[10]。

これに対して，中枢・中核都市との時間距離にかかわらず人口増加を示しているのは人口5万人以上の都市である。このことは，5万人以上の人口を持つ都市は，平均的にみて今なおまわりの地域に対して中心性を保っているということを示す。

実際，人口5万人クラスの都市には，総合病院，銀行，ショッピングセンターないし大型スーパーマーケット，いくつかの高校，大型書店，さまざまな外食産業，旅行エージェント，自動車学校などの都市的サービス機能がほぼ立地していると見られる。専門学校や短大があるところもある。都市的な生活が普遍化した現代にあって，このような機能は車で30分程度のところにあって欲しいのではないだろうか。

ここから，圏域の中心の小都市がこのレベルに達していない場合，中心になる小都市とまわりの農山村は，行政が参加するような戦略的な連携によって小都市の機能をそこまで高める必要のあることが理解されるはずである。まったくの放任的な経済の流れでは，それは実現しない。もちろん，5万人の人口があるすべての都市に自動的に高いレベルの機能が立地する保障はないから，5万人以上の人口があっても，より高いレベルの機能が立地し持続されるような働きかけがいらないということではない。

第13章　国土計画における多自然居住地域の提唱と散村・小都市群地域

4　小都市の都市機能の現状

　旧国土庁は，多自然居住地域の中心と想定される全国11都市を対象として，さまざまな機能に対する満足度の調査を行った[11]。対象となったのは，北海道北見市，岩手県宮古市，秋田県横手市，栃木県足利市，新潟県上越市，長野県飯田市，三重県松阪市，和歌山県田辺市，島根県浜田市，愛媛県大洲市，大分県日田市である。

　アンケートの結果から重要であると考えられる点を抽出すると，「地方都市の良さ」を挙げるという質問では，「自然環境」，「安全」，「交通・通勤」の順に評価が高く，逆に，評価が低いのは順に，「いきがい」，「にぎわい」，「仕事・所得」である。世代別では，若くなるほど「交通・通勤」の評価が高く，「仕事・所得」がさらに評価が低くなる。「買物・物価」の評価も高齢者に比べてぐっと低くなる。

　「不満に思っていること」を挙げるのでは，「仕事・所得」がトップで，「いきがい」，「交通・通勤」，「買い物・物価」の順に高い数値を示す。やはり小都市に満足できる職場が少ないことが，はっきりとあらわれている。また，若くなるほど「交通・通勤」への不満も増し，マイカー通勤で渋滞のない毎日を送ることへの満足と，公共交通機関の不十分さの双方が窺える内容となっている。

　立地が望ましい施設および機能については，「高度な施設や技術をもつ総合病院」の要望が最も高く，「大学・専門学校などの教育施設」，「レジャー施設」，「美術館等」，「日用・食料品の品揃えの豊富な商業施設」の順に高くなっている。なお20歳代では，「高級衣料等の専門店」，「デパート等の大型小売店」が，上位にくる。なお，買回品の購買は全体で半数程度が市内で行っており，若い層ほど県庁所在地，さらには大都市の割合が高くなる傾向がある。

　以上の調査結果をみると，全体的傾向として，地方小都市の暮らしは，年齢の高い層には，自然環境の良さや渋滞のないマイカー交通など，ゆとりある，落ち着いた暮らしを高く評価するものになっているのに対し，若年層では，望

ましい職場に欠けることや，買い物の不便さなど，いわばアクティブな日常に欠けることへの不満が相当程度強い。このことはそのまま，生きがいを感じにくいことにもつながると考えられる。また，これらの小都市には一応総合病院があるところがほとんどであるが，より高度な医療に対する期待が，年齢を重ねるに従って強くなっていることも忘れてはならない。

　この結果は，相対的に年齢の高い層にとって，地方小都市がまだまだ身近な価値をもつ存在であることを示している。短時間でいろんな用を済ませることができ，ゆったりと暮らせる雰囲気への評価が高いことが窺われる。しかし若年層にとっては，生きがいが持てる職場や，情報化社会の中で普遍化された多彩な商品やサービス供給施設が不足しているという点で，不満が見受けられる。これらの問題点は，前節で述べた多自然居住地域がクリアーしなければならない課題を，ほぼ示しているともいえる。わが国の総人口が減少に向かう中で，地方中枢・中核都市が今しばらく都市的な活力を保ち続けることが予測される今，上にあげた地方小都市の圏域の人口が増加に転ずることは一般的には考えられない。その意味で次の世代に支持されるような職場の創出と，都市的サービスの供給のレベルの確保を地域政策として実現していくことは，これらの小都市の最大の課題である。そしてこの課題の解決には，まわりの市町村との戦略的な連携がどうしても必要になってくる。

5　散村・小都市群地域の性格

　前節で中核都市に隣接しない小都市の問題点がほぼ明らかになった。住民にレベルの高い都市的機能ないし生活サポート機能を供給するためには，30万人くらいの人口が必要だとはよくいわれるところである。しかし中心都市が5万人の人口しかなくても，せめて周辺と併せて10万人程度の圏域を前提にして，お互いが徹底的に支えあう広域的な連携の戦略を立てることによって，さまざまな機能のレベルアップは可能である。そのことによって，レベルの高い総合病院やショッピングセンターなどが成り立つことはよく理解されるであろう。

第13章　国土計画における多自然居住地域の提唱と散村・小都市群地域

　このように考えるとき，中核都市に隣接しない独自の圏域を持ち，ある程度平野が広がっていて相互に地形的な障壁が少ない地域の方が，日常的に相互に人と物が行き交う状況がより生まれやすいことは自明である。しかも純然たる農村地帯の中で，小都市のそれぞれが独立した商圏を持っていたかつての時代とは異なり，農村地帯の中への工場の進出によって，通勤の動きなどがかなり無境界化している今，このような地域における広域連携の価値が理解されやすいことはいうまでもない。この点で，散村・小都市群地域をモデルとして，中枢・中核都市とは一線を画す価値ある地域システムを考えることは大きな意味を持ってくる。わが国に存在する散村地域は，基本的にある程度の平野の広がりの中に民家が散らばり，そしてその中にいくつかの小都市を育ててきているからである。まわりとの連携でこのような小都市の価値が高まれば，日常生活において，遠くの中枢・中核都市との関係に大きなエネルギーを使う必要がなくなる。まさに身近で価値の高い生活空間が生まれることになる。

　国土計画において主張された「多自然居住地域」は，県都クラスの中枢・中核都市から遠い小都市を中心に，過疎化している山間地域までを取り込んだ圏域として考えられた。本研究会が共通認識をもつために取り上げた砺波平野・胆沢扇状地・富良野盆地の中では，富良野盆地が最もそのイメージに近い。胆沢扇状地は近くで大工場の立地が進行し，砺波平野は中核都市である富山市へ通勤が可能であるなど，状況はかなり異なる。胆沢と砺波は，いわゆる多自然居住地域の中から平野的部分を取り出したひと回り小さい圏域と考えてよいかもしれない。その状況の違いを簡単に整理すれば以下のようになろう。

　砺波平野は県都富山市（32万人）に隣接しないものの，通勤が可能であり，砺波市だけでも実際に1000人以上が富山市へ通っている。隣接する高岡市（17.2万人）には最も多く通勤しているが，砺波圏域の内部にも早くから工場が進出し，世帯当たりの所得の高さが日本有数の兼業農村地帯を構成してきた。もともと加賀百万石の穀倉地帯であり，多くの小都市が栄えてきたところでもある。砺波市には二次医療としては十分な設備を持つ総合病院があり，圏域にはショッピングセンターもいくつか見られる。その外縁の城端町と福光町では背後の山村（平村・上平村・岐阜県白川村）と広域連合を組み，砺波総合病院に

近いレベルの病院がすでに建設されるなど,広域連携の動きも活発である。
　胆沢扇状地の主要部分を占める胆沢町（1.7万人）は,県都盛岡市までは一般国道を自動車で1.5時間を要し,新幹線によるごく少数の通勤があるのみである。しかし新幹線と東北自動車道の開通以降,特に隣接する金ヶ崎町（1.6万人）を中心に大企業の工場進出があり,通勤兼業地帯となった。もともとの中心都市水沢市（6.1万人）には総合病院もあり,中心市街地の商業は不振であるが,前沢町（1.5万人）の国道バイパス沿いには,大きなショッピングセンターを始め,大型店が林立している。
　富良野盆地は中心都市富良野市の人口が2.6万人しかなく,圏域の上富良野町・中富良野町・南富良野町の人口を合わせても5万人に満たない。人口36万人の中核都市旭川市への通勤は困難で,いわば純農村地帯の中に小都市がある状況であり,総合病院はあるものの大きなショッピングセンターはない。Aコープと生協系のスーパーがある程度であり,この点で他の二つの地域に比べると,利便性に関しては劣る。ただ,減反政策に合わせていち早く水田農業から野菜栽培に転換した農業は,かなり堅調であり,農村風景そのものが観光資源になる時代にあって,演劇作家や写真家が住み着くなど,価値ある小都市としての可能性は十分に持っている。
　このようにそれぞれの置かれた位置は,中核都市から見た場合に大きく異なる。しかしいずれも程よい都市機能と豊かな田園空間を併せ持つ地域として,近隣をも併せた住民にとって身近で価値のある地域社会を実現することが共通の課題だと考えられる。大事なのは圏域内部にどのようなしくみをつくり上げるかということであって,中核都市からの距離がすべてを決めるわけではない。この点でさらに山間の過疎地域の振興の原理とは状況を異にすることは言うまでもない。
　品揃えのあるパソコン・ショップのようなものは,もともと中核都市レベルでないと立地が難しい。このような特別の機能とは別に,職場の質と医療・教育・買物・外食その他の日常的な生活サポート機能の水準を問い,地域連携を含むさまざまな工夫によってそれをレベルアップすることが,散村・小都市群地域に求められている。そしてその作業のための基本的な事実が,本書の各章

第13章　国土計画における多自然居住地域の提唱と散村・小都市群地域

の研究によってかなり明らかになったはずである。そして上に述べたレベルアップを実現することは，それぞれの小都市が身近な圏域のレベルの高い拠りどころとなっていた時代に対して，身近な生活空間がひと回り大きく再生し，あらためて価値を発揮することと言えるのではないだろうか。

6　市町村合併の論議と散村・小都市群地域

　2002年の秋，国の市町村合併政策が急展開を見せた。

　多くの人口を抱える都市の側からは，もともと人口200に満たない小村を含めて3200を超える市町村が存在していること自体に対する批判があった。これらの小規模自治体が，国の地方交付税のみならず補助金や起債制度を活用して，フルセット主義で，ハコモノ行政と揶揄される施設整備を進めてきたことによって，都市の側に，公的資金の使われ方に対する不公平感が高まったのは事実である。

　加えて，この10年来の日本経済の低迷の中で，かなりの都市住民の政権与党離れが起こった。これに対して政権与党が，地方に手厚い財政配分による都市住民の不公平感がその大きな要因の一つと認識し，そこから市町村合併を強力に進めるべきという，政治的な判断が生まれた。国の税収の多い時代に，段階補正等で，規模の経済が成り立たない小規模自治体を優遇してきた地方交付税の削減はすでに始まっている。国の地方交付税会計自体がすでに大きな赤字を抱える中，地方分権の受け皿として機能しないような小規模自治体を統合し，最終的には1000程度の自治体にまとめるという方針が打ち出された。

　現行の市町村合併特例法は，10年ごとの時限立法として継続されてきたものであるが，現行法の期限の平成17年3月をもって終了させ，この期限内での合併には合併特例債などの優遇措置を講ずることがすでに決められている。そしてこれに対して，身近な自治体として住民に対して独自の政策を工夫してきた多くの小規模自治体が反発し，すでに合併しないという宣言や，それに近い意思表明をしている自治体も多く存在する。

6 市町村合併の論議と散村・小都市群地域

　その後,政権与党のプロジェクトチームは,合併せずに残った人口1万人以下の自治体については,その権限・業務を縮小する提案を出し,さらに2002年11月1日には,地方制度調査会の小委員会において西尾勝副会長が,「将来は市を基礎自治体にして町村をなくしていく」という,日本の地方制度を抜本的に変える提案を行った。このことを政権与党の動きと併せ考えれば,今後政治の力で広域合併が強力に進められていくことは必至であろう。

　小都市からすら遠距離にある離島や,都市への行き来が困難な山村等,合併に魅力を感じない地域は多くあるが,本研究で対象にした散村・小都市群地域は,中心になる小都市とまわりの農村地域の間に大きな地形的な障壁もなく,歴史的に人の行き来が行われてきたことからすれば,合併の議論を進めやすい地域と言えるであろう。たとえば砺波平野では合併の議論が進む中で,背後の山村地域である五箇山地域をも加えて砺波広域市町村圏が一つになる可能性が相当議論された。その後この広大な領域は二つに分かれ,砺波市と庄川町の合併,五箇山地域を加えたその他の7町村(福野町・福光町・城端町・井口村・平村・上平村・利賀村)の合併に落ち着きそうな気配であるが,その結果まとめられた大きな広がりの中での日常的な議論と空間的に支えあうことが可能になれば,身近な諸機能がいっそうレベルアップする可能性は十分にある。

　しかし合併によって行政が一元化する結果として,今までの市町村やその中における地区単位の地域の価値が失われて行くことは,何としても避けなければならない。特に地域社会の相互扶助や,特産物などによる地域経済は,大きくまとめなおすことによって力を失うこともある。現時点で合併しない方針を打ち出している小村に,介護問題等において独自の相互扶助のしくみをつくってきた地域や,特産物で資源を活かした経済的成果を得ている地域が多いことを知っておく必要がある[12]。

　このような事実を踏まえ,地方団体の中で農山村的な部分を代表すると考えられる全国町村会は,無秩序な都市化が進んだ日本にとって本来的に農山村が持つ価値をあらためて訴え,市町村合併が進む中での地域自治のあり方についても提言してきた[13]。

　その後地方制度調査会は,2003年11月,「今後の地方自治制度のあり方に関

第13章　国土計画における多自然居住地域の提唱と散村・小都市群地域

する答申」を政府に提出したが，その中の「基礎自治体における住民自治充実や行政と住民との協働推進のための新しい仕組み」において，相当踏み込んだ記述をしている。それは基本的には，合併前の旧市町村単位に「地域自治組織」を設けることによって，「合併前の旧市町村のまとまりも活かした包括的な基礎自治体」となり得るというものである。これは小さい地域においても地域の個性を活かす価値を調査会が認めたことを意味し，今後この問題がどのように展開するかは大いに注目に値する。ゆとりある居住の場としての散村・小都市郡地域の取り組みが問われるところである。

まとめ

　本書序章で指摘されているように，散村・小都市郡地域は，工場やショッピングセンターなどのさまざまな都市型施設が点在しているものの，現代のわが国にあっては，自然の豊かなゆとりある良質な居住空間である。県都レベルの都市が拡大成長を続け，無機質的な空間を拡大してきたのに対し，散村空間には，水と緑に恵まれた有機質的な空間が広がっている。
　ただ，前述したように，砺波・胆沢・富良野ではかなり経済基盤を異にする。20世紀初期から大企業の工場進出が見られた富山県の平野部の一角にある砺波平野は，高度成長期に多くの関連工場が立地し，農工一体化と呼ばれるほどの兼業化がいち早く進んだのに対し，胆沢扇状地の近くに工場の立地が目立つようになるのは，東北自動車道や東北新幹線が開通してからである。また，富良野盆地は，雄大な農村風景が観光客を引き寄せているものの，基本的には農村の中に小都市があり，工業化は必ずしも進んでいない。これらの違いは，基本的には大都市圏との距離の違いを反映しているとみられ，経済の低迷の中にあっても，この状況はしばらく続くであろう。
　モータリゼーションが進行する以前は，集村と散村では，日用品の購入やサービスの享受において明確な差が見られた。散村地域では，小さな雑貨店での買物のために1時間程度歩くことは珍しくなかった。これに対して集村であれ

まとめ

ば，数十戸の集落でも，その中に小さな雑貨店があるのが普通だった。

　モータリゼーションの進行はこの状況を決定的に変えた。特に，1戸あたり数台の自家用車を所有するようになると，車庫の問題等で，土地に余裕のある散村地域の方が，車の利便性の恩恵を受けやすい。このことが少し離れた都市への通勤を容易にし，兼業化を促進したことはいうまでもない。道路も狭く商店や民家がぎっしりと詰まった小都市においては，車の扱いにかなり不自由するようになった。また，郊外店舗の立地は，散村地域の最寄の小都市の商店街の価値を失わせ，その衰退をも招いた。

　序章において，「今日の中部ヨーロッパ地域では，もはや「都市」と「農村」とがそれぞれ理念的特質をもって対立的に存在しているのではなくて，両者の——理論上の——極限状態の中間に幅広い漸移帯が存在する」というルッペルトの指摘が紹介されている。わが国においても，無秩序な都市化の中で確かにそのような状況が多くみられる。本研究で対象にした地域の中でも，農業規模の大きい富良野盆地においてはまだまだ農村と都市の違いははっきりしているが，砺波平野は確かにそれに近い状況にあるかもしれない。しかしその指摘にある状況は，必ずしも望ましいものではないと，筆者は考える。散村地域の居住の場としての価値を高めるためには，散村の中に点在する小都市郡が，コンパクトでレベルの高い都市機能を育てる方向にまちづくりを進め，前にも述べたように，大きな都市とは別の，身近で個性的な価値を発揮していくべきだと考えるからである。

　マイカーを走らせて大型ショッピングセンターで必要なものを能率的に購入する消費行動に対して，近くの町の一角に駐車し，あるいは公共交通を利用して，小さくても多様な個性を持つ商店やサービス業とゆっくり触れ合う中で時間をすごす行動が見直される時代になりつつある。規模を大きくしないのであれば，小都市における個性的な商業・サービス業が成り立つ可能性は十分にある。規模拡大の画一的成長の時代に失われた身近な空間の価値と役割を，現代にふさわしい形で再生する戦略が必要なのではあるまいか。

　多自然居住地域という考え方を打ち出した現行の国土計画は，「美しさとゆとりを重視した生活空間の形成」あるいは「美しくアメニティに満ちた地域づ

第13章　国土計画における多自然居住地域の提唱と散村・小都市群地域

くり」という方向を強く提示し，過去に無秩序な都市化の中で失われてきたわが国の国土の本来的な価値の回復を謳っている[14]。

また，食糧の輸入を是認する中で農業の効率化を進めてきた農林水産省も，農業基本法を「食料・農業・農村基本法」と改め，農業構造改善局を農村振興局に改組するなど，農村空間が持つ多面的な価値を強く認識し，それを高めようとする傾向にある[15]。一方で，スローフードやスローライフの主張といった，画一的で能率的な従来の動きに対して生活の質を見直そうという動きもいろんな場で生まれている。

このような流れの中で，適度な大きさの小都市郡が，単なる規模追求の経済活動とは別の，小スケールであっても高いレベルの都市機能を供給する力を育て，まわりの農村地域と併せてアメニティにあふれた空間を実現することが，大都市経済に翻弄されてきた地方社会が個性的価値とゆとりを取り戻す第一歩になると考えられる。住民の理解と成長のもと，地域行政と住民の協働の中でこのような方向が実現することを期待したい。

［付記］本稿のための追加調査に2002年度早稲田大学特定課題研究費を使用した。記して謝意を表したい。

1）中藤康俊『戦後日本の地域開発』，地人書房，1999，182頁。
2）髙橋潤二郎編『四全総は日本を変えるか』，1988，大明堂，211頁。
3）国土審議会調査部会『四全総総合的点検調査部会報告』，1994，86頁。
4）国土審議会計画部会『計画部会調査検討報告』，1996，119頁。
5）矢田俊文『21世紀の国土構造と国土政策』，大明堂，1999，266頁。
6）前掲5）において，矢田もこのような理解を示している。
7）矢田の整理による。前掲5），25頁。
8）筆者は，過疎地域が単純に人口増加を目指すのは間違っており，少数の人たちが空間・資源を巧みに使いこなす新しい仕組みをつくり上げることが大事だと，早くから主張してきた。
　　宮口侗廸『地域を活かす―過疎から多自然居住へ―』，大明堂，1998，180頁。

まとめ

9）多自然居住地域創造推進検討委員会『多自然居住地域創造推進検討委員会報告書』，1999，本文61頁．
10）宮口侗廸『地域づくり・創造への歩み』，古今書院，2000，210頁．
11）国土庁地方都市整備課『多自然居住実現のための地方都市圏整備方策調査』，1998，本文86頁．
12）「下駄履きヘルパー」と呼ばれるユニークな介護のしくみをつくった長野県栄村や，ユズ加工品で25億円を売る高知県馬路村などは，県庁所在都市から僻遠の地で，意義のある政策を展開している．
13）全国町村会は町村制度にかかわる研究会を組織し，「21世紀の日本にとって，農山村がなぜ大切なのか──揺るぎない国民的合意にむけて──」と題するＡ４版29ページの提言を2001年7月に発表したのを始め，「いま町村は訴える」（2002年11月），「町村の訴え」（2003年2月）という一連の提言を公にしている．これらの提言の作成には，大森彌（行政学）らと共に筆者もかかわった．
14）前述の「人と自然小委員会」の座長を務めた武内は，最近，多自然居住地域の概念の意義をランドスケープ・デザインの立場から主張している．
武内和彦『環境時代の構想』，東京大学出版会，2003，228頁．
15）2002年度には農村振興局が「美しい農山漁村検討委員会」を組織し，どのような農山漁村が美しく維持されているといえるのかを議論したが，筆者はその座長を務めた．

第II部
カナダとオーストラリアの散村・小都市群地域

扉写真:カナダ・南オンタリオの散村風景(撮影:田林 明)

第14章
カナダの核心地域としての南オンタリオ

田　林　明

　本書は日本の散村・小都市群地域の性格と構造を検討し，その現代的意義を検討しようとするものである。これと類似の居住形態を有する地域が世界各地にあり，それぞれが独自の特性を持つとともに日本との共通点も多い。比較の対象として取り上げたカナダの南オンタリオ地域もその一つであり，18世紀に本格化した入植にあたって，散村形態の居住が計画的に実施され，さらにサービスセンターとしての小都市が配置され，基本的に現在でもそれが存続し機能している。小都市の盛衰と農業の変容に関しては，別の章で詳細に検討するが，その前提として，ここではカナダ全体の中での南オンタリオの地位や性格について概観することにしよう。

1　カナダの中の南オンタリオ

　（1）カナダの地域差　カナダの面積は997万610km^2（陸地921万5,430km^2，淡水面75万5,180km^2）で，これは日本の面積の26.8倍にあたる。広大な国土をもつカナダでは，手つかずの自然が残っており，また天然資源に恵まれている。カナダの南端はエリー湖のミドル島で北緯41度41分，日本では青森県の下北半島に相当する。北端はエルズミア島のコロンビア岬で北緯83度7分である。カナ

第14章　カナダの核心地域としての南オンタリオ

が北方の国とされるのは、このような物理的な理由のみではなく、カナダが第2次世界大戦後「広大な未開発の北部を統制する」という国家目標を定めて努力してきたことも関係している[1]。

15世紀の終わりにヨーロッパ人が新大陸に到達した頃でも、カナダの先住民族は20万人余りにすぎなかった。最初はフランス人によって開拓が進められたが、1763年にはイギリス領となった。そして、カナダ自治領が成立したのは明治維新の1年前の1867年であった。

カナダ統計局のデータによると2001年の人口は3,110万で、日本の人口の4分の1にすぎない。人口密度は3人/km^{2}である。カナダでは人口1000以上で、人口密度が400人/km^{2}が都市とされるが、全人口の80%近くが都市に居住している。カナダは多くの民族から成り立っている。特徴的なのはイギリス系とフランス系という2つの民族が卓越し、両者が対立しているということである。1996年の国勢調査によると、イギリス系が38.0%、フランス系が24.0%であり、英語を母語とするカナダ人は59.2%であるのに対して、フランス語を母語とする人々は22.3%であった。

カナダの各地には開拓に適した場所もあったが、それらは地理上の障害や居住不可能な地域によって互いに隔てられており、カナダはともすれば離ればなれの地域社会やセクションとして発展していく傾向があった[2]。また広大な国だけに、場所により自然環境や経済的条件、歴史的背景が異なっている。これらのことからカナダでは、都市と農村、中央と周辺、東部と西部、南部と北部といった地域差が明瞭である。伝統的なカナダ地誌では、人間活動の基盤としての自然環境の違いに着目し、例えばカナダを大西洋岸地域と五大湖・セントローレンス低地地域、カナダ楯状地、大平原地域、ブリティッシュコロンビア地域、カナダ北部に分けてそれぞれの地域性を分析することが一般的に行われてきた（第1図）[3]。しかし、1980年代になって注目されるようになったものは、五大湖・セントローレンス低地の核心地域とその他の後背地域という図式である。本書で取り上げる南オンタリオは、カナダの核心地域の中の中心という性格をもっている[4]。

（2）カナダの核心地域と後背地域　核心地域とは自然条件に恵まれ、第2

1　カナダの中の南オンタリオ

第1図　カナダの地域区分

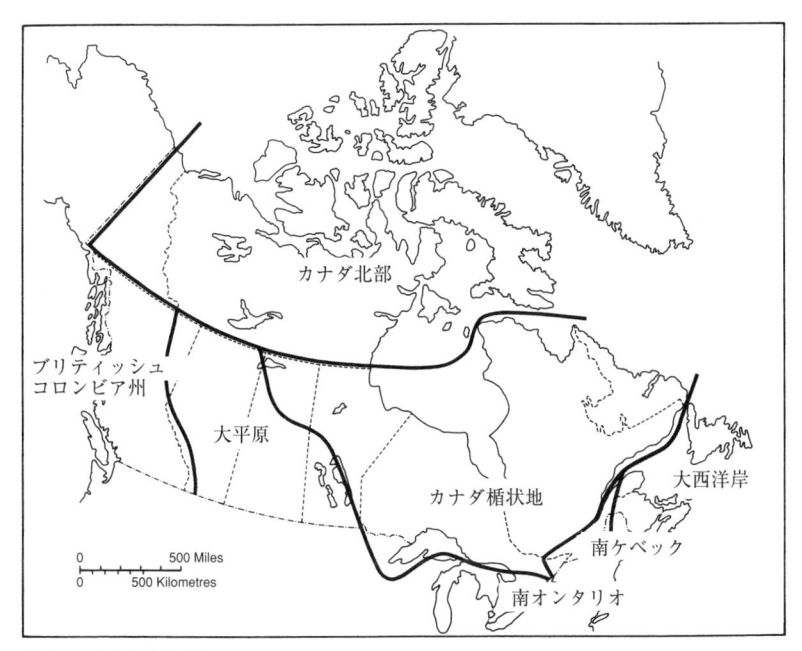

Robinson, J.L., 1989 による

次・第3次産業が発達し，産業構造も成熟しているところである。高度に都市化が進み，人口が集中している。カナダの核心地域はトロントとモントリオールという二大都市と多くの中小都市が集中する五大湖・セントローレンス低地である。2001年の国勢調査によると，ケベック州とオンタリオ州の人口を合わせると1,928.5万に達し，カナダ全体の62％を占めた。南ケベックと南オンタリオからなる五大湖・セントローレンス低地には，このうちの90％以上の人口が集中している。ここには，カナダの70％の工業生産と65％の工業従事者が集中する。

　他方，後背地域は一次産品の生産とまばらな人口，都市が未発達なことで特徴づけられ，核心地域の外側に大きく広がっている。ブリティッシュコロンビア地域と大平原地域，カナダ楯状地，大西洋岸地域などの後背地域は，天然資源に恵まれているが，自然条件が厳しく，人口も少ない。後背地域の発展と変

第14章 カナダの核心地域としての南オンタリオ

化は，核心地域の動向に左右されてきた。

このような状況はカナダ経済の歴史をみても明らかである。カナダは魚介類や木材，小麦，鉱産物などの一次産品の輸出によって発展してきたが，後背地域から核心地域にこれらの産物が集められ，直接あるいは部分的に加工されてから輸出される。一方，核心地域から後背地域へは資本と労働，技術，経営様式，さらには新しい文化や生活様式がもたらされる。いいかえれば，核心地域は経済や社会，政治，文化の面で，後背地域を支配したり，そこへ革新的な技術や思想を伝えたりしてきた。

核心地域のなかでも南オンタリオの地位は高く，核心地域全体の人口と工業生産の6割を占める。さらには，イギリス系の拠点である南オンタリオに対して，南ケベックではフランス系カナダ人が大多数を占め，彼らはカナダ全体では少数派であり，政治的・文化的な影響力は相対的に小さい。また，1976年からのケベック州におけるフランス語政策によって，多くのイギリス系住民とその会社の本社が南オンタリオに移転し，ケベック州の経済的地位は著しく低下した。

（3）南オンタリオの地位　南オンタリオはオンタリオ湖とヒューロン湖，エリー湖そしてオタワ川に囲まれた半島状の地域であるが，第2次・第3次産業，政治・社会・文化においてカナダをリードする核心地域である。ここはまた，自然条件と市場条件に恵まれて，カナダで最も高い生産性をあげ，多様な農業が展開する地域でもある[5]。第2図に示したようにカナダでは最も南に位置し，北緯42度から46度までの間に広がっている。これは日本の北海道とほぼ同じ緯度にあたる。南オンタリオの中心都市であるトロントは，緯度では旭川と同じく，ロンドンは札幌と類似の緯度的位置にある。

南オンタリオの面積は11.6万km^2で，日本の北海道に青森県と秋田県そして岩手県を加えた広さ，あるいは本州の半分に相当するが，カナダ全体のわずか1.3%を占めるにすぎない。しかしながら，2001年の国勢調査によると，南オンタリオには1,060万人が居住しており，これはカナダ全体の34.1%に相当する。この結果人口密度は1km^2当たり91.5人となり，カナダ全体の27倍にも達した。カナダの基準からすると極めて高度の人口集中地域であるが，それでも日本の

1　カナダの中の南オンタリオ

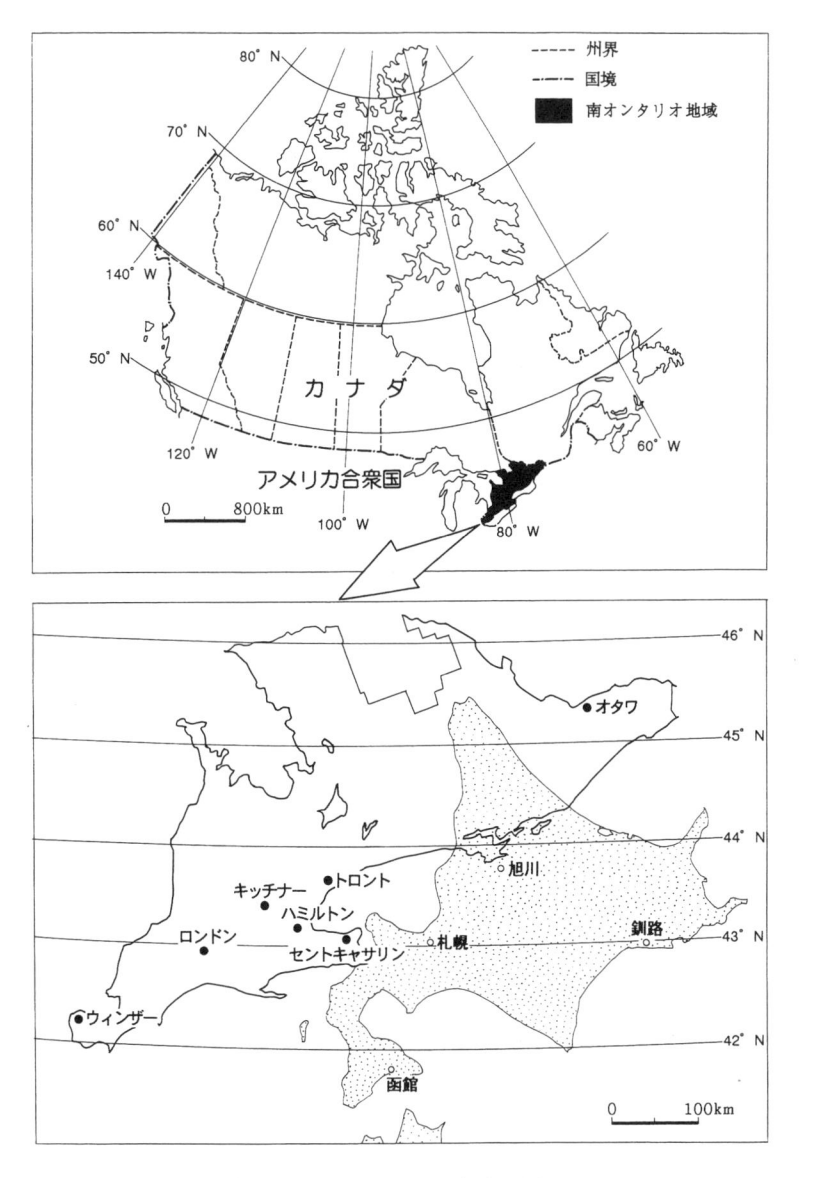

第2図　南オンタリオの位置と大きさ

第14章　カナダの核心地域としての南オンタリオ

北海道の1km²当たり72.5人よりわずかに多く，岩手県の92.7人程度にすぎない。

カナダでは国勢調査のためにおよそ人口10万以上の25の都市圏（Census Metropolitan Area, CMAと略する）を設定しているが，そのうちの8つが南オンタリオに存在する。また，南オンタリオには2001年には5万7,092の農場と505万6,791haの農地があり，それぞれカナダ全体の23.1％と7.5％を占めた。南オンタリオの農産物販売額はカナダ全体の26％に達し，ここでは小規模な農場が高い生産性をあげていることがわかる。

2　南オンタリオの性格

（1）**自然条件**　南オンタリオの人間活動を規定する自然条件としては，まず気候条件をあげることができよう。ケッペンの気候区分では南オンタリオは冷帯湿潤気候（Dfb）に分類され，日本の北海道と同様である。降水量の地域差は比較的少なく，年平均が800～900mmの地域が多く，しかも季節差が少なく1ヶ月の降水量が60～90mmくらいの間で変動する程度である。地域差が大きいのは気温で，南西端のエッセクス郡で最寒月の1月の平均気温が－5℃，最暖月の7月で22℃であるが，西部のウエリントン郡では1月の平均気温は－8℃，7月が20℃，北東部のオタワでは1月は－12℃，7月が20℃となる。日平均気温が5℃以上の日数で示される生長期間の長さは，エッセクス郡で220日，ウエリントン郡で200日，楯状地では180～190日である[6]（第3図）。

南オンタリオは地形的には，北部から東部に延びる楯状地と南部の低地に区分できる。前者では先カンブリア紀の基盤がむき出しになっている地域が多く，土壌があっても薄い。他方，低地では氷河の堆積物が地形を形づくっており，西部から中部にかけては相対的に起伏が大きい[7]（第3図参照）。南西端と東部は平坦である。全体として単調な地形であるが，唯一の変化は南部のナイアガラ半島から南オンタリオ中央部，そしてブルース半島を経てマニトーリン島に至るナイアガラエスカープメントによってもたらされる。これは総延長が

2 南オンタリオの性格

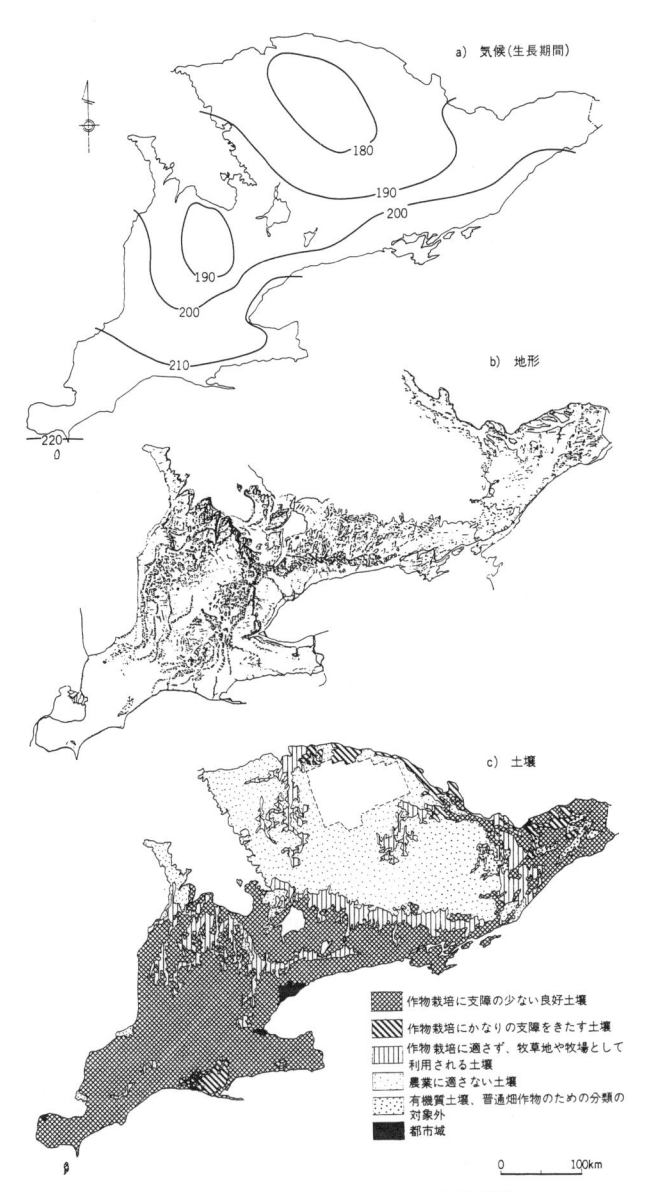

a) 気候(生長期間)

b) 地形

c) 土壌

作物栽培に支障の少ない良好土壌
作物栽培にかなりの支障をきたす土壌
作物栽培に適さず、牧草地や牧場として利用される土壌
農業に適さない土壌
有機質土壌、普通畑作物のための分類の対象外
都市域

0　　　100km

Brown, D.M. ほか, 1968 ; Chapman, L.J. and Putnam, D.F., 1951 ;
Beaubien, C. and Tabacnik, R., 1977 により作成

第3図　南オンタリオの自然条件

第14章 カナダの核心地域としての南オンタリオ

725km, 比高が40～50mの急崖である。

土壌をみると，楯状地以外の南オンタリオにはカナダでも最も農業的に良好な土壌が広がっている。西部から中部にかけては特に条件がよく，南西端では粘土質の肥沃な土壌が広がる良好な農地となっている。東部ではやや条件が悪くなり，北部の楯状地では全く農業に適さない土壌となる[8]（第3図参照）。このようにしてみると，自然条件が南オンタリオの居住条件を大きく規定していることがわかる。

（2）居住形態　オンタリオでは入植前にいずれの土地でもタウンシップ単位に測量され，地割りが行われた。その形態についてハリスら[9]の記述に基づいて概観しよう。1789年に舟で到達できる湖岸ぞいや河川ぞいではタウンシップの大きさが9×12マイル（14.4×19.2km），内陸部では10マイル（16km）四

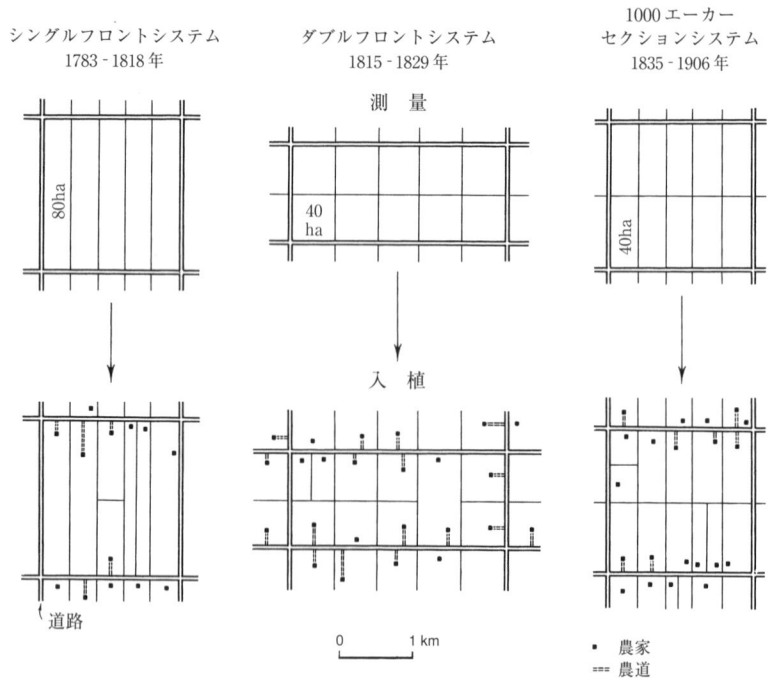

シングルフロントシステム 1783-1818年	ダブルフロントシステム 1815-1829年	1000エーカー セクションシステム 1835-1906年

測　量

入　植

・農家
＝＝農道

Harris R.C. and Warkentin, J., 1974による

第4図　南オンタリオにおける基本的測量システムと入植パターン

2 南オンタリオの性格

方と決められ，これが1867年のカナダ自治領成立まで続いた．それぞれのタウンシップ内では幾何学的に地割りがなされ，道路が配置された．様々な地割りパターンが実施されたが，第4図に示した3種類が主要なもので，全体の少なくとも90%がこれらのものであった．シングルフロントシステムは1818年以前に実施されたもので，80haの細長い区画（通常短辺と長辺の比率が1：5）に分割された．1815年から1829年までに行われたダブルフロントシステムでは，40ha単位のほぼ四角い地割りが採用された．さらに，1835年以降は短辺と長辺の割合が1：2の40ha区画の地割りが行われた．

入植者はそれぞれの配分農地の中に住んだ．入植当初は先住民の踏み分け道ぞいや小川や泉の近く，排水の良い高台，南向きの斜面に小屋を建てた．農業経営という面では，農地の中心に住居を建てるのが合理的であるが，道路が整備されるにつれて道路の近くに恒久的な住居を構えた．これによって散村形態ができあがり，それが今日まで続いている．第5図に示されたオンタリオ湖と

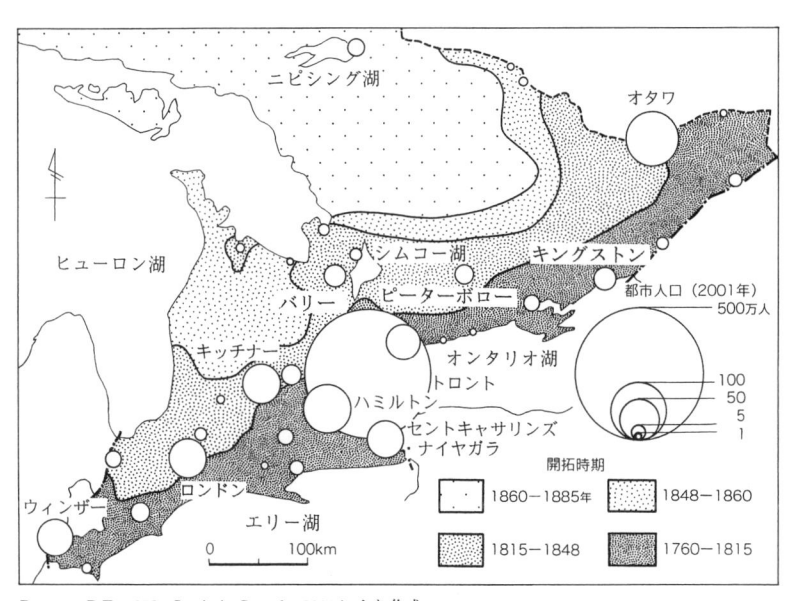

Putnam, D.F., 1952 ; Statistic Canada, 2001 により作成

第5図　南オンタリオの開拓時期と都市人口

第14章　カナダの核心地域としての南オンタリオ

エリー湖の湖岸に近い1815年までの入植地では，シングルフロントシステムが卓越し，相対的に密度の高い散村がみられるが，より内陸の1815年以降に開拓された場所では，ダブルフロントシステムによる密度の低い散村が展開している。

　入植が進むにつれて，製粉場や万屋，鍛冶屋，居酒屋などが立地するサービスセンターができあがった。また，そこには教会や学校も建設された。当初はほとんどのタウンシップにサービスセンターが計画がされたが，多くのものは実際にはつくられなかった。そして水車動力が活用できる急流の場所や，渡河点，主要道路の交差点，船着き場のある場所などに町がつくられた[10]。それらはおおよそ20kmほどの間隔で配置されたため，どの農民も馬車で1日で往復することができた。19世紀を通じて農業地域が充実するにつれて，このようなサービスセンターは発展した。その後，場所により急速に発展したものと，停滞あるいは衰退したものがあったが，サービスセンターの配置は現在でも全体として明確に残っており，南オンタリオの小都市群となっている[11]。

　（3）開発と農業の地域分化　南オンタリオは18世紀も半ばをすぎるまで深い森におおわれていた。開発が始まったのは，アメリカ合衆国独立の際にカナダに逃れてきた王党派の人々が，現在のウインザー周辺やナイヤガラ半島，そして東部のセントローレンス川ぞいに入植してからである。開拓者たちはオークの森林を1年に1haほど切り開き，馬齢薯や野菜，小麦などを自給用に栽培し，森の中では牛と豚と羊を放牧した[12]。入植後3～4年たつと耕作地も4haほどになり，自家用の野菜が栽培されたほかの耕地では小麦がつくられ，これが重要な換金作物となった[13]。

　小麦生産中心の農業は1880年代にピークを迎えた。この頃の南オンタリオは依然として基本的には自給的な性格の強い混合農業地域としての性格をもっており，小麦を唯一の換金作物としていた。南西部のコーンベルト，ナイヤガラ半島の果樹地域，そして東オンタリオの酪農地域の原型はできつつあったが，全体としてそれほど大きな地域差はなかった。小麦生産は1890年代になると衰退し始め，これに代わって酪農や家畜飼養が発展していった[14]。20世紀にはいってからは，南オンタリオの急速な都市化によって様々な農産物の需要が増大

したこと，開発が進んだカナダ西部と穀物を中心とした競合が激しくなったこと，西ヨーロッパやアメリカ合衆国への農産物輸出の拡大により，南オンタリオの農業は大きく変化した。1930年代初めには南西部のコーンベルトとナイアガラの果樹地域，そして西部と東部の酪農地域が自給的混合農業地域から明確に分化し，楯状地と南部の低地の農業の違いも明確になった[15]。ノフォーク地方を中心にタバコ地域も形成された。1940年代にはさらにジョージア湾に果樹地域ができ，トロント周辺に園芸農業地域の萌芽がみられるようになった[16]。

　1950年代以降南オンタリオの農業は，場所の条件に適合するように分化していった。1970年代から1980年代初めがその地域差が最も明確な時期であった。まず，南オンタリオを北部の楯状地と南部の低地に分けることができ，北部は肉牛飼養によって特徴づけられ，南部の低地は商業的混合農業地域と特殊作物地域に分けることができた。特殊作物地域としては，南西部のコーンベルト，ノフォーク地方のタバコ地域，ナイアガラ半島の果樹地域，そしてトロント周辺の園芸地域である。商業的混合農業地域は，酪農や肉牛飼養と牧草栽培を組み合わせる東オンタリオと，肉牛飼養や酪農，養豚，養鶏などとトウモロコシを中心とした飼料栽培が組み合わされる中部・西部オンタリオに分けることができた[17]。しかし，このような明瞭な地域差は，1990年代になって全体としてふたたび不明確になっていった。地域的に農業経営が類似していた状況から，個々に専門化した多様な農場が広範にみられる状況になった[18]。

（4）都市と工業地域　カナダの工場と工業生産の多くが，オンタリオ湖の西に集中している。なかでも中心地域は，オシャワからトロントとハミルトンを経てセントキャサリンやナイヤガラフォールズに至る「ゴールデン・ホース・シュー（黄金の馬蹄）」である。これに続いて内陸側にブラットフォードやケンブリッジ，キッチナー，グウェルフなどのグランド川流域工業地域が広がっている。これらの核心地域の中の中心地域では，それぞれの都市の労働者の50%以上が工業に雇用されている。ここで生産された工業製品の多くは，五大湖・セントローレンス低地で消費されるが，製品はカナダの後背地域やアメリカ合衆国を中心とした外国にも輸送される。これらの地域内での労働力や資本，エネルギーの流動が盛んであるが，原料の多くはカナダの他の地域から，そして

第14章　カナダの核心地域としての南オンタリオ

かなりの技術と機械はアメリカ合衆国からもたらされる。

　南オンタリオの工業を分類すると，まず地元の原料を加工するものがある。これには果樹や野菜の缶詰工業，バターやチーズ製造，砂や岩塩，石灰岩などの加工がある。第2のものは，カナダ西部の穀物や畜産物の加工や，カナダ楯状地で一次加工された鉱産物の精錬，それらの原料を用いた最終加工である。第3のものは，他の地域，特にアメリカ合衆国からの部品の組立や最終加工，パッキングなどの工業である。アメリカ資本の工業が多いのも南オンタリオの特徴であり，関税を回避するためにカナダ工場を建設したことによる[19]。北米自由貿易協定の影響で，近年衰退する工業と発展する工業の対照が明確になっている。

　生産性の高い農業と第2次・第3次産業の集中によって，南オンタリオはカナダでも最も都市が集中している地域となっている。2001年にはカナダの人口10万以上の25の大都市（CMA）のうち8つが南オンタリオに集中し，総人口は853.9万となり，オンタリオ州の人口の70.8％を占めた。中小の都市を含めると，南オンタリオの都市人口率は82％に達する。人口488.1万のトロントが最大で，オタワ（ケベック州のハルを含む）の110.7万，ハミルトン68.1万，キッチナー43.2万，ロンドン42.6万が続いている。ここ20年間の人口増加率をみると，高い順にオシャワ，トロント，キッチナー，オタワであり，逆に増加率が相対的に低いのはセントキャサリン－ナイアガラとハミルトン，ウインザーである[20]。

　南オンタリオの都市は南西端のウインザーからロンドン，キッチナー，ハミルトン，トロント，そしてオタワまで，比較的湖岸に近い場所に列状に立地し，その間を多数の人口1～10万の中小都市が埋めている（第5図参照）。ハイウエー401号線とその支線がこれらの都市を結んでいる。これらの都市は，オンタリオ州でも最も早く開拓された地域に位置し，農産物の市場であるとともに，農民が農業機械や資材，情報，そして農外就業の機会を得る場所でもある[21]。

　（5）大都市圏と散村・小都市群地域の配置　日本と同様に南オンタリオも大都市圏と非大都市圏に大きく区分することができる。前者は，人口500万近いトロントの大都市圏である。実際には，トロントのほかにオシャワやハミルトン，セントキャサリン－ナイヤガラを含むゴールデンホースシューがあたかも

単一の巨大都市のような機能を果たし,その都市圏は半径100kmほどにおよんでいる。トロントの西約120km位置するキッチナーは地方中核都市としての機能をもち,その都市圏は半径20kmほどにおよぶが,現実にはトロント大都市圏と連続している。

　非大都市圏のうち地方中枢・中核都市圏にあたるものが,オタワとロンドン,ウインザー,キングストン,ピーターボロー,バリーを核とする都市圏でその範囲は都市中心からそれぞれ10〜30kmにおよぶ。オタワはオタワ川対岸のハルと合わせると人口100万を超える大都市であるが,政治都市であり,都市の影響力としては地方中核都市程度と考えられる。それ以外の広大な地域には,人口が数千から数万の小都市とカナダでも最も生産力が高い農業地域が展開しており,これが散村・小都市群地域に相当する。さらに,第5図で1860年以降開発された地域として示されている地域は,カナダ楯状地とほぼ一致するが,これは都市的要素の少ない地域となる。

1) Patterson, J.H., *North America: a geography of the United States and Canada, ninth edition*, Oxford University Press, 1994.
2) McCann, L. and Gunn, A.,eds., *Heartland and hinterland: a regional geography of Canada, third edition*, Prentice Hall Canada,1998.
3)(1) Putnam, D.F. and Putnam, R.G., *Canada:a regional analysis, revised metric edition*, J.M. Dent and Sons, 1979.(2) Robinson,J.L., *Concepts and themes in the regional geography of Canada, revised*, Talonbooks, 1989.
4) 前掲注2)。
5) 田林明「カナダ,南オンタリオにおける農業の持続的性格」人文地理学研究19, 1995, 97-134頁。
6) Brown, D.M., McKay, G.A. and Chapman, L.J., 'The climate of Southern Ontario', *Department of Transport, Meteological Branch,Climatological Studies*, 5, 1968, 50p.
7) Chapman, L.J. and Putnam, D.F., *The physiography of Southern Ontario*, Ontario Research Foundation, 1951.
8) Beaubien, C. and Tabacnik, R., *Study on population, technology and resources, people and agricultural land*, Perception 3, Science Council of Canada,1977, pp32-39.

9) Harris, R.C. and Warkentin, J., *Canada before Confederation*, Oxford University Press, 1974.
10) 前掲注3）(1)。
11) ブライデン（岡部四郎・志村英二訳）『学際研究 持続的農村社会をめざして』食料・農村政策研究センター，1998.
12) 前掲注3）(1)。
13) Jones, R.L., *History of agriculture in Ontario 1613-1880*, University of Toronto Press, 1946.
14) Reeds, L.G., 'Agricultural geography: progress and concepts, *Canadian Geographer*, 8, 1964, pp.51－63.
15) (1) McArthur, D.F. and Coke, J., *'Types of farming in Canada'*, Publication 653, Dominion of Canada, Department of Agriculture, 1939. (2) Whitaker, J.R., 'Distribution of dairy farming in Peninsular Ontario', *Economic Geography*, 16, 1940, pp.69－78.
16) Hudson, S.C., Stutt, R.A., Van Vleit, W.M. and Forsyth, J.L., *Types of farming in Canada*, Publication 25, Agricultural Economic Division, Department of Agriculture, Ottawa, 1949.
17) 田林明「カナダ，南オンタリオの農業地域区分に関する研究動向」人文地理学研究10，1986，151－187頁。
18) 田林明「カナダ，南オンタリオにおける混合農業の変容」人文地理学研究25，2001，37－60頁。
19) 前掲注3）(2)。
20) Bone, R.M., *The regional geography of Canada*, Oxford University Press, 2000.
21) Bourne, L.S. and Ley, D.E., *The changing social geography of Canadian cities*, McGill-Queen's University Press, 1993.

第 15 章

カナダ，南オンタリオにおける混合農業の変容――G 農場の 20 年

田 林　明

　南オンタリオの農業開発は18世紀の終わりから始まったが，入植者は配分された40haもしくは80haの土地の中に住居をかまえ，開拓に従事した。それぞれの農民が自分の農場内に居住するといった分散居住は，耕作地までの移動の時間と労力を最小限にすることができ農業経営上合理的であった。開拓当初から自立農業経営をめざしたオンタリオでは，散村形態の入植が計画・実施され，それが今日まで継続している。

　入植者は樹木を切り開き，1年でせいぜい0.8～1.2ha程度の土地を畑地化したにすぎなかった。そこに馬鈴薯や野菜，自給用の小麦が植えられ，森では牛や豚，羊が年間を通じて放牧された。1.2ha程度の農地で，4人家族を養うことができた。入植後3年から5年して，フェンスに囲まれた1～2haの畑地が3つできた頃から商業的農業が開始された。1つの畑では自家用の野菜が栽培され，他の畑では換金作物の小麦が栽培され，もう1つは休閑地となった。開拓がすすむにつれて農民は小麦栽培と休閑地を拡大したが，基本的な農業システムは変化しなかった[1]。

　農民はしだいに休閑地を狭くし，牧草やクローバー，豆類などの地力を回復させる作物を導入した。さらに小麦にかわって飼料作物が栽培され，放牧地がつくられ，畜産物が主要な換金作物となった。そして家畜の糞尿は農地に還元されるようになった。このような小麦農業から混合農業への転換は，1840年か

ら1880年にかけて進んだが、それは南オンタリオの人口増加と都市化による畜産物への需要拡大、アメリカ合衆国やヨーロッパ向けの輸出の増加とそれを可能にした輸送技術の進歩、他の地域の小麦との競合によるものであった[2]。当初は羊、豚、肉牛が飼われたが、しだいに酪農が多くなっていった。トロントの周辺では園芸農業、ナイヤガラ半島では果樹農業、さらにノフォーク地方ではタバコ栽培が、南西端のケント・エセックス地方では実とりトウモロコシや大豆の栽培といった換金作物に特化していった地域もあったが、全体として、19世紀の終わりから今日に至るまで、南オンタリオの農業は基本的には混合農業によって特徴づけられる[3]。特に、散村・小都市群地域ではその傾向が強かった。

本章は、散村形態のもとで営まれている混合農業の土地利用と農業経営がどのようなものであり、それがどのように変化して今日に至ったかを、南オンタリオの事例農場の20年間にわたる観察と統計・資料の分析を手がかりに、明らかにしようする。筆者は1979年以来南オンタリオのグウェルフ大学地理学教室を拠点として、30ほどの事例農場の土地利用と農業経営の実態について、ほぼ同様の調査票を用いて調査を継続してきた[4]。少数のサンプルであるが、それらから時々刻々と変化している部分と基本的には変わらない部分を両方持ち合わせていることを実感として体験し、それを基本として文献や統計、官公庁での聞き取り結果から農業地域の分析をしてきた。

1　南オンタリオ農業の地位と事例農場

南オンタリオはオンタリオ湖とヒューロン湖、エリー湖、オタワ川に囲まれた地域であり、第1図に示したようにカナダでは最も南に位置している。その面積は11.6万km^{2}で、本州のほぼ半分、あるいは北海道と九州を合わせた広さに相当するが、カナダの国土のわずか1.3％を占めるにすぎない。ここに、カナダの全体のほぼ3分の1の人口が集中している。南オンタリオはケベック州南部とともにカナダの経済的・社会的・文化的・政治的中心であり[5]、第2次・

1　南オンタリオ農業の地位と事例農場

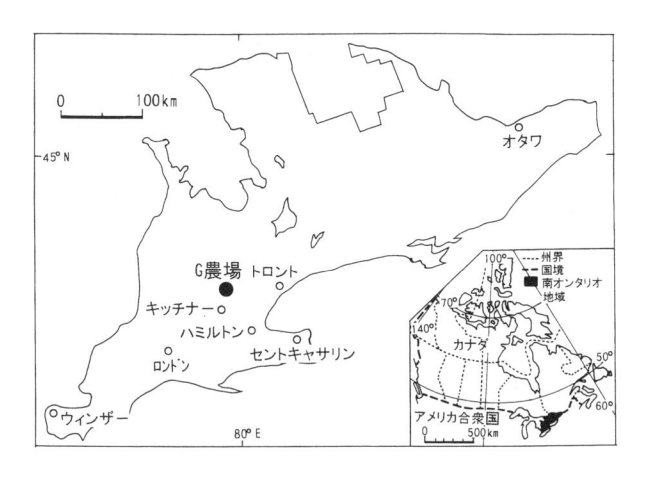

第1図　G農場の立地

　第3次産業のみならず，農業においてもカナダで重要な地位を占めている。

　1996年の農業センサスによると，オンタリオ州には6万7,520の農場があり，そのうちの95.7％に当たる6万4,605の農場が南オンタリオに位置する。さらに農地面積では92.6％，農産物販売額では96.8％が南オンタリオによって占められることから，オンタリオ州の大部分の農業活動は南オンタリオに集中しているといってよい。カナダ全体に占める農場数は23.4％になる（第1表）。農産物販売額2,500ドル以上の農場数では，カナダ全体の22.7％と全農場数の全体に占める割合よりもやや低くなり，販売額が少ない農場が多いことを示している。それは農地面積の狭小さを反映しており，南オンタリオにはカナダの総農地面積の7.6％，作付地の9.7％しかない。したがって，カナダ全体の平均農場面積

第1表　南オンタリオ農業の地位（1996年）

地域名	農場数	農産物販売額2,500ドル以上農場数	農地面積（千ha）				平均経営面積（ha）	農産物販売額（百万ドル）	農場当り農産物販売額（ドル）	農地1ha当り農産物販売額（ドル）
			合計	作付地	放牧地	その他				
カナダ	276,548	252,839	68,054	34,919	19,961	13,174	246.1	32,230	116,545	474
オンタリオ州	67,520	59,887	5,617	3,545	1,013	1,059	83.2	7,778	115,203	1,385
南オンタリオ	64,605	57,508	5,202	3,403	874	925	80.5	7,627	118,051	1,466

1996年Census of Canadaにより作成。

第15章　カナダ，南オンタリオにおける混合農業の変容

が246.1haに対して，南オンタリオの平均はその3分1に当たる80.5haとなる。それでも農産物販売額の割合は，農場の割合と同程度であるので，農地当たりの販売額が3倍になる。ちなみに南オンタリオの総農産物販売額は，5倍近い農地をもつ大平原のサスカチュワン州全体にほぼ匹敵する額である。

　ところで，1999年のオンタリオ州の農産物販売額によると，最も多かったものは酪製品で全体の18.5％を占め，肉牛の13.3％と大豆の9.7％，花卉・苗木の9.6％，野菜の8.7％，養豚の8.7％がこれに次いでいる。また，1996年農業センサスに示された農場類型では，肉牛肥育が最も多く全体の23.3％を占めた。1971年の統計まで，養豚農場と肉牛肥育農場は分けられていなかったが，1976年以来肉牛肥育農場が最も大きな割合を占めてきている。このようなことから，ここでは肉牛肥育を行ってきたG農場を事例として取り上げる。

　G農場はトロントの西約100kmに位置している。2001年の人口が11万7,300のグウェルフの中心部から北西に直線距離で13.5kmに位置する。位置的にはトロント大都市圏の境界部にあたるが，いわゆる散村・小都市群地域としての性格も色濃い地域である。この一帯では氷河の堆積による標高350m前後のほぼ平坦な地形が広がるが，そこを小河川が網状に流れている。G農場の南と南西にもコックスクリークとその支流が幅5m，深さ2m程度の小さな谷をつくって流れ，8kmほど下流でグランド川に合流している。地割りをみると南東から北西方向に長辺が2.5～3km，北東から南西方向に短辺が1.2～1.3kmと長方形に区切られ，さらにその長辺がほぼ4等分，短辺が2等分されている。1区画がおよそ100エーカー，すなわちほぼ40haとなっている。現在のG農場は，40haの区画を3つ所有し，その他に40haを借地している。

2　G農場における農業経営の変化

（1）1980年頃の農業経営　G農場の現在の場所が開拓されたのは1830年頃であり，それ以前は灌木におおわれていた。1900年に現在の経営主の曾祖父が80haの農地を購入し，それ以来100年間この農場は同一家族によって継承され

てきた。祖父から父が経営を引き継いだのは1949年で，1922年生まれの父が27歳の時であった。8年間の契約で農場を借地し，その後1957年に1万6,000ドルで正式に購入することになった。父は高等学校を卒業したが，母は高等学校卒業後看護婦の訓練をうけ，結婚後も看護婦として働いてきた。父が経営を引き継いでから1951年までの3年間は，農地面積は80haで，そこで牧草と大麦，小麦，オート麦を主に栽培し，乳牛と肉牛と豚を飼養していたが，1952年から肉牛肥育に重点を置くようになった。それでも1974年までは肉牛肥育と養豚の両方を行っていた。もとの農場とは別に，父は1954年に東側に隣接していた40haの農地を購入した。1957年と1970年にバーンを改築・拡大し，さらに1970年までに延べ56kmにもおよぶ農地の暗渠排水を完成させた。

1980年1月の聞き取りによると，この農場の総面積は120haで，過去1年間に315頭の肉牛を出荷した。この当時の農場の土地利用をみると，宅地や農道が2ha，林地が10ha，作付地が108haであった。作付地にはアルファルファ（8ha），大麦（18ha），小麦（27ha），サイレージ用トウモロコシ（55ha）が栽培されていた（第2図）。原則としてこの農場はトウモロコシを3年間栽培し，大麦と小麦を1年間ずつ作付し，再びトウモロコシを植えるという輪作方式を採用していた。牛の糞尿はすべて厩肥として自家の農地に還元されたが，さらに作物によっては1haあたり175〜475kgの化成肥料が使用された。

この農場では，例年10月初旬に，180〜320kgの重さのヘレフォード種の肉牛をアルバータ州南部やオンタリオ州ブルース半島の牧場から購入し，6〜10か月間舎飼いして，520kgほどになった成牛をトロントやキッチナーの家畜市場へ出荷することにしていた。出荷の時期は4月から7月までであった。

1979年には経営主であった父（57歳）を，グウェルフ大学農学部（2年コース）に在学中の三男（20歳），すなわち現在の経営主が手伝って農作業を行っていた。母（57歳）は看護婦であり農業にはほとんど従事しなかった。妹（17歳）は高校生であった。このほかに兄2人と姉2人いたが，すでに独立してこの農場には居住していなかった。小麦と大麦，トウモロコシの収穫を外部に委託するほかは，すべての農作業を自家労働力でまかなっていた。年間の労働時間の概略をみると，12月から翌年2月まで，家畜の世話やその他の事務仕事，農場

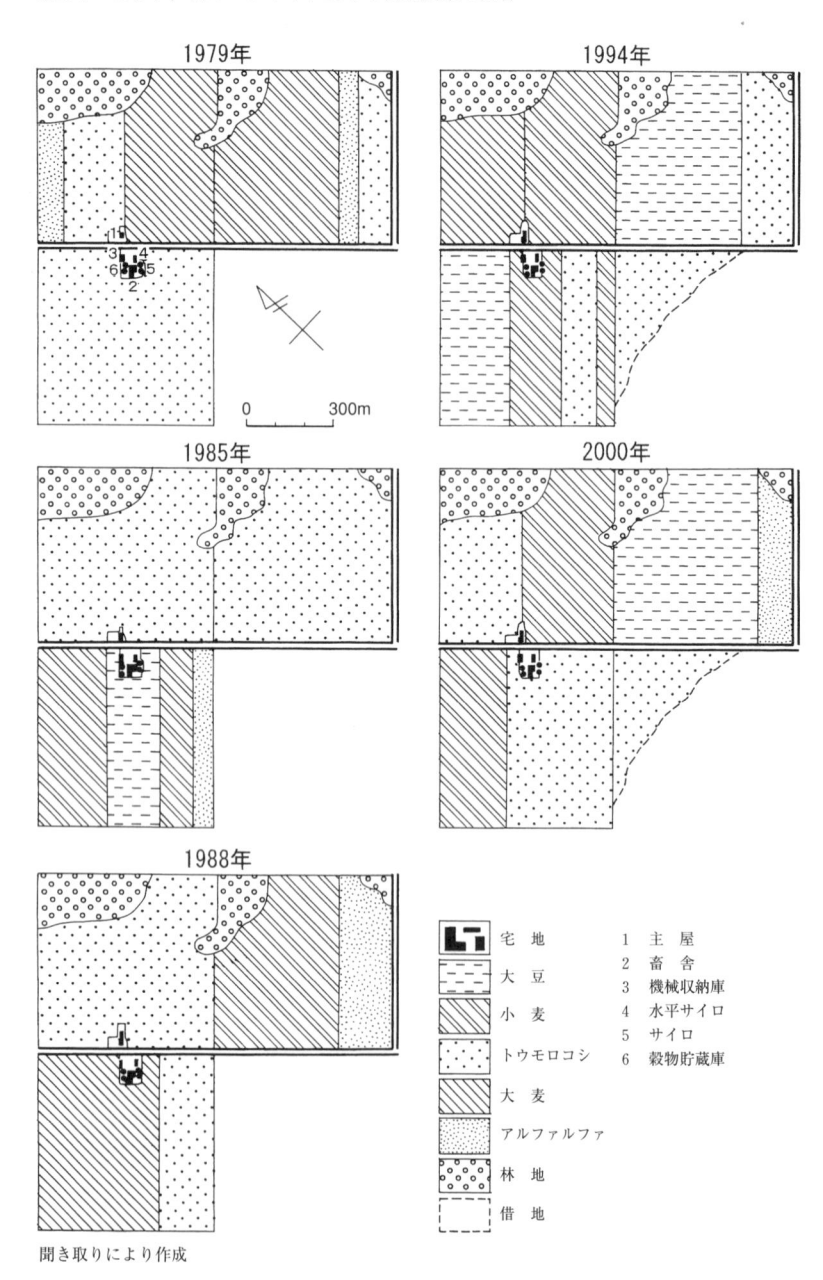

第15章 カナダ，南オンタリオにおける混合農業の変容

凡例:
- 宅　地
- 大　豆
- 小　麦
- トウモロコシ
- 大　麦
- アルファルファ
- 林　地
- 借　地

1　主　屋
2　畜　舎
3　機械収納庫
4　水平サイロ
5　サイロ
6　穀物貯蔵庫

聞き取りにより作成

第2図　G農場の土地利用変化（1979 - 2000年）

の機械や施設の修理などで1日6時間，週に42時間程度の労働であった。3月になると週50時間，4月には週60時間と少しずつ増加したが，トウモロコシの播種が始まり，同時にアルファルファの収穫が行われる5月と6月になると労働時間も週110時間となった。7月には100時間程度とやや労働時間は短縮されたが，実とりトウモロコシの収穫の始まる8月には週120時間も働かなければならないこともあった。9月と10月は週100時間程度，11月には60時間になった。

この農場の主要な農業機械は，トラック1台，トラクター3台（105，60，35馬力），トウモロコシ播種機1台，牧草刈取機1台，牧草梱包機1台，糞尿散布機1台，その他トラクターの付属品などで，1979年の総評価額は83万ドルにのぼった。主要施設としては，バーン1棟，機械格納庫1棟，穀物貯蔵庫2基，サイロ4基，水平サイロ1基があった。このような経営から得られた1979年の収入は31万4,400ドルであったが，支出が25万3,600ドルに達し，結局2人の労賃に相当する収益は6万800ドルであった（第2表）。

肉牛からの収入は30万ドル，小麦からの収入は1万4,400ドルであった。肉牛はトロントの家畜市場へ出荷し，小麦はケンブリッジの製粉工場へ販売した。支出のうち主要なものとしては子牛の購入代金が24万ドル，それを銀行から借り入れた利子の支払いが1万4,000ドル，飼料代1万2,000ドル，肥料代金1万ドル，修理費5,000ドルなどであった。

（2）1980年代における農業経営の変化　1985年7月の聞き取りによると，三男は大学を卒業後経営主の農場で農業を継続した。そして1985年にこの農場の120haの農地のうち40haを7万ドルで経営主から購入し，共同経営者となった。また，近くの農地27haを借り，経営規模を147haに拡大した。経営主はこれまで居住していた農場内の住居を三男に譲り，この農場の北東3kmほどに位置するもともと祖父母が居住していた家を改造して住むようになり，そこから農場へ通うようになった。妻は看護婦をやめて，家事に専念するようになった。三男は結婚したが，その妻は教師で，西に15kmほどにあるエルマイラという小中心地の小学校に勤務していた。

135haの作付地では，アルファルファ（5ha）と大麦（14ha），小麦（24ha），

第15章 カナダ，南オンタリオにおける混合農業の変容

第2表 G農場の土地利用と農業経営の変遷（1980-2000年）

年 (調査日)	農業 労働力 (年齢)	経営規模	土地利用* (ha)	販売農産物**	収支 (1000ドル)**			主要 施設 (棟・基)	
					粗収入	支出	収益		
1980年 (1月19日)	経営主 (57) 三男 (20)	農場120ha 肉牛315頭	牧　草　　8 大　麦　　18 小　麦　　27 サイレージ用 トウモロコシ 　　　　　55 林　地　　10 宅　地　　2	肉　牛 小　麦	314.4	253.6	60.8	サイロ 水平サイロ 穀物貯蔵庫 農舎 機械収納庫	4 1 2 1 1
1985年 (7月30日)	経営主 (62) 三男 (25)	農場135ha (うち15ha 借地) 14ha分益 耕作 肉牛280頭 採卵鶏 　500羽	牧　草　　5 大　麦　　14 小　麦　　28 サイレージ用 トウモロコシ 40 実とりトウモロコシ 　　　　　26 大　豆　　14 林　地　　10 宅　地　　2	肉　牛 小　麦 大　豆 実とりトウモロコシ 卵	291.0	237.7	53.3	サイロ 水平サイロ 穀物貯蔵庫 農舎 機械収納庫	4 1 2 1 1
1988年 (6月13日)	経営主 (68) 三男 (28)	農地120ha 20ha分益 耕作 肉牛215頭 採卵鶏 　500羽	牧　草　　10 大　麦　　28 小　麦　　24 サイレージ用 トウモロコシ 20 実とりトウモロコシ 　　　　　22 林　地　　10 宅　地　　2	肉　牛 小　麦 大　豆 実とりトウモロコシ 卵	452.4	399.9	52.5	サイロ 水平サイロ 穀物貯蔵庫 農舎 機械収納庫	4 1 2 1 1
1994年 (7月11日)	経営主 (34) 父 (71)	農地160ha (うち40ha 借地)肉牛評価 　24頭 採卵鶏 　500羽	牧　草　　12 大　麦　　14 小　麦　　54 実とりトウモロコシ 　　　　　28 大　豆　　40 林　地　　10 宅　地　　2	肉　牛 小　麦 大　豆 実とりトウモロコシ 牧　草 卵	127.3	49.9	77.4	サイロ 水平サイロ 穀物貯蔵庫 農舎 機械収納庫	3 1 3 1 1
2000年 (7月29日)	経営主 (40)	農地160ha (うち40ha 借地)	牧　草　　4 小　麦　　34 実とりトウモロコシ 　　　　　52 大　豆　　58 林　地　　10 宅　地　　2	大　豆 小　麦 実とりトウモロコシ 牧　草 薪	129.3	51.2	78.1	サイロ 水平サイロ 穀物貯蔵庫 農舎 機械収納庫	3 1 3 1 1

＊1980年は前年の値，それ以外は調査年の値。＊＊前年の実績。
聞き取りにより作成。

サイレージ用トウモロコシ（40ha），実とりトウモロコシ（26ha），大豆（26ha）が栽培されるようになった。約半分の作付地をトウモロコシに，残りを大豆あるいは麦類にし，毎年交換するという基本的な輪作方式をとるようになった。

2　G農場における農業経営の変化

農業装備		農外就業
機　械（台）		
トラック　　　　1 トラクター　　　3 トウモロコシ 播種機　　　　　1 牧草刈取機　　　1 牧草梱包機　　　1 糞尿散布機　　　1	ディスク　　　　1 プラウ　　　　　1 カルチベータ　　1	妻（57） 看護婦
トラック　　　　1 トラクター　　　3 トウモロコシ 播種機　　　　　1 牧草刈取機　　　1 牧草梱包機　　　1 糞尿散布機　　　1	ディスク　　　　1 プラウ　　　　　1 カルチベータ　　1	三男妻（25） 小学校教師
トラック　　　　1 トラクター　　　3 トウモロコシ 播種機　　　　　1 牧草刈取機　　　1 牧草梱包機　　　1 糞尿散布機　　　1	ディスク　　　　1 プラウ　　　　　1 カルチベータ　　1	三男妻（29） 小学校教師
トラック　　　　1 トラクター　　　3 トウモロコシ 播種機　　　　　1 牧草刈取機　　　1 牧草梱包機　　　1 糞尿散布機　　　1	ディスク　　　　1 プラウ　　　　　1 カルチベータ　　1 フロントエンド ローダー　　　　1	妻（35） 小学校教師
トラック　　　　1 トラクター　　　3 トウモロコシ 播種機　　　　　1 牧草刈取機　　　1 牧草梱包機　　　1 糞尿散布機　　　1	ディスク　　　　1 プラウ　　　　　1 カルチベータ　　1 フロントエンド ローダー　　　　1	妻（41） 小学校教師

1980年から1985年までに大豆や実とりトウモロコシなどの換金作物栽培を拡大し，作物からの収入をより多くしようとする方向に変わっている。その理由の1つは，牛肉価格の低迷であり，この農場の1984年の出荷頭数も1979年より10％少ない280頭になった。三男は1982年から養鶏を始めたが，出荷割当量を確保できないので，1985年に至っても500羽の規模にとどまっている。1984年の粗収入は29万1,000ドルで，23万7,700ドルの必要経費を引くと，純収益は5万3,300ドルで，1979年の純収益の約88％に減少してしまった。具体的な収入源は肉牛の25万ドルと小麦の1万2,000ドル，大豆の1万ドル，トウモロコシの1万ドル，鶏卵5,000ドルのほかに，薪の4,000ドルがあった。また，教員である妻の収入は2万1,000ドルであった。必要経費としては，子牛の購入費用が18万ドルと4分の3を占め，このほかに肥料や飼料，収穫作業委託代金，銀行の利子などが主要なものであった。

さらに，1988年6月の聞き取りによると，経営主と三男の共同経営の状況は変化しなかった。三男が40haの農地を所有し，経営主夫婦で80haのを農地を所有するという状況であった。この年には借地はなくなった。肉牛部門の縮小

第15章 カナダ，南オンタリオにおける混合農業の変容

傾向は続き，前年の1984年には215頭の出荷頭数になってしまった。採卵鶏の規模は相変わらず500羽にとどまっていた。作物としてはアルファルファ（10ha）と大麦（28ha），小麦（28ha），サイレージ用ウモロコシ（20ha），実とりトウモロコシ（22ha）が栽培された。1987年には肉牛からの収入が42万7,000ドル，小麦，実とりトウモロコシ，大麦の収入がそれぞれ1万1,100ドルと4,100ドル，2,100ドルであった。そのほかに政府の補助金や薪の販売，鶏卵代金を含めると，全体の粗収入は45万2,400ドルになった。必要経費としては，子牛の購入代金が33万6,600ドル，肥料1万3,000ドル，飼料6,300ドル，作業委託代金5,500ドル，機械修理費1万ドル，種代金6,100ドルが主で，全体で39万9,900ドルになった。結果として純収益は5万2,500ドルであった。このほかに妻の教師としての収入が2万1,000ドルほどあった。

　税金の申告のためにG農場が作成した1983年から1987年の収支報告を整理したのが第3表である。この支出のなかには家族の労賃や減価償却などは含まれていない。すでに説明した聞き取り結果とは多少食い違うところがあるが，これによって1980年代のG農場の経営状況の推移を知ることができる。収入で最も重要であったのが肉牛の販売で，1985年に80.3％と低かったことを除くと，全体の90％前後を占めていた。トウモロコシや豆類，大麦，牧草は自家用の飼料作物であり，余剰分が販売されたので，金額は少なく，また年による変動が大きかった。小麦は換金作物であり，常に1万ドル前後の収入があり，全体の2〜3％を占めていた。収入合計は30〜45万ドルと大きかった。他方，支出のなかで最も大きかったのは子牛の購入代金で，支出全体の70〜80％を占め，これに飼料や肥料代金が続いた。支出で相対的に多かったのは銀行からの借入金に対する利子であり，常に1万2,000ドル前後になった。

　支出も30万ドルから40万ドルで推移していた。収益は，子牛の購入費用が高く，肉牛販売価格が低かった1984年には赤字になったが，それ以外の年は5万ドル前後であった。これらのことから，G農場は高収入と高支出で，それなりの収益をあげている経営状態の良い肉牛肥育農場であったことがわかる。経営主の父はグウェルフ・ロータリークラブのメンバーで，ボランティア活動にも熱心に参加するなど経済的にも精神的にも余裕のある生活を営んでいた。

2 G農場における農業経営の変化

第3表 G農場における収支の変化（1983-87年）

	収入・支出項目	1983年	1984年	1985年	1986年	1987年
収入	トウモロコシ	10,202	10,465	18,469	6,657	4,062
	大　豆	5,783	0	26,119	15,687	0
	小　麦	8,313	10,918	11,113	8,867	11,155
	大　麦	0	0	110	4,408	2,133
	牧　草	0	345	332	0	0
	肉　牛	295,756	269,405	268,629	380,118	427,443
	作業受託	1,535	2,245	3,240	0	445
	税金環付・補助金	4,694	7,436	5,644	14,276	6,731
	その他	1,171	1,596	754	1,875	427
	合　計	327,454	302,410	334,410	431,888	452,396
支出	借　地	0	0	1,169	10,466	0
	建物・施設修理	370	3,583	1,538	1,652	2,584
	オイル・ガソリン	3,038	2,309	3,408	2,789	2,073
	機　械	2,211	2,741	1,104	7,939	2,327
	子　牛	217,365	239,436	202,818	267,577	336,636
	飼　料	14,209	6,297	12,965	12,690	6,437
	種　苗	5,816	6,280	5,800	7,564	6,089
	肥料・薬剤	12,862	14,283	14,684	16,475	12,954
	輸送費	1,375	1,907	2,307	1,616	1,949
	作業委託	9,684	9,983	9,223	12,821	5,500
	電話・電気	2,454	3,236	3,627	3,919	3,545
	保　険	1,410	1,194	1,749	1,629	1,764
	経理・登録	1,748	1,316	1,915	1,395	460
	固定資産税	4,989	5,653	5,902	6,246	4,918
	銀行手数料・利子	12,099	6,432	12,659	13,595	10,223
	その他	727	2,409	4,023	4,592	2,391
	合　計	290,357	307,059	284,891	372,965	399,850
	収　益	37,097	-4,648	49,519	58,923	52,546

G農場の支出・収入報告より作成。

（3）1990年代における農業経営の変化　1994年7月の聞き取りによると，三男（34歳）が完全にこの農場の経営を引き継ぎ経営主となり，小麦や大麦，大豆，トウモロコシの播種期と収穫期には父（71歳）が手伝いに来るようになっていた。母は6歳の長男と4歳の長女の世話をしてくれる。妻（35歳）はケンブリッジ地区の小学校の教師であるが，1日おきに勤務するようになった。それでも育児と家事に多忙で，農業には一切携わらない。借地が増えて全体で40haとなり，経営農地面積は160haとなった。第2図には所有地に隣接した12haの三角形の借地のみを示した。残りの借地のうち24haで小麦が栽培さ

第15章　カナダ，南オンタリオにおける混合農業の変容

れ，4haは林地となっている。全体の148haの作付地ではアルファルファ（12ha），大麦（14ha），小麦（54ha），実とりトウモロコシ（28ha），大豆（40ha）が栽培され，作物栽培が重視されるようになった。小麦を1年，トウモロコシを1年，大豆を1年の順で輪作するようになった。牧草の場合は，4年連続して栽培した後，大麦を1年栽培し，また牧草にもどるといった輪作方式を採用するようになった。

この農場では1992年に実質的に肉牛肥育を中止し，1992年と1993年には残りわずかの肉牛を販売したが，1993年の主な販売農作物はトウモロコシと大豆と小麦であった。採卵鶏の飼養は相変わらず500羽規模で継続しているが，取引のあった卵の集荷場が閉鎖されたため，近いうちにG農場でも養鶏を中止する予定である。1993年の主要な収入としては，トウモロコシの4万6,100ドル，大豆の3万2,100ドル，小麦の2万3,100ドル，牧草の8,800ドルで，肉牛はわずか4,800ドルであり，全体で12万7,300ドルとなった。これは1987年の4分の1近くであった。しかし，支出のなかの子牛の購入代金や飼料代金が不要となり，肥料や種代金，作業委託代金が主要なものとなり，結果としては支出は1987年の8分の1ほどの4万9,900ドルにとどまった。そのため収益は7万7,400ドルと増加した。

この農場は1994年からこれまでの肉牛肥育に代わって，オンタリオ州政府と契約した「肉牛の評価」（Heifer Evaluation Project）を行うことになった。初年度の1994年は24頭の牛を引き受け，前年の11月15日から6月30日までの間，28日ごとに体重を測定し，さらに112日経たところで評価した。

2000年7月の聞き取りによると，G農場の経営内容は大きく変化した。1992年に肉牛肥育が実質的に中止されてから復活することはなく，1995年に養鶏もやめ，1998年には州政府の「肉牛の評価」事業も廃止された。G農場は基本的には作物栽培農場に転換されていた。農業に従事しているのは相変わらず経営主（40歳）のみで，妻は50kmほど離れたワタールーの小学校教師で，長男と長女も12歳と10歳になったこともあって，週5日勤務体制にもどった。父と母はともに77歳となり，父は病気をしたこともあって農業には全く従事しなくなった。農場面積は同様であり，借地40haを含めて160haの規模を維持している。

2　G農場における農業経営の変化

作付地の総面積は148haと以前と変わらない。牧草4haと小麦34ha，実とりトウモロコシ52ha，大豆58haが栽培された。牧草や小麦の作付面積が減少し，大豆と実とりトウモロコシが拡大した。大豆の栽培面積の拡大は，南オンタリオ全体にみられる現象である。小麦とトウモロコシ，大豆という順で1年ごとに作物を変えていくという輪作方式が基本的にとられている。基本的な装備は以前と変わらない。機械類の総評価額はおよそ10万ドルと見積もることができる。

1999年には大豆の販売額が最も多く3万7,700ドルに達し，これに2万5,100ドルの小麦，2万3,900ドルのトウモロコシ，1万2,900ドルの牧草が続いた。このほかに作業請負料金や薪の販売料金などがあり，全体の収入は12万9,300ドルに達した。作物の販売金額は年による変動も大きく，1998年度はトウモロコシが最も多く5万6,000ドルで，大豆の3万2,400ドル，小麦の2万6,200ドル，牧草の2万1,100ドルが続き，結局，10万8,100ドルが総収入となった。1999年の支出の主なものは，肥料・農薬の2万4,500ドル，作業委託料金の1万9,900ドル，農地の借料が7,700ドル，種代金が6,400ドルなどで，結局7万8,100ドルの収益となった。これらのほかに，経営者は七面鳥の雛を供給する事業に，農場を実際に運営する者と土地や施設を提供する者とともに，事務や会計を担当することによって2年前から参画するようになった。これからの収入が1万ドル程度であり，妻は約5万ドルの給与を得ている。経営主はこのほかに作業請負によって収益を得ている。今後とも外部に対する仕事を拡大していこうと考えている。経営主はタウンシップの将来計画委員会の委員として活躍したり，地元の教会の世話役をしたりしている。

経営主は今後とも，より外部での，非農業的な，チャレンジ的な性格の仕事に従事したいと考えている。その意味では，農学部や獣医学部の水準の高さでは北アメリカ全体に知られているグウェルフ大学に近接しており，買物や受療には便利で，農外就業機会に恵まれたG農場の立地条件は良好といえよう。

以上述べたように，1990年代になって経営主が実質的に交代することによって，G農場の経営内容は大きく変化した。すなわち肉牛肥育が縮小・中止され，作物農業へ転換された。高収入と高支出の農場経営から，低収入と低支出の経

第15章　カナダ，南オンタリオにおける混合農業の変容

営へ変わったわけである。

　1970年代後半までカナダの肉牛生産が順調に伸び，1978年には屠殺肉牛頭数も376万1,000とピークに達したが，その後は一時的な増加はあったものの，全体的には減少が続いている。特に1980年代からの衰退傾向が著しい[6]。この原因としては，肉牛は豚や鶏に比較して成長が遅く生産コストが高いこと，牛肉消費は人体におけるコレストロール蓄積をひきおこすとして消費が伸びなくなったこと，国際市場での競争が激しくなったことなどが考えられる[7]。G農場での経営転換は，このような状況の影響を受けたこともあったが，それよりも現在の経営者と父の農業経営に対する姿勢の違いが反映されたと考えられる。1度に200頭近い肉牛をアルバータ州やオンタリオ州ブルース半島で買い付け，それを6～10ヶ月肥育してトロントの家畜市場に売却するという経営形態よりも，作物栽培を行い，余った時間で他の農業に投資したり，コンサルタントを行ったり，コミュニティ活動を行ったりする方を，現在の経営者が好んでいる。2000年7月の聞き取りによってG農場の経営者の労働時間をみると，11月から翌年3月までは週30時間程度，4月は40時間，5月には90時間になるが，6月と7月にはそれぞれ30時間と20時間などと少く，8月から10月の収穫時期にも40時間程度である。家畜がいない分だけ労働時間は短くなり，その割には収入は少なくなっていないのである。次にG農業の実態を念頭において，南オンタリオ農業地域の変容について考えてみよう。

3　南オンタリオ農業地域の変化

　（1）土地利用の変化　南オンタリオの伝統的な作物は牧草とオート麦，ミックストグレーンで，1940年頃までそれぞれ3分の1ずつの栽培面積を占めていたとされる。これらがいずれも1960年代に減少し，それに代わってトウモロコシや大麦が増加した。特に実とりトウモロコシは家畜の飼料としてすぐれており，ハイブリッド種の導入を契機に急速に増加した[8]。農業センサスによる農業経営類型別農場の中で，小麦以外の穀物栽培として分類されたものの多くが，

実とりトウモロコシを栽培する農場であり，1971年から1976年の間に，5,178から1万3,275へと2.6倍に急増し，全体に占める割合も8.1%から20.4%になった。

しかし，1981年頃から生産過剰による価格の下落にともなって，実とりトウモロコシの栽培面積が減少・停滞するようになった。これに代わって大豆の栽培面積が増え始めた。中国の東北部の大豆を導入して開発されたという新品種の導入と，高価格，そして輪作作物として都合がよいという利点があって，急速に普及した。1970年代に広がった実とりトウモロコシの連作という土地利用は，大量の化学肥料と農薬を用いることもあって，生態的に見直されることにもなった。また，一時期減少していた小麦や大麦も再び増加し始め，さらに1940年から一貫して続いていた牧草の減少傾向に歯止めがかかった。G農場でもみられたが，小麦とトウモロコシと大豆という輪作体系が定着したり，従来から普及していた牧草と大麦とトウモロコシという輪作体系が再評価され，土地利用の多様化と農地の生態的安定性をはかろうとする傾向が現れてきた。

（2）家族農業の継続　オンタリオ州の農場数は1881年に最高を記録してから一貫して減少している。しかし，農業センサスによると1996年の農場数は6万7,520で，1991年からの1年当たりの平均減少率がわずかに0.3%となり，1960年代の2.2%，1970年代の1.3%，1980年代の1.7%と比較すると安定してきている。農地面積も1941年の906万haをピークに1991年まで減少し続けてきたが，1991年から1996年の間に16万6,000ha増加した。1996年の平均農場面積は83.2haとなり1961年の1.3倍になった。

また，オンタリオ州の農場の特徴は，家族農場が多いということである。オンタリオ州の法人組織の農場は7,909で，全体の11.7%と近年増加したが，その88.1%は家族農場である。残りの個人農場や共同農場の多くも家族農場という性格をもっている。G農場も1900年以来同一家族によって継続されてきた家族農場である。経営主が息子を雇用する段階から経営主と息子の共同経営，そして息子による経営の継承と父の支援と協力，父の引退と息子の自立という過程を経て引き継がれてきたことがよくわかる事例であり，経営主が代わることによって経営内容も変化してきた。それは時代の要請を反映したものでもあった。G農場の場合は，祖父の代にはいわゆる自給的混合農業の性格が強く，乳牛も

肉牛も豚も鶏も飼育しており,穀物や牧草を栽培していた。ところが父の代になって肉牛肥育と養豚だけを残すようになり,さらには肉牛肥育に専門化するようになった。そして現在の経営主になると,作物栽培に転換するようになった。

家族農場では雇用労働力を少なくして収益性をあげるように努力している。また,自家労働力を活用するために農外就業に就く場合も多い。G農場の場合も,経営主の妻は小学校の教師であり,母は看護婦であった。

（3）畜産部門の地位の低下と混合農業の変容　南オンタリオの農場の多くは,農作物を生産し,それを飼料として家畜を飼養し,畜産物の販売によって収入を得ている。また,地力維持のために家畜の糞尿が農地に散布され,それによって化学肥料の使用量を節減することが一般に行われている。それぞれの農場が作物栽培と家畜生産を同時に行い,それを農業経営のなかで有機的に結びつけているという意味では,混合農業という性格をもっているといえよう。1980年代までのG農場もまさにそのような性格をもっていた。地力の維持や忌地現象を防ぐために,さらには労働力の分散と凶作の際の危険分散のために,綿密な輪作方式を導入することも混合農業の1つの特徴である[9]。

しかし,近年畜産農場の割合が減少し,G農場の例のように作物栽培に専門化する例が増加している。農業センサスによる農業経営類型別農場数を1961年と1996年とで比較してみると,酪農農場は28.5％から13.8％に半減し,肉牛肥育農場もしくは養豚農場は41.7％から27.9％に,養鶏農場は4.1％から2.9％に減少してしまった。反面,特殊農業と複合経営を除く作物栽培農場は,1961年の16.5％から1996年の35.7％に増加した。これは1970年代の実とりトウモロコシの拡大,1980年代以降の大豆栽培の拡大にともなう小麦以外の穀物栽培農場とその他の普通作物栽培農場の増加を反映している。また,1960年代までオンタリオ州の農産物販売額の80％近くが畜産物で占められていたものが,1999年には54.2％になってしまった。当然のことながら,存続する畜産農場は経営規模を拡大した。オンタリオ州の1戸当たり乳牛頭数は,1981年の31頭が1996年には40頭になり,搾乳牛（成牛）頭数も15頭から20頭に増加した。

第4表はオンタリオ州における畜産農場数とそれが全農場に占める割合を示

第4表 オンタリオ州における畜産農場数と全農場に占める割合

農場の種類	1951年	1961年	1971年	1981年	1986年	1991年	1996年
乳牛以外の牛飼養農場	14,272 (9.4)	22,162 (18.3)	29,242 (30.9)	29,878 (36.2)	25,622 (35.1)	23,940 (34.9)	23,272 (34.4)
酪農農場	106,087 (71.2)	72,849 (60.0)	35,053 (37.0)	17,637 (21.4)	14,025 (19.2)	11,644 (17.0)	10,122 (15.0)
養豚農場	93,564 (62.4)	56,378 (46.5)	30,626 (32.3)	18,415 (22.3)	12,933 (17.7)	9,429 (13.7)	6,777 (10.0)
養鶏農場	103,348 (68.9)	60,342 (49.7)	22,236 (23.5)	20,675 (25.1)	13,936 (19.1)	11,221 (16.3)	8,295 (12.3)
延べ畜産農場数	317,271 (211.6)	211,731 (174.5)	117,157 (123.7)	86,605 (105.0)	66,516 (91.5)	56,234 (81.9)	48,466 (71.8)
総農場数	149,920 (100.0)	121,333 (100.0)	94,722 (100.0)	82,448 (100.0)	72,713 (100.0)	68,633 (100.0)	67,520 (100.0)

（　）内は構成比（％）。Census of Canadaより作成。

したものである。1951年にはオンタリオ州の全農場の71.2％が酪農を行い，62.4％が養豚に従事し，68.9％が養鶏農場であった。酪農以外の牛の飼養農場を含めると，この4つの畜産部門に従事していた農場は全体の211.6％を占めたことになる。これはすなわち，それぞれの農場が少なくとも2つの畜産経営部門をもっていたことを示す。G農場の場合も，1974年まで養豚と肉牛肥育を組み合わせていた。1970年代以降急速に畜産農場の専門化が進み，1981年には延べ畜産農場割合が105.0％，1996年には71.8％になってしまった。

（4）収益性の低迷　G農場の20年間の収支をみると，1979年から1987年までは収入が30〜45万ドルで，支出が25〜40万ドル，結果としての収益は5〜6万ドルであった。1994年以降は肉牛肥育を中止したこともあって収入が13万ドル程度に減少したが，支出も5万ドル程度となり，収益は8万ドル近くに増加した。全体としてG農場経営は安定していたといえよう。しかし，ここ20年間に南オンタリオの消費者物価が2倍以上になっていることを考えると，この農場の収益性は必ずしも上昇しているわけではなく，低迷あるいは減少傾向にあるといってもよい。

1998年のオンタリオ州政府の統計によると，経営者1人当りの所得は3万4,122ドルであったが，農業所得は全体の33.9％の1万1,562ドルにすぎず，残

第15章　カナダ，南オンタリオにおける混合農業の変容

第5表　オンタリオ州の農場における主要必要経費と装備評価額

支出費目		1971年	1981年	1991年	1996年
1農場当りの主要支出	借地料	1,312 (1.0)	4,163 (3.2)	7,475 (5.7)	79,615 (7.3)
	労賃	3,125 (1.0)	9,869 (3.2)	23,000 (7.4)	31,147 (10.0)
	燃料費	657 (1.0)	2,772 (4.2)	7,146 (10.9)	8,462 (12.9)
	肥料費	870 (1.0)	4,424 (5.1)	6,094 (7.6)	8,321 (9.6)
	薬剤費	400 (1.0)	1,939 (4.8)	4,147 (10.4)	5,640 (14.1)
	飼料費	3,304 (1.0)	13,212 (4.0)	18,378 (5.6)	21,537 (6.5)
	機械貸料	548 (1.0)	1,892 (3.5)	4,175 (7.6)	6,782 (12.3)
1農場当りの装備総評価額		72,819 (1.0)	379,429 (5.2)	593,048 (8.1)	605,168 (8.3)
1農場当たりの機械評価額		9,396 (1.0)	41,992 (4.5)	64,993 (6.9)	80,132 (8.5)
消費者物価指数		100.0	236.7	418.2	440.8

（　）内は1971年を1.0とした値。
Census of CanadaおよびAgricultural Statistics for Ontarioにより作成。

りは農外所得であった。これは経営者本人のみの数字であって，日本のような同居家族を含む農外所得を考えると，農業の重要性はさらに低くなる。農業所得の停滞は，農産物価格の低迷に対して，支出が上昇していることが大きな原因と考えられる。G農場の例でもわかるように1970年代には，主要な農業機械が総ての農場にいきわたった。それ以降，機械装備評価額は全体の農場装備額とととともに上昇し，1971年を1とすると1996年には8を越えるようになってしまった。同じ期間に，労賃や燃料費，薬剤費，機械借料などはいずれも10倍以上となった。1971年から1996年までの消費者物価指数の上昇率が4.4倍であることを考えると，農場の必要経費がいかに上昇したか理解できる（第5表）。

（5）農業の地域差　まず，G農場が永年かかわってきた肉牛に関する指標から，南オンタリオ農業の地域差を検討してみよう。1996年の農業センサスに基づいて作成した肉牛の分布図によると（第3図），南オンタリオ北西部から東部にかけて肉牛生産が盛んに行われていることがわかる。もっともここで示したのは成牛のみであり，現実に出荷され肉に加工される牛の8割は未成牛である。しかし，多くの成牛も未成牛も同じ農場で飼養されることから，全体の傾向を理解することができると考えられる。北部の楯状地とエリー湖岸やオンタリオ湖西岸では肉牛飼養は盛んでない。全体の農場に占める肉牛飼養農場の割合は，南オンタリオ中東部から北西部にかけて高く，南部や南西部にゆくにつ

3 南オンタリオ農業地域の変化

a) 肉牛飼養農場率と農場当たりの肉牛（成牛）頭数

肉牛飼養農場率
- 50〜
- 40〜50
- 30〜40
- 20〜30
- 10〜20
- 0〜10%
- × 資料なし

農場当たり肉牛（成牛）頭数（頭）

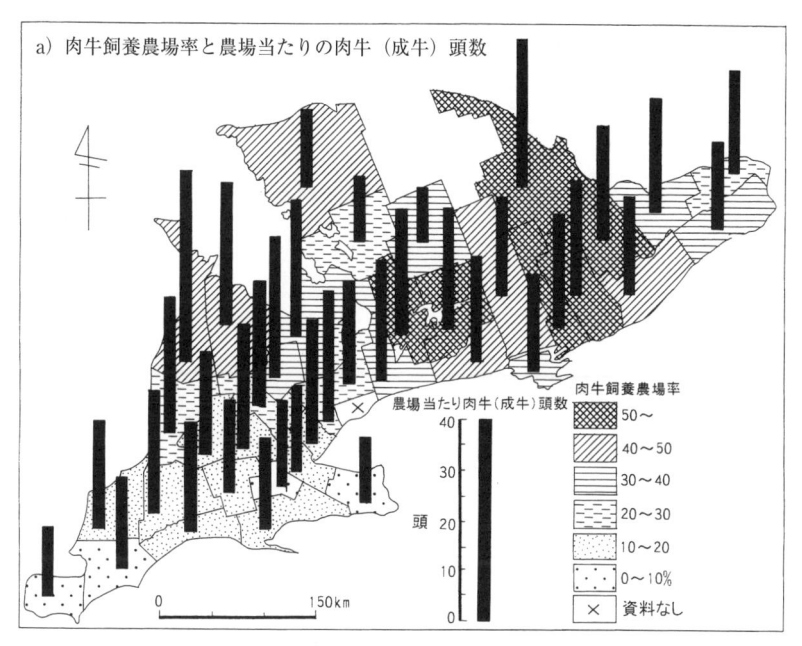

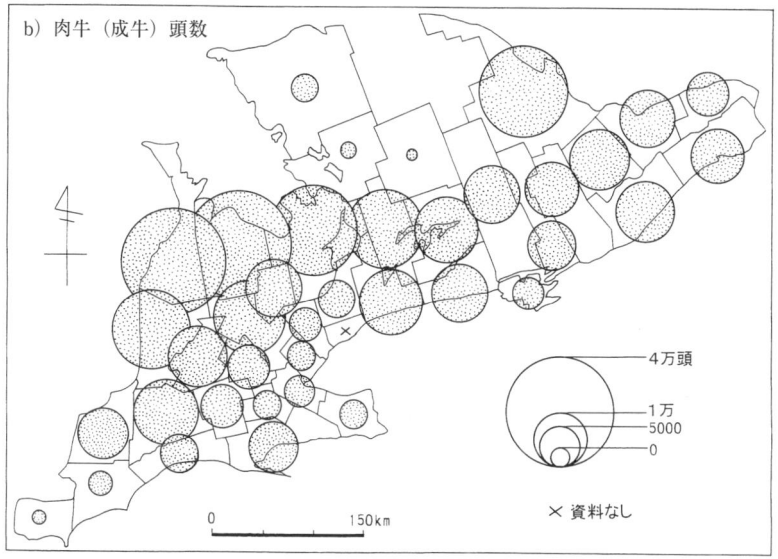

b) 肉牛（成牛）頭数

- 4万頭
- 1万
- 5000
- 0
- × 資料なし

1996年 Census of Canada により作成。

第3図　南オンタリオにおける肉牛の分布（1996年）

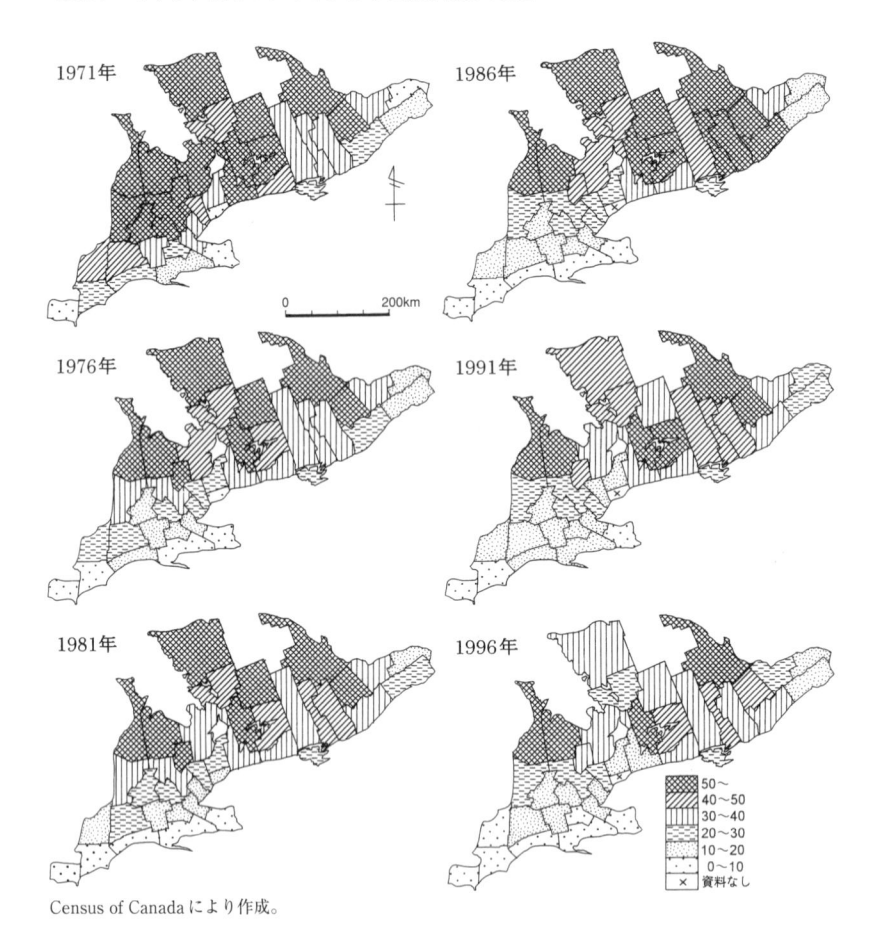

第15章 カナダ,南オンタリオにおける混合農業の変容

第4図 南オンタリオにおける肉牛農場率の推移(1971-96年)

Census of Canadaにより作成。

れて低くなる。北部と東部でも低い。農場当たり肉牛頭数も北部や南部,そして南西部では少ない。これらのことから,中東部から北西部の肉牛生産の盛んな地域と,それ以外の北部や東部,南西部の差が明確である。

第4図は販売額2,500ドル以上の農場を対象とした農業経営類型において肉牛農場として分類されたものの割合を示したものである。1971年の統計では養豚農場と肉牛生産農場が分割されていなかったため(G農場のように多くの農場は両方を行っていた),その比率は特に高く他の年とは単純に比較できないが,

3 南オンタリオ農業地域の変化

それでも北部に高く南部や東部に低いということがわかる。1976年から1986年までは中央部や北西部での肉牛農場率がしだいに高くなり，その他の地域，特にエリー湖岸の地域での比率が低下するという状況が明確である。ところが1990年代には北部の肉牛農場率が低下し，西部での率が上昇するといった，これまでとは逆の傾向がみられるようになってきた。このことの意味を探るために，肉牛以外の経営部門も含めて，南オンタリオの農業の地域差あるいは地域分化の様相を次に検討してみよう。

　Reedsによると[10]，1880年頃の南オンタリオは，全体的に自給的な性格の強い混合農業地域としての性格をもっており，小麦を唯一の換金作物としていた。南西端のトウモロコシ・タバコ地域，ナイアガラ半島の果樹地域，そして東部の酪農地域はすでに他と性格が異なっていたが，全体としてそれほど強い地域差はなかった。楯状地と南部の農業の差もそれほど著しくなかった。

　1930年頃の農業地域区分によると[11]，西南部のコーンベルトとナイアガラの果樹地域，そして東オンタリオとトロントからオックスフォード郡に至る酪農地域がその他の混合農業地域から分化してきたことがわかり，さらに楯状地と南部の低地の境界もはっきりしてきた。1940年代と1950年代にはノフォーク地方を中心としたタバコ地域やジョージア湾の果樹地域，そしてトロント周辺の園芸農業地域の萌芽がみられるようになった[12]。

　1951年から1971年までの南オンタリオの農業は，それぞれの場所の条件に適合するように明確に分化していった。すなわち，楯状地では肉牛肥育が，南西部では実とりトウモロコシを中心とした作物地域が，トロント周辺では園芸農業地域が拡大した[13]。1980年代中頃の農業の地域差を整理すると[14]，まず南オンタリオを北部の楯状地と南部の低地に分けることができ，北部は肉牛肥育によって特徴づけられる。さらに南部の低地は家畜と作物栽培を組み合わせる混合農業地域と特殊作物地域に分けることができた。特殊作物地域として南西部のコーンベルト，ノフォーク地方のタバコ地域，ナイアガラ半島の果樹地域，そしてトロント周辺の野菜・果樹・花卉・苗木などの園芸農業地域をあげることができた。混合地域は酪農と肉牛肥育と牧草を組み合わせる東オンタリオと肉牛肥育・酪農・養豚・養鶏など多様な畜産が存在し，トウモロコシが栽培さ

335

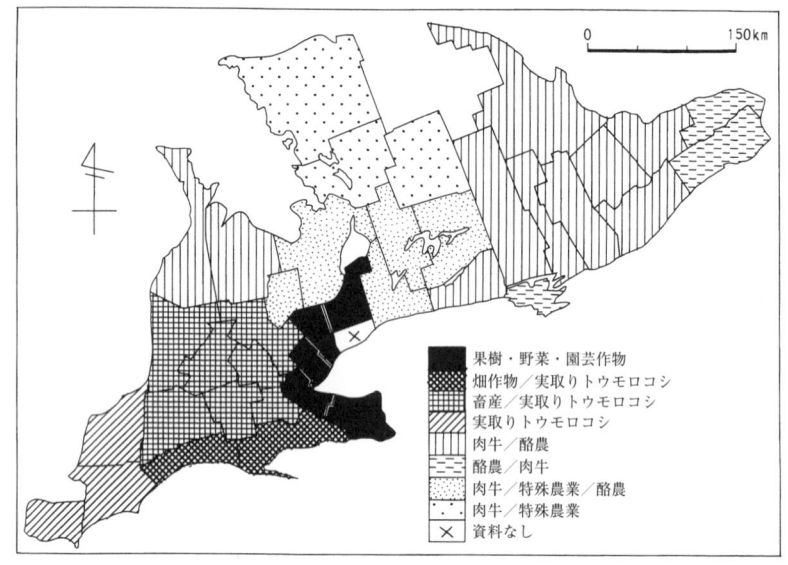

第15章 カナダ，南オンタリオにおける混合農業の変容

1996年 Census of Canada により作成。

第5図　南オンタリオにおける農業の地域差（1996年）

れる中部・西部オンタリオに分けることができた。

　このような明確な地域分化の様相は，その一端が肉牛農場率の分布変化に示されるように，1990年代になって大きく変化してきた。そこで農業経営類型の構成比に土井喜久一の修正ウィーバー法を適用して[15]，カウンティーごとの農業類型を決定し，その分布により地域差を整理した。結果的にはオンタリオ湖西岸の果樹・野菜・園芸農業地域，エリー湖岸の畑作物・実とりトウモロコシ地域，南西端の実とりトウモロコシ地域，中央部の肉牛・特殊農業・酪農地域，東端の酪農・肉牛地域，それ以外の肉牛・酪農地域といったように，1980年代と基本的には同一の地域差が検出できた（第5図）。しかし，それぞれのカウンティーごとの経営類型の結合型を検討すると，1970年代や1980年代のように酪農や肉牛肥育，あるいはトウモロコシを1位とする1つもしくは2つの要素からなる組み合わせが卓越する状況は一変して，畜産物と実とりトウモロコシ，さらに畑作物と特殊農業が加わる多要素からなる組み合わせが目立つようになった。ちなみに，1971年の分析で1要素のみの組み合わせが26.2%，2要素が

50.0%であったものが，1996年の分析ではそれぞれ2.6%と5.3%に減少し，4要素以上の組み合わせが61.1%を占めるようになった。タバコ栽培や果樹栽培，都市周辺の園芸農業が後退する一方，トウモロコシと大豆の普及，温室園芸，切花・苗木・キノコ栽培，羊・馬・ヤギ・毛皮用動物飼養，養蜂などを含む特殊農業の拡大などがその要因である。地域的に農業経営が類似していた状況から，個々に専門化した農場が多様に並存している状況がどこにでもみられるようになった。

まとめ

　南オンタリオはカナダで最も生産性の高い農業地域である。この地域は基本的には混合農業によって特徴づけられてきたが，その性格が近年変化してきている。この報告はG農場で1980年から2000年までの間に5回実施した土地利用と農業経営に関する聞き取り調査を中心に，既存の統計や文献の参照，関連組織などでの聞き取りによって，近年の南オンタリオ農業の変容を明らかにしたものである。

　G農場のここ20年間の変化は，南オンタリオ農業全体の動向と矛盾しない。それは，（1）大豆や実とりトウモロコシを組み込んだ土地利用の多様化，（2）家族農業の継続，（3）畜産部門の地位の低下と混合農業の後退，（4）収益性の低迷と農外就業の増加，などの現象によって示すことができる。このような農業経営変化が全体として，1980年代までの地域分化を押し進めた状況を転換させ，1990年代の地域差が逆に不明確になっていく傾向を生みだした。言い換えれば，地域ごとに類似の農業経営が発展し，効率を追求していた時代から，個々の農場がそれぞれの個性を主張する時代にきたとたと考えることができる。

　ところで，G農場は現在の経営主の曾祖父が80haの農地を1900年に購入することによって始まった。農場は40haの区画2つ分を連ねたものであり，その中心に住居と畜舎，サイロなどの施設が配置された。入植時から散村形態の居

第15章 カナダ，南オンタリオにおける混合農業の変容

住が前提とされており，後に東に隣接する40haの区画を加えたが，基本的な居住形態は現在まで変化していない。それは，当初から自立農業経営を目指し，農地の中央に居住することが，耕作地との移動距離を最小とする最も合理的方法であったからである。

G農場は1949年まで現在の経営主の祖父によって経営され，その後父が経営を引き継ぎ1970年代に至った。1980年代には経営主と父の共同経営，そして1990年代になって経営主が主体的に農場経営を行うようになった。祖父の代には自給的な混合農業という性格が強かったが，その後安定した肉牛肥育農場となり，1970年代までカナダ西部やオンタリオ州ブルースカウンティーで買い付けた生後17ヶ月から18ヶ月ほどの子牛を6ヶ月から10ヶ月間肥育して，トロントの家畜市場へ出荷していた。共同経営へ移行してからも肉牛肥育中心の経営が続いたが，1980年代の後半から肉牛の収益性の減少などから作物生産への移行が始まり，1992年には実質的に肉牛肥育を中止した。そして，小麦，実とりトウモロコシ，大豆を中心とした作物農業に移行し，収入はかつてよりも減少したが支出も少なくなり，全体として安定した農業経営を実現した。このような経緯からすると，南オンタリオでは農業が依然として自立的性格が強く，そのために散村形態が十分な機能を果たしているといえよう。

しかし，G農場の経営主は農業経営にとどまらず，農業経営コンサルタントや他の事業経営などに目をむけたりタウンシップの将来計画委員会委員や所属する教会の世話役として活躍し，妻も結婚以来小学校の教師を続けている。これらから，農場が祖父や父の頃のように農業を基本とする場ではなくなり，居住の場としての機能が強まってきていることがわかる。また，G農場から遠くないグウェルフやキッチナーに隣接した地域やトロントに至る高速道路近くには，農村に流入した都市住民の住居がめだつようになっている。南オンタリオの散村は農業就業地としての機能は依然として強いが，居住地としての役割も増えつつあるといえよう。

早くからモータリゼーションと道路交通路網の整備が進んだ南オンタリオの散村は大都市トロントの影響圏にあり，中小の都市へのアクセスビリティも高く，農場に居住しながら都市的生活を享受できる条件にある。さらに，インタ

ーネットやパーソナルコンピュータ,ケーブルテレビの普及などが,農村の生活に一層の利便性をもたらしている。散村の良質な自然資源と快適な居住・就業環境を保持するために,様々な施策や計画が南オンタリオで試みられており,この点でも学ぶべきことが多い。

1) Harris, R.C. and Warkentin, J.,*Canada before Confederation: a study in historical geography*, Oxford University Press, 1974.
2) Reeds, L.G., The agricultural geography of *southern Ontario 1880 and 1951*, Unpublished doctoral dissertation submitted to the University of Toronto, 1955,429p.
3) 田林明「近年におけるカナダ農業地域の変容――南オンタリオを中心に――」地学雑誌98,1989,49-72頁。
4) (1) 田林明「カナダ、南オンタリオにおける農業経営類型」人文地理学研究5,1981,18-50頁。(2) 同「カナダにおけるタバコ栽培地域の景観と農業経営」地域研究24-2,1983,34-49頁。(3) 同「カナダの果樹地域における土地利用と農業経営の変化」カナダ研究年報8,1988,11-26頁。(4) 同「カナダにおける酪農地域の存立条件――南オンタリオを中心として――」カナダ研究年報12,1992,54-73頁。(5) 同「カナダ、南オンタリオにおける農業の持続的性格」人文地理学研究19,1995,97-134頁。
5) McCann, L.D. and Gunn, A.M., *Heartland and hinterland: a geography of Canada,third edition*, Prentice-Hall Canada, 1998.
6) Ontario Cattlemen's Association, *1994 annual meeting, Ontario Cattlemen's Association*, 1994.
7) McClatchy, D.and Cluff, M., 'Development in the Canadian beef and cattle market', *Canadian Farm Economics*, 20-1, 1986, pp.19-27.
8) Joseph, A.E. and Keddie, P.D., 'The diffusion of grain corn production in southern Ontario, 1946-71, and changes in harvesting and storage methods,' *Canadian Geographer*, 25, 1981, pp.333-349.
9) 桜井明久『西ドイツの農業と農村』古今書院,1989。
10) Reeds, L.G. 'Agricultural geography: progress and concepts', *Canadian Geographer*, 8, 1964, pp. 51-63.
11) (1) Whitaker, J.R., 'Distribution of dairy farming in peninsular Ontario,' *Economic Geography*, 16, 1940, pp.69-78. (2) McArthur, D.F. and Coke, J., *Types of farming in Canada*, Publication 653, Dominion of Canada, Department of Agriculture, Ottawa,

第15章 カナダ，南オンタリオにおける混合農業の変容

1939, 37p.
12) Hudson, S.C., Stutt, R.A., Van Vleit, W.M. and Forsyth, J.L., *Types of farming in Canada*, Publication,825, Agricultural Economic Division, Department of Agriculture, Ottawa, 1949, 83p.
13) （1） Tabayashi, A., 'Agricultural regions of Southern Ontario', *Science Reports, Institute of Geoscience, University of Tsukuba, Sec.A*, 3, 1982, pp.1-18.（2） Tabayashi, A., 'Changing agricultural regions of southern Ontario', *Annual Report, Institute of Geoscience, University of Tsukuba*, 12, 1986, pp.8-14.
14) 田林明「カナダ、南オンタリオにおける農業地域区分に関する研究動向」人文地理学研究10，1986，151-187頁。
15) 土井喜久一「ウィーバの組合せ分析法の再検討と修正」人文地理22，1970，485-502頁。

第 16 章
カナダにおける中心集落の衰退と再生——1700 年から 2001 年まで

フレッド・ダムス

　この報告はカナダ東部の開拓を概観し、さらに1700年から2001年までのカナダの東海岸からオンタリオに至る地域の町や村の成長に影響を及ぼした開発過程について記述・分析する。カナダ東部における最近の現象の多くは、ヨーロッパやオーストラリアのものと非常に類似しているが、1870年以降のカナダ西部のものとは大きく異なっている。散村・小都市群が展開するカナダ東部での現象はまた、日本の散村・小都市群地域においてこれまでおきてきた現象と共通する部分があるにちがいない[1]。

　ここでは主に農村地域における技術と農法、住民の姿勢、そして中心集落の発展過程の間の相互関係に着目する。全体の傾向について述べた後、オンタリオ州のソーンバリーを事例として取り上げ、カナダ東部の小さな中心集落、すなわち小都市の再生に必要な条件について考察する。

1　カナダの開発と中心集落の発展

　(1) 初期の開拓　カナダの大西洋岸、ケベック、オンタリオに来た最初の白人は探検家であり、次いで漁民、さらに木材や毛皮そして魚の交易者、そして最後に開拓者がやってきた。彼らは河川ぞいに進み、海岸をたどり、そして

第16章 カナダにおける中心集落の衰退と再生

母国に帰りやすく，また内陸に踏み込むのに便の良い場所に粗末な集落をつくった。1600年頃までノバスコシアの海岸ぞいにイギリス人とフランス人のいくつかの小さな集団が住み着く一方，ファンディ湾ぞいではアーカディア人が農業を始めた。ケベックが1608年に，ポートロイヤルが1606年に建設されたにもかかわらず，この厳しい環境の新開地には先住民以外に定住していた人々はほとんどいなかった。これはある意味ではイギリス人とフランス人の基本的な姿勢によるものであり，彼らの主要な関心は探検と漁業や毛皮交易であったためである[2]。

初期の定住地のほとんどは，砦か港か交易所，あるいは行政の中心であった。交易者や伝道者が活躍した場所では，最初はゆっくりと，そして加速的に入植者が増加した。多くが農場を手に入れることによって母国における貧困を脱出しようとしていた。また，オンタリオ湖周辺に居住した王党派のように，アメリカ合衆国の独立運動から逃れてきた人々もいた。

（2）開拓者の挑戦　1700年代の終わりから1800年代にかけて定住のための開発が広く行われるようになったが，入植者は鬱蒼とした森林と必ずしも友好的ではない原住民，そして長く寒い冬に直面した。さらに悪いことには，測量が粗雑で不完全であったために，開拓者たちは樹木につけられた目印を頼りに自分の土地をみつけなければならなかった。多くの地域では，道路がなく，人々は川や海岸をたどらなければならなかった。このことから，開拓者が自分の入植地をみつけ，そこに居住してからも，半分の精力を，自分の土地が面する道路の建設と維持のためにつかわなければならなかった。

開拓者の最初の仕事は，小さな土地を切り開き，伐採した材木でその土地に1部屋しかない粗末な小屋を建てることであった。初年度に時間の余裕があれば，樹皮をはぎとって枯らした樹木の間に，家庭菜園をつくった。次の夏には枯らした樹木を伐採し，切り株を除去した。道具も満足になかったことから開拓の進み具合は遅く，助けてくれる隣人もいなかった。多くの開拓者は，最初の冬には最も近い集落で入手したわずかの物資で，自給自足の生活をしなければならなかった。人口が増え，製粉所と万屋ができるまでには数年かかった。それまでは，余剰の小麦は冬季にソリで最も近い港まで運ばれ，そこで製粉さ

1 カナダの開発と中心集落の発展

れたり売却されたりした[3]）。

（3）最初の集落　初期の集落のほとんどが川のそばに立地した。そこには製材所がつくられ，丸太が挽材に加工された。もしその地域で農業が盛んな場合には，すぐに製粉所が同じ急流の近くにつくられた。初期の頃には製粉所経営者は，穀物の一部を手数料の代わりに受け取り，製粉を行った。農民は小麦粉でパンを焼き，製粉の経費を余剰の小麦で支払った[4]）。

時間がたつにつれて万屋がつくられ，塩や砂糖など地元では入手できない物資が供給されるようになった。そして，馬の蹄鉄や道具を作ったり修理する鍛冶屋ができることによって，集落の経済は活気づいた。余剰の小麦を利用する醸造所もつくられ，酒場の客の喉の渇きを癒すようになった。

肥沃な後背地があり，水力が利用でき，そして「直感力と企業心と野心」を持った1人もしくはそれ以上の企業家がいる集落は繁栄した。幸運が作用することもあったが，多くの農村地域の中心集落の歴史を詳細にみると，しばしば1人か2人のキーパーソンが重要な役割を果たしたことがわかる。たとえ立地条件がやや劣っていたとしても，卓抜した1人の企業家が，成功と失敗を分けたことがしばしばあった[5]）。

人口が増加するにつれて宗教の必要性から教会がつくられ，1教室しかない学校とともに，集落のなかでも最も恒久的な建築物となった。さらに農民や旅行者を宿泊させるためにホテルがつくられた。肉屋や皮なめし工場がつくられ，農産物をより高度に加工できるようになった。発展する中心集落では，食料雑貨店や宝石店，乳製品販売店，家畜商，医院，薬局などが開業した。場所によっては，ホテルや教会や居酒屋と同じように，需要に応じて製粉所が多角化する場合もあった。増加する町の人口に応じて住宅がつくられ，それが後背地の農村地域の発展に呼応するようにより大規模になり，そして豪華に飾りつけされるようになった[6]）。

郵便事業の権利をもっている商人は，競争相手よりもさらに繁栄した。それはほとんど全ての住民が，郵便をチェックするために週に一度は彼の店を訪れたからである。1800年代の終わりまでに，繁栄する中心集落は2階建てや3階建ての業務用の建物が並ぶ中心街や立派な教会，川のそばに立地する工場など

を誇るようになった。当然のことながら，立地条件の悪い集落や有能な企業家がいない集落は，停滞したり衰退したりした[7]。

（4）集落と集落の間の土地　オンタリオの南西端やオタワバレーの一部などの元々フランス人が入植した地域では，ケベックの荘園制のものと同様の長地状地割りが行われた。このような初期のフランス人の測量の名残が，現在でもウインザーやアムハーストブルク，ラサールの周辺のようなオンタリオ州の一方の端とハークスバリーのようなもう一方の端にみられる。これ以外は，オンタリオの測量システムはケベックのものと大きく異なっていた。結果としてのオンタリオの集落パターンは大きく違ったものになり，急流の場所や道路の交差点が初期の多くの集落の立地場所となった[8]。

オンタリオの大部分では入植者に土地が分配される前に測量が行われた。典型的な官僚的なやり方であるが，オンタリオ州は地形に関係なく単純な幾何学的なパターンに区分された。最初の測量はセントローレンス川ぞいに行われ，次に五大湖ぞいが着手された。基本線が大まかに湖や川に平行に引かれ，この基本線から内陸に向かってタウンシップが決められていった。用いられた測量システムによっても異なるが，個々の入植者のための配分農地は40haから80haで，散村形態にするようにされた。ほぼ東西につくられた開拓道路にそって農地が配置され，横道が5つ6つの農場区画ごとに南北に切り開かれた[9]。いくつかの異なった測量方法が採用され，内陸に測量が進むにつれて基準線も東西の方向から逸脱していったにもかかわらず，結果としてはほぼ直角に交差する道路による幾何学的な景観ができあがった。分散して立地した農家は，交易や商業の結節点としての役割を果たしたサービスセンターに依存することになった。このような必要性を見越して，ほとんど全てのタウンシップに町が計画されたが，多くのものは実際には町にならなかった。それぞれのタウンシップに町をつくるというやり方はすぐに改められ，古い地図は町をつくろうとしたことの証拠を示すのみになってしまった。

オンタリオで実施された元々の測量方式が，その景観に永続的な影響を与えた。すなわち，ほぼ同じ大きさの農場（40haもしくは80ha）が碁盤目状に配置された。そして前面の道路の近くに主屋とバーンがつくられ，農場区画の一番

奥は藪地として残され、そこは最後まで開墾されなかった。オンタリオの開拓道路と横道からなる明確な格子状パターンは測量システムの直接の結果であり、1800年代後半にほぼ同じ間隔で設けられた町と村も、またその結果であった。その頃までに、ほとんどの主要道路の交差点には、ホテルや居酒屋、万屋、鍛冶屋が立地した。それぞれの中心地は、馬車で1日で往復できる範囲の農民にサービスをしていた。水力を利用できる河川ぞいの中心地は生き残ったが、この1800年代後半の「中心地としての景観」は、技術や生活様式が変化し始めると消滅するか衰退してしまった。

2　中心集落の衰退と再生

（1）中心集落の衰退要因　主要道路の交差点に立地した集落は1800年代にサービスセンターとして繁栄したが、その後いくつかの難題に直面するようになった。1911年以降、農村地域に郵便物が配達されるようになったこととカタログショッピングが始まったことが、その衰退の大きな要因となった。今や郵便物が農村地域の住民に直接配達されるようになり、住民が小中心地を訪れる必要性は小さくなり、郵便局を兼ねていた万屋はその機能を失ってしまった。ビクトリア期の生活姿勢にそうように1916年に禁酒法ができ、教会グループや政治家が画策して、農村地域の中心集落の重要な魅力であった酒場が閉鎖された。これによって小集落や集落は急速に衰退した。放棄されたホテルは衰退した中心集落のシンボルとして残ったが、そこではもはや疲れた旅人にアルコールが提供されることはなくなった[10]。

　20世紀の初めに乗用車やトラックが遠隔地にも普及するまで、鉄道が最も近代的な交通手段であった。1930年までに自動車が多くの集落に壊滅的な影響を及ぼした[11]。誰もが地元の小さな中心地を通り過ぎて、数km遠いより大きな中心地に出かけることができ、そこではより多くの種類の物資やサービスを得ることができた。1911年から1960年代までに技術革新や生活様式と経済の変化によって、カナダの多くの最小規模の中心地の機能が低下するとともに人口が

第16章　カナダにおける中心集落の衰退と再生

減少し，なかには完全に消滅してしまった中心地もある[12]。

いくつかの中心集落は現在ではライラックの藪地や農地のそばに廃墟が残っているようになっていたり，地図上に名前を残すのみになった。また，あるものは教会や学校の廃墟や1・2軒の家，いまにも倒れそうな製粉所，放棄されたホテルを残すにすぎなくなっている（第1図）。これらは自動車の普及や農村

第1図　オンタリオの衰退した集落

地域における郵便制度の確立，そしてアルコール禁止のために活動した圧力団体などの被害者となったものである。幸いなことに，遺産となる建築物がある集落や意欲的な企業家がいる集落，そして景観がすぐれているものは生き残り，いまや発展している。また，衰退した集落の中には再発見され，再居住されたものもある。

（2）小規模な町にとってのさらなる問題：農業の革命　町や村，小集落のみが過去100年の間に変化したわけではない。農業も機械化や大規模経営，アグリビジネスの出現によって革命的に変化した。このような変化は，中心集落に時にはプラスに働いたが，多くはマイナスに作用した。

農場の規模は大きくなり，アグリビジネスが家族農場にとって代わった（第2図）。このことは結果的には地域の商店や教会，学校，社交クラブを支えて

第2図　オンタリオの近代的アグリビジネス

いる人々が少なくなるということを意味した。少数のより大規模な農場を経営するために農業労働力を削減し，機械を多用するということは，地域のコミュニティ意識を減退させ，若い人々の就業機会を少なくすることを意味した。地域に密着していた農民とその家族に代わって，多くの場合，借地農や不在企業地主が農業の主体となった[13]。

　家族農場が100年間にわたってオンタリオにおける農村経済の中心であったが，企業や大規模経営体による農業にその地位を奪われつつある。家庭菜園を作り，小麦を販売のために作付し，さらに家畜の飼料のために牧草やトウモロコシを栽培し，そしてクリームも生産するといった方式に代わって，新しい農民は，農業というよりは工業という感覚で，一つの作物を大規模に栽培するようになった。このような専門化は，機械化と200haあるいはそれ以上の経営規模によって可能になる。巨大な機械が化学肥料や除草剤を撒布する一方，数百haもの広大な面積を耕起し，そこに播種する。収穫はコーンハーベスターや大豆収穫機のような全自動収穫機によって行われる。農業装備のために巨額の投資をするということは，収益をあげるために広大な面積を耕作しなければならないことや，機械のために農場の垣根を取り払わなければならないことを意

味する．また，10年前には家族全体でしていた仕事を，いまや1人の人間でできるようになったことを意味している[14]．

　新しい農業技術によって，生活様式や農場の施設が変化した．現在では数百haがトウモロコシのみを栽培するために使用され，飼育場の中で肉牛が肥育される．場所によっては，広大な面積の大豆や菜種あるいはヒマワリが，伝統的な小麦とオート麦と牧草の組み合わせにとって代わっている．これらの変化とともに，家族農場が消滅しつつある．企業が複数の40ha規模の農場を買い取ったり，成功した農民が規模の経済をめざして隣接する農場を買収したりしている．その結果は，農村人口の減少と伝統的な農場の建物の消滅あるいは減少である[15]．

　南オンタリオの最も豊かな農業地域でも，農家の主屋が放棄され，バーンは改造されて郊外地域のレクレーションルームになったりしている．これらの地域には近代的な住宅や奇抜なデザインの家が増えており，バーンがあった場所には低く細長い金属製の建物が建つようになった．きらきら光る，丸い，金属製の飼料収納庫が新しい工業的農場を取り巻いており，種子や飼料の洗浄工場が多く農村地域に立地するようになった．現在では農場の垣根は消滅し，オンタリオの農村景観は大平原の景観を想起させるようになっている．この変化は著しく，視覚的にも明確になってきている[16]．

　（3）新しい農村景観　景観的に重要な変化がオンタリオの農村地域でおきている．セントラルオンタリオバーンや木製のサイロ，使われなくなった風車，レンガ造りのビクトリア風の主屋，木造の機械収納庫，ミックストグレーンや放牧地，藪地をもつ40haの伝統的な農場がいまだに存続しているかもしれない．杉材の垣根とそれにそって植えられているラズベリー，そして野生のリンゴの木が農場を取り囲むなど，100年も変わらない風景が続いているかもしれない．しかし新しいものが古いものに代わるにつれて，すなわち農業企業が家族農場に，全自動の収穫機が従来のトラクターや収穫機に代わるにつれて，伝統的な景観は一般的ではなくなってきている．このことは主要な都市から100kmほどの範囲では特に顕著である．そこでは，通勤者や新しい農村居住者が農業企業と土地利用を競っている．横道ぞいには樹木や穀物に代わって住宅

が建ち並ぶようになった。

　より遠隔の高低差の大きい地域，あるいは風景のよい地域，そして湖のそばでは，農村地域の快適性を求めて転入してきた人々が農民と競合するようになった。非農民に魅力を感じさせない平坦で肥沃な土地では，部分的に伝統的な生活様式が残っている。幸いなことに，風光明媚な地域では農業と非農業との競合は激しくない。それは起伏が大きく農業に適さない場所が，いまや農村的な生活を求める人々を引きつけているからである。ここでは，非農業者の住居が森や丘にとけ込んでいる。

　もしこの傾向が続くならば，将来はより少数の大規模な農場のみになってしまうだろう。カナダの農村ではアメリカ合衆国のニューイングランドのように，富裕な都市の農村居住者が「地元民」よりも経済的・政治的な影響力をもつようになるであろう。農村の古い製粉所や鍛冶屋はアンティーク・ショップや芸術家のアトリエになり，農家はコンピュータと電子メールで仕事をする人々の住宅になるだろう。とかくするうちに，若者は地元を離れて都市に流出し，その両親が高齢化するという具合に人口の高齢化が進み，他方では農村の静けさを求めて都市や町から人々が流入する[17]。

　このシナリオによれば，新たな経済的機会が生じてくる。限界農地の所有者は，自分の土地が別荘やスキーのためのコテッジ，あるいは引退後の住宅のために需要があることを発見する。農村地域の他の人々にとって，これは挑戦である。それは伝統的な生活様式が消滅していき，新住民が静けさや改善された道路，悪臭のない空気を求めることによって，農業が阻害されるからである。政治家や計画者は農村地域に対する様々な需要を調整する必要性に直面する。ガソリンの値段が上がればこのようなプレッシャーが少なくなると主張する者もいるが，これは北アメリカにはあてはまらない。ガソリンの値段がより高いヨーロッパでも，都市住民が農村地域へ転出するという傾向は弱くなっていない[18]。

　このような傾向はカナダ東部における集落の歴史的背景と存立意義にかかわっている。集落の規模は地域によって様々であるが，その当初の機能は類似しており，その発展過程も多くの場合似ていた。森林と製材所町，鉱産物と鉱山

町，農業と市場町といったシンボル的な関係は持続している。そして多かれ少なかれ，中心集落は形態と機能において，その後背地を反映している。しかしながら，農村地域と同様に中心集落も，時には農村地域からの刺激に対応するように，あるいは転入者の影響を受けて，時代とともに変化してきている。

「小さいことは良いことだ」，「遺産建造物」，「澄んだ空気」，「農村地域の魅力」そして安価な住宅などが，農村地域における小都市や集落へ新しい住民や訪問者を引きつけている。それは人々が農村地域に引きつけられるのと同じようである。このような変化はカナダ東部の多くの地域で顕著になっているが，特に主要な大都市から200km以内の都市の影響圏ではそうである。以下では，ジョージア湾の南岸に位置するオンタリオの典型的な中心集落のソーンバリーを詳細に検討することによって，すでに述べた一般的な傾向を実証することにしよう。

3　ソーンバリーの事例

（1）ソーンバリーの概要　ソーンバリーはジョージア湾の南部を構成するノタワサガ湾に位置する（第3図）。その面積は3.68km^{2}で1991年の人口は1,646であった[19]。2001年までに人口は1,800になると予想されている。ソーンバリーはトロントから自動車で2時間の距離にあり，トロントの影響圏の外縁にある[20]。さらに，ソーンバリーは相互に連携した高速道路システムによってオンタリオの数百万の人々と結びついている。その立地場所は「オンタリオ州で最も風光明媚な地域」であり，このことがここ数十年の間に地元での観光産業

第3図　ソーンバリーの位置

の発達をうながし，近年それが特に繁栄するようになった[21]。

　トロントへのアクセスの良さとともに，ナイアガラエスカープメントの近くのスキー場，ジョージア湾の釣りとボート遊びと水泳，美しい集落そのものによって，ソーンバリーは「トロントの影響圏の外縁に位置する成長するアメニティ集落」としての性格をもつようになった。その発展について簡単に述べ，さらにそのアメニティの性格と成功の要因について分析することにしよう。

　ソーンバリーはビーバー川の河口近くの急流の場所に1853年につくられた。オンタリオの他の集落と同様に，1891年までの人口と経済のピークをむかえ，その時までに多くの大規模な住宅や中心街ができあがった。1891年には事業所数が44となったが，これが1961年までの最高数であった[22]。1891年には人口902のソーンバリーは重要な港であり，その後背地の農民のためのサービスセンターであった。ソーンバリーには鍛冶屋や製粉所，万屋，ホテル，製材所，樽屋，皮なめし屋などがあり，一般的な物資とサービスを行う当時のオンタリオの農村地域における普通の中心集落であった[23]。

　1991年までにソーンバリーでは1891年の人口を超え，1981年から約15％も人口が増加した。第2次世界大戦までは人口が減少したが，それ以降ゆっくりと増加した。この間に経済的な機能もまた変化し始めた。1891年には完全な農村地域のサービスセンターであったものが，その機能は低下し1951年には事業所は35になってしまった[24]。

　この集落の事業所の内容をみると，2001年までにポスト工業化社会としての新しい機能が加わったことがわかる。ホテルや鍛冶屋，製材所や製粉所，樽屋，皮なめし屋はもう存在しないが，代わってアンティークショップやレストラン，ガソリンスタンド，酒屋，衣料品店，土産物屋などが出現した（第4図）。1891年のホテルに代わって3軒の民宿ができ，さらに美容院，政府機関，金融業が加わった。以前は栄えていたリンゴ栽培も他の産業に置き換わった。

　（2）アメニティ，観光，引退，レクリエーション　ソーンバリーの経済にとってアメニティ産業は極めて重要である。国勢調査によると1991年と1996年の人口はそれぞれ，1,646と1,763であり，1988年の町の選挙人名簿には2700人の名前が登録されていた。これは町のすべての不動産所有者（マンションの季節的所

第16章 カナダにおける中心集落の衰退と再生

第4図 ソーンバリーのショッピング・ミューズ

有者も含めて）が投票できるからである[25]。季節的な居住者が増加し，その経済的影響力も大きくなっている。

　近接するブルーマウンテンスキー場は，オンタリオ州でも最も有名なものであり，ビーバーバレーぞいに数km南下したタリスマン観光地とともに，ここ数十年多くの観光客を引きつけてきた。バーカーによると[26]，観光・レクレーションは年間約100万人の人々を引きつけ，グレー郡に１億ドルの経済効果をもたらしている。すでに述べたようにソーンバリーには３つの民宿があり，全体で13の宿泊室がある。４月の解禁日には，ビーバー川の河口は釣客で満員となる。ソーンバリーにはトレーラーパークや一般に解放されたビーチ，テニスコートが備えられている。ハイキングやボート遊び，水泳などが夏の魅力である（第５図）。

　（３）遺産建造物　古い建造物を新しい機能に適合させることができるどうかが，小都市の再生もう１つの鍵となる。ソーンバリーでは多くの経済活動上の機能は失われたが，他の類似の地域と同様に，その建物は多くの場合存続していた[27]。ブルースストリート（中心街）ぞいの商店は，南オンタリオによくみられる煉瓦で正面をおおったビクトリアスタイルのものである。ほとんど全

第5図　ソーンバリーのマリーナ

ての商店が新しい壁と飾窓をもつように改修されているが，中心街は元のままの外観で残されている。

　復原された建物の中に入っている3つのレストランは，町の遺産建築物と風光明媚な立地場所の両方を活用している（第6図）。中心街の南と西に位置するビクトリアスタイルの堂々とした住宅は，街路樹と調和して町を美しく際立たせており，多くの訪問者や転入者を引きつけている（第7図）。エリンラング養護・退職者住宅は，1900年に木材事業家のヘンリー・ペデウエルによって建てられた住宅を利用している。1991年にここには42人の介護が必要な人々が収容されており，2階部分を15人から26人（季節によって異なる）の高齢者が退職者住宅として利用している[28]。町の中心から離れると，新しい建物が目立ち，それらの多くは計画的につくられた退職者の住宅である。ジョージア湾南部の多くの地域と同様に，ソーンバリーは，都市や周辺の農場から引退して移り住んでくる人々によって潤っている[29]。

　（4）**不動産とマンション開発**　ソーンバレーでは観光やレクレーションとと

第16章　カナダにおける中心集落の衰退と再生

第6図　ソーンバリーの滝とレストラン

第7図　ソーンバリーにおけるビクトリアスタイルの住宅

もに，不動産市場が近年大きく伸びた。ソーンバリーから自動車で2時間の距離内に，500万人の潜在的な顧客がいる。この町の不動産市場の中で重要な部分を占めるのが，この地域の中古住宅の売買である。1988年のオンタリオ州における住宅の平均価格は18万764ドルであった。同じ年のソーンバリーの標準的な2階建ての住宅の価格は13万5,000ドルであり，標準的な木造平屋住宅が17万5,000ドル，小さな木造平屋住宅は10万ドルであった[30]。2001年にはマンションが12万ドルとなり，水辺の住宅はその外観によって異なるが，30万ドルから数十万ドルであった。一般的にはソーンバリーの中古住宅は，他の都市の住宅や近辺の新築住宅と比較して安価である。隣接するコリンウッドタウンシップのスキー用のコテッジの平均価格は，25万ドル以上である[31]。

（5）経済開発　1991年には960人がソーンバリーで働いており，1981年の575人と比較すると地元雇用が67％増加したことになる。これらのうち1981年には245人がソーンバリーに通勤していたが[32]，1991年になると通勤者は660人に増加した。通勤者については169％の増加になる[33]。1991年には675人の就業者は地元に住んでいた。220人（32.6％）はソーンバリーの町に住み町で働いていたが，80人（11.9％）は自宅で働いていた。1991年にはソーンバリーは660人の通勤者を10の地区から引きつけており，6つの町に375人の通勤者を出していた。小売業とサービス業の発展によって，ソーンバリーは雇用センターとしての役割を復活させた。

ジョージアン・トライアングル・エコノミック・ディベロップメント・コーオペレーション・ディレクトリーには[34]，最近数年間の経済変化が示されている。1986年から1990年までに小売・サービス業が主に増加し，この業種においては事業所数で51％，雇用者数で130％の増加があった。他の業種では，製造業のみが事業所数を減らしているが，雇用者数はわずかながら増加している。他方，建設業では事業所数も雇用者数も増加している。小売・サービス業の事業所数も雇用者数も，全体に占める割合では1986年から1991年までに増加し，これは建設業と製造業の場合も同様であった。小売・サービス業が伸びた反面，農業の割合は最も大きく減少した。これはアリーナ社会という概念や都市の影響圏という概念による主張と整合しており，その論旨は，小さな農村社会では第1

次産業が後退する一方，雇用は多様化するということである[35]。

（6）成功の要因　風光明媚さと中心街における様々な業種の展開，そして近年の住宅開発によって，ソーンバリーは「アメニティ・コミュニティ」，アリーナ社会における「適所（ニッチ）」，「吸引力のある環境」にふさわしい地位を獲得した[36]。多くの不動産業や金融業，建設業の活動は，この地域の新しいスキーのコテッジや別荘，マンションなどに反映されており，これらの大部分がトロント大都市地域からの転入者のものである[37]。日帰客やスキーヤー，ハイカー，キャンパー，釣客，水泳客，買物客が，疑いもなくソーバリーの商店を支えている[38]。

ソーンバリーでは小売業が主要な経済活動であるが，ここ20年間はサービス業がより速いスピードで成長している。多くの小売業の商品リストをみると，より大きな都市内の小売業と類似している。1991年のソーンバリーの経済的・社会的構造の目立った特徴は，都市と農村の生活様式を集約したという点にある。言い換えれば，都市の生活様式を農村環境に移植したものといえよう。フリードマンとミラーが予測しているように[39]，「世界主義的価値観」がポスト工業化社会としてのソーンバリーの特徴となっている。地元の商人からの聞き取りや野外観察により，地元の企業家の努力が小売業やスキー場開発，新しい住宅開発の成功の重要な要因であることがわかった。

ソーンバリーの風光明媚な立地と好意的な雰囲気が，地元の人々や都会からの転入者に好感をもたれている。住民はビーバーバレーを「神の土地」とみなしている[40]。要するに，ソーンバリーは小さな町の魅力をもっており，またそこではトロントの文化や事業にも接することができる。このような結論は，都市の影響圏の小さな町で行われた他の実証的な研究によっても確認することができる。景色の良さや平和で静かなこと，観光産業などすべてが，この地域の経済発展の重要な要素である[41]。

個人的な観察によると，定量的に示すことはむずかしいが，ソーンバリーへの日帰客や週末に訪れる客の存在は大きい。2月の日曜日の午後でも，中心街は夏の週末と同じように込み合っている。企業家たちは週末の商売の重要性を指摘している[42]。コンビニエンスストアや新聞販売機にはトロントの日刊紙が

並べられ,ソーンバリーとトロントの結びつきを示している。このような日常的に感じられるトロントへの近接性がなければ,ソーンバリーは今日のような成長と経済的発展を実現することはできなかった。コパックが述べているように[43],アメニティ環境は都市からの転入者に歓迎されている。それは彼らが人々をひきつけるある種の質（農村的な性格，レクレーションの可能性など）に高い価値を見出しているからである。コパックはアメニティは広い地域から消費者を引きつける高次の財としての役割を果たすことを強調した。優れた風景，農村的な情緒，遺産建造物もまた，ある場所にアメニティの価値をつけさせる重要な要素である[44]。ソーンバリーはこれらの全ての属性をもっている。

まとめ

　ソーンバリーの機能的な変化は，オンタリオの集落システムの空間構造が変化したことによっておきた。これらの変化は，一つは技術革新や全体として豊になったこと，そしてレジャーの時間が増大したことによっておきた。中心都市への近接性は，広範に普及したファクシミリやコンピュータと電子メールシステム，銀行の自動現金取扱機，ケーブルテレビや衛星放送の普及によって強化された。最初は馬車で1日で往復できる範囲が後背地であったものが，今日では地球規模での近接性が高まり，その限界がなくなってしまった。トロントの影響圏が200km以上にも広がり，ジョージア湾の南部の湖岸も含まれるようになったのは，ソーンバリーにとって大きな利点となった。

　ソーンバリーは依然として中心地としての地位を保持している。それは物資やサービスを周辺の人々に供給しているからである。それにもかかわらず，このことがソーンバリーの最も重要な機能というわけではない。中心と周辺の相互作用とジョージア湾南部地域の中心集落の結びつきから成る新しい「空間構造の出現」によって，以前の階層的な中心地システムが取って代わられるようになった（第8図）。このような結論は，都市の影響圏において類似のプロセスを示唆した従来の研究での結果と矛盾しない[45]。

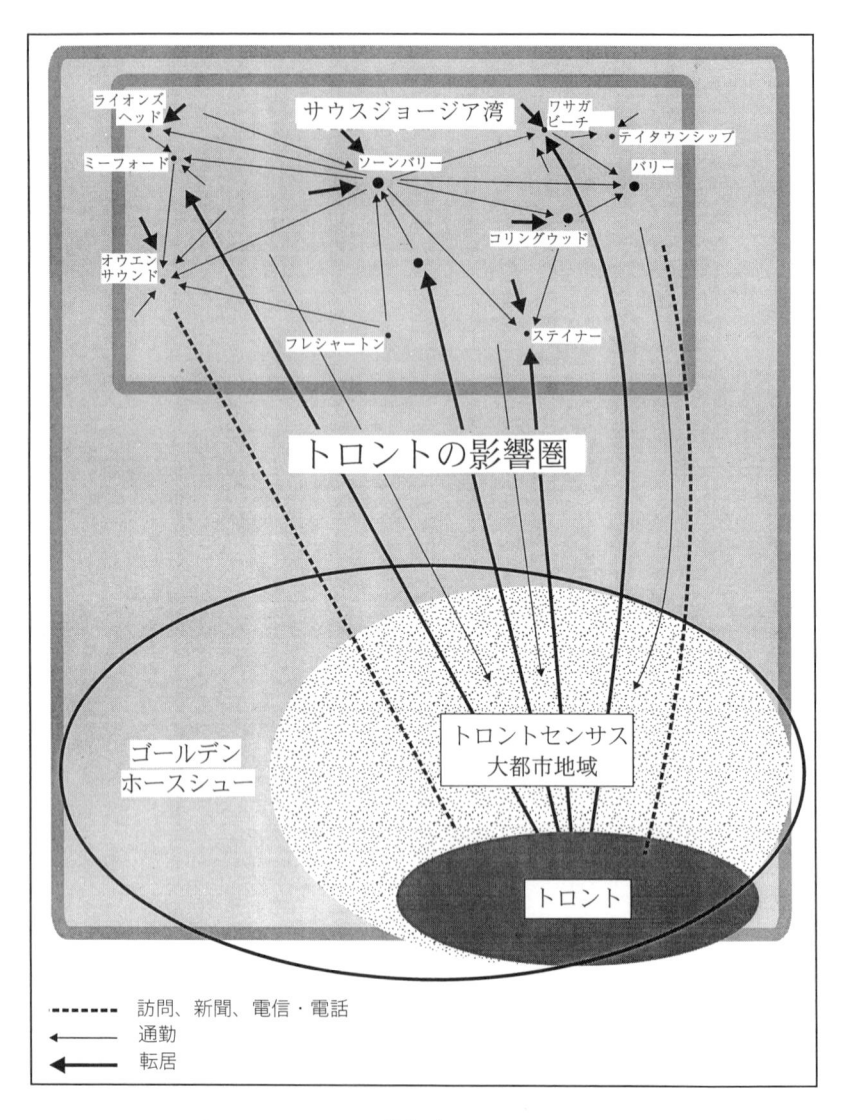

第16章　カナダにおける中心集落の衰退と再生

第8図　トロントの影響圏におけるソーンバリー

まとめ

　ソーンバリーの住宅地あるいは業務中心としての役割は，魅力的で，大都市地域と比較すると安価な住宅を入手しやすいということで強化されている。古い建物が革新的な企業家によって新しく利用されることによって，遺産建築物が経済発展を実現した。このような現象は，最初にハートらによってアメリカ中西部で確認された[46]。ソーンバリーにおける既存市街地の利用とマンション開発の結合は，町の魅力を失わないで新旧が共存できることを示している。地元の企業家によってつくられた雰囲気は「農村的」というままであり，これが都市からの人々がマンションや住宅を購入する魅力となっている。ソーンバリーが典型例を示した「農村性の商品化」は，すでに何人かの研究者からも指摘されているように，ある意味では，変化する状況に対するポスト工業化的対応である[47]。

　この報告で得られた結果を，いくつかの概念図で示すことにしよう。第8図はトロントの影響圏の外縁にある研究地域とトロントの空間的関係を示したものである。そして第9図はソーンバリーの魅力とアメニティの特徴を図示したものである。ここにはいくつかの重なりあう生活空間が示されており，それぞれで人々は好みの環境をつくることができ，農村的な雰囲気をもった適所をアピールすることができ，そしてポストモダンの通信システムの利便性や様々な仕事を選択できるという融通性の利点を享受できる。オンタリオの工業の核心としてのトロント地域との経済的結びつきは残っているが，ジョージア湾南部といった大都市の影響圏の外縁は，トロント大都市の中心から遠隔地ということもあって，独自の性格をもつようになってきている。第10図はこのような地域における中心集落の再生が成功する要因をまとめたものである。アメニティ，近接性，企業家，遺産建築物などがすべてソーンバリーの再生に大きな役割を果たした。大部分のオンタリオの集落はこの四つの属性をもっており，それらはこのような農村のルネッサンスに参加する資格がある[48]。これはオンタリオの「衰退した集落」の将来にとって，明るい兆しである。

第16章　カナダにおける中心集落の衰退と再生

快適さ
　高級商品としての快適さ
　大規模市場への近接性
　流入する資本
　多様化した経済
　消費者の需要の変化

企業家

観光レクリエーション
・スキー
・ボート
・釣り

ハーバークラブ
アップルジャックマンション
ピンディーク家具
グラナリー自然食品

消費の経験

個人的関係

ソーンバリー

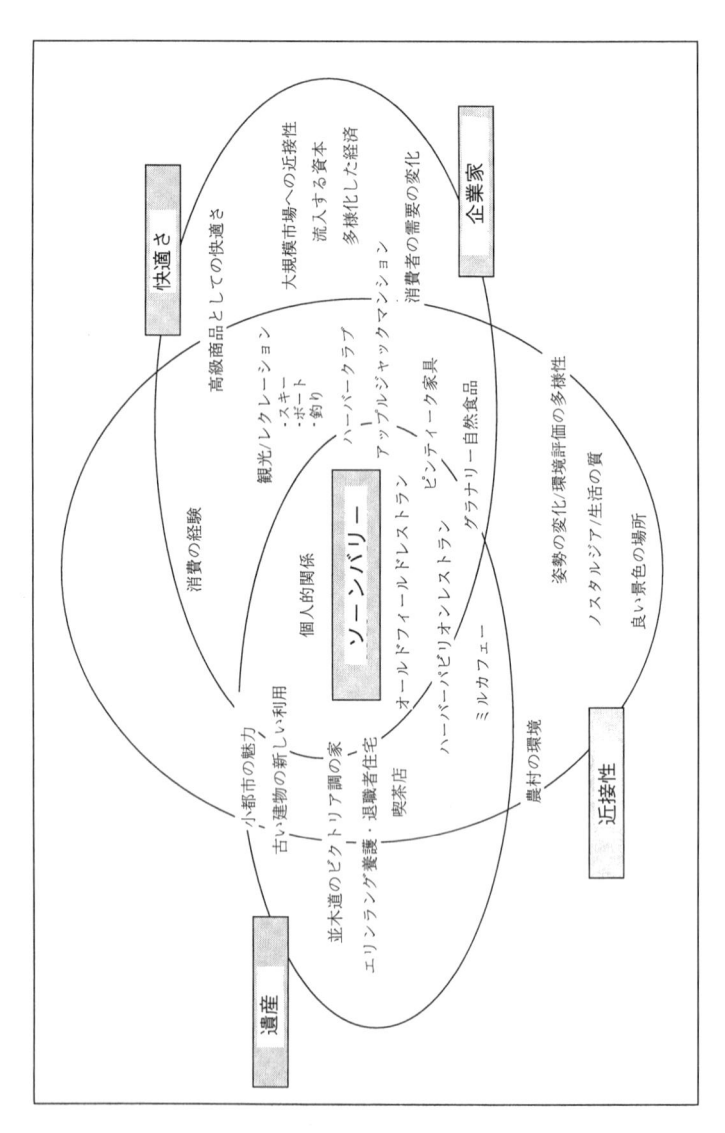

オールドフィールドレストラン
ハーバーパビリオンレストラン
喫茶店
ミルカフェー

姿勢の変化・環境評価の多様化
ノスタルジア／生活の質
良い景色の場所

近接性

小都市の魅力
古い建物の新しい利用
並木道のビクトリア調の家
エリシュランダ養護・退職者住宅
農村の環境

遺産

第9図　ソーンバリーの魅力

まとめ

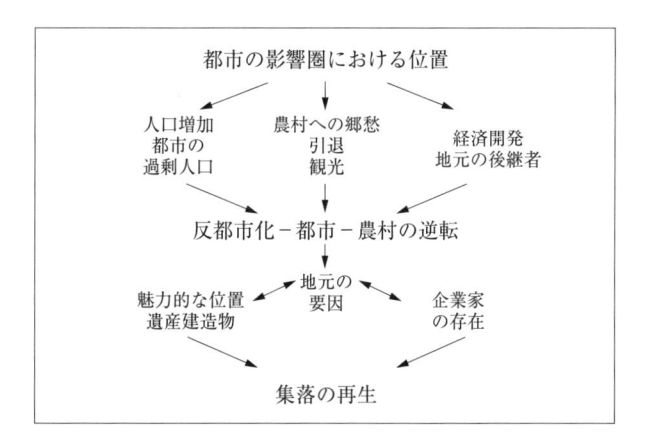

第10図　集落再生に必要な要因

1) Miyaguchi, T., 'New movements for sustainable development of mountainous areas in Japan:fifteen years of Oguni Town in central Kyushu, south-west Japan', *Regional Reviews*, 14, 2001, pp. 9 -15.
2) Harris, R.C. and Warkentin, J., *Canada before Confederation*, Oxford University Press, 1974.
3)（ 1 ）前掲 2)。(2) Spelt, J., *Urban development in south central Ontario, new edition*, Carleton University Press, 1972.
4)（ 1 ）Dahms, F.A., *The heart of the country- from the Great Lakes to the Atlantic Coast-*, Rediscovering the towns and countryside of Canada, Deneau, 1988.（ 2 ）前掲 3)(2)。
5)（ 1 ）Dahms, F.A., 'St. Jacobs Ontario: from declining village to thriving tourist community', *Ontario Geography*, 36, 1991, pp. 1 -13.（ 2 ）Wood, J.D. ed., *Perspectives on landscape and settlement in nineteenth century Ontario*, Carleton Library, 1975.
6) 前掲 3)(2)。
7)（ 1 ）Dahms, F.A., 'Settlement dynamics, commuting and migration, western Ontario, 1971-1985', Coppack, P.M., Russwurm, L.H. and Bryant, C.R. eds., *Essays on Canadian urban process and form Ⅲ: the urban field*, Departemnt of Geography, University of Waterloo, Publication 30, 1988. pp.157-191.（ 2 ）Smith, W.R., 'Aspects of growth in a regional urban system: southern Ontario 1851-1921', *York University*

Geographical Monograph, 12, 1982.
8) (1) 前掲2)。(2) 前掲3)(2)。
9) 前掲2)。
10) 前掲4)(1)。
11) Davies, S., 'Reckless walking must be discouraged: the automobile revolution and the shaping of modern urban Canada to 1930', *Urban History Review*, 18, 1989, pp.123-138.
12) 前掲4)(1)。
13) Fuller, T. ed., *Farming and the rural community in Ontario*, Foundation for Rural Living, 1985.
14) (1) Bryant, C.R., Russwurm, L.H. and McLellan, A.G. eds., *The city's countryside: land and its management in the rural-urban fringe*, Longmans, 1982. (2) Bryant, C.R., The role of local actors in transforming the urban fringe, *Journal of Rural Studies*, 11, 1995, pp.255-267. (3) 前掲13)。
15) 前掲13)。
16) Dahms, F.A., *Beautiful Ontario towns*, James Lorimer and Company, 2001.
17) Dahms, F.A., 'The greying of south Georgian Bay', *The Canadian Geographer*, 40, 1996, pp.148-163.
18) (1) Harper, S., 'People moving to the contryside: case studies of decision-making', Champion, T. and Watkins, C. eds., *People in the countryside: studies of social change in rural Britain*. Paul Chapman, 1991, pp.22-37. (2) Halliday, J. and Coombes, M., 'In search of counterurbanization:some evidence from Devon on the relationship between patterns of migration and motivation.', *Journal of Rural Studies*, 11, 1995, pp.433-446. (3) Warnes, T., 'Temporal and spatial patterns of elderly migration', Stillwell, J., Rees, P. and Boden, P. eds., *Migration processes and patterns Vol.2. Population redistribution in the United Kingdom*. Belhaven Press, 1992. pp.248-270. (4) Marsden, T., Murdoch, J., Lowe, P., Munton, R. and Flynn, A. eds., *Constructing the countryside*. UCL Press, 1993.
19) Statistics Canada, *Population Census*, Ottawa, 1991.
20) 前掲4)(1)。
21) Chapman, L.J.and Putnam, D.F. eds., *The physiography of southern Ontario, third edition*, Ontario Geological Survey, 1984.
22) Alger, T.C., *Functional change in small communities on the outer edge of the urban field: the case of Thornbury*, Department of Geography, M.A. thesis, University of Guelph, 1993.
23) (1) 前掲22)。(2) 前掲3)(2)。

24) 前掲22)。
25) ソーンバリーの週刊新聞であるCourier Heraldの編集者の Potter, Robert.による。
26) Barker, M.G., *Planning in Grey Country: a review of issues and concerns leading to intervention into local planning by the provincial government in 1991*, Department of Planning and Resource Development, M.A. thesis, University of Waterloo, 1993.
27) Hart, J.F., Salisbury, N.E. and Smith, E.G. Jr., Dying villages and some notions about urban growth. *Economic Geography*, 44, 1968, pp.343-349.
28) Errinrung Nursing and Retirement Homeのマネージャーの Smith, Gladysによる。
29) 前掲17)。
30) Bauer Real EstateのマネジャーのBauer, Anthonyによる。
31) （1）LushのReal Estate Listings, 1991. による。（2）Royal Le Page のReal Estate Listings, 2001. による。
32) 前掲22)。
33) Statistics Canada, *Custom Census tabulations, journey to work*, 1991.
34) Georgian Triangle Economic Development Corporation, *Area business directory*, 1992.
35) （1）Dahms, F.A., 'Settlement evolution in the Arena Society in the urban field', *Journal of Rural Studies*, 14, 1998, pp.299-320.
36) （1）前掲35)。（2）Dahms, F.A. and McComb, J., 'Counterurbanization, interaction and functional change in a rural amenity area', *Journal of Rural Studies*, 15, 1999, pp.129-146.
37) 前掲31)（1）。
38) Keast's Clothing storeの所有者のKeast, James による。
39) Friedman, J. and Miller, J., 'The urban field', *Journal of American Institute of Planners*, 31, 1965, pp.312-320.
40) 前掲30)。
41) （1）Coppack, P.M., 'The role of amenity', Coppack, P.M., Russwurm, L.H. and Bryant C.R.eds., *Essays on Canadian urban process and form Ⅲ: the urban field*, Department of Geography, University of Waterloo, Publication 30, 1988, pp.41-56.（2）Coppack, P.M., 'The urban field, amenity environments and local community development: some ideas on the economic survival of small communities in the city's countryside'. Dykeman, F.W. ed., *Entrepreneurial and sustainable rural communities*, Rural and Small Town Studies Program, Department of Geography, Mt. Allison University, Sackville, New Brunswick, 1990, pp.79-100.（3）Dahms, F.A., ' 'Dying villages', 'counterurbanization' and the urban field - a Canadian perspective. *Journal of Rural Studies*, 11, 1995, pp.21-33.

第16章　カナダにおける中心集落の衰退と再生

42) 前掲38)。
43) 前掲41)(1)。
44) (1) Coppack, P.M., 'The evolution and modelling of the urban field', Coppack, P.M., Russwurm,L.H. and Bryant, C.R.eds., *Essays on Canadian urban process and form Ⅲ: the urban field*, Department of Geography, University of Waterloo, Publication 30, 1988, pp.5-27. (2) Coppack, P.M., 'Reflections on the role of amenity in the evolution of the urban field', *Geografiska Annaler (B)*, 70, 1988, pp.353-362. (3) 前掲41)(2)。(4) 前掲5)(1)。
45) (1) Hodge, G.D., 'The city in the periphery', Bourne, L.S., McKinnon, R.D., Siegal, J. and Simmons, J.W. eds., *Urban futures for central Canada: perspectives on forecasting urban growth and form*. University of Toronto Press, 1974. (2) Fischer, J.S. and Mitchelson, R.L., 'Extended and internal commuting in the transformation of the intermetropolitan periphery', *Economic Geography*, 57, 1981, pp.189-206. (3) Hodge, G.D. and Qadeer, M.A., *Towns and villages in Canada: the importance of being unimportant*. Butterworths, 1983. (4) 前掲44)(1)。(5) Fuguitt, G.V., 'Commuting and the rural-urban hierarchy', *Journal of Rural Studies*, 7, 1991, pp.459-466. (6) 前掲7)(1)。(7) Dahms, F.A. and Hallman, B., 'Population change, economic activity and amenity landscapes at the outer edge of the urban fringe', Beesley, K.B.ed., *Rural and urban fringe studies in Canada. Department of Geography, Geographical Monograph, York University, 21*, 1991, pp.67-90. (8) Beesely, K.B., 'Rural and urban fringe studies in Canada: retrospect and prospect', Beesley, K.B.ed., *Rural and urban fringe studies in Canada. Department of Geography, Geographical Monograph, York University, 21*, 1991, pp.1-42.
46) 前掲27)。
47) (1) Persson, L.O., Westholm, E. and Fuller, T., Two contexts, one outcome: the importance of lifestyle choice in creating rural jobs in Canada and Sweden', Bollman, R.D. and Bryden, J.M. eds., *Rural employment: an international perspective*, CAB International, 1997, pp.136-163. (2) Grieve, S. and Tonts, M., Regulation, land development and the contested countryside: reflections on Bridgetown, Western Australia, *The New Zealand Geographer*, 52, pp.18-23. (3) Cloke, P. and Goodwin, M., 'Conceptualising coutryside change: from post-Fordism to rural structured coherence', *Transactions, Institute of British Geographers*, 17, 1992, pp.321-336.
48) (1) 前掲17)。(2) 前掲16)。

　　　　　　　　　　　　　　　　　　　　　　　　（翻訳：田　林　　明）

第17章
オーストラリアの散村・小都市群地域

金 田 章 裕

　オーストラリアは，大都市圏を除く農牧業地域の大半が散村・小都市群地域であるといってもよい。本章でとりあげるのはその代表的な地域の一つ，ビクトリア州西部のウィメラ地区である。そこにおける散村・小都市群の成立過程，ならびに農牧業の特性，小都市群ネットワークの変遷にまず注目して，その実態と特性を解明する。

1　自然環境と農牧業の類型

　きわめて平坦な地形か，なだらかな丘陵地帯が卓越し，また，北部や東部太平洋岸などの一部を除けば年間降水量が少ない地域が広大な面積に達するオーストラリアでは，農業・牧畜の土地利用状況を規定する最大の要因は年間降水量である。年間降水量にほぼ対応して農牧業経営体の面積規模は大きく異なる（第1図参照）[1]。

　年間降水量300～600mm程度の地帯が，オーストラリアでは典型的な穀物作・羊・牛飼養地帯となっている。ビクトリア州西部でも，北部のマレー川流域など，一部を除けばその典型的な地域が広がっており，その典型をウィメラ（Wimmera）統計区にみることができる。この地区は，第2図のような5つの

365

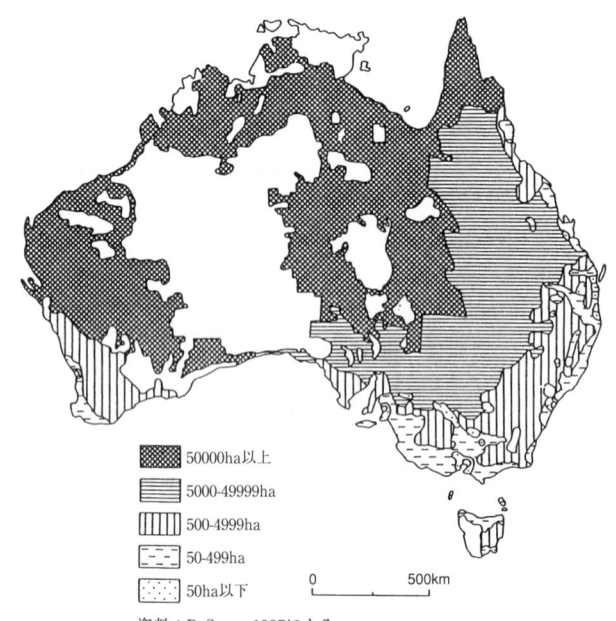

第17章　オーストラリアの散村・小都市群地域

```
50000ha以上
5000-49999ha
500-4999ha
50-499ha
50ha以下
```

資料：P. Scott, 1987による。

第1図　オーストラリアにおける農牧業経営体の面積規模

地方自治体からなっており，ホーシャム（Horsham）だけが農牧業地帯の都市を意味する市（rural city）であるが，他は村（shire）である。統計区は33,883km^2 に達し，東西・南北それぞれ約200kmに及ぶが，総人口は52,027人（居住人口，1997年）に過ぎない。人口密度は1km^{2}あたり，わずかに1.5人となる[2]。

ウィメラ統計区全体では農牧業経営体数の合計が3,168（1996-97年度）となり，平均経営面積は736ha，平均粗収入は穀物を中心とする作物の分が15.3万ドル，肉用牛・羊と羊毛を中心とする家畜の分が5.5万ドルで，合計約20.8万ドルとなる。

穀物作と牧羊・牧牛の混合農業を営む平均的規模の農家は，通常つぎのような状況である。各農家は隣家から3km前後離れてそれぞれの農場の中にあり，農場は主人がほとんど1人で経営する。ただし，小麦・大麦・オート麦などの畑の耕作と播種の時などには，トラクターの運転手1人を延べ1〜2ヶ月程度雇用する必要がある。また，羊の毛刈りのためにも，3〜4人の毛刈り職人を

1 自然環境と農牧業の類型

第2図 ビクトリア州ウィメラ統計区の位置と範囲 (1996年)

2～3週間雇用しなければならない。

　農家は通常，夫婦と子供2～3人からなり，子供が小さい時はスクールバスで学校へ通うが，近くのスクールバスが通る道路まで，数キロメートルを母親が車で送る必要のある場合が多い。大きくなれば自転車などで自分で行く場合もある。学校のある近隣の町までは，近くても数kmないし十数km，あるいはもっと距離があり，買い物などもそこでするが，通常は週1回程度のまとめ買いである。郵便・新聞などは，主要道沿いに数軒の農家の郵便受がまとめて設置されているところまで配達してくれる場合もあるが，多くの場合は，町へ出た折に郵便局の私書箱を開く必要がある。

　オーストラリアの農家の大半は，このように孤立荘宅として散村地域に点在し，生活のための利便性は低いものの，十分な収入を得ることの可能な規模を保持している。つまり，農家は農業経営のための単位であり，農業によって十分な収入を得るために，隣家から数キロメートルも離れたところに居住してい

ることになる。したがって，老齢となり，子供に農場を譲った場合や，後継者がいない場合など，退職した農民は近くの町に移り住む場合が多い。年金や資産で生活するには，孤立した農家よりも，はるかに利便性の高い町の方が好都合であることになる[3]。

2 散村・小都市群地域の成立と変遷

　ビクトリア州西部のウィメラ統計区内の最大都市はホーシャムであるが，統計区内には多くの小都市（中心集落）が散在している。まず，この散村・小都市群の形成・変遷過程を概観しておきたい[4]。この地区の中心部分を構成するボラング（Borang）郡を例に見ておきたい。
　1849年には，当時ポート・フィリップ地区と呼ばれていた現在のビクトリア州の範囲に16郡が公示され，1851年にビクトリア植民地が発足した後，1871年にはさらに21郡が設定されて全植民地が郡に分割された[5]。ウィメラ放牧地区（Wimmera Pastoral District）と称されていたビクトリア西部に郡が設定されたのは1871年であり，ボラング郡もこの折に成立したが，中心集落の一つホーシャムはこの時すでに294人の人口を有していた[6]。この年ゴールドラッシュの町ストーウェル（Stawell）は人口5,166人に達し，同様にモイストン（Moyston）も510人を擁していた（第3図参照）。ウィメラ放牧地区では1840年代にはすでに広範に牧羊業者（squatter）が展開しており，ホーシャムでは1849年に測量が行われ，1850年には町立て地の区画が決定した。1861年には町立てが公示され[7]，市街中心部には現在も，長方形の15ブロックからなるその折の土地区画が良く残存している。
　ビクトリアにおける土地計画は，25平方マイルを標準としたパリッシュと中心集落の設定，ならびに1マイル方格の区画の設定を規準としていた[8]が，真北ではなく磁北によっていたことや，測量・区画設定の不正確さなどの理由によって，方格方位の違いや区画の不整合などが多発していた[9]。1858年に測量長官に就任したリーガー（C. Ligar）は経緯線を規準とした方格プランを導入し

2 散村・小都市群地域の成立と変遷

たが、それまでに設定されていた旧区画を再編することはなかった[10]。したがって、ビクトリアの西部ではとくに両システムが混在することとなり、ボラング郡でも第4図にみられるように多様な区画が出現しているが基本は1マイル方格である。

入植者への土地の販売は、この一区画を基本としていたことから、この一帯では640エーカー(256ha)程度の入植規模が多く、現在に至るまでそれが降水量とともに一定の影響を及ぼしている。

ウィメラ統計区では、1980-81年度において農牧業経営体数が4,248、平均経営面積581ha、平均作物栽培面積163haであり、

実線はparish、1点鎖線はshire、2点鎖線は郡境。

第3図　ビクトリア州ボラング郡一体の概要

穀物栽培中心の経営体が1,744、羊飼養と穀物栽培が1,243、羊飼養が575であり、肉牛飼養など他のタイプの経営体もあるが、典型的な小麦・羊地帯である。粗生産額が4万ドル以上の経営体が60％以上を占めており[11]、この点でも家族経営による農牧業経営体の標準的な状況となっている。

ボラング郡の人口は1891年に30,645人、1901年に30,720人、1911年に30,851人というほぼ3万人強で安定しており、人口密度は約1.8人/km^{2}である[12]。1981年では、郡域より広い範囲の人口であるが、第3図に示した当時の11自治体の総人口が44,053人であり、人口密度は2.0人/km^{2}となるから、この間の人口は若干の増加とみられる程度であり、大きな変化がなかった可能性が高い。ただし、1986年には43,061人へとやや減少している。

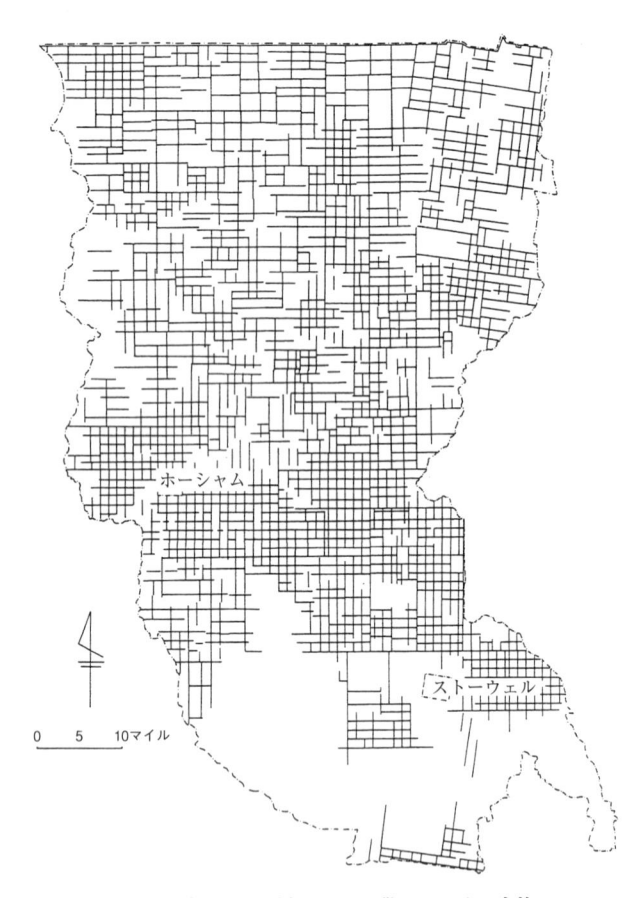

第17章　オーストラリアの散村・小都市群地域

第4図　ビクトリア州ボラング郡の1マイル方格の
　　　　土地区画

　ボラング郡では，前述のホーシャムのほかにグレノーキー (Glenorchy) につ いても1850年に町立て用地が確定しており[13]，次いでストーウェル[14]を含め て3ヶ所の町立てが公示された[15]。郡が確定された1871年以後の町立て用地の 確定は急速に進み，70年代にはさらに19ヶ所の位置の確定ないし公示が行われ た[16]。しかし現実には，10年余りを経た1891年においても，人口200人以上の 中心集落は8ヶ所，100人以上としても13ヶ所に過ぎず，すべてが実際に市街 化ないし中心集落となったわけではなかった。たとえばグレノーキーは1871年

に134人，1881年に128人，1891年に219人と次第に発達し，1911年には428人を記録するに至るが，その後減少して1940・50年代には200人前後となり，現在では極めて小さな集落であり，中心集落としてはほとんど機能していない。

　このような中心集落の発達には，鉄道の敷設が重要な意味を有していた。ボラング郡では，メルボルンからバララト（Ballarat）とアララト（Ararat）を経てストーウェルまで鉄道が延びてきたのが1876年，さらにマートア（Murtoa）を経てホーシャムまで開通したのが1879年であった。ストーウェルから西へは1905年に，マートアから北へは1886年に，ホーシャムから北へは1882年，西へは1887年に鉄道がのびており，ストーウェル～マートア間のリューベック（Lubeck）から東へも1887年に延長されている[17]（第3図参照）。前述の1891年における人口100人以上の集落13は，ほとんどがこのような鉄道沿いの駅を伴った立地条件であった[18]。

　1911年におけるこの地域の最大都市ストーウェルは金鉱起源の急成長都市であったが，鉱脈涸渇によって成長が鈍化し，この地域の中心都市の位置をホーシャムに譲った。ホーシャムとウォラックナビール（Warracknabeal）は，オーストラリア・フィーリックス（Australia Felix）と呼ばれた放牧地域の中心として成長した。後述するように，現在でも農牧業地帯の中心都市として機能し，とりわけホーシャムの人口増が際立っている。それとともに注目すべきは，人口200人以上の中心集落数の著しい減少であり，1911年の42に対し，1986年にはわずか16となっている。前述のように，この間の人口密度は全体としては微増の状況にあるので，この変化が全体人口の減少によるものでないことは明らかである。

　第1表によってセンサス年次ごとの変化を確認してみたい。1911年の中心集落数の過半を占める22が200～400人の小規模な中心集落であり，これに対して1986年の同階層はわずかに3に過ぎない。同様に401～600人の階層でも7から4へと減少しており，このような小規模な中心集落の衰退が中心集落全体の減少の大半を占めていることを知り得る。中心集落総数は1911年が最大であり，1954年にいったん微増しているのを除いて次第に減少しているが，この回復も人口1,000人以下の中心集落数の増加に起因している。1911年の中心集落人口

第17章　オーストラリアの散村・小都市群地域

第1表　ビクトリア州ボラング郡一帯の階層別中心集落数の変遷

人＼年	1911	1921	1933	1947	1954	1966	1971	1976	1981	1986
200-400	22	20	18	10	11	4	3	3	3	3
401-600	7	2	4	2	1	3	4	4	4	4
601-800	0	7	2	4	4	2	1	1	1	2
801-1000	4	1	6	1	3	1	1	2	3	2
1001-1200	3	1	0	1	1	3	2	1	0	0
1201-1400	2	1	1	1	0	0	0	0	0	0
1401-1600	1	1	0	0	1	0	1	0	0	2
1601-1800	0	0	1	1	0	1	1	2	2	0
1701-2000	0	0	1	0	1	1	0	0	0	0
2001-	3	3	3	3	3	3	3	3	3	3
合　計	42	36	36	23	25	18	16	16	16	16

総数は31,700人，1954年が29,746人，1986年が29,938人であるから，この間に約5.6％の減少がみられたことになるが，これのみで中心集落数の減少の説明となる比率ではない。

第1表によって指摘し得るもう一つの傾向は，人口2,001人以上の中心集落数が終始変わらないのに対し，601～2,000人の階層においてもその数が減少し，かつ一時期は1,601～2,000人に存在した2つの中心集落が1,600人以下となり，1911年に1,001～2,000人規模で存在した6つの中心集落が2つに減ったことである。換言すれば，中・下位規模の中心集落の衰退が著しいことである。

この間の変化は第5図によって極めて明瞭に知られる。これらの図は1辺2.5kmのメッシュによって中心集落位置を示し，グラフの高さによって人口規模を示したものである。1911年には第5図（上）のように，ボラング郡のほとんど全域にわたって大小の中心集落が高密度で立地している様子が判明する。これらの中心集落間の平均距離は12.3kmであり，ほとんどの農家から馬車ないし徒歩で最寄りの中心集落へ，最大直線距離片道8.7kmを1日で往復し得た距離である[19]。

ところが，1954年には第5図（中）のように，最低次の中心集落のほとんどが衰退し，人口2,001人以上の3都市と1,401人以上の2都市の成長が著しい。中心集落間の平均距離は16.2kmへと拡大し，同図のように相対的にまばらな

2 散村・小都市群地域の成立と変遷

1911年

1954年

1986年

12,174

人口 2000
1000
200

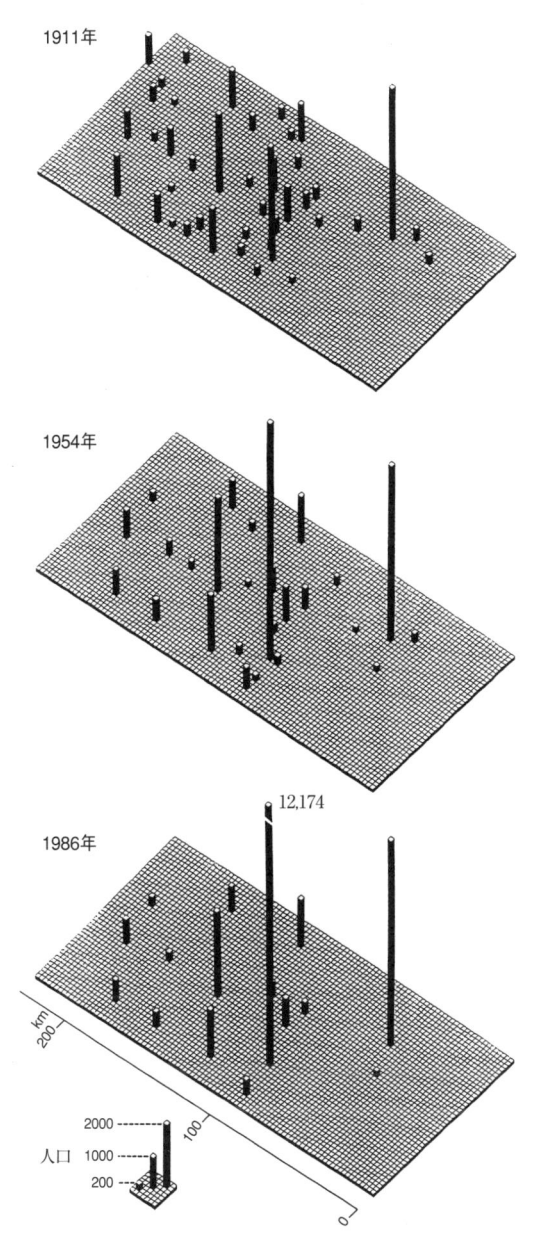

km 200
100
0

第5図 ビクトリア州ボラング郡一帯における中心集落

373

第17章　オーストラリアの散村・小都市群地域

分布状況となっている。この間1920年代から1930年代にかけて，交通・輸送の主力は，馬車・牛車から自動車へと転換したが，鉄道は依然として最も重要な長距離交通・輸送手段であった[20]。

　さらに，1986年には第5図（下）のように，この傾向は著しく進行して中心集落数が減少し，平均距離25.3kmにまで拡大している。この段階では鉄道はすでに一部の長距離旅客と穀物輸送に限定され，自動車がほとんどすべての交通手段である。各農家から最寄りの中心集落への直線距離12〜13kmは，車ではわずか10〜15分程度であり，車による限り日常生活にほとんど問題がない距離である。ここではそれと同時に，1986年までの10年間において，ホーシャムとストーウェルを除く中心集落の人口が減少していることに注目しておきたい。ホーシャムの人口増加率は約4.5%，ストーウェルのそれはわずか1.6%であり，とくにホーシャムへの集中が著しいことになる。ホーシャムへはほぼ郡内全域から100km程度以内の距離であるから，車で1〜1.5時間で到達することができる。この付近で一般的な週1回程度の買い物などには，最寄りの小規模な中心集落ではなく，各種機能が集積したホーシャムまで行った方が便利であり，ホーシャムはこの付近では最も魅力的な中心都市である。

　以上のようにボラング郡一帯では，小規模な中心集落の消滅と，中心2都市への人口集中およびそれ以外の都市の人口減少という，2つのパターンの中心集落の淘汰が同時進行していることを確認し得る。

3　散村・小都市群地域の動向

　以上の中心集落−小都市の動向はボラング郡についてのものであるが，今日のウィメラ統計区全体に共通する現象でもある。ウィメラ統計区全体では，1991年センサスと1996年センサスの間の5年間に，8,581人の転出があり，同期間の転入が6,114人であったから人口は全体として−0.7%の微減の状況にあり，前述のように1997年には52,027人であった。州都であるメルボルンへの転出が最も多く，全体の26.2%を占めた[21]。

3 散村・小都市群地域の動向

　すでに述べたようにボラング郡の中心都市であり，ウィメラ地区全体の中心都市でもあるホーシャムは，他の小規模な中心集落の全体的衰退とは逆に，人口増加が続いていた。1986年に12,174人であったホーシャム市域中心部の人口は，その後も増加して1996年には13,189人となっている。1991年-1996年間のウィメラ統計区全体の人口の0.7％の減少に対し，0.2％の微増となっているのである。第6図に示されているように，周辺の村からホーシャム市域中心部への転入がこの動向の背景にある。

　ウィメラ統計区が典型的な散村・小都市群地域であることは，農業の占める比率が相対的に高いことを意味しているが，ウィメラ地区の計4,162の事業所のうち，58％が農業のそれである（1997年）。雇用状況にもそれが反映しており，第2表のように，農業を中心とした第一次産業が23.5％と約4分の1に達する。

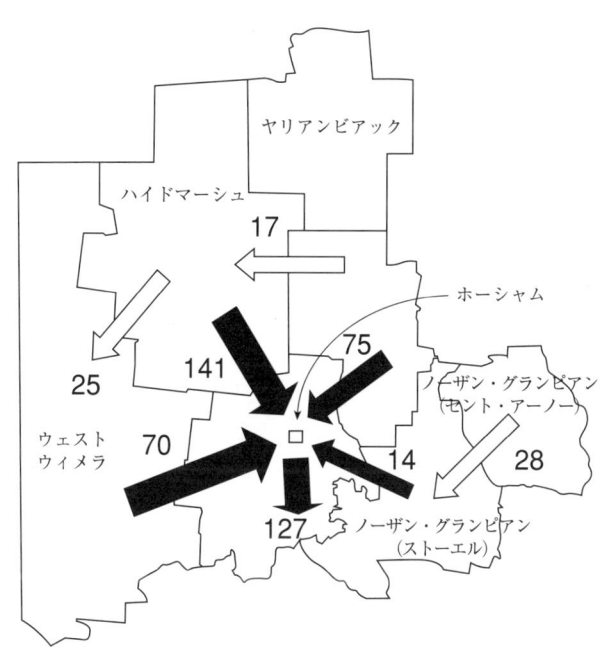

中心部はホーシャム中心部，ホーシャムは中心部と農村部に分けて示している。
Wimmera Catchment Authority, 1998.

第6図　ウィメラ統計区内，各自治体間の人口移動

第17章　オーストラリアの散村・小都市群地域

第2表　ウィメラ統計区の産業別雇用
（1996年）

農業・漁業・林業	23.5%
小売業	13.9%
保健・コミュニティサービス	11.8%
製造業	8.5%
教育	7.2%
卸売業	4.8%
建設業	4.7%
その他	25.6%
合計雇用人数	18047人

資料：Wimmera Catchment Authority, 1998.

第3表　ホーシャム市の産業別雇用
（1996年）

農業・漁業・林業	13.8%
製造業	7.5%
建設業	4.0%
卸売・小売業	29.1%
不動産等	5.9%
教育・保健・コミュニティサービス	19.0%
その他	20.8%
合計雇用人数	7,301人

資料：Wimmera Catchment Authority, 1998.

　これに対してホーシャム市では，第3表のように農業への雇用は13.8％に過ぎず，第1位を占めるのは卸・小売業の29.1％であり，ウィメラ統計区全体の18.7％の約1.5倍の比率となっている。

　一方，ウィメラ地区では，第7図のように農業での雇用がやや減少しているのに対し，不動産業やホテル・宿泊関係が急増している。

　これらを総合的にみれば，農業地帯における雇用は横ばいないし微減であるのに対し，ホーシャムに多い卸・小売業，不動産業，ホテル・宿泊関係が雇用を吸収し，それがホーシャムへの人口集中の大きな背景となっていると判断される。

　以上のような状況を示すウィメラ地区の動向は，ほぼ次のように要約される。

① 19世紀後半に開拓が本格化し，19世紀末以来，農牧業についてはほぼ安定した状況が続いており，農村部人口は微減に転じているが，農業自体も他産業と比べて相対的優位性ないし競争力を保持している。

② 農家は基本的に家族経営であり，平均700ha強の農場を有し，典型的な散村を構成している。

③ 小都市－中心集落の盛衰は著しく，19世紀末までに平均間隔約12kmの中心集落網が形成されたが，その後，中小の中心集落が衰退し，一中心（ホーシャム）の相対的成長が著しい。

④ このような中心地網の変遷には，馬車・牛車および鉄道という交通・輸送手段から，自動車中心への転換が大きく関与している。

3 散村・小都市群地域の動向

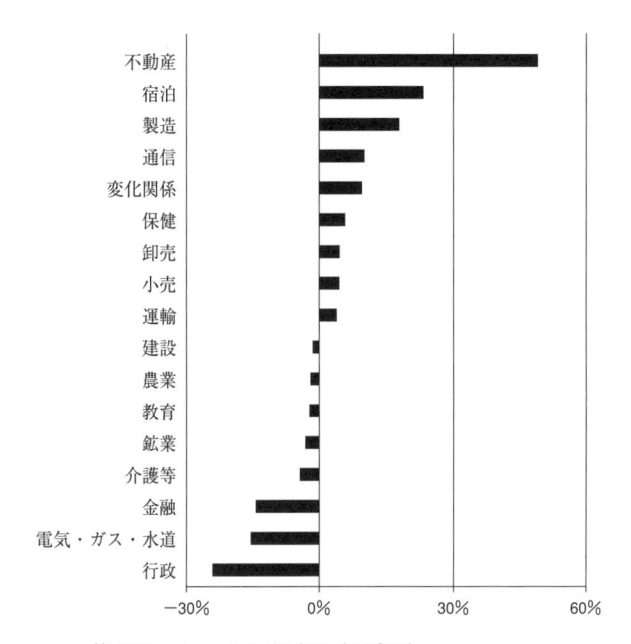

第7図 ウィメラ地区の雇用変遷 (1991-1996年)

⑤ 人口の転出先としての州都-大都市圏との関わりは見られるが、産業資本・行政システムなどの州全体に及ぶ基本的なものは当然としても、直接的な影響は少ない。

事例としてとりあげたウィメラ地区のみならず、地域によって状況に若干の差異はあるものの、この動向は基本的にオーストラリア各地の農牧業地帯-散村・小都市群地域に共通する[22]。

---

1) P. Scott, Rural land use, in D. Jeans (ed.) *Space and Society*, Sydney, 1987.
2) Australian Bureau of Statistics, 1999, *Victorian Year Book*. 同書の表18.9 (p.191) によれば、統計区面積33,883km^{2}であるが、文中 (p.190) では30,437km^{2}と記している。
3) 具体的な農家の経営・生活状況については、次の拙著を参照されたい。

第17章　オーストラリアの散村・小都市群地域

金田章裕『オーストラリア景観史』大明堂，1998年，129-167頁。
4）　主として，金田，前掲229-239頁，による。
5）　①J.M. Powell and J.S. Duncan, History, in J.S. Duncan (ed.), *Atlas of Victoria*, State of Victoria, 1982. ②金田章裕『オーストラリア歴史地理』地人書房，1985年，217-219頁。
6）　*Census of Victoria*, 1871. ただし，AboriginiesおよびChinese人口は入っていない。以下同様。Census人口に両者が加えられるのは1976年以後。
7）　B. Brooke and A. Finch, *A Story of Horsham*, Shire of Horsham, 1982, p.10.
8）　金田，前掲注5），203-220頁。
9）　J.M. Powell, The Victorian survey system, 1837-1860, *New Zealand Geographer*, 26, 1970.
10）　J.M. Powell, ibid., 金田，前掲注5），250-222頁。*Victoria, County Plan : Country of Borang*, 1935による。
11）　A.B.S. Victorian Office, *Victorian Year Book*, 1983, pp.313-320. 農牧業経営体総数は4,248となっているが，経営タイプ別の総数は3,742となっており，前者は年間粗生産額1,500ドル以下を除外し，後者は2,000ドル以下を除外した数値である。
12）　当時の12自治体の人口総数とその面積による。厳密にはBorung郡とは対応しないが，概要としては使用可能なデータである。なお，第1表に掲げた中心集落の範囲とは合致していないので，直接比較はできない。1901年分は*Census of Victoria*, 1901による。ほかにAboriginies33人，Chinese216人が記録されている。
13）　*New South Wales Government Cazette*, 1850,
　　 Horsham, 9 May, 1850, p.763.
　　 Glenorchy, 18 Dec. 1850, p.2015.
14）　*Victorian Government Cazette*, 1858, 11 June 1858, p.1111.
15）　*Victorian Government Cazette*, 1861, pp.401-410.
16）　Department of Crown Lands and Surveyの測量図による。19ヶ所は下記の通り。Kewell, Longerenong, Murtoa, Dunmunkle, Jung Jung, Ailsa, Murra Murra, Rupanyup (Lallat), Lubeck, Korokubeal, Minyip, Vectis, Pimpinio, Lah, Watchem, Warracknabeal, Willenabrina, Wonwondad, Dimboola.
17）　L.J. Harrigan, *Victorian Railways to '62*, Victorian Railways Printing Works, 1962, pp.284-285, 288. ただし，Stawellから西への路線は1949年廃止。
18）　Armstrong, Deep Leed, Dimboola, Glenorchy, Great Western, Horsham, Minyip, Moyston, Murtoa, Naradjuha, Rupanyup, Stawell, Warracknabeal．このうちMoystonのみはArarat西方約15kmの放牧地帯にあって鉄道はない。
19）　ただし，荷物の運搬は大変であり，通常馬車か牛車が使用されたが，6頭だての4輪の牛車で1トンの荷物ないし小麦40ブッシェルの輸送距離が，冬（雨の多い季節）

では1日3〜4kmに過ぎなかったという。Horshamでは最後の牛車輸送チーム（Bullock Team）が1957年まで働いていた（B. Brooke and A. Finch, *op. cit.*, pp.45-47）. 馬車輸送は通常これより速いが，その場合でも，良い道路条件の下で20kmまでが標準と考えられている。
20) B. Brooke and A. Finch, *op. cit.*, pp.45-47.
21) Wimmera Catchment Authority, *Wimmera Catchment Region Demographic and Socio-Economic Profile*, 1998, TBA Planners, Bendigo.
 以下特に注記しない場合，Wimmera関係の統計は同書による。
22) 金田，前掲注3）。
 金田章裕「クィーンズランド南部内陸地域における中心集落の動態とその特性」『オーストラリア研究紀要』24，1998年。

第 18 章
オーストラリア・ビクトリア州の小都市群

伊藤　悟
藤井　正

　オーストラリア南東部に位置するビクトリア州は，面積227,600km^{2}と同国の3％に過ぎないものの，1850年代のゴールド・ラッシュや以後の農業開拓によって開発が進み，人口規模や経済活動の面ではニュー・サウス・ウェールズ州（州都シドニー）とともに同国の中核州である。ビクトリア州のうちメルボルン大都市圏を除く地域は，"Regional Victoria"と呼ばれ，州総人口の約3割に相当する128万人（1996年）がそこに分布する。

　本章は同地域における小都市群の動向に関する考察であり，散村・小都市群地域の国際比較の一部をなす。わが国の砺波地域などの散村・小都市群でみられた小都市群の機能分担・散村地域への居住機能などの分散，あるいは富良野地域の小都市群における機能の集中などの動きが，同様の散村地域という形態をなすオーストラリア・ビクトリア州においてどのような動向を示すのかをここでは検討する。作業としては第1に各種統計資料によって，地域別の社会・経済的特性を検討するとともに，小都市群を含め中心地を単位とした人口動向や機能を分析した。第2に，これらの検討から見いだされた特徴的な中心地について実態調査を行った。具体的に対象としたのは，州西部のホーシャム（Horsham）で，中心商店街の土地利用や大型店立地に関わる調査を実施した。

1 LGA区分によるビクトリア州の地域特性

　LGA（Local Government Area）はビクトリア州の基本行政単位で，従前はより細分化されていたものが，1993年から95年にかけての整理・統合を経て，ほぼ現在の区分ができあがった。メルボルン大都市圏内もLGAに分割されているが，第1図は地方ビクトリアについてのみ，1996年現在の区分を示す。わが国の市町村と似たように，LGAにもcity，rural city，shireなどの種別があり，city（第1図では名称を太字で表記）とrural cityはともに5ヶ所，shire（斜字で表記）は36ヶ所である。このほかクイーンズクリフ（Queenscliffe，下線を付す）は，例外的にboroughの位置づけである。以上の結果，地方ビクトリアには計47ヶ所のLGAが存在するわけである。以下では，連邦政府やビクトリア州政府建設省発行などの統計資料によって[1]，LGA単位での分析を行い，ビクトリア

注：メルボルン大都市圏を除く。

第1図　ビクトリア州におけるLGAの区分と名称

第18章　オーストラリア・ビクトリア州の小都市群

州にどのような地方中心地が存在するかを考察したい。

（1）人口分布の状況　第2図では1996年の人口センサス資料から，各LGAの人口密度を図化した。これをもとに地方ビクトリアにおける人口分布の状況をまず検討する。人口密度が最大のLGAはクイーンズクリフ（Queenscliffe, 381.51人/km^2）やワーナンブール（Warrnambool, 219.76人/km^2）であった。クイーンズクリフは，ポート・フィリップ湾口に位置し，ビクトリア州で最小面積のLGAであるが，高齢者率も大きい保養観光地としても知られる。ワーナンブールは，州都メルボルンから南西約260kmの，サウス・コーストに位置し，クイーンズクリフと同様，観光保養都市でもある。

続いて人口密度の高いLGAは，グレーター・ジーロング（Greater Geelong, 145.29人/km^2），バララット（Ballarat, 106.87人/km^2）などで，グレーター・ジーロングは前述クイーンズクリフの西隣にあり，人口数では地方ビクトリアに属するLGA内で最大規模となる。バララットはメルボルンの西約110kmに位置し，人口数では地方ビクトリアで第3位となる。ちなみに，第2位のグレーター・ベンディゴ（Greater Bendigo）も，やはり人口密度の高いLGAである。

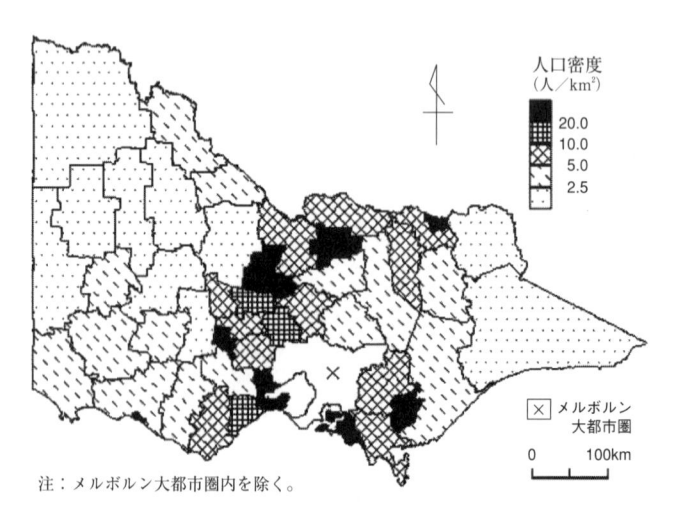

注：メルボルン大都市圏内を除く。

第2図　ビクトリア州LGAの人口密度（1996年）

1　LGA区分によるビクトリア州の地域特性

　以上のように第2図上で黒色などで表示される高人口密度のLGAが，中心地としての役割を果たしていると予想することは容易に可能であり，これらのほとんどが先のcityやrural cityにあたる。しかし州西部の4 rural city地域は，それほど密度は高くない。むしろメルボルン大都市圏の周囲を囲む超郊外（exurb）と呼ばれる地域の村落部の方が，人口密度は高い。

　(2) **LGAの産業類型**　以上のLGAが真に中心地かどうかは人口密度や規模，景観面だけでなく，機能面からの検討も重要なことはいうまでもない。そこで，1996年の人口センサスから得られる産業別就業者数のデータに修正ウィーバー法を適用し，各LGAについて機能的な類型化を試みた。

　第3図のように，その結果として多種多様な類型が得られたものの，第2図のなかで人口密度が20.0人/km^{2}以上であったLGAは，小売業（第3図でのアルファベット記号はG，以下同様）を第1位とする類型になっている場合が多い。例えばワーナンブール，バララット（Ballarat），グレーター・ベンディゴ，グ

A）農林水産業　　　J）通信サービス
B）鉱業　　　　　　K）金融・保険業
C）製造業　　　　　L）事業所サービス業
D）電力・ガス・水道　M）公務
E）建設業　　　　　N）教育
F）卸売業　　　　　O）保健・コミュニティサービス
G）小売業　　　　　P）文化・レクリエーション
H）飲食店　　　　　Q）個人サービス業・その他のサービス業
I）交通・倉庫　　　R）分類不能

注：修正ウィーバー法による表記。メルボルン大都市圏内を除く。

第3図　産業別就業者数からみたビクトリア州LGAの類型（1996年）

383

第18章　オーストラリア・ビクトリア州の小都市群

レーター・シェパートン (Greater Shepparton)，バス・コースト (Bass Coast) などは，まず小売業が第1位となり，製造業（C）などがそれに続く。各種の中心地機能のなかで小売業が最重要であることを鑑みれば，これらのLGAは機能的にも地方中心地の役割を果たしているといえよう。また，同じく高人口密度のクイーンズクリフやウォドンガ (Wodonga) は，行政（M）を第1位とする類型であるが，それとともに小売業も高順位になることから，やはり中心地機能を有するLGAといえよう。

ところで，人口密度の低いLGAであっても，小売業を第1位とする類型が存在することは注目される。それらは，ビクトリア州西部に位置するホーシャムや，東端のイースト・ジップスランド (East Gippsland) などである。ともに人口密度が5.0人/km^{2}未満で（第2図参照），1996年現在の人口数も，それぞれ約1万8,000人と3万9,000人に過ぎないが，第3図の産業別就業者数からみた類型では，小売業（G）を第1位とし，第2位が農林水産業になっている。したがって，これらのLGAの小都市は農業地域における中心地の役割を果たしているといえよう。

(3) **LGAの人口変動**　次に第4図は各LGAに関わる年平均の人口変動率[2]を示したものである。まず，上側の図で1991年からの5年間における変動をみると，メルボルン大都市圏に近接するLGAは人口増加の，そこから離れたLGAは減少の傾向にある。最大の人口増加を記録したLGAは，サーフ・コースト (Surf Coast) で，年平均で2.78%の増加率を示す。このほかクイーンズクリフ，ウォドンガ，さらにはバス・コーストなども1.00%以上の増加率である。言い換えれば，メルボルン大都市圏に隣接し，かつ人口密度の高いLGAには，人口増加がみられるわけである。これらの多くは前節で，小売業機能が卓越していることを根拠に，中心地として認定されたものである。

これに加えて，上述したような小都市であるホーシャムも人口増加を示していることは注目される。ホーシャムは周辺が人口減少地帯であるのに対して，わずかながらも人口増加にあり，ビクトリア州西部では特異な存在である。同様なことは，イースト・ジップスランドなどにもいえる。イースト・ジップスランドは，その西側が人口減少のLGAによって囲まれているにもかかわらず，

1　LGA区分によるビクトリア州の地域特性

人口増を示している。ちなみに南東側は海岸線，北東側は州境である。しかも，これらLGAついては，2021年まで人口増加が予測されていることは興味深い（第4図下）。以上のように，人口増加はメルボルン大都市圏周辺などとともに，そこから遠く離れた農業地帯の小都市を含むLGA地域でも認められるのである。次節では，さらに小都市群に限定して動向を分析する。

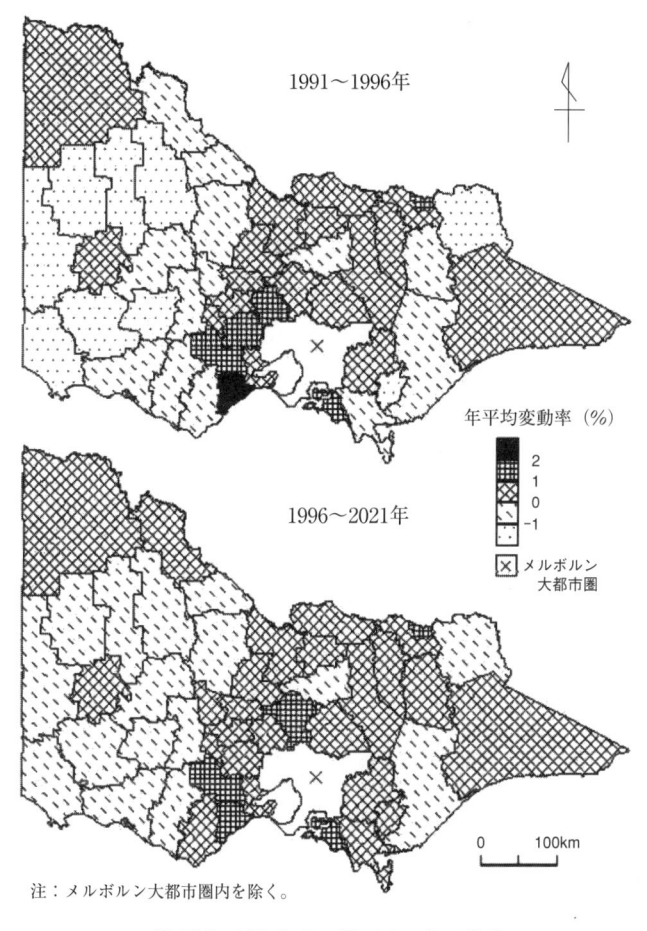

注：メルボルン大都市圏内を除く。

第4図　ビクトリア州LGAの人口変動

第18章　オーストラリア・ビクトリア州の小都市群

2　中心地群の分析

（1）中心地の区分　ヴィクトリア州では上のLGA区分の分析でみられたように西部において人口減少を示す地域がひろがっている。これは農業従業者の減少によるものであり，農業ではワインなどへの転換が図られている。これに対してメルボルン大都市圏の外側に位置する超郊外や沿岸部で人口が増加しており，ツーリズムの展開，新しいライフスタイルの生活者や退職者の増加などがその要因と考えられる。これはカナダのオンタリオ州でのUrban Fieldの指摘とも対比されるものといえよう。上述のホーシャムは北西部地域内で数少ない人口成長を示す中心地である（第4図，第5図[3]参照）。

中心地では人口2万人を越えるRegional Centresがメルボルン大都市圏を除くと9（ビクトリア州における総数が11），人口6,000人から2万人のLarge Townsが16（同28），以下，人口1,000人以上の中心地はUrban Centres，1,000人未満の中心地がLocaltiesと呼ばれ，あわせて215ある。中心地の階層別動向についてみると，これまで近代交通の発達にともない移動可能圏が広がり，大きな中心地の利用が進んできたと考えられる。結果として大きな中心地への機能集中と小中心地の衰退がみられたわけである[4]。1970年代半ば以降では大都市圏に近い外側の超郊外や沿岸部の小規模な中心地の方が人口成長がみられる[5]。これは人口の周辺への分散化を示すものである。州の北西部ではバララットがもっとも大きな中心地Regional Centreであり，ホーシャムがこれに次ぎLarge Townsにあたる。西部エリアではこれらより小規模な都市では人口減少しているものも多い（第4図）。バララットにはショッピングセンターが2つあり，各食料品スーパーも企業によっては同じチェーンストアが複数立地する[6]。食料品スーパーの立地が次に多いのはホーシャムである。Large Townsで1991から96年に人口増加を示すのは大都市圏外では16のうち5つのみで，その1つがホーシャムである。

また産業部門別でも大都市圏外の中心地では，上述の傾向を反映し，商業と

2　中心地群の分析

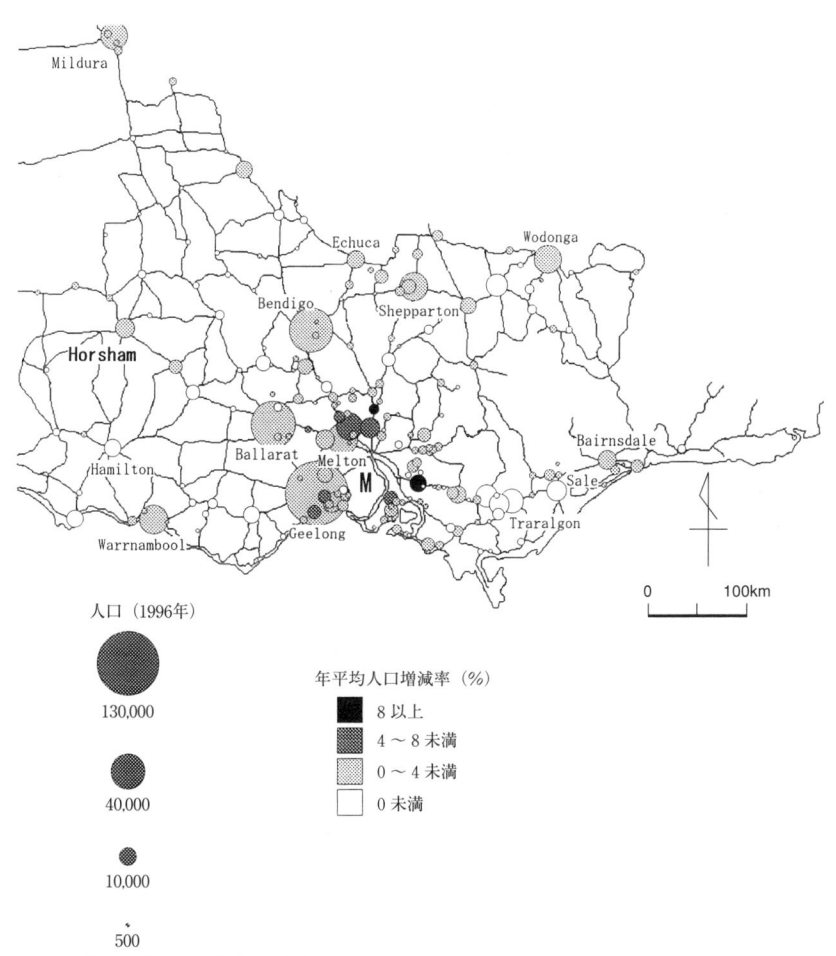

第5図　中心地の人口動向

ともに医療などコミュニティ・サービスやレクリエーション・個人サービス部門が成長している。とりわけ人口2万人を上回るRegional Centreでは80年代以降，製造業の従業者が減り，商業とコミュニティ・サービスの従業者が大きく増加している[7]。上記の人口増加を示すLarge Townsもコミュニティサービスなどの従業者増加がみられる中心地である。

（2）中心地の機能　ホーシャムの中心地機能については，ホーシャムプラザというショッピング・センター(以下ＳＣと記す)の商圏分析の資料がある[8]。このＳＣは，1987年に開設され，90年代に入り食料品スーパーなどの増設を重ねており，現地調査を行った2000年にも拡張工事中であった。核テナントは食料品スーパーマーケットの「フランクリンズ（Franklins）」と日用品ディスカウントのスーパーでナショナルチェーンである「Ｋマート（Kmart）」，ほかに地元の商店も含め31の小売店がテナントとして入っている。駐車スペースは614台分ある。8つのＳＣの運営を行うリテイル・リアリティ（Retail Realty）という企業が管理している。同ショッピング・センターの調査によれば，1週間あたりの来訪者数は，1997年の場合平均約3万3,000人で，クリスマスの時期には約5万人を記録している。1993年に実施された来訪者の居住地調査によれば，その圏域は州境を越えて半径約100kmに及び，商圏人口は約6万人である。これはホーシャム周辺の小都市の多くが人口減少している範囲にほぼ相当する（第5図参照）。またこのＳＣの南隣にもビクトリア州に最多の140店を展開し，シェア39％を有するスーパーが店舗を立地させている。市街地の南の家畜市場跡には百貨店の出店予定（2000年時点）もある。このようにホーシャムの中心機能は成長を続けている。他の都市機能・経済活動に関しては，退職者住宅が増設されたり，市街地の南に工業団地が建設されつつある。

　このように中心地の動向からは，超郊外の多核的な地域とともに，ホーシャムのある州北西部のように，中心地の集中が見られる地域があることが読みとれる。中心地機能については，商業（卸売・小売）とコミュニティ・サービス業の従業者合計を指標に，人口特化指数（中心地居住人口に対するこれら産業従業者数）とともに第6図に示した。メルボルンに近い超郊外の中心地の方が，これらの産業で従業者数は多いが人口に対する特化指数は低く，これに対して北西部のホーシャムなどの小都市群が居住人口に比してこれらの従業者が多く，都市外に対する経済基盤としての中心地の活動を有することがわかる。

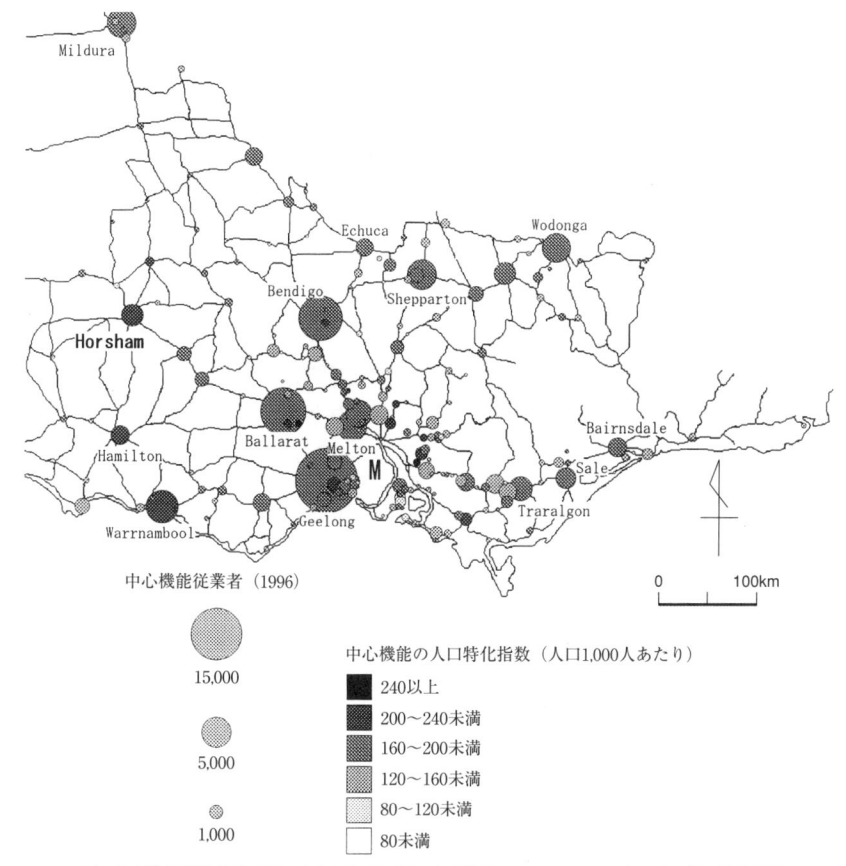

3 ホーシャム中心部における土地利用調査

中心機能従業者（1996）

- 15,000
- 5,000
- 1,000

中心機能の人口特化指数（人口1,000人あたり）
- 240以上
- 200〜240未満
- 160〜200未満
- 120〜160未満
- 80〜120未満
- 80未満

1）中心機能従業者数（円の大きさ）は，卸・小売業とコミュニティ・サービス業の従業者数。
2）人口特化指数（濃度）は，中心機能従業者数の居住人口1,000人に対する比。Mはメルボルン。

第6図　中心機能従業者数とその人口特化指数（1996年）

3　ホーシャム中心部における土地利用調査

　前節で述べたように，地方ビクトリアにおける中心地には，メルボルン大都市圏周辺に位置し，その影響下にある比較的規模の大きな中心地と，そこから遠く離れた農業地帯にありながらも，成長を続ける小規模な中心地の2種類が

389

第18章　オーストラリア・ビクトリア州の小都市群

認められる。ここでは後者の1つのホーシャムについて、以下のように中心部の土地利用調査を通じて、実態把握を試みたい。

（1）ホーシャムとその中心部概観　ホーシャムは、既に第1図で示したようにビクトリア州西部のいわゆるウィメラ（Wimmera）地方に位置する。交通条

注：ホーシャム市役所提供（1990年代中頃の撮影）。

写真1　ホーシャムの中心市街地（南東より北西方向を望む）

件でみれば、州都メルボルンから北西方向へ伸びるウェスタン・ハイウェイ（Western Highway）で、ほぼ300kmの距離にある。西隣のサウス・オーストラリア州にもほど近く、州境までは同ハイウェイで約140km、その州都アデレードまでは430kmあまりである。地形的にはマーレー・ダーリング盆地として知られる広大な平原地帯の一角となる。それゆえ、ホーシャムは海岸線から直線で約170kmも離れた内陸にあるものの、海抜高度はようやく140mに達するかどうかに過ぎない。

ホーシャムの中心市街地は、写真1のようにウィメラ川のほとりに、南北が2〜3kmほど、東西が3〜4kmほどの幅で広がり、周辺を小麦と羊毛の混合農業地帯が取り囲む。1996年におけるホーシャムの人口は、LGA全体で約1万8,000人であるが、中心市街地人口はその7割強の1万3,000人である。歴史をさかのぼれば、ここに農場ができ、人が住むようになったのは1842年で、

3 ホーシャム中心部における土地利用調査

町としての体裁が整ってきたのは1870年代頃からといわれる。

その頃から現在までのメイン・ストリートが、写真2のファイアブレイス通り（Firebrace Street）である。市街地中央を南北に約700mほど伸び、そのランドマークの1つが遠方にみえる塔（時計台）である。手前の交差点を左右に横切るのは、周辺地域と連結し、ウィメラ・ハイウェイとも呼ばれる主要街道である。ファイアブレイス通り背後の街区には、1987年に開店した上述のショッピング・センター「ホーシャム・プラザ」（写真2右下）がある。

注：2001年1月、伊藤撮影。

写真2　ホーシャムのメイン・ストリートと大型ショッピング・センター（右下）

（2）土地利用調査の方法　土地利用調査は、メイン・ストリートのファイアブレイス通りを挟む10ブロックを対象に実施した。上述したショッピング・センターの「ホーシャム・プラザ」は、この調査範囲の西隣に位置するため、調査範囲は従前からの商店街を軸にしたものといえる。現地調査は2001年1月に実施し、土地区画ごとにそこに立地する機能・施設の名称と種類を可能な限り詳細に記録にとどめた。

第7図はこのような現地調査をもとに作成した土地利用図である。掲載の都合上、図の左側が北方向となっている。中央を左右（方位は南北。以下同様）に走るのがファイアブレイス通りで、ウィメラ・ハイウェイとは調査範囲内の右（南）側で交差する。ショッピング・センターの「ホーシャム・プラザ」は、下段（西側）中央街区の下（西）に隣接する。以下、同図によりホーシャム中心部の実態を描き出したい。

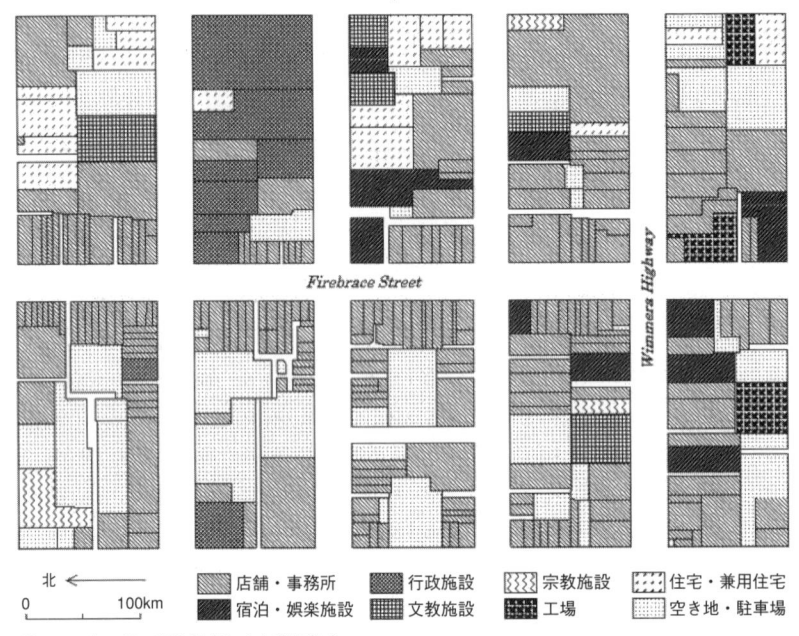

第18章　オーストラリア・ビクトリア州の小都市群

第7図　ホーシャム中心部の土地利用

注：2001年1月の現地調査により藤井作成。

　図では土地利用を8つの範疇に区分しているが，そのなかで集中的な分布を明確に示すのが，「行政施設」の土地利用である。すなわち，市役所や警察，消防，郵便，さらに州政府の出先機関などが，ほぼ同一ブロックに寄せ集められており，ホーシャム中心部の土地利用が計画的な背景をもっていることが，まず読みとれる。

　ホテルやモーテル，劇場といった「宿泊・娯楽施設」にも，弱いものの集中性がうかがえる。すなわち，他地域へ通じるウィメラ・ハイウェイと，ファイアブレイス通りとの交差点を中心に，それらが立地しているように見受けられる。このように主要交通路に接する分布は，その背後に自動車修理などの工場が立地することもあいまって，ホーシャムが周辺地域を統括する中心性をもつことを暗示しよう。

　土地利用区分のなかで最大面積を占めるのは，「店舗・事務所」である。中

央のファイアブレイス通りには，間口の狭い「店舗・事務所」が軒を連ね，この通りが，やはりメイン・ストリートであることを確認できる。加えて，西隣のショッピング・センター「ホーシャム・プラザ」の前，あるいは，そこに至る通りでも間口が細分化され，新たな商店街の形成や，既存商店街の伸張がうかがわれる。これらは，ショッピング・センターと商店街との間に共存関係が存在することを示唆するものである。

ところで，ほとんどすべての道路上にもパーキング・スペースが設けられているが，各街区内にも広い駐車場や空き地が何カ所もみられる。わが国の地方小都市では，大型店の進出に伴う中心商店街の衰退が深刻であるが，ホーシャムでは十分な駐車場空間の存在と，上述したショッピング・センターとの共存が，既存商店街を維持し，ホーシャム全体を地方中心地として成長させていると総括できよう。

まとめ

最後に他の章で考察された事例分析もふまえ，オーストラリア・ビクトリア州の小都市群の位置づけを行っておきたい。第16章で述べられたカナダのオンタリオ州やここで分析したビクトリア州のメルボルン大都市圏の周辺（超郊外）や沿海部では，大都市圏と結びついたツーリズムや退職者の移動などにより人口増加がみられ，小都市群も成長している。一方，超郊外よりさらに外側の村落地域においては，全般的な農業や小都市群の衰退傾向と機能の集中がみられると考えられる。砺波地域もどちらかというと前者の状況に似ていると思われるが，その場合都市圏との関係が不明確であり，オンタリオ州における国土軸の位置づけと同様に太平洋ベルト地帯を位置づけていいのかという問題がある（第13章参照）。これに対し後者のビクトリア州北西部とその中心地・ホーシャムに相当するのが日本では富良野地域といえよう。

第18章　オーストラリア・ビクトリア州の小都市群

1）とりわけ本章では，下記2つの統計書を基本的な資料として活用し，それぞれに基づいて第2図～第4図（上図）および第4図（下図）を作成した。

　Department of Infrastructure, Government of Victoria, *Regional Victoria in Fact: 1996 Census Statistics for Victoria's Local Government Area,* 1998, 133p.

　Department of Infrastructure, Government of Victoria , *Victoria in Future: Overview,* 2000, 117p.

2）ここでいう年平均人口変動率（%）とは，

$$((Pj/Pi)\ 1/n - 1) \times 100$$

で算出されるものをさす。ただし，PiとPjはそれぞれi年と，それからn年後のj年における人口数である。

3）資料は下記による。なお，地図化は埼玉大の谷謙二氏作成の簡易GISソフトMANDARAを利用した。Research Unit, Department of Infrastructure, Government of Victoria , *Towns in Time : Analysis,* 1999.

4）金田章裕『オーストラリア景観史』大明堂，1998, 229-239頁。

5）前掲注3）。

6）Yellow Pages（北西部地域）ほか。

7）前掲注3）。

8）Hosham Plazaヒアリング時の資料。

終章

散村・小都市群地域の動態と構造

金 田 章 裕

　散村・小都市群地域は，従来の国土計画の中では，大都市圏あるいは地方中核都市圏からみて，その圏域あるいは外縁といった周辺的位置づけで事足れりとされてきた。しかし，本書で析出された分析結果にみられるように，散村・小都市群地域としての固有の特性と構造があり，単に周辺的位置づけにとどまらない個性ある地域としてのあり方を示している。これらの再認識こそが，国土の調和ある持続的発展にとって地域の環境と文化に根ざした展開の基本となろう。

1　散村の動態と特性

　砺波・胆沢・富良野の散村地域は，いずれも伝統的ないし典型的な水田農業ないし畑作農業地域として機能していた。成立の時代は異なるが，そこに生活しつつ，就業する場としての農村として散村が成立していたことになる。カナダの南オンタリオやオーストラリアのビクトリア西部の場合も，農業の様相は異なるとしてもこの点では共通性が高い。開拓ないし営農の場としての合理性が散村成立の大きな要因であった。ところが，散村地域に点在する中心地である小都市の市街に比べれば，何よりもまず交通条件に規定されて，散村の生活の

終章　散村・小都市群地域の動態と構造

利便性は低いものであった。

　この条件の大きな転換点は，日本の散村では，圃場整備事業や農業の機械化に代表される近代的インフラストラクチュアの整備であった。散村地域の場合，整備コストが相対的に高く，加えて除雪などの必要性もこれに伴う場合があるが，逆にスペースが十分確保されるという利点もあって，同時に進行したモータリゼーションとパーソナリゼーションの動向を有利な形で組み込むこととなった。この段階での農業の担い手の存在は，請負耕作を含む経営の大規模化や，二・三世代の同居が可能な散村の農家の屋敷や生活スタイルとあいまって，農業の維持と農家の存続に大きな要因となった。

　ただし，日本経済の工業化の趨勢の中で，農業自体の生産性は相対的に低くなり，この点を補う意味での大きな役割が，散村地帯への工場進出であった。圃場整備事業や機械化の進行によって生じた余剰労働力と，それに加えて進行したモータリゼーションと道路整備が，通勤兼業の可能性を増大し，工場進出によって生じた就業機会の増大に対応した。つまり，散村における居住と，農業の維持をしつつ，兼業化という形での生活スタイルへの転換が可能となったわけである。

　その比重ないし位置づけは，それぞれの散村地域で異なっており，砺波地域では散村の持続要因として，胆沢地域では再生要因として位置づけられ，富良野では少なくとも工場進出の動向はほとんど認められていない。ビクトリア州や南オンタリオ地域の場合も，この点では富良野地域と状況は類似する。ただし，富良野地域の場合のツーリズムと，南オンタリオの場合の退職者の動向などを除けば，散村の維続要因に他の産業，とくに工業の要因が大きく入り込むことはなかった。

　しかしいずれの場合も，近年の動態にはモータリゼーションの影響が強く反映しており，工場進出などの条件としても，モータリゼーションやそのためのインフラストラクチュアの状況を含む，大都市圏ないし地方中核都市圏からの距離の要因が作用していると判断されている。

　この動態のプロセス最終段階においては，散村・小都市群地域における散村部分における生活環境と，小都市の市街地における生活環境については，利便

1 散村の動態と特性

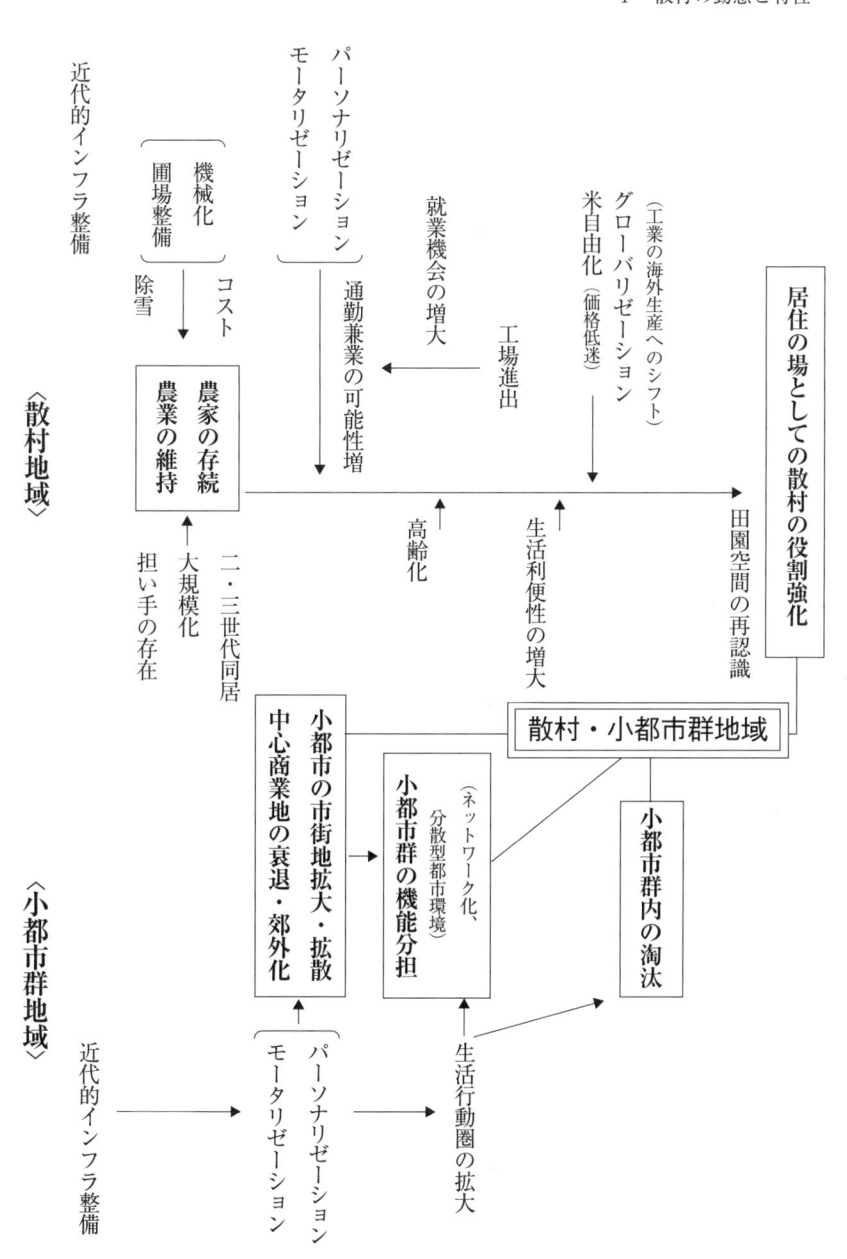

第1図 散村・小都市群地域の構造

終章 散村・小都市群地域の動態と構造

性の点における本質的な差異がなくなったことにも注目を要する。この点については中心市街の動向とも大きく関連するが，モータリゼーションの進行に対応する車庫のスペースの確保といった点では，返って散村地帯の方が有利な条件すら出現することとなった。

このような生活利便性の増大は，散村という居住のスタイルの再認識ないし，新たな存続要因としても働くことになり，散村という居住環境についての認識が重要な段階となっている。この点の調査結果は，散村のゆとりのある居住空間を高く評価しつつも，依然として「利便性のよくない農村」という伝統的な認識が強く残存していたり，モータリゼーションの急進行による現代の一般的生活環境そのものへの不満足感が大きいことも，いわゆる交通弱者の問題を軸に指摘されている。さらに，「農工一体化」とでも称すことのできる形として成立した，日本における散村の持続要因ないし再生要因についても，経済的基盤全体として問題が生じていることも明らかである。一つは日本全体で進行している高齢化が，農村地帯においてより著しいことである。また，最大の農産物である米の輸入自由化による米価の低迷を始め地域的に設定されてきた農産物価格が世界市況に大きく左右され，生産構造そのものに深く影響し始めていることや，やはりグローバリゼーションの経済動向に伴う，工業生産の海外シフトが散村地帯に進出した工場にも撤退・縮小の形で変動を及ぼし，農業・工業の両者を経済基盤としてきた経済構造の基本に影響を与え始めていることである。

このような問題を孕みつつも，生活利便性の増大を背景として，田園空間がツーリズムの動向においても，また退職者を含む人々の生活環境としても，再認識されつつあることにも注目を要する。富良野地域が，「北の国から」，「ラベンダー」，「丘の町」等のイメージとともにツーリズムの対象として注目され，一方ではゆったりした日常生活の空間を伴う居住の場としての散村の性格が，より大きな意味を有しつつあることも重要的な動向である。

さらには，田園空間の景観そのものにも注意が向けられつつある。本書に至る研究が進行している一方で，農林水産省主導の田園空間整備事業が始まり，また，日本における伝統的な農林水産業にかかわって成立した「文化的景観」

をよりよい形で保存するための文化庁の専門委員会による報告が提出され，その法制化への動きが始まっていることにも言及しておきたい。この委員としても筆者はその意義について主張をしてきたが，本書の事例地域などはまさしくその対象としても典型的なものとなる。

2　小都市群の動態と特性

　散村地域の小都市は，成立の時期はさまざまであるが，伝統的には散村地域への商品・サービスの供給と役所・学校・工場などの行政中心・就業・就学先の立地，および農産物の集散地としての機能を果たしていた。各種機能が集中しているために，居住地としての利便性は，散村地域とは対照的に，相対的に高い場所であった。

　しかし小都市部分においても，モータリゼーションや近代的インフラ整備の進行，さらにはパーソナリゼーションの動向の中で，大きな変化が発生した。生活行動圏の拡大や，新規工場，大型ショッピング施設，サービス施設の郊外立地が増大し，中心商業地の衰退の動向が強まった。中には中心商業地の再開発等の施策によって，一定の成果が得られている場合もあるが，全般的な郊外化の動向は大きな趨勢となっている。小都市の側からの市街地の散村地域への市街地拡大ないし市街地の拡散は，散村地域における生活利便性の増大とも軸を一にして，かつては厳然として存在していた小都市・散村間の景観・機能上の差異を不分明な状況にしつつある場合がある。

　このような状況の中で，小都市群の変化は2方向への分化がみられる。一つは砺波地域に顕著に見られる動向であり，小都市群の機能分担ないしネットワーク化の進行であり，特にモータリゼーションと生活行動圏の拡大に多くを負っている現象である。つまり，小都市の市街内部における機能集積の構造が崩壊して分散化が進み，一方では小都市の市街居住者でも，散村地域の居住者でも，整備された道路条件の下で自家用車によって，小都市群のいずれへもアクセスが可能となっていることを意味する。このことはまた，一つの小都市では

不十分とならざるを得ない機能を小都市群全体として担う機能分散型の都市環境とでも表現すべきディスパーストシティ（dispersed city）の段階へと向かいつつあることを意味する。

　もう一つの動向は，同じ条件の下でありながら，小都市群の中での淘汰が進み，相対的優位性を有した小都市に各種の機能が集中し，その都市が成長する一方で，多くの小規模・零細的小中心がその機能を失う方向へと動く動態である。この場合にも，最大の要因はモータリゼーションであり，必ずしも最近接の小中心にのみサービスを求める必要性がなくなったことによる。この動向を最も典型的に体現しているのがビクトリア西部地域であり，胆沢地域も方向性としてはこれに近いとみられる。

　この二つの動向の中ではあっても，立地条件特に環境や小都市の歴史的景観などが，退職者やツーリストの新たな関心を呼ぶことによって再生した例や再生の試みがなされている例があることが注目される。南オンタリオ地域に前者の典型がみられ，富良野地域は後者の例となり得るが，結果として再生するか否かは今後にゆだねられることになろう。

　小都市群の動向としては，機能分散型都市環境に近接している砺波地域の場合にあっても，中心部に位置する砺波市のみが人口の微増を示し，他は微減であることを重視すれば，大きな2つの方向性の中にありながら共通の現象の基盤を見出すことも可能である。

　各小都市からみれば，小都市としての存続を目ざすためには，小都市群ネットワークの中での生き残りを考えねばならないことになる。そのためには何らかの点で相対的優位性を保つことが必要となる。この優位性は，本書の事例分析からすれば，①当該地域内での交通条件を含めた立地条件の有利性，②卸小売業・学校・病院・工場など中心性および通勤・通学先などにおける中心地機能，③すぐれた景観・歴史性などの魅力などであり，分散型都市環境の中での存在価値を有するためにも何らかの機能を果たし得ることが必須条件となる。

3 大都市圏・地方中核都市と散村・小都市群地域

　砺波地域が多様な就業先を擁し，散村の村落形態を保持しつつ「農工一体化」と呼び得るような段階をとり得たのは，大都市圏ないし地方中核都市に本社機能のある企業の工場の立地によるところが大きい。胆沢地域についても工場進出が地域の再生に果した役割は大きい。

　これらの散村・小都市群地域では，圃場整備事業による農業の近代化・機械化・省力化とモータリゼーションの進行，さらには生活，情報電気機器の普及，上・下水道整備など，各種のインフラストラクチュアの整備もあって，散村・小都市群地域自体がこれらの工場進出の受け入れ基盤を整備した点にも注目しておかねばならない。

　一方，富良野地域への工場進出は極めて少ない。大都市圏・地方中核都市圏との関連からすれば，富良野地域の風景を求めて来訪する観光客に注目する必要がある。田園空間のイメージそのものがツーリズムの対象となり，富良野地域北端の美瑛では，明らかにツーリズムを対象とした市街の建設も行われている。

　この点で南オンタリオにはさらに明瞭な動向がある。トロント大都市圏などからの観光客・ピクニック客が来訪するのみならず，退職者が移住する動向が見られるからである。いくつかのリタイアメントヴィレッジ（退職者団地）が建設され，現に経営されている状況は，単にツーリズムの域を越え，大都市圏との新たな機能的結びつきを示しているとみられる側面がある。大都市圏を構成するのは，核となる都心とその周辺の市街に加え，周囲に広く展開する郊外（suburb）が特徴的であるが，工場進出・ツーリズム・リタイアメントヴィレッジなどで表象される大都市圏の影響域と超郊外（exurb）として把握しようとする考え方がある。また，同じような発想で同一の対象を広く都市圏外縁（urban field）として把握しようとする考え方もある。

　富良野地域にしろ南オンタリオにしろ，ツーリズムや退職者転入の主要な要

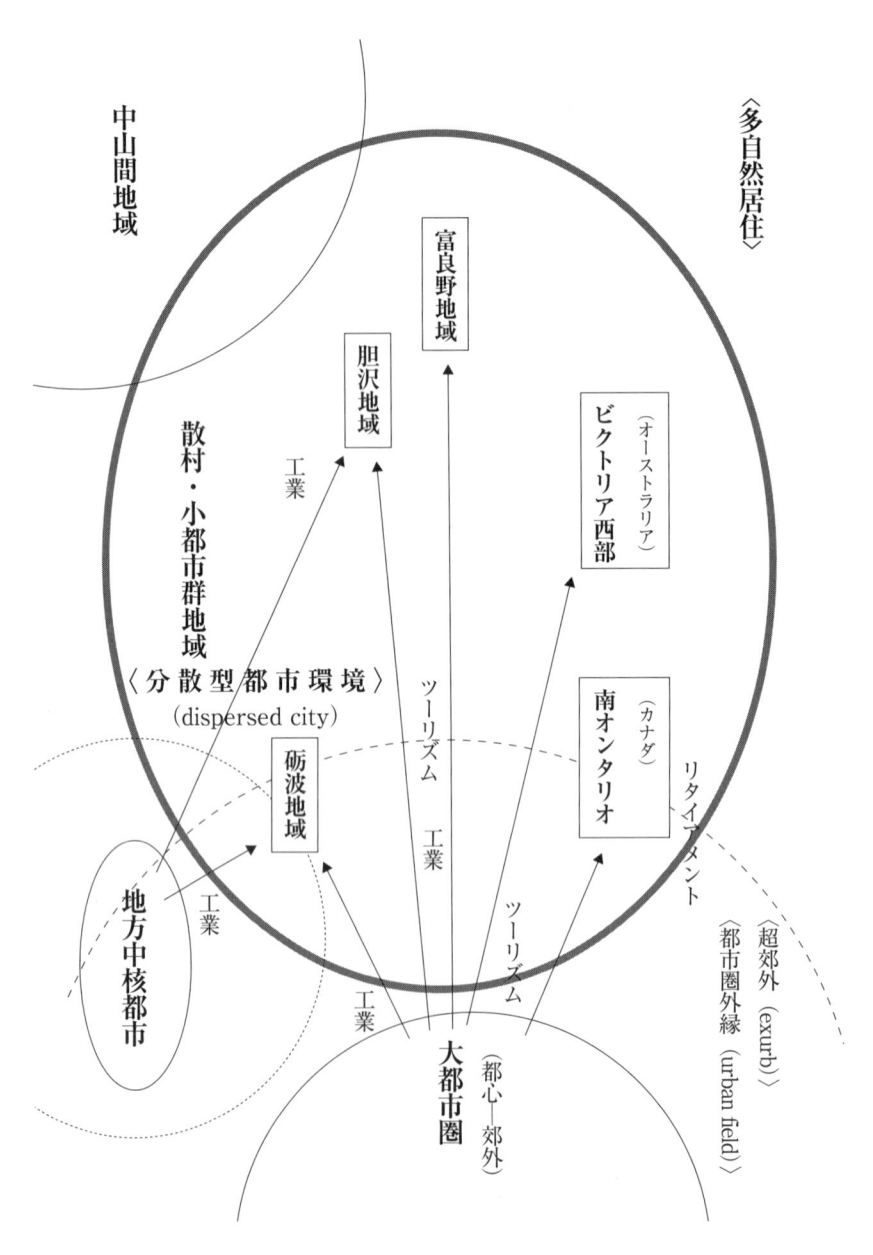

終章　散村・小都市群地域の動態と構造

〈多自然居住〉

中山間地域

富良野地域

胆沢地域

散村・小都市群地域
〈分散型都市環境〉
(dispersed city)

ビクトリア西部
（オーストラリア）

南オンタリオ
（カナダ）

砺波地域

工業

ツーリズム　工業

ツーリズム

リタイアメント

〈超郊外 (exurb)〉
〈都市圏外縁 (urban field)〉

地方中核都市

工業

工業

大都市圏
（都心─郊外）

第2図　散村・小都市群地域の位置づけ

因は，好ましい田園空間イメージないし，小都市が有する歴史的景観や美しい自然景観である。砺波地域や胆沢地域に対する工場立地の影響に比べれば，就業先として，経済効果としての比重は大きくないか，あるいは特定の小都市・場所に限定されているのが現状である。

　富良野地域では農業を基本とした散村部分の人口減少が進み，この点では，散村の維持・再生のメカニズムが働いた砺波地域・胆沢地域の散村部分においても同様の底流がある。ビクトリア西部のウィメラ地区でも，農業が依然として経済的・経営的な自立性を保持してはいるものの，人口微減の動向という点では共通している。

　この動向を農業地域としての散村地域における適正な経営規模に向けての，自律的ないし自然調整プロセスの一段階としてみることが可能な場合もあり得るが，自立的地域構造を保持しつつその過程をたどることができるかどうかは，各地域の農業を保持しつつそれ自体の経済的な相対的位置と，工業やツーリズムのようなその補完的役割を果たす機能の各地域における持続性といった外的要因との関連の両面の影響の下にある。

4　散村・小都市群地域の位置づけ

　散村・小都市群地域は，本書で採りあげた国内3地域，国外2地域にとどまるものではない。ただし，本書の各事例によって，その基本的性格を抽出し得たと考えられる。
　結論として，散村・小都市群地域の動態は次のように整理されよう。
（1）　散村・小都市群地域は，自然環境に対応しつつ展開した開拓・農業経営と，農業地帯への各種サービス供給拠点の複合体として成立したものであり，一つの完結性・自立性の高い地域構造であった。
（2）　各種生活環境の近代化，農業の機械化・基盤整備，モータリゼーションによる交通・輸送条件の変化，工場進出，ツーリズムなどによる散村としての居住形態の維持・再生がなされている場合と，農業を一貫して

終章　散村・小都市群地域の動態と構造

　　　　基軸としていることによる経済構造的ないし経営上の自然調整プロセス
　　　　途上にある場合がある。
　（３）　小都市群には，淘汰が進んで中心地機能を増大して成長を続けるもの
　　　　と衰退するものとがあり，大きな構造変化の方向にある地域と，小都市
　　　　群ネットワークが全体として分散型の都市環境（dispersed city）へと
　　　　進んでいる地域とがある。
　　　　　後者の場合，各小都市が，好ましい風景や歴史的環境をはじめ，何ら
　　　　かの特性を有して機能を分担するという条件が必要であり，いったん衰
　　　　退の過程に入ってから再生した場合もあることに注意したい。
　（４）　散村・小都市群地域には，大きな構造変化により，より大きな規模で
　　　　の散村・小都市の構造へと進んでいるビクトリア西部のウィメラ地区の
　　　　ような場合と，都市機能・居住機能の中心集落から散村地域への分散傾
　　　　向を加えて，地域全体の均質化と機能分散型の都市環境へと向かってい
　　　　ると見られる砺波地域のような場合がある。
　（５）　これらの動態には，さまざまな形で大都市圏，地方中核都市圏との関
　　　　わりがあり，大都市圏の超郊外あるいは都市圏外縁として位置づけ得る
　　　　要素もあるが，それぞれの散村・小都市群地域は，それぞれ一定の自律
　　　　的構造・動態を有している。
　（６）　散村・小都市群地域の動態は，当然のことながら，全体として国家的
　　　　レベルの動向，グローバリゼーション等と密接な関係の下で推移してい
　　　　る。しかしこの状況は，大都市圏であれ，地方中核都市圏であれ，また
　　　　中山間地域であっても同様であり，地域構造は，現在ではすべてが開放
　　　　系の構造となっていることの一証に過ぎない。

　その中にあっても，散村・小都市群地域は，一定の自律的な構造と動態を有
していることは，本書の事例によっても明らかである。したがって，この地域
動態を，経済的かつ環境保全の視点からも有効かつ発展的に展開させることが，
バランスのとれた国土の発展に不可欠なこととなろう。そのためには，このよ
うな地域をいずれかの地域の付属的存在とみなすのではなく，自律した特徴の

4 散村・小都市群地域の位置づけ

地域として取り出し，その多様性を注視しつつ，それぞれの動向に即した地域政策の対象とすべきであろう。

索　引

あ行

アーカディア人　342
アーバニティ　9, 24
Ｉターン　284
あきたこまち　148
空き店舗　162
アクセシビリティ　157
アグリビジネス　346
旭川（市）　237, 244, 291
愛宕　110
愛宕商店街　160
跡継ぎ　119, 128
ア・ミュー　79
アメニティ　129～131, 207, 295, 296, 357, 359
アメニティ・コミュニティ　356
アリーナ社会　355, 356
アルコール禁止　346
アルファルファ　319, 321, 324, 326
安全性　88, 92, 98
アンティーク・ショップ　349, 351

イースト・ジップスランド　384
イギリス系　302, 304
居酒屋　345
胆沢郡　113, 116, 124～126, 223, 227, 228
胆沢散村地域　395
胆沢城　109
胆沢扇状地　108, 111, 113, 119, 120, 122, 123, 127～130, 157, 226, 254, 290, 291, 294
胆沢ダム　109
胆沢地域　110, 155, 165, 223, 226, 227, 233
胆沢（町）　108, 111, 113, 116, 119, 120, 122, 123, 126～128, 130, 134, 135, 140, 156, 157, 160, 162, 165, 226, 233, 241, 291
胆沢町役場　158
胆沢平野　181
遺産建造物　350, 352, 359
井口村　50, 88, 225
石狩川流域　168
石淵ダム　109, 255
石動　68, 69
井波町　31, 50, 58, 88
井波町区域　64
域外支配　128
一関　155
稲作請負　137
稲作への特化　56
岩谷堂　156
因子分析　90, 135, 138
インフラストラクチュア　28, 38, 396, 401

ウィメラ（Wimmera）　6, 365, 374, 377, 390, 403
ウインザー　312
ウォドンガ　384
運転免許保有者数　225

Ａコープ　79
営農組合　150
営農の場所　22
駅前　80, 84
えぐね　110, 120, 130, 254, 258
エコミュージアム　246, 263
江刺市　110, 156, 165
エリー湖　304, 310, 316
沿岸部　386

王党派　310, 342

大型店　78, 81～84, 162, 165
大型店立地　66, 84, 165, 380
大手資本　83
オート麦　328
大麦　319, 321, 324, 326, 328
丘の町　398
オシャワ　312
オタワ　312
オタワ川　304, 316
親子同居　119, 122, 123, 128, 153
親子同居数　122
親子同居率　122, 123
小矢部川　16
小矢部区域　64
小矢部（市）　25, 31, 48, 49, 58, 67, 69～71
オルタナティヴ　240
オンタリオ湖　304, 309, 311, 316
オンタリオ州　303, 317, 344

か行

開堰　109
開析扇状地　133
階層システム　67, 69
階層分解　71
階層別動向　386
開拓　108
開拓者　342
開拓村落　235
開拓地　169, 171～173
開拓道路　344, 345
快適性　88, 96
カイニョ　18
開発　16
開発志向型　239
開放系の構造　404
皆免許化　226, 230
買物調査　179
カウンティー　336
核家族化　18

核心地域　302
加工組立型　181
貸し手市場　149
鍛冶屋　343, 345, 349, 351
家族農業　329, 337
家族農場　346, 347, 348
過疎地域　4, 291
過疎問題　272, 275
片入母屋　120
カタログショッピング　345
合併特例債　292
香取地区　141, 142, 144～146, 149, 150, 152
金ヶ崎町　110, 134, 156, 226, 228
金沢市　67, 84
カナダ自治領　302
カナダ楯状地　302, 303, 312
カナダ北部　302
上川支庁　168
過密問題　274
上富良野（町）　169, 171～175, 177～179, 181, 182, 184, 185, 187, 188, 190, 196, 197, 203, 204, 228, 291
借り手市場　149
皮なめし屋　351
観光　110, 206
観光入込客　248
観光開発　182, 183
観光業　170, 190, 201
観光スポット　250, 258
観光政策　165
慣行小作権　44

キーテナント　81
機械装備評価額　332
基幹的農業従事者　55
企業家　343, 344
規制緩和　83
北上市　110, 155, 156, 162
北上地方　155, 156, 234
北上盆地　5, 115, 125～127

407

索　引

「北の国から」　170, 182, 206, 398
北野村　46
キッチナー　312, 313
きづま　110, 120, 130, 254, 258
衣川村　226
機能集中　386
機能的結合　191, 202, 203, 215
機能分担　85, 165, 380
規模拡大　196, 197
ギャルピン，C.G.　176, 188
休閑地　315
協業化　252
競合的関係　67
行政施設　392
行政中心形成　165
共同店舗　79, 81, 83, 84
居住環境　87
居住環境整備　78
居住環境評価　87
居住空間　38
居住形態　19
居住形態の維持　403
居住地　10
居住様式　24
キヨニシキ　148
禁酒法　345
近接性　99, 129
近代化事業　72, 78
均平化事業　252
近隣商業機能　78
近隣商店街　74

クイーンズクリフ　382, 384
グウェルフ　318
グウェルフ大学　327
グウェルフ・ロータリークラブ　324
空間構成　241
空間的移動　241
空洞化　76, 78, 165, 232, 236
区画整理　82, 83, 161, 162

供養塚　110
供養塚商店街　160
クラスター分析　138, 192, 193
グランド川　318
グランド川流域工業地域　311
クリスタラー，W.　171, 176, 188
車社会　238, 239
グレーター・ジーロング　382
グレーター・ベンディゴ　382, 383
グローバリゼーション　397, 398

ケベック州　303
ケベックの荘園制　344
景観形成　254, 257
景観条例　252, 253
景観の保全策・保全活動　259, 265
景観保全　245, 252, 253, 258, 264, 267, 268
経営規模別農家数　57
経営耕地面積　56
軽四輪車　242
県営担い手育成基盤整備事業　141, 152
兼業化　22, 135, 191, 200
　　第2種——　233
兼業農民　132
兼業農家
　　第1種——　21, 22
　　第2種——　10, 21, 22, 28, 30, 37
建造環境　214
減反政策　199

広域圏　67
広域合併　293
広域国際交流圏　280〜282
広域連携　290, 291
広域連合　290
郊外（suburb）　401
郊外化　172, 183, 185, 232, 233, 237
郊外型　78
郊外型大型店　159, 162, 165
郊外型専門店　84

郊外農村空間　11
工業化　7, 234, 274, 275
公共交通　239
公共施設整備　158
工芸作物　170
広告　170
耕作放棄地　57
工場　110
工場進出　115, 116, 128, 396, 401, 403
耕地整理　109
交通の利便性　92, 99
高度成長期　220, 240
購買吸引力　71
購買シェア　162
後背地域　302
高齢化　55, 84, 119, 120, 275, 277
高齢者専業　142, 144
高齢者専業農家　145
高齢農業労働力　138
小売業　63, 64, 66, 69, 70, 75, 83, 383, 384
小売業面積　155
小売商圏　178〜180
ゴールデン・ホース・シュー（黄金の馬蹄）
　　311, 312
コーンハーベスター　347
コーンベルト　335
五箇山　16, 224
五箇山道　79
小型車　242
コガネニシキ　148
顧客収支　64
顧客流出　64〜67
国営農地再編整備事業　152
国土審議会　276, 277
国土総合開発法　272, 277
国土庁　4
小作地率　46
戸出区域　64
戸長役場　172, 173
五全総　277, 279

五大湖　303, 344
五大湖・セントローレンス低地　302, 311
後藤寿安　109
コミュニティ意識　347
コミュニティ活動　145, 153
コミュニティ機能　237
コミュニティバス　165
小麦　319, 321, 326, 327
孤立荘宅　7, 19, 22, 26, 34, 37, 38, 367
コンパクトシティ　85
コンピュータ　349, 357

さ行

サービス化　234
サービスセンター　310, 344, 345, 351
サーフ・コースト　384
再開発　81, 82
サイレージ用トウモロコシ　319, 322
サカタニ農産　58
作業受託　58, 144
作季　148
ササニシキ　148
佐原　274
山間部　231
散居　6, 30, 222, 228
産業組合　175, 176, 178, 180, 187
産業構造　114, 116
産業別就業者数　383, 384
散居景観保全事業　268
散居集落　4, 42
散在集落　42
三堰　109
三全総　275
山村　21, 225
散村　8, 22, 38, 224, 226, 231, 232, 241, 367, 396,
　　397, 399
散村景観　128, 200
散村・小都市群　3, 4, 9, 10, 16, 19, 191, 202,
　　203, 216, 217, 222, 231, 240, 241, 377, 380, 395

409

索　引

～ 397, 401, 403, 404
残存小作地率　46
残余の空間　222

市街地　161, 235, 237
市街地縁辺部　81, 83
市街地区画　169, 173 ～ 175, 177, 184, 187
市街地再開発　36, 37
市街地周辺　162
市街地中心部　162
市街地内部　84
自家用車所有台数　36
自給的混合農業　329, 338
茂井羅堰　109, 141, 255
市場指向性　169
自然環境　3, 19, 207, 211, 214
自然景観　403
市町村合併特例法　292
自動車　376
自動車保有台数　26
志布志湾　275
占冠　230
（下）富良野　169, 171 ～ 175, 177, 178, 180 ～ 185, 187 ～ 189
下富良野の優位　177, 178, 187, 188
自立農業経営　338
社会減少　235
社会的快適性　94
社会的不平等　239
弱者層　241
借地型の大規模経営　149, 150
借地農業　194 ～ 197
借地率　57
寿安堰　109, 255
重回帰分析　95
就業の場所　22
就業機会　396
就業構造　7, 24
集居集落　4, 42
修正ウィーバー法　336, 383

集村　6, 26
集村化　17
集村・小都市群地域　4, 5
集落営農組合　146, 152
集落形態　19, 41
住所移転　34
住宅　76, 78
住宅建設　161
住宅状況　90, 96
住宅新築　34, 35
住宅地　77
住宅地化　83
住宅地開発　157, 183, 184
周辺部　231
住民活動　263
住民の意識　264, 267, 268
宿泊施設　248
出荷割当量　323
受託生産組織　58
準工業地域　81
準人口集中地区　69
小規模自治体　292
商業機能　78, 84
商業空間構造の再編成　237
商業集積　80
商業地区　78, 161, 162
商業的農業　191, 315
商圏人口　63, 64, 388
商圏分析　388
常住人口　64
小村・疎塊村・小都市群地域　4, 5
商店街　72 ～ 74, 76 ～ 80, 83, 84, 162
商店街シェア　165
小都市　64, 395
小都市群　63, 155, 171, 187, 224, 380, 393
小都市群システム　171, 172, 177 ～ 179, 187, 188
小都市群地域　3, 4, 396, 397, 399, 400
小都市群ネットワーク　39, 399, 404
小都市群の階層システム　187
消費者動向　66

410

消費者動向調査　79, 83
乗用軽自動車　225, 228
乗用車　26, 242
乗用車保有台数　221, 223, 224, 226
昭和一桁世代　149
ジョージア湾　311, 335, 351, 353, 357, 359
植民区画（図）　169, 173, 174, 188
食料・農業・農村基本法　246, 296
女性　231
女性の就業状況　54
除雪　94, 96, 99
ショッピング・センター　388
城端町　50, 88
城端町区域　64
城端道　79
新規建築物　157
シングルフロントシステム　309, 310
人口移動転換　111, 130
人口回復　233
人口規模　69
人口減少　18, 161, 162, 170, 384, 388
人口集中地区→DID
人口地理学　123
人口転換　123
人口特化指数　388
人口分布構造　232～234
人口変動率　384
人口密度　383, 384
新田開発　5
新田集落　274

水田稲作　190, 197, 200
水田農業　395
水田率　170
水稲単一経営　144
水陸万頃　109
スキー客　182, 183
スキー場　201
スキーリゾート　206
ストーウェル　368, 371, 374

生活環境　245, 261, 269
生活空間　241
生活サポート機能　289
製材所　343, 351
生産基盤　245
生産組織　58
生産調整　57
生産年齢人口　226
正準相関分析　99
正準変量　99
製造業就業率　18
製粉所　342, 343, 349, 351
製麻工場　169, 177, 181, 183
政令指定都市　279
世界農林業センサス・農業集落調査　41, 50
セカンドカー　225
専業農家　21, 28, 146, 169
専兼別構成　51
全国総合開発計画　4, 272～274, 279
全国町村会　293
扇状地　16
扇端　108
扇頂　16, 108
セントキャサリン−ナイアガラ　312
セントラルオンタリオバーン　348
セントローレンス川　310, 344
セントローレンス低地　303

総合的満足度　88, 90, 94
空知川流域　168
ソーンバリー　341

た行

第1次産業　4, 18
大規模経営　57, 169
大規模工場　7
大規模借地農　152
大規模水稲作経営　144

411

索　引

大規模農業法人　58
大規模畑作　190, 200
退職者　386, 393
大豆　322, 326, 327, 329
大西洋岸地域　302, 303
大都市　404
大都市圏　3, 221, 395
（札幌農学校）第8農場　172
大平原地域　302, 303
太平洋新国土軸　279
太平洋ベルト地帯　274
滞留顧客数　64
タウンシップ　308～310, 344
高岡区域　65, 66
高岡圏　67
高岡市　16, 48, 49, 63, 64, 67, 71, 83, 84, 232, 290
高橋　110, 159, 161
多極分散　272, 275
拓真館　247, 248
多自然居住　4, 201, 202, 273, 280～284, 288～290, 295
多軸型国土構造　281
多世代同居　18
脱農化　135, 140, 233
谷口集落　272
ダブルフロントシステム　309, 310
多変量解析　140
多摩ニュータウン　100
多面的機能　202, 246, 263
樽屋　351
段丘化　108
段丘面　108
胆江地域　110, 156
胆江地方　111, 115～118, 122, 128, 129

地域アイデンティティ　216
地域コミュニティ　261, 268
地域資源　246, 253, 254, 268
地域自治組織　294
地域商業活性化型　81

地域中心都市　24
地域づくり　209, 211, 245, 256, 262, 268
地域的差異　87, 90
地域内格差　240
地域分化　337
地域変容　241
地域連携軸　280～282
地方空間　220, 221, 237
地方圏　221, 222
地方交付税　292
地方制度調査会　293
地方中核都市　3, 404
地方中核都市圏　4, 221, 395
地方中心都市圏　221
地方町　274
地方都市圏　221
地方ビクトリア　380～382, 389
地元商業者　83
地元労働市場　114, 116, 128
中規模都市群　155, 165
中山間地域　3, 4, 272, 283
駐車場　76, 78, 83, 393
中心機能　155
中心市　231
中心市街地　63, 76, 78, 79, 83, 84, 171～173, 175, 185, 231, 390
中心集落　19, 21, 22, 24, 25, 31, 34, 38, 371, 372, 376
中心商業地　83, 84, 157, 162, 165
中心商店街　72, 74, 76, 78, 380, 393
中心性　68～70, 84, 155, 392
中心地　63, 158, 384, 386, 388, 389
中枢・中核都市　272, 280, 282～284, 287, 289, 290
昼夜間就業人口比率　48
町外流出　79
超郊外（exurb）　10, 383, 386, 388, 393
地割慣行　45

ツーリズム　386, 393, 396, 401, 403

通勤圏　114, 124～127
通勤兼業　110, 291
通勤流動　156
津沢区域　64
辻　110
辻商店街　160
角塚古墳　108

低開発地域　274
定住圏　275
泥炭（湿）地　172, 176
低密度居住　283
鉄道　24, 26, 173, 371, 376
出町　29, 64～66, 68～70, 232, 237
田園空間　246, 262, 398, 401
田園空間整備事業　246, 261, 398
田園空間博物館　246, 262, 266
田園都市　207
テンサイ　169
電子メール　349, 357
伝統的家屋　264
展望公園　249

東大寺墾田図　16
道北圏上川中部地域　244
東北自動車道　110, 115, 129, 133
東北新幹線　133
トウモロコシ　321, 324, 326～328
道路整備　157, 396
道路網　157, 236
ドーナッツ　84
特殊農業　336
特定商業集積　79, 80
庄川町　16, 88
都市化　157
都市計画街路事業　72
都市計画用途地域　81
都市圏　113
都市－村落　222
都市的サービス　284, 285, 287, 289

土地改良法　256
土地貸付　173
土地区画整理事業　81, 157
土地もち非農家　57, 149, 150
土地利用　71, 73, 77, 78, 83, 380, 390, 392
特化係数　116
砺波区域　64, 66
砺波郡　16
砺波圏　67
砺波郡　223
砺波広域圏　88, 261, 266
砺波散村地域　19, 21, 22, 24, 26, 37, 38, 395
砺波（市）　16, 18, 25, 26, 28, 31, 34, 48～50, 58, 63, 67, 69～71, 84, 88, 223, 226, 232, 241, 290, 400
砺波市街地　224
砺波市流出率　67
砺波地域　6, 16, 63, 128, 222～225, 393, 399～401, 403
となみプラザ　81, 83
砺波平野　5, 16, 21, 23～25, 32～34, 38, 181, 187, 224, 273, 290, 294, 295
都鄙共同体　176, 178, 180, 187
徒歩交通圏　22
富山圏　67
富山県　26, 222
富山高岡広域都市圏　222, 242
富山市　71, 84, 290
トヨニシキ　148
トロント　303, 304, 312, 313, 356, 357, 359
トロント大都市
トロント大都市圏　318, 356
トロントの影響圏　350, 351, 357, 359

な行

ナイアガラエスカープメント　306, 351
ナイアガラ半島　306, 310, 311, 335
長地状地割り　344
中富良野（町）　169, 171, 173～176, 179, 180,

413

索引

185, 187, 189, 190, 195～197, 203, 204, 228, 291

肉牛　321, 323, 324
肉牛肥育　326, 327, 331
肉牛肥育農場　318, 338
西砺波郡　25
21世紀の国土のグランドデザイン　273, 279, 281
日常的利便性　90, 96, 99
日本海国土軸　279

年間降水量　365
年間販売額　67～71

農家1戸当り人口　53
農家減少率　51
農家数　170
農家の専兼別構成　51
農家比率　21, 29, 161, 170
農業開拓　169, 380
農業基本法　274, 296
農業近代化　18
農業経営　19, 170, 251, 253
農業就業者　55, 251, 254
農業集落　123, 135, 137～140
農業集落カード　133, 137, 192, 200
農業主体世帯　142, 144～146
農業センサス　4
農業粗生産額　170
農業地域　191～199, 335
農業地域構造　191, 192, 194, 195, 197, 199
農業的土地基盤の整備　132
農業の革命　346
農業の機械化　56
農業副次世帯　142, 144, 146
農業崩壊　132
農工一体化　7, 28, 59, 128, 294, 398, 401
農作業委託農家　146
農場景観　215

農村　21, 22, 25, 35
農村景観　130, 203, 348
農村公園　256
農村コミュニティ　153, 154
農村性の商品化　359
農村ツーリズム　170
農地改革　45
農地開発事業　251
農地の流動化　57
農牧業　366, 369, 377
農牧業地帯の都市（rural city）　366
ノバスコシア　342
ノフォーク地方　335

は行

パーソナリゼーション　55, 220, 221, 227, 232, 234, 236, 237, 239, 396, 397, 399
パーソナルカー　220, 225, 231, 241
パーソントリップ調査　221, 222, 242
バーン　348
ハイウエー401号線　312
廃屋　170
買回品　74, 288
バイパス　79
箸塚地区　142, 144～146, 148～150, 152
バス　26
バス路線網　25
畑作　170, 395
畑地農業　194, 196, 197
花巻市　155
ハミルトン　312
バララット　382, 383, 386
ビーバー川　351
ビーバーバレー　352, 356
美瑛町　168, 169, 243
東砺波郡　25, 224
東砺波郡青島村　44
ビクトリア州　380, 381
ビクトリア州西部　5, 365, 368, 395, 400, 403

ビクトリアスタイル　353
ピステ　79, 80
非大都市圏　3, 4
ひとめぼれ　148
非農業世帯　142, 144
非農業的郊外居住　236
非農業的散村生活　233
ヒューロン湖　304, 316
評価指標　88
昼間人口　18

ファクシミリ　357
ファミリーカー　220, 225, 230, 231, 241
ファンディ湾　342
不安定兼業　52
福岡町　48, 50
福岡町区域　64
服飾品・アクセサリー　67
福野（町）　31, 34, 48, 58, 63, 67〜69, 71, 81, 84, 88
福野町区域　64
普通車　242
福光（町）　31, 34, 63, 67〜72, 84, 88
福光町区域　64, 66
物的環境　92
ブドウ　190, 200
不動産市場　355
フラヌ原野　168
富良野警察署管内5市町村　230
富良野散村地域　395
富良野（市）　168, 190, 194, 196, 197, 201, 203, 204, 206, 223, 228, 234, 241, 291
富良野市街地　228, 236
富良野地域　6, 168, 190〜192, 198, 200, 203, 204, 206, 207, 209, 212, 215〜217, 393, 398, 403
富良野地方　178〜180, 182, 188
富良野・美瑛地域　168, 223, 228
富良野盆地　5, 168, 171〜173, 175, 177, 178, 182, 187, 188, 190, 191, 194〜197, 200, 223, 290, 291, 294, 295
フランス系　302, 304
不利益層　241
ブリティッシュコロンビア地域　302, 303
ブルーマウンテンスキー場　352
ブロックローテーション　57
文化遺産　129
文化景観　130, 398
文化的伝統　3
分散型都市（dispersed city）　10, 39, 397, 400, 404
分担率　221

平均家族人数　36
平地農村　225
平地部　231
米の生産調整政策　150
ベル　72, 74, 77
ヘレフォード種　319

法人経営　58
ホーシャム（市）　366, 368, 371, 374〜376, 380, 384, 386, 388, 390
ホーシャム・プラザ　388, 391, 393
ホームセンター　79
北陸自動車道　18, 49
保健性　88, 94, 99
舗装率　26
圃場整備　7, 8, 26, 27, 38, 46, 256, 260, 261, 396, 397, 401
補助的中心地　171, 175, 180
ポスト工業化社会　351, 356
ホテル　343, 345, 351
北東国土軸　279
北海道農村　203
北海道の風景　170
牧歌的イメージ　207, 215, 216
牧草　327, 328
北方の国　302
ボラング郡　368, 369, 372

415

索　引

本町商店街　72

ま行

前沢町　111, 113, 116, 119, 120, 122, 126 ～ 128, 134, 162, 165, 226
前田真三　247, 252
町立て　6
マルコフ連鎖モデル　73
マンション　81, 353
満足度　87, 99

身近な地域　209, 212, 216
水沢（市）　108, 111, 113, 114, 116, 120, 122, 124, 125 ～ 128, 134, 149, 155 ～ 157, 161, 162, 165, 223, 226 ～ 228, 233, 291
水沢地区　233, 237
水沢中心市街　162
密居集落　43
ミックストグレーン　328
実とりトウモロコシ　321, 322, 326 ～ 328
南オンタリオ　395, 396, 401
南オンタリオ地域　5, 6
南都田　108, 109, 158
南都田地区　160
南富良野町　230, 291
民宿　352

むつ・小川原　275
村（shire）　366

メイプル　162
メルボルン　380, 381, 383, 384
明治後期　171, 173, 187
免許保有者　223, 226, 228, 230

モータリゼーション　10, 18, 19, 25, 26, 38, 55, 79, 82 ～ 84, 123 ～ 128, 132, 157, 159, 165, 172, 185, 187, 188, 207, 220, 222, 224, 226, 228, 232 ～ 234, 236, 237, 241, 261, 273, 295, 396, 397, 400, 401
モータリゼーションの負の側面　241
最寄品　78
盛岡市　291
モントリオール　303

や行

屋白集落営農組合　144
屋白地区　141, 142, 144 ～ 146, 148 ～ 150, 152
屋敷森（林）　17 ～ 19, 110, 169, 258, 264, 267
山野村　46
八幡製鉄所　274
山部町　171, 175, 176, 178 ～ 180, 185, 187, 235

有機物還元事業　201
有効求人倍率　116 ～ 118, 128
郵便制度　346

用水関連施設　256
用途地域　81
横町　157, 162
万屋　342, 343, 345, 351
四全総　275 ～ 278

ら行

酪農　170
ラベンダー　190, 200, 206, 215, 398

リージョナルシティ　85
リタイアメントヴィレッジ　401
離農　52, 170
利便性　88, 94
流出顧客数　64 ～ 66
流動パターン　84
流入顧客数　64
輪作体系　199
輪作方式　319, 322, 326, 327, 330

ルーラリティ　9, 24

冷帯湿潤気候　306
歴史的景観　403
レストラン　351

労働市場　112, 116 〜 118, 123, 128, 129
ローカルイメージ　203, 212, 216
ローカルニーズ　202, 203, 210, 216
ロードサイド　79, 81, 83
ロードサイド型商業地　185, 187
麓郷　170, 201, 206
ロンドン　304, 312

わ行

ワークショップ　256, 258
ワーナンブール　382, 383
若柳地区　160

アルファベット
CMA　306, 312
DID　17, 31, 68, 72, 157, 243
dispersed city　10, 39, 397, 400, 404
exurb　10, 383, 386, 388, 393
Large Town　386, 387
LGA（Local Government Area）381 〜 384
Regional Centre　386, 387
rural city　366, 381, 383
shire　366

執筆者一覧 (五十音順)

石川義孝 京都大学大学院文学研究科　教授
〔執筆分担〕現況概説（胆沢）　第5章

伊藤　悟 金沢大学教育学部　教授
〔執筆分担〕第3章　第4章　第18章

岡田知弘 京都大学大学院経済学研究科　教授
〔執筆分担〕第2章

金田章裕 京都大学大学院文学研究科　教授　京都大学副学長
編者〔執筆分担〕序章　第1章　第17章　終章

関戸明子 群馬大学教育学部　助教授
〔執筆分担〕第12章

高橋　誠 名古屋大学大学院環境学研究科　助教授
〔執筆分担〕現況概説（富良野・3地域概観図作成）　第9章　第10章

田林　明 筑波大学地球科学系　教授
〔執筆分担〕第6章　第14章　第15章　第16章（翻訳）

フレッド・ダムス カナダ・グウェルフ大学　名誉教授
〔執筆分担〕第16章

藤井　正 大阪府立大学総合科学部　教授
編者〔執筆分担〕第3章　第7章　第18章

松田隆典 滋賀大学教育学部　教授
〔執筆分担〕第3章　第8章

宮口侗廸 早稲田大学教育学部　教授
〔執筆分担〕第13章

山根　拓 富山大学教育学部　助教授
〔執筆分担〕現況概説（砺波・3地域比較表作成）　第3章　第11章

編者略歴

金田章裕（きんだ　あきひろ）
　　京都大学大学院文学研究科教授・京都大学副学長
　1946年　富山県生まれ。
　1974年　京都大学大学院文学研究科博士課程単位取得。
　1994年　京都大学教養部助手，追手門大学助教授を経て現職。
　主な著書
　　『条理と村落の歴史地理学研究』（大明堂，1985年），『オーストラリア歴史地理』（地人書房，1985年），『古代日本の景観』（吉川弘文館，1993年），『微地形と中世村落』（吉川弘文館，1993年），『オーストラリア景観史』（大明堂，1998年），『古代荘園図と景観』（東京大学出版会，1998年），『古地図からみた古代日本』（中央公論新社，1999年），『古代景観史の探究』（吉川弘文館，2002年）

藤井　正（ふじい　ただし）
　　大阪府立大学総合科学部教授
　　（2004年4月より鳥取大学地域学部教授着任予定）
　1957年　大阪府生まれ。
　1982年　京都大学大学院文学研究科博士課程退学。
　1998年　京都大学教養部助手，大阪府立大学講師・助教授を経て現職。
　主な編著書
　　『ジオ・パル21』（共著）（海青社，2001年），『図説　大都市圏』（共編）（古今書院，2001年）

　　　　　　散村・小都市群地域の動態と構造
　　　　　　　さんそん　しょうとしぐんちいき　どうたい　こうぞう

　　　　平成16（2004）年2月15日　初版第一刷発行

　　　　　　　　　　　　　　きん　だ　　あき　ひろ
　　　　　　　編　者　　金　田　章　裕
　　　　　　　　　　　　ふじ　い　　　　　ただし
　　　　　　　　　　　　藤　井　　　正

　　　　　　　発行者　　阪　上　　　孝

　　　　　　　発行所　　京都大学学術出版会
　　　　　　　　　　　　京都市左京区吉田河原町15-9
　　　　　　　　　　　　京大会館内　（606-8305）
　　　　　　　　　　　　電　話　075（761）6182
　　　　　　　　　　　　ＦＡＸ　075（761）6190
　　　　　　　　　　　　http://www.kyoto-up.gr.jp/
　　　　　　　　　　　　印刷・製本　株式会社 太洋社

© Akihiro Kinda et al. 2004　　　　　　Printed in Japan
ISBN4-87698-627-4　　　　　定価はカバーに表示してあります